Die Reihe „Wettbewerb und Regulierung von Märkten und Unternehmen“ wird herausgegeben von

Band 39

Christoph Busch | Vera Demary | Barbara Engels
Justus Haucap | Christiane Kehder | Ina Loebert
Christian Rusche

Sharing Economy in Deutschland

Stellenwert und Regulierungsoptionen für Beherbergungsdienstleistungen

Nomos

Die Deutsche Nationalbibliothek verzeichnet diese Publikation in der Deutschen Nationalbibliografie; detaillierte bibliografische Daten sind im Internet über http://dnb.d-nb.de abrufbar.

ISBN 978-3-8487-5505-9 (Print)

ISBN 978-3-8452-9690-6 (ePDF)

1. Auflage 2019

Vorwort

Ein Thema, das Unternehmen, Politik, Wissenschaft, Verbraucherschutz und andere Teile der Zivilgesellschaft in jüngerer Zeit besonders umgetrieben hat, ist der Boom der sogenannten Sharing Economy. Im besonderen Fokus standen in Deutschland zunächst die diversen Gerichtsverfahren gegen den Ride-Sharing Dienst Uber, dessen Geschäftsmodell insbesondere dem klassischen Taxi-Gewerbe große Sorgen bereitet. Uber ist jedoch nur ein besonders prominentes Beispiel für die neuen Plattformen, die nicht mehr selbst die nachgefragten Dienstleistungen produzieren, sondern diese „nur noch" vermitteln, sich also nur auf einen Teil der Wertschöpfung konzentrieren. Kernidee der Sharing Economy ist dabei stets, dass viele Ressourcen (wie etwa PKWs oder Wohnungen) einen beträchtlichen Teil der Zeit ungenutzt bleiben. Durch intelligente Vermittlungsplattformen lässt sich diese Auslastung deutlich erhöhen. Somit lassen sich volkswirtschaftlich betrachtet erhebliche Effizienzpotenziale heben, indem die Auslastung dieser Ressourcen verbessert wird, also weniger Verschwendung stattfindet. Gleichwohl liegen für Deutschland kaum belastbare Daten über das Ausmaß der Sharing Economy und ihre Auswirkungen vor.

Das Bundesministerium für Wirtschaft und Energie (BMWi) hat uns vor diesem Hintergrund beauftragt, die Bedeutung der Sharing Economy in Deutschland empirisch zu analysieren, wobei ein besonderer Schwerpunkt auf den Unterkunftssektor gelegt werden sollte, der entsprechend in einem größeren Detailgrad betrachtet wird. Insbesondere wird dabei auch auf Wettbewerbseffekte der Sharing-Unternehmen eingegangen und geprüft, ob und inwieweit im Unterkunftssektor der Sharing Economy regulatorischer Handlungsbedarf besteht. Somit werden Ableitungen für diesen Handlungsbedarf getroffen, die aus ökonomischer und juristischer Sicht Optionen für eine Regulierung darstellen. Um die Wirkung von regulatorischen Maßnahmen abschätzen zu können, eignet sich das Konzept der sogenannten Reallabore. Dabei wird eine Regulierung in einem begrenzten Rahmen eingeführt und geprüft, welche Effekte sie tatsächlich hat, ob diese den gewünschten Wirkungen entsprechen und inwieweit Anpassungen der Regulierung notwendig sind, bevor ein flächendeckender Einsatz erfolgt. Im Rahmen unserer Studie werden Vorschläge für solche Reallabore für den Unterkunftssektor erarbeitet.

Das Ergebnis unserer Analyse ist die vorliegende Studie, die ursprünglich unter dem Titel „Analyse des Stellenwerts der Sharing Economy im Wirtschaftsraum Deutschland" erstellt und im September 2018 im BMWi vorgestellt wurde. Zahlreichen Personen gebührt Dank, da sie erheblich zum Gelingen der Studie beigetragen haben. Zu nennen sind insbesondere Dr. Sabine Hepperle, Andreas Kolbe, Kerstin Lehmann, Imme Müller, Dr. Kirstin Pukall, Gregor Schlosser, Alexander Stedtfeld und Dr. Marion Weber (alle BMWi) sowie Henning Ehrenstein und Valentina Schaumburger (Europäische Kommission), die unsere Erwägungen in diversen Gesprächsrunden kritisch und konstruktiv kommentiert haben. Dank für hilfreiche Kommentare gilt auch sämtlichen Teilnehmern und Teilnehmerinnen dreier Workshops im Bundesministerium für Wirtschaft und Energie am 14. November 2017, 10. April 2018 und 13. September 2018, die allesamt Zeit investiert haben, um unsere Analyse und Befunde mit uns zu diskutieren. Tim Klaws und seinem Team bei Airbnb gebührt Dank für die Bereitstellung zahlreicher Daten, die wir für die vorliegende Analyse auswerten konnten.

Düsseldorf, Köln und Osnabrück im Oktober 2018

Die Autoren

Inhaltsverzeichnis

Abbildungsverzeichnis

Tabellenverzeichnis

1 Einleitung

Digitalisierung verändert zum einen vorhandene Märkte und Geschäftsmodelle. Bestehende Prozesse werden digital neu- oder umorganisiert, Geschäftsmodelle angepasst und Wertschöpfungsketten werden zu Wertschöpfungsnetzwerken, innerhalb derer es neben vertikaler Zusammenarbeit mit Zulieferern und Kunden auch zu horizontalen Kooperationen, etwa mit Wettbewerbern oder anderen Unternehmen auf der gleichen Stufe, kommt. Zum anderen erlaubt Digitalisierung auch das Entstehen ganz neuer Unternehmen, deren Konzepte und Ideen vor wenigen Jahren so oft noch nicht denkbar waren. Erst neue technologische Möglichkeiten haben diese Geschäftsmodelle ermöglicht und befördert. In vielen Fällen verändern diese neuen Unternehmen ebenfalls Märkte und Wettbewerb.

Die Sharing Economy ist ein ganzer Wirtschaftsbereich, der aus den neuen digitalen Technologien heraus entstanden ist. In Deutschland hat – gemessen an Suchanfragen für den Begriff bei Google – das Interesse an der Sharing Economy seit dem Jahr 2013 zugenommen (s. Abbildung 1-1). Seit Mitte des Jahres 2014 sind die Suchanfragen dann noch einmal deutlich gestiegen. Das Konzept, Güter zu teilen statt zu besitzen, ist bekanntermaßen nicht neu (Demary, 2015, 4). Bibliotheken oder auch genossenschaftliches Eigentum sind nur zwei Beispiele, die eine lange Tradition haben. Neu an der Sharing Economy ist insbesondere die Bedeutung digitaler Technologie (OECD, 2017, 282). Typisch für die Unternehmen der Sharing Economy ist eine webbasierte Plattform, die Transaktionen vermittelt, oder auch die Verwendung einer App für die Abwicklung solcher Transaktionen. Durch deren Einsatz wird eine drastische Steigerung der Transaktionszahlen im Bereich des Sharings ermöglicht. Laut OECD haben zwischen Mai 2015 und Mai 2016 191 Millionen Konsumentinnen sowie Konsumenten der EU-28 Staaten eine Transaktion auf einer Sharing-Plattform durchgeführt (OECD, 2017, 282). Die technologische Entwicklung, insbesondere der schnelle und weit verbreitete Zugang zum Internet, ist somit entscheidend für die Entstehung und Entwicklung der Sharing Economy.

Für die deutsche Wirtschaft ist die Sharing Economy mit zahlreichen Chancen, aber auch Herausforderungen verbunden. Zu den Chancen gehört, dass sie potenziell Märkte über den Eintritt von Wettbewerbern mit einer neuen Dynamik versehen, Arbeitsplätze schaffen, Konsummöglichkeiten ausweiten, Gründungen vereinfachen und die Entwicklung von Regionen befördern kann. Gleichzeitig ist sie vor allem in regulatorischer Hinsicht und bei der Durchsetzung von Regularien mit Herausforderungen verbunden, weil viele Unternehmen der Sharing Economy die regulatorischen Rahmenbedingungen eventuell als nicht auf ihr Geschäftsmodell anwendbar wahrnehmen. Dies führt dann dazu, dass die Wettbewerbsbedingungen für diese Unternehmen und die etablierten Wettbewerber mit meist klassischem Geschäftsmodell nicht identisch sind.

Abbildung 1-1: Suchinteresse an "Sharing Economy" im internationalen Vergleich

Indizierte Google-Suchanfragen seit 2009, Maximum: 100, Länderauswahl, Stand: 10. August 2017

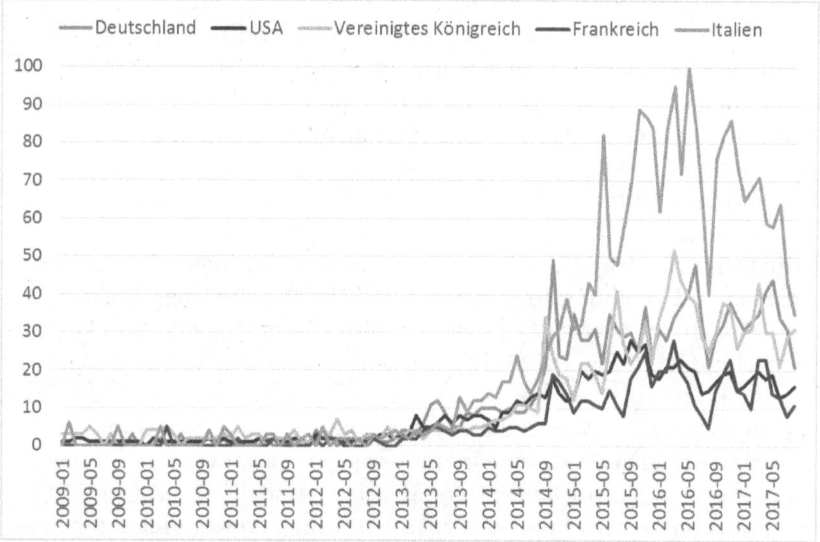

Die Daten zeigen die Gesamtsuchanfragen für „Sharing Economy“ in den jeweiligen Ländern relativ zum Maximum an Anfragen in diesem Zeitraum (100).

Quelle: Google Trends; eigene Darstellung.

Eine Abwägung der Chancen und Herausforderungen der Sharing Economy ist grundsätzlich schwierig. Zum einen ist die Sharing Economy sehr heterogen. Sharing-Unternehmen sind in verschiedensten Märkten mit unterschiedlichen Geschäftsmodellen aktiv. Ein Blick auf die Sharing Economy als Ganzes reicht deshalb nicht aus; es sind immer einzelne Märkte zu analysieren. Zum anderen ist die Datenlage zur Sharing Economy schlecht (OECD, 2017, 282). Dies liegt unter anderem daran, dass die technologiebasierten Sharing-Geschäftsmodelle vergleichsweise neu sind, eine zeitliche Entwicklung also kaum zu analysieren ist. Die Heterogenität und die fehlende Erfassung dieses Wirtschaftssegments in offiziellen Statistiken tragen ebenfalls dazu bei, dass eine umfassende empirische Evidenz zur Sharing Economy bisher nicht vorliegt. Daher sind auch Ableitungen für mögliche Anpassungen der regulatorischen Rahmenbedingungen einzelner Märkte, in denen auch Sharing-Unternehmen aktiv sind, auf empirischer Basis derzeit kaum zu treffen.

Ziel der vorliegenden Studie ist es vor diesem Hintergrund, die Bedeutung der Sharing Economy in Deutschland für drei Sektoren empirisch zu analysieren. Die betrachteten Sektoren sind Mobilität, Unterkunft und Alltagsgegenstände. Neben einem Marktüberblick wird auch die Entwicklung der drei Sektoren beleuchtet. Ein besonderer Schwerpunkt der Untersuchung liegt auf dem Unterkunftssektor, der entsprechend in einem größeren Detailgrad betrachtet wird. Insbesondere wird dabei auch auf Wettbewerbseffekte der Sharing-Unternehmen eingegangen und geprüft, ob und inwieweit regulatorischer Handlungsbedarf besteht. Eine stark eingeschränkte Datenlage erschwert allerdings die Identifikation von potenziellen Handlungsbedarfen im Unterkunftssektor. An einigen Stellen müssen aufgrund mangelnder Verfügbarkeit von Daten zum Sharing-Economy-Angebot im Unterkunftssektor und dessen tatsächlicher Nutzung Annahmen getroffen werden.

In einem weiteren Schritt werden Handlungsoptionen entwickelt, die aus ökonomischer und juristischer Sicht konkrete Möglichkeiten für eine Regulierung aufzeigen. Dabei wird in Szenarien vorgegangen, um nach Umfang des empirisch belegten Handlungsbedarfs das Ausmaß der Regulierung anpassen zu können. Um die Wirkung von regulatorischen Maßnahmen abschätzen zu können, eignet sich das Konzept der sogenannten Reallabore. Dabei wird eine Regulierung in einem begrenzten Rahmen eingeführt und geprüft, welche Effekte sie tatsächlich hat, ob diese den gewünschten Wirkungen entsprechen und inwieweit Anpassungen der Regulierung notwendig sind, bevor ein flächendeckender Einsatz erfolgt. Im Rahmen dieser Studie werden Vorschläge für solche Reallabore für den Unterkunftssektor erarbeitet.

Definition der Sharing Economy

Der Begriff der Sharing Economy ist zwar international weit verbreitet (s. Abbildung 1-1 und zur Methodik Kapitel 2.2). Dennoch gibt es keine allgemein anerkannte Definition. Das Spektrum der Definitionen reicht von der Ausgestaltung der Geschäftsmodelle (Hienerth/Smolka, 2014, 10 ff.) bis zu den Motiven für die Aktivitäten (Stokes et al., 2014, 9 ff.). Einige der Definitionen beschränken sich auf sogenannte Peer-to-Peer-(P2P)-Geschäftsmodelle (Dervojeda et al., 2013, 3; Demary, 2017, 5), bei denen Transaktionen zwischen Privatpersonen stattfinden. Andere erweitern diesen Fokus auch auf Transaktionen zwischen Unternehmen und Privatpersonen (Business-to-consumer, B2C) oder sogar zwischen Unternehmen und anderen Unternehmen (Business-to-business, B2B) (Demary, 2015, 4 ff.). Schließlich werden neben webbasierten Aktivitäten gelegentlich auch traditionelle Geschäftsmodelle zur Sharing Economy gerechnet, wenn sie den Aspekt des Teilens beinhalten (i-share, o. J.).

Vor diesem Hintergrund wird die Sharing Economy in dieser Studie wie folgt definiert:

> Zum Bereich der Sharing Economy sind solche Unternehmen zu zählen, deren Geschäftsmodell auf der webbasierten Vermittlung von temporären Nutzungsrechten zur häufig sequenziellen Nutzung von Gütern, zum Teil kombiniert mit Dienstleistungen, an wechselnde Endkonsumenten basiert. Dies umfasst Geschäftsmodelle, in denen das Unternehmen selbst die Güter bereitstellt (z. B. kommerzielles Car Sharing wie DriveNow) sowie solche, bei denen fremde Güter vermittelt werden (z. B. private Unterkunftsvermittlung über Airbnb).

Diese Definition beinhaltet die folgenden Kernelemente:

- Im Rahmen der Sharing Economy findet *keine Eigentumsübertragung* statt. Im Kern der Geschäftsmodelle steht stattdessen die mehrfache, sequenzielle Nutzung von Gütern. Damit sind sämtliche Geschäftsmodelle ausgeschlossen, die sich auf einen Eigentumsübergang, auch von bereits genutzten Gütern, fokussieren (wie zum Beispiel eBay Kleinanzeigen oder Kleiderkreisel).
- Für die Abgrenzung der Sharing Economy von seit langem bestehenden, ähnlichen Geschäftsmodellen wie etwa Bibliotheken ist wichtig, dass die Vermittlung von Transaktionen *mithilfe des Internets* erfolgt. Dies geschieht häufig durch eine digitale Plattform, kann aber beispielsweise auch über eine App erreicht werden (mit der zum Beispiel

Autos der Unternehmen DriveNow und car2go geortet, gebucht und gefahren werden können). Entscheidend ist dabei, dass die gesamte Transaktion online abgewickelt wird. Dies umfasst in der Regel die Suche nach einem Gut, dessen Buchung und die Bezahlung. Ist beispielsweise nur eine Reservierung online möglich, wird ein Geschäftsmodell nicht der Sharing Economy zugerechnet. Auch Geschäftsmodelle, die einem schwarzen Brett ähneln und bei denen die Kontaktaufnahme beispielsweise telefonisch mit dem einzelnen Anbieter erfolgt, werden ausgeschlossen.
- Die Sharing Economy umfasst die Übertragung temporärer Nutzungsrechte *gegen Entgelt* oder *ohne Entgelt*. Es existieren verschiedene Finanzierungsformen der Sharing-Plattformen, die in der Definition allesamt enthalten sind.
- Nachfrager in der Sharing Economy ist der *Endkonsument*. Zur Sharing Economy zählen daher P2P- und B2C-Modelle. Vor dem Hintergrund der Ziele dieser Studie ist diese Einschränkung sinnvoll. Zwar gibt es auch Geschäftsmodelle, die das Sharing zwischen Unternehmen (B2B) ermöglichen (Behrendt et al., 2015, 10; Demary, 2015, 7). Diese sind jedoch weder in der öffentlichen Diskussion um die Sharing Economy noch in Bezug auf mögliche Regulierungsnotwendigkeiten präsent. Sharing zwischen Unternehmen ist in der Regel durch klassische Miet- oder Leasingverträge abgedeckt, sodass die gerade im P2P-Bereich der Sharing Economy auftretenden Abgrenzungsprobleme zwischen privatem und professionalisiertem Angebot entfallen. Außerdem kommt auch eine Befragung des Fraunhofer-Instituts für Arbeitswissenschaft und Organisation unter traditionellen Unternehmen aller Branchen (Bauer et al., 2015, 54 f.) zu dem Ergebnis, dass Sharing-Aktivitäten dieser Unternehmen allenfalls ein Nischenphänomen sind. Sharing-Geschäftsmodelle kämen überwiegend im „kommerzialisierten Privatbereich" vor. Dennoch wird in Kapitel 2.1.4 der Vollständigkeit halber auch kurz auf die Bedeutung der B2B-Geschäftsmodelle der Sharing Economy in Deutschland eingegangen.

Abgrenzung der Sektoren Mobilität, Unterkunft und Alltagsgegenstände

In dieser Studie werden die drei Sektoren Mobilität, Unterkunft und Alltagsgegenstände analysiert. Um eine möglichst genaue quantitative Einordnung zu ermöglichen, werden diese drei Sektoren im Folgenden zunächst abgegrenzt.

Mobilität

Unter Mobilität wird die Beweglichkeit von Personen im geografischen Raum mithilfe eines Fahrzeugs verstanden. Zu den Anwendungen im Rahmen der Sharing Economy gehören bislang vor allem Autos, Motorroller und Fahrräder. Ausgeschlossen sind Mobilitätsformen wie Bus und Bahn, die nach festen Fahrplänen fahren.

Die Abgrenzung des Sharings im Mobilitätssektor von der klassischen Vermietung (zum Beispiel Autovermietung) ist nicht ganz trennscharf. Dies trifft vor allem auf das stationsgebundene B2C-Sharing von Autos, aber auch Fahrrädern zu. Allgemein gilt, dass bei stationsgebundenen Sharing-Angeboten eine dezentrale Bereitstellung der Fahrzeuge auch in Randlagen erfolgt. Damit werden oft mehr Möglichkeiten zur Abholung und Rückgabe der Fahrzeuge offeriert als bei klassischen Vermietern, die sich lediglich auf Innenstädte und wichtige Verkehrsknotenpunkte (zum Beispiel Flughäfen und Bahnhöfe) konzentrieren. Zudem wird beim B2C-Sharing im Mobilitätssektor häufig ein Rahmenvertrag geschlossen, der weitere Vereinbarungen bei jeder Nutzung überflüssig macht. Die Vermietung im Privatkundensegment erfordert dagegen üblicherweise für jede Nutzung einen erneuten Vertragsabschluss.

Unterkunft

Zum Sektor Unterkunft wird Wohnraum oder ähnliches gezählt, in dem eine oder mehrere Personen temporär übernachten. Die ursprüngliche Idee dabei war, dass Privatpersonen den eigenen Wohnraum dafür zur Verfügung stellen (das sogenannte Homesharing). Dieser Idee folgt auch diese Abgrenzung und beschränkt die Sharing Economy im Sektor Unterkunft auf P2P-Geschäftsmodelle.

Dementsprechend zählen zum einen Teile von privaten Wohneinheiten wie einzelne Zimmer einer Wohnung und zum anderen ganze private Wohneinheiten zur Sharing Economy. Bei letzteren ist bedeutsam, dass die Wohneinheit lediglich temporär zur Verfügung steht, etwa an einzelnen Wochenenden des Jahres, an denen der eigentliche Nutzer diese nicht nutzt. Klassische Ferienwohnungen und -häuser, deren ausschließliche Nutzung in der Vermietung an Gäste besteht, werden nicht zur Sharing Economy gerechnet. Dies gilt auch dann, wenn sie durch Privatpersonen vermietet werden. Vor diesem Hintergrund werden Vermittlungsplattformen für klassische Ferienhäuser sowie Ferienwohnungen, wie beispielsweise HomeAway (inklusive Tochterfirma Fewo-direkt) und BestFewo.de nicht betrachtet. Expedia.de und TripAdvisor werden ebenfalls nicht untersucht. Im Bereich Beherbergung sind auf diesen Portalen fast ausschließlich Ferienhäuser und Ferienwohnungen sowie Übernachtungsmöglichkeiten in Hotels und Pensionen zu finden. Auch letztere zählen dabei nicht zur Sharing Economy, weil hier der Aspekt der ansonsten privaten Nutzung des Wohnraums fehlt. Entsprechend dieser Trennlinie wird in dieser Studie davon abgesehen, Portale wie beispielsweise Booking.com, Trivago oder HRS zu betrachten. Diese Vermittler haben sich auf professionalisierte Unterkünfte spezialisiert und nicht auf Homesharing.

Die Abgrenzung des Sektors Unterkunft in dieser Weise ist nicht ganz trennscharf. Die Unterscheidung von privaten und professionalisierten sowie temporären und ständigen Anbietern ist insbesondere beim Angebot ganzer Wohneinheiten oft schwer möglich.

Alltagsgegenstände

Alltagsgegenstände sind Konsumgüter, die im privaten Umfeld zur generellen Nutzung vorhanden sind, aber nicht verbraucht werden. Lebensmittel zählen daher nicht zu diesem Sektor. Die Abgrenzung trifft jedoch beispielsweise auf Elektrogeräte, Kleidung oder Werkzeug zu.

Die Abgrenzung der B2C-Sharing-Geschäftsmodelle von der klassischen Vermietung ist im Segment Alltagsgegenstände besonders komplex. Für die Zurechnung zur Sharing Economy ist daher insbesondere von Bedeutung, dass es sich bei dem betreffenden Gut um eines handelt, das regelmäßig genutzt wird. Güter, die einmalig, äußerst selten oder saisonal genutzt werden, werden ausgeschlossen. Dazu zählen unter anderem Umzugszubehör, Materialien für Feste und Partys sowie Zubehör für saisonale Sportarten wie Skifahren oder Windsurfen. Gerade diese Abgrenzung entbehrt nicht einer leichten Unschärfe. Es zeigt sich daran insbesondere, dass die klassische Vermietung und das Sharing sich bei B2C-Geschäftsmodellen nur schwerlich unterscheiden lassen.

Für alle Geschäftsmodelle der Sharing Economy gilt, dass es neben den spezialisierten Anbietern, die ausschließlich beispielsweise Mitfahrgelegenheiten vermitteln, auch eher generalisierte Angebote gibt. So lassen sich unter anderem auf Plattformen wie eBay Kleinanzeigen nach einigem Suchen auch Mitfahrgelegenheiten finden. Der Hauptzweck der Plattform ist dies jedoch nicht. Dieser besteht in der Möglichkeit, Inserate aller Art zu publizieren, darunter vor allem Verkauf- und Kaufangebote sowie Angebot und Nachfrage von Dienstleistungen aller Art. In der folgenden Analyse der Sharing Economy in den Sektoren Mobilität, Unterkunft und Alltagsgegenstände wird primär auf die spezialisierten Anbieter in diesem Segment abgestellt. Diese Geschäftsmodelle haben sich auf den Sharing-Aspekt fokussiert und diesem damit überhaupt erst seine heutige Bedeutung verschafft.

Im Folgenden wird zunächst in den Kapiteln 2 und 3 die quantitative Bedeutung der Sharing Economy in Deutschland analysiert. Kapitel 2 gibt zu diesem Zweck einen Überblick über die Marktstruktur und die Marktentwicklung in den Sektoren Mobilität, Unterkunft und Alltagsgegenstände. Außerdem wird auf den Zusammenhang zwischen der Sharing Economy und der Beschäftigung eingegangen. Kapitel 3 fokussiert auf den Unterkunftssektor und untersucht detailliert Angebot, Nachfrage und Marktanteile der Sharing Economy in diesem Sektor. Darüber hinaus wird auf Wettbewerbseffekte abgestellt sowie die Wirkung auf die Verfügbarkeit von Wohnraum geprüft.

Die folgenden Kapitel widmen sich dann der Ausarbeitung von Optionen für eine Regulierung des Unterkunftssektors der Sharing Economy. Dazu werden in Kapitel 4 zunächst beispielhaft die Regelungen in sechs ausgewählten Städten weltweit vorgestellt. Sollten sich Regulierungsbedarfe ergeben, zeigt Kapitel 5 entlang der Bereiche Registrierungspflicht, Besteuerung, Wohnraumversorgung, Schutz der Stadtbevölkerung und Verbraucherschutz Optionen dafür auf. Reallabore als Konzept zur Erprobung und Evaluation von Regulierungsmaßnahmen sowie Vorschläge dafür im Unterkunftssektor der Sharing Economy werden in Kapitel 6 thematisiert. Kapitel 7 befasst sich mit den Möglichkeiten einer verbesserten Datenerhebung in diesem Sektor. Kapitel 8 schließt mit einem Fazit.

2 Die Sharing Economy in Deutschland in den Sektoren Mobilität, Unterkunft und Alltagsgegenstände

Die Sharing Economy kennzeichnet ihre große Heterogenität, die eine differenzierte Betrachtung erforderlich macht. Da quantitative Informationen auch zu einzelnen Sektoren rar sind, ist eine empirische Betrachtung, wie sie in diesem Kapitel vorgenommen wird, mit großem Rechercheaufwand verbunden. Einige Fragen lassen sich dennoch nicht quantitativ beantworten. Gleichsam ist die quantitative Vermessung der Sharing Economy in Deutschland von großer Bedeutung, um ihre Relevanz für die deutsche Wirtschaft abschätzen zu können.

Vor diesem Hintergrund werden in diesem Kapitel die drei Sharing-Economy-Sektoren Mobilität, Unterkunft und Alltagsgegenstände empirisch untersucht. Dazu wird in Abschnitt 2.1 zunächst ein Überblick über die drei Sektoren, die relevanten Geschäftsmodelle und die in Deutschland in diesen Bereichen aktiven Unternehmen gegeben. Abschnitt 2.2 befasst sich anschließend mit der Marktentwicklung in diesen drei Bereichen auf Basis quantitativer Fallstudien. Abschnitt 2.3 diskutiert, ob es sich bei den Sharing-Angeboten um Substitute oder Komplemente der etablierten Angebote handelt. Davon wird auch direkt beeinflusst, welche Wirkungen der Sharing Economy auf Beschäftigung möglich sind, was in Abschnitt 2.4 thematisiert wird.

2.1 *Marktüberblick*

Im Folgenden wird ein Überblick über die drei Sharing-Economy-Sektoren Mobilität, Unterkunft und Alltagsgegenstände in Deutschland gegeben. Zunächst werden für Deutschland die Mitte 2017 zu den einzelnen Sektoren gehörigen Sharing-Plattformen identifiziert. In einem weiteren Schritt werden dann aus verschiedenen Quellen aktuelle Daten zu diesen Unternehmen zusammengetragen. Zu diesen Quellen zählen unter anderem Geschäftsberichte, Presseartikel, Pressemitteilungen und Wertpapierprospekte; zu den Daten jegliche verfügbare Unternehmensinformation, wie zum Beispiel Finanzierungsrunden, Anzahl der Angebote und Anzahl der Kundinnen sowie Kunden. In einem finalen Schritt werden die so gewonnenen Daten abhängig vom jeweiligen Sektor aggregiert und aufbereitet. Auf diese Weise wird ein aktueller Marktüberblick geschaffen.

2.1.1 Mobilitätssektor

Mobilität hat für Deutschland eine besonders große Bedeutung. Das Deutsche Mobilitätspanel (MOP) belegt das Ausmaß der Mobilität hierzulande: Jeder Einwohner ab einem Alter von zehn Jahren legte im Jahr 2015 pro Tag durchschnittlich eine Strecke von 40,9 Kilometern zurück (Chlond et al., 2016, 40 f.). Die damit verbundene Verkehrsleistung wurde zu fast drei Vierteln (72,7 Prozent) vom motorisierten Individualverkehr (PKW, Krad, auch als Beifahrer) getragen. 18,4 Prozent entfielen auf den öffentlichen Personennahverkehr (ÖPNV), 3,4 Prozent auf Fahrräder und 2,7 Prozent wurden zu Fuß zurückgelegt. Im Vergleich zu 2014 hat dabei der motorisierte Individualverkehr an Bedeutung sogar noch gewonnen (2014: 69,4 Prozent), während die Bedeutung des ÖPNV gesunken ist (2014: 19,8 Prozent). Insgesamt ist die Verkehrsleistung im Vergleich der beiden Jahre jedoch leicht gesunken: 2014 wurde im Durchschnitt pro Tag eine Strecke von 41,6 km zurückgelegt.

Demnach besteht in Deutschland erstens ein hoher Bedarf an Mobilität und zweitens ein großes Interesse am motorisierten Individualverkehr. Für die Sharing Economy im Mobilitätssektor bedeutet dies ein erhebliches Marktpotenzial. Ob und inwieweit dies auch zu entsprechenden Angeboten geführt hat, wird im Folgenden thematisiert. Gemäß der Definition aus Kapitel 1 werden dabei alle Geschäftsmodelle untersucht, die webbasiert ein Fortbewegungsmittel temporär zur Verfügung stellen oder vermitteln, welches sequentiell oder gemeinsam genutzt wird. Um Sharing von der Vermietung abzugrenzen, muss entweder ein Rahmenvertrag zur Anwendung kommen, der den beliebigen Gebrauch von Fahrzeugen ohne weitere Vereinbarung mithilfe von digitalen Technologien wie Apps erlaubt oder zumindest eine große Anzahl von räumlich sowie nach Fahrzeugen diversifizierten Anbietern vorhanden sein (zum Beispiel P2P-Carsharing), die über eine Plattform vermittelt werden können. Des Weiteren ist es unerheblich, ob private oder professionalisierte Transaktionspartner beteiligt sind. Aufgrund der großen Bedeutung von PKW für die Mobilitätsleistung in Deutschland fokussiert die Analyse zunächst auf Anwendungen in diesem Bereich. Unter einem PKW werden dabei Kraftfahrzeuge unter 3,5 Tonnen und mit maximal acht Sitzen verstanden. Im nächsten Schritt werden dann weitere Fortbewegungsmittel thematisiert.

Die Nutzung eines PKW im Rahmen der Sharing Economy kann sequentiell oder gemeinsam erfolgen. Bei der sequentiellen Form wird ein Fahrzeug von verschiedenen Nutzerinnen und Nutzern unabhängig voneinander je nach Bedarf sowie Verfügbarkeit gebucht und genutzt. In diesem Fall wird von Carsharing gesprochen. Verabreden sich hingegen mehrere Individuen über eine mobile Plattform, um eine Fahrt gemeinsam zu unternehmen, handelt es sich um Ridesharing. In diesem Fall wird unter „teilen" die gleichzeitige Nutzung eines Fahrzeuges verstanden. Im Carsharing sowie Ridesharing haben sich mehrere Geschäftsmodelle entwickelt, die im Folgenden einzeln analysiert werden.

Carsharing

Geschäftsmodelle

Der Bundesverband CarSharing (bcs) datiert den Start des Carsharings in Deutschland auf das Jahr 1988 (bcs, 2017a). Im Rahmen einer Doktorarbeit wurde damals in Berlin das erste Carsharing-Fahrzeug an einer Station zur Verfügung gestellt. Es handelt sich um das sogenannte *stationsbasierte Carsharing*. Dabei werden die Fahrzeuge an Stationen zur Verfügung gestellt. Nach dem Abschluss eines Rahmenvertrages können die Nutzer die Fahrzeuge je nach Verfügbarkeit an der Station abholen und nutzen. Wird das Fahrzeug nicht mehr benötigt, muss es wieder an eine Station des Anbieters zurückgebracht werden. Dies kann die ursprüngliche Station oder eine andere Station sein. Im Unterschied zur klassischen Autovermietung ist das stationsbasierte Carsharing unter anderem durch eine höhere Anzahl an Stationen auch in Randlagen gekennzeichnet. Die Stationen dienen dazu, einen festen Anlaufpunkt zur Verfügung zu stellen, damit die Nutzer die Fahrzeuge nicht umständlich im Stadtgebiet suchen müssen. Die Stationen sind typischerweise speziell gekennzeichnete Parkplätze ohne spezielles Personal.

Digitale Technologien wie das Smartphone und mobiles Internet erlauben es Nutzerinnen und Nutzern, die Position von Fahrzeugen in Echtzeit abzurufen. Dies ermöglicht die Angebote des sogenannten *Free-Floating-Carsharings*. Dabei bestimmen die Kunden in der Regel mittels einer mobilen Anwendung die Standorte der Fahrzeuge und buchen dann darüber ein passendes. Die Autos können nach der Benutzung innerhalb eines Operationsgebiets an allen Parkmöglichkeiten abgestellt werden und müssen nicht wieder an die ursprüngliche beziehungsweise eine feste Station zurückgebracht werden. Das erste Angebot im Bereich Free-Floating-Carsharing in Deutschland ging 2009 in Ulm in den Testbetrieb (bcs, 2017a).

Tabelle 2-1: Geschäftsmodelle des Carsharings im Vergleich

Typische Kennzeichen der Geschäftsmodelle

	Stationsbasiertes Carsharing	Free-Floating-Carsharing	P2P-Carsharing
Erstes Auftreten in Deutschland im Jahr	1988	2009	2010
Eigentümer der Fahrzeuge	Carsharing-Plattform	Carsharing-Plattform	Individuelle Fahrzeughalterinnen und -halter
Abholung und Rückgabe der Fahrzeuge	Carsharing-Stationen innerhalb einer Stadt, oft auch in Randlagen	Beliebig innerhalb eines Operationsgebiets (meist eine Stadt oder Region)	Individuell bei Fahrzeughalterin und -halter
Leihvertrag	Rahmenvertrag	Rahmenvertrag	Individueller Vertrag oft auf Basis einer Vorlage der Sharing-Plattform

Quelle: Eigene Darstellung auf Basis von bcs, 2017a; Bertschmann et al., 2015.

Sowohl beim stationsbasierten als auch beim Free-Floating-Carsharing handelt es sich um B2C-Angebote, bei denen sich die Fahrzeuge im Besitz der Sharing-Plattformen befinden. Darüber hinaus existiert jedoch noch das sogenannte *P2P-Carsharing*. Bei diesem Geschäftsmodell vermittelt die Plattform zwischen einzelnen privaten Fahrzeughalterinnen und -haltern und Personen, die ein solches Privatfahrzeug ausleihen möchten. Dabei muss in der Regel für jede Nutzung ein eigener Vertrag abgeschlossen werden. Abholung und Rückgabe des Fahrzeugs erfolgen bei der Eigentümerin oder dem Eigentümer. Erste P2P-Carsharing-Plattformen in Deutschland wurden bereits 2010 gegründet (Bertschmann et al., 2015, 196). Tabelle 2-1 stellt die drei Formen des Carsharings im Vergleich dar.

Quantitative Bedeutung

Der Bundesverband CarSharing weist vergleichsweise präzise Daten zum stationsbasierten und Free-Floating-Carsharing aus (bcs, 2017b). Zu Beginn des Jahres 2017 gab es demnach bundesweit 9.400 Fahrzeuge des stationsbasierten Carsharings sowie 7.800 Free-Floating-Fahrzeuge. Gegenüber dem Vorjahreszeitpunkt bedeutet dies einen Zuwachs von 3,3 beziehungsweise 11,4 Prozent. Noch deutlicher belegt die Zahl der angemeldeten Nutzerinnen und Nutzer diese positive Entwicklung: Bei stationsbasierten Carsharing wuchs sie zwischen Anfang 2016 und Anfang 2017 um 5,8 Prozent. Im Free-Floating-Carsharing kamen sogar 430.000 Fahrberechtigte hinzu, was einem Zuwachs von 51,8 Prozent entspricht. Insgesamt gab es bei beiden Varianten Anfang 2017 rund 1,7 Millionen Fahrberechtigte.

Dabei ist zu beachten, dass reine Anbieterinnen sowie Anbieter von Free-Floating-Carsharing bundesweit lediglich zwölf Großstädte abdecken, während das stationsbasierte Carsharing in insgesamt 597 Orten verfügbar ist (bcs, 2017b). Dies weist auf die Struktur der Unternehmen in den beiden Carsharing-Bereichen hin: Das stationsbasierte Carsharing wird von vielen kleinen, lokalen Anbietern bestimmt, während im Bereich des Free-Floating-Carsharings nur wenige größere Unternehmen aktiv sind. Zudem gibt es eine kleine Anzahl an Unternehmen, die sowohl Free-Floating-Carsharing als auch stationsbasiertes Carsharing anbieten (s. Tabelle 2-2).

Tabelle 2-2: Free-Floating-Carsharing-Unternehmen in Deutschland

Stand: Juli 2017

<table>
<tr><th colspan="4">Free-Floating-Carsharing-Anbieter</th></tr>
<tr><th>Name</th><th>Stadt / Region</th><th colspan="2">Anzahl Fahrzeuge</th></tr>
<tr><td>DriveNow</td><td>Berlin, Düsseldorf, Hamburg, Köln, München</td><td colspan="2">3.200</td></tr>
<tr><td>car2go</td><td>Berlin, Düsseldorf, Frankfurt am Main, Hamburg, Köln, München, Stuttgart</td><td colspan="2">3.860</td></tr>
<tr><td>Multicity*</td><td>Berlin</td><td colspan="2">350</td></tr>
<tr><td>Yourcar</td><td>Göttingen</td><td colspan="2">32**</td></tr>
<tr><td>drive by</td><td>Berlin</td><td colspan="2">25***</td></tr>
<tr><td>GESAMT Free-Floating</td><td></td><td colspan="2">7.500*,**</td></tr>
<tr><th colspan="4">Anbieter einer Kombination von Free-Floating- und stationsbasiertem Carsharing</th></tr>
<tr><th>Name</th><th>Stadt / Region</th><th>Anzahl Fahrzeuge gesamt</th><th>Davon Free-Floating-Fahrzeuge</th></tr>
<tr><td>stadtmobil</td><td>Berlin, Hannover, Karlsruhe, Rhein-Main, Rhein-Neckar, Rhein-Ruhr, Stuttgart, Trier</td><td>2.000**</td><td>135** (100 JoeCar, rund 35 stadtflitzer Hannover)</td></tr>
<tr><td>book-n-drive</td><td>Darmstadt, Frankfurt am Main, Mainz, Oberursel, Offenbach, Rüsselsheim, Wiesbaden</td><td>884</td><td>271</td></tr>
</table>

Free-Floating-Carsharing-Anbieter			
Stadtteilauto e.V. (Stadtwerke Osnabrück)	Osnabrück	63**	18**
StattAuto Carsharing	Kiel, Lübeck	150	12
GESAMT Kombination		**3.100****	**400****

* Einstellung des Geschäftsbetriebs am 29. Oktober 2017

** Schätzung oder ungefähre Angabe

*** Bis Ende 2017 sollen 120 Fahrzeuge zur Verfügung stehen

Gesamt auf Hunderterstellen gerundet.

Quelle: bcs, 2017c; book-n-drive, 2017; car2go, 2017a; DriveNow, 2017; HNA, 2015; Multicity, 2017a; myScotty, 2017; stadtmobil, 2017a; stadtmobil Hannover, 2017; Stadtteilauto, 2017; StattAuto, 2017.

Typischerweise befinden sich die Free-Floating-Carsharing-Unternehmen in Deutschland im Eigentum von Autovermietungen beziehungsweise Autoherstellern. Dominiert wird der Markt von car2go (Daimler und Europcar) und DriveNow (BMW und Sixt). In Berlin war zusätzlich noch Citroën mit dem Unternehmen Multicity aktiv. Dieses Unternehmen hat jedoch Ende Oktober 2017 seinen Geschäftsbetrieb eingestellt (Multicity, 2017b). Seit Mai 2017 ist drive by Carsharing in Berlin präsent (myScotty, 2017). In Göttingen ist Yourcar vertreten. Neben den reinen Anbietern von Free-Floating-Carsharing sind auch Book-n-drive sowie stadtmobil mit relativ großen Flotten im Free-Floating-Carsharing aktiv.

Der Bereich des stationsbasierten Carsharings ist bei weitem nicht so übersichtlich. Der Bundesverband Carsharing geht hier von insgesamt 150 Anbietern aus (bcs, 2017b). Eigene Recherchen ergaben bundesweit 124 Unternehmen, die webbasiert stationsbasiertes Carsharing anbieten. Viele dieser Anbieter arbeiten regional sehr konzentriert und bieten ihre Leistung nur in einem Dorf, einer Stadt oder einer meist kleinräumigen Region an. Zum Teil handelt es sich um kleine Vereine mit Ehrenamt, in denen sich Einwohner zusammengeschlossen haben, um gemeinsam ein Fahrzeug zu nutzen.

Es haben sich jedoch auch große, oft überregionale Anbieter etabliert (s. Tabelle 2-3), die zum Teil mit anderen kooperieren. Dies geschieht meist im Rahmen von gemeinsamen Plattformen für die Fahrzeugbuchung, von denen es bundesweit drei große gibt. Das größte Netzwerk ist Flinkster, das Angebot der Deutschen Bahn AG. Hier können laut eigenen Aussagen rund 4.000 Fahrzeuge von 30 Anbietern stationsbasierten Carsharings gebucht werden (Flinkster, 2017 a). Diese Zahlen beinhalten jedoch noch den Anbieter Multicity mit seinen 350 Fahrzeugen, die seit Ende Oktober 2017 nicht mehr zur Verfügung stehen. Die zweite Buchungsplattform betreibt laut Angaben von stadtmobil das Unternehmen cantamen. Über dieses System lassen sich unter anderem die stadtmobil-Fahrzeuge buchen. Aktuelle Daten zu der Anzahl an Anbietern sowie der Fahrzeuge liegen hier nicht vor. Schließlich betreibt Cambio das dritte große Buchungssystem, auf dem laut eigenen Angaben in Deutschland die Fahrzeuge von Cambio sowie von Stadtteilauto Münster ausgeliehen werden können. In Deutschland und Belgien stehen so insgesamt mehr als 2.680 Fahrzeuge zur Verfügung.

Tabelle 2-3: Die 5 größten Anbieter von stationsbasiertem Carsharing in Deutschland

Stand: Juli 2017

Name	Anzahl Orte	Anzahl Kundinnen und Kunden	Anzahl Fahrzeuge
stadtmobil	180*	52.000*	1.900* stationsbasiert und 135* Free-Floating
Cambio Carsharing	21	61.400	1.400
book-n-drive	13	>30.000**	884, davon 271 Free-Floating
teilAuto	17	30.000**	850
DB Carsharing (Flinkster)	300***	314.100***	630****
GESAMT stationsbasiert Top 5		**457.500***	**5.800***

* Schätzung

** Teil des Flinkster-Netzwerks

*** Angaben für das gesamte Flinkster-Netzwerk

**** Angabe der Deutschen Bahn auf Nachfrage

Gesamt auf Hunderterstellen gerundet.

Quelle: book-n-drive, 2017, Cambio, 2017; Carsharing-News, 2017; Deutsche Bahn, 2017; Flinkster, 2017a; stadtmobil, 2017a; stadtmobil, 2017b; teilAuto, 2017; zum Teil eigene Berechnungen.

Mit mehr als 2.000 Fahrzeugen in über 180 Städten ist stadtmobil der größte Einzelanbieter in Deutschland. Dabei ist zu beachten, dass es sich um eine Gruppe von acht Regionalanbietern handelt (Operationsgebiete gemäß Tabelle 2-2). Der in Bezug auf die Anzahl der Fahrzeuge zweitgrößte Anbieter Cambio Carsharing ist vor allem in Deutschland und Belgien aktiv und bietet in der Bundesrepublik 1.400 Fahrzeuge in 21 Städten an (Cambio, 2017). Weitere größere Anbieter sind book-n-drive, DB Carsharing und teilAuto, welche alle zum Flinkster Netzwerk mit über 300.000 Kundinnen und Kunden (Deutsche Bahn, 2017) gehören. Die genannten fünf Anbieter stellen fast 5.800 der bundesweit insgesamt 9.400 stationsbasierten Fahrzeuge zur Verfügung und decken entsprechend rund 62 Prozent des deutschen Marktes für stationsbasiertes Carsharing ab.

Die deutsche Bundesregierung hat die positiven Wirkungen von Carsharing für den Klima- und Umweltschutz erkannt und aus diesem Grund das sogenannte Carsharinggesetz verabschiedet, um diese Art des motorisierten Individualverkehrs zu fördern.[1] Am 1. September 2017 trat dieses Gesetz in Kraft. Fahrzeuge des stationsbasierten- und Free-Floating-Carsharings können seitdem mit Vergünstigungen unter anderem bei Parkgebühren und Parkmöglichkeiten bedacht werden.

Im P2P-Segment des Carsharings wird der deutsche Markt von zwei großen Unternehmen dominiert (s. Tabelle 2-4). Das deutsche Unternehmen tamyca hat seit der Übernahme des P2P-Angebots von Opel (CarUnity) im Jahr 2017 sowohl die größte Anzahl an Fahrzeugen (circa 15.000) als auch die größte Anzahl an registrierten Nutzerinnen und Nutzern (etwa 150.000; tamyca, 2017). Diese Zahlen beinhalten ebenfalls Fahrzeuge, die von Opelhändlern angemietet werden können. Anfang August 2017 wurde tamyca von SnappCar mit Hauptsitz in den Niederlanden übernommen und firmiert seitdem unter diesem Namen. Da SnappCar bisher nur in Dänemark, den Niederlanden und Schweden aktiv war, wurden die Nutzerzahlen und die Anzahl an Fahrzeugen in Deutschland nicht beeinträchtigt (SnappCar, 2017).

Der größte Wettbewerber von tamyca in Deutschland ist der französische Anbieter Drivy mit 5.000 Fahrzeugen sowie 140.000 registrierten Nutzerinnen und Nutzern (Drivy, 2017). Zu diesen beiden etablierten Anbietern kommt die Daimler-Tochter Croove, die auch privaten Fahrzeughaltern und -halterinnen das Ausleihen ihrer PKW (jeglicher Marke) an Fahrberechtigte ermöglicht. Dieser Dienst ging zu Beginn des Jahres 2017 zunächst in München in die Pilotphase und erweitert im Moment sukzessive sein Operationsgebiet (Croove, 2017). Aus diesem Grund sind noch keine aufschlussreichen Daten verfügbar.

---

1 Carsharinggesetz vom 5. Juli 2017 (BGBl. I S. 2230).

Tabelle 2-4: P2P-Carsharing-Plattformen in Deutschland

Stand: Juli 2017

Anbieter	Aktiv in Deutschland seit	Anzahl Nutzerinnen und Nutzer	Anzahl Fahrzeuge
tamyca (snappcar)	2010	150.000	15.000
Drivy	2014	140.000	5.000
GESAMT P2P		**290.000**	**20.000***

* Voraussetzung: Keine Anmeldung eines Fahrzeugs bei beiden Plattformen (sogenanntes Multi-Homing), also keine Doppelung

Gesamt auf Hunderterstellen gerundet.

Quelle: Croove, 2017; Drivy, 2017; tamyca, 2017.

Neben den drei aktiven Anbietern im P2P-Segment des Carsharings haben zwei weitere Wettbewerber einen Eintritt in den deutschen Markt entweder angekündigt oder sind im Rahmen einer Testphase bereits aktiv (Stand: Sommer 2017):

- smart ready to share: Diese Plattform der Fahrzeugmarke Smart befindet sich im Beta-Test in den Städten Berlin, Bonn, Köln, Hamburg und Stuttgart (Smart, 2017). Mittels dieser Plattform können Fahrzeughalterinnen und Fahrzeughalter ihre Privatfahrzeuge für eine gemeinsame Nutzung zur Verfügung stellen.
- GETAWAY: Das Startup wurde 2015 gegründet und bereitet den Markteintritt in Deutschland vor. Die Besonderheit des Angebots besteht darin, dass es ohne persönliche Schlüsselübergabe auskommen soll, weil stattdessen eine Hardwarekomponente zum Öffnen und Starten der Fahrzeuge in private PKW verbaut wird (GETAWAY, 2017).

Etablierte Fahrzeughersteller sehen den Carsharing-Sektor als Chance, ihr Geschäftsmodell zu erweitern beziehungsweise zu differenzieren. Besonders deutlich wird dies am Beispiel der Daimler AG: Diese ist in zwei Plattformen im P2P-Bereich involviert (Croove und über die Marke Smart auch smart ready to share), sodass sich aufgrund der finanziellen Möglichkeiten des Konzerns in diesem Segment mittelfristig potenziell die Marktanteile verschieben könnten. Darüber hinaus gehört auch die Free-Floating-Carsharing-Firma car2go zum Konzern.

Der Vergleich der B2C- und der P2P-Carsharing-Modelle zeigt, dass die Anzahl der für diese Mobilitätsformen zur Verfügung stehenden Fahrzeuge ähnlich groß ist. Stationsbasiertes und Free-Floating-Carsharing weisen insgesamt rund 17.200 Fahrzeuge bundesweit auf (bcs, 2017b). Auf der P2P-

Plattform tamyca sind circa 15.000 PKW registriert. Eine Addition der Zahlen mit denen von Drivy ist aufgrund des Multi-Homings (gleichzeitige Nutzung mehrerer Plattformen) wenig aussagekräftig. Während die B2C-Modelle sich auf die (großen) Städte konzentrieren, deckt das P2P-Carsharing auch ländliche Räume ab (Demary et al., 2017, 18 f.). Darauf deuten auch die vergleichsweise hohen Nutzerzahlen des Free-Floating-Carsharings hin: Rund 1,3 Millionen Personen sind fahrberechtigt, obwohl es nur in 12 Städten Angebote gibt (bcs, 2017b). Wo sich eine eigene Fahrzeugflotte nicht lohnt, kann es sinnvoll sein, private Fahrzeuge für Carsharing zu gewinnen, wie das Beispiel Daimler AG zeigt. Um möglichst großflächig Mobilitätsdienstleistungen anbieten zu können, hat dieses Unternehmen zudem die App „moovel" entwickelt, mit der ÖPNV, Bahn, car2go und Taxi miteinander verglichen, gebucht und bezahlt werden können (Daimler AG, 2017, 89)

Abbildung 2-1: Anzahl zugelassener PKW in Deutschland 2008-2017

In Mio. Fahrzeugen, Stichtag 1. Januar

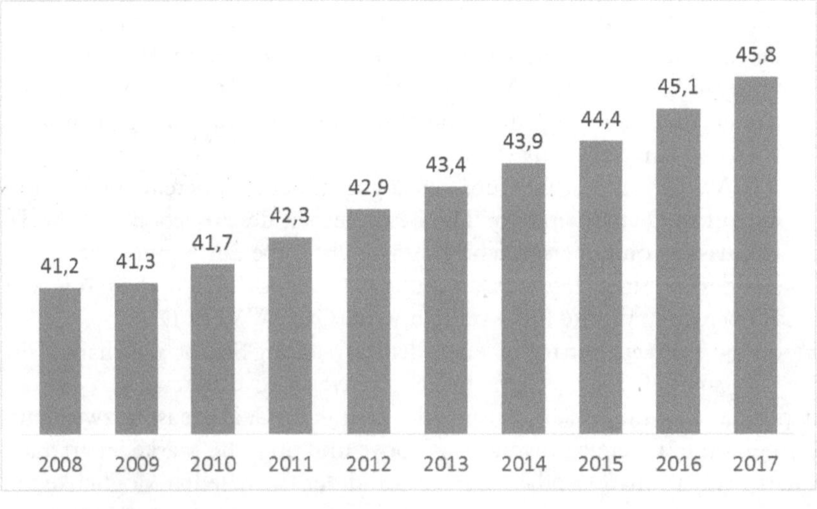

Quelle: Kraftfahrtbundesamt, 2017a.

Insgesamt ist ein starkes Wachstum des Carsharings gemessen an den zur Verfügung stehenden PKW festzustellen. Im günstigsten Fall, wenn es auf SnappCar und Drivy keine Doppelanmeldungen gibt, stehen aktuell insgesamt circa 37.000 Fahrzeuge zur Verfügung. Gemessen an den insgesamt zugelassenen 45,8 Millionen PKW zu Beginn 2017 (Kraftfahrtbundesamt, 2017a), beträgt der Anteil jedoch weniger als 0,1 Prozent an der gesamten Fahrzeugflotte. Es muss jedoch beachtet werden, dass Carsharing private Kraftfahrzeuge eventuell obsolet macht. Der Bundesverband CarSharing hat berechnet, dass im Durchschnitt von 13 untersuchten Städten 15 Fahrzeuge durch einen Carsharing-PKW ersetzt wurden (bcs, 2016b). Selbst vor diesem Hintergrund sind die Auswirkungen von Carsharing in Deutschland jedoch nicht feststellbar, wie die Entwicklung der zugelassenen PKW zeigt (s. Abbildung 2-1). Seit 2008 ist die Anzahl Zulassungen konstant von rund 41 Millionen auf zuletzt fast 46 Millionen gestiegen.

Ridesharing

Geschäftsmodelle

Kern des Carsharings ist die Nutzung eines PKW als Fahrerin oder Fahrer. Daneben ist auch die Nutzung eines Fahrzeugs als Mitfahrerin oder Mitfahrer möglich. Im Bereich der Sharing Economy wird dabei online ein Inserat erstellt, um Mitreisende zu finden. Entweder die Fahrerin oder der Fahrer eines Autos unternimmt eine Fahrt und bietet an, noch andere Reisende mitzunehmen, oder jemand inseriert einen Reisewunsch, um eine entsprechende Reisemöglichkeit zu finden. Die Vermittlung von Kunden und Kundinnen sowie freien Plätzen findet über eine webbasierte Plattform statt. Bei diesem sogenannten Ridesharing wird angestrebt, die Fahrzeugauslastung durch eine simultane Nutzung durch mehrere Personen zu erhöhen. Ridesharing ist dahingehend kein neues Phänomen, da Unternehmen wie die Mitfahrzentrale.de das Konzept in seinen Grundzügen bereits 1998 webbasiert umsetzten (Gründerszene, o. J.). Kern ist jedoch, dass mehrere in der Regel einander unbekannte Personen eine gemeinsame Reise unternehmen.

Die Buchung eines Taxis oder einer Limousine über eine Plattform sowie App zählt nicht zum Ridesharing. In diesem Fall handelt es sich um gewerbliche Personenbeförderung und die Reise wird nur von der buchenden Person unternommen, was der gemeinschaftlichen Nutzung im Sinne des Sharings wiederspricht. Ebenfalls ausgeschlossen ist die Anwendung UberPop, bei der es in Deutschland möglich war, Fahrten bei privaten Fahrerinnen und Fahrern zu buchen. Das Oberlandesgericht Frankfurt hat diese Form der Personenbeförderung 2016 deutschlandweit verboten, weil sie gegen das Personenbeförderungsgesetz verstößt und es sich um eine „unlautere geschäftliche Handlung" handelt.[2] Zuvor hatte unter anderem bereits das Hamburgische Oberverwaltungsgericht UberPop als nicht genehmigungsfähig bezeichnet.[3]

In dieser Studie werden ebenfalls diejenigen Unternehmen nicht betrachtet, welche quasi ein digitales schwarzes Brett anbieten (s. Kapitel 1). Auf diesen Plattformen sind in der Regel die Kontaktdaten des Fahrenden für jede Besucherin und für jeden Besucher frei einsehbar. In diesem Fall kommt die Transaktion typischerweise nicht online zustande. Zudem findet sie ohne jegliche Beteiligung der Plattform statt. Die größten Plattformen mit einem digitalen schwarzen Brett sind BesserMitfahren.de (1,1 Millionen Nutzerinnen sowie Nutzer und 1,5 Millionen Fahrten; BesserMitfahren, 2017) sowie mitfahren.de by Drive2day (3,1 Millionen Inserate; Drive2day, 2017; einschließlich Mitfahrbrett.de).

In Deutschland haben sich bei den Geschäftsmodellen im Ridesharing verschiedene Typen entwickelt. Diese lassen sich nach dem Grad der Beteiligung der Onlineplattform unterscheiden: Zum einen existieren Plattformen wie fahrgemeinschaft.de, bei denen die Vermittlung mithilfe von Inseraten erfolgt, in denen die Kontaktdaten der Interessentinnen und Interessenten nach einer Registrierung einsehbar sind. Findet sich jemand, zu dessen Vorhaben Zeitpunkt und Strecke der geplanten Fahrt passen, werden mithilfe dieser Kontaktdaten individuelle Vereinbarungen dazu getroffen, wo der Treffpunkt ist, bis wohin die gemeinsame Fahrt geht und wieviel zu zahlen ist. Die Plattform selbst ist an der Transaktion nicht beteiligt.

Die Alternative dazu sind zum anderen Angebote, auf denen eine gewünschte Fahrt direkt über die Plattform gebucht werden kann. Eine Kontaktaufnahme mit einer beziehungsweise einem Mitreisenden ist in diesem Fall nicht zwingend erforderlich. In der Regel ist jedoch eine Registrierung auf der Plattform notwendig, um überhaupt potenzielle Fahrten einsehen, Fahrtwünsche aufgeben und Kontakt aufnehmen zu können. Zu diesen Plattformen zählt zum Beispiel BlaBlaCar. Hier werden die Fahrten anonymisiert angeboten und Kundinnen und Kunden können diese buchen. Erst nachdem die Fahrt über die Plattform bezahlt wurde, werden die jeweiligen Kontaktdaten bekannt gegeben (BlaBlaCar, 2017c). Die Plattform wickelt die Buchung sowie Bezahlung ab und ermöglicht eine Transaktion nur zwischen angemeldeten Nutzerinnen und Nutzern. Mittlerweile bietet beispielsweise BlaBlaCar für registrierte Nutzerinnen und Nutzer auch die

---

2 OLG Frankfurt, Urt. v. 9.6.2016 - 6 U 73/15, GRUR-RR 2017, 17.

3 Hamburgisches OVG, Beschluss v. 24.9.2014 - 3 BS 175/14, Rn. 18, NJW 2014, 3389.

Möglichkeit, direkt mit Anbieterinnen und Anbietern in Kontakt zu treten, um eine Fahrt zu vereinbaren. In diesem Fall entfallen jedoch der durch das Unternehmen ansonsten gewährleistete Versicherungsschutz sowie die Abwicklung der Zahlung (BlaBlaCar, 2017d).

Quantitative Bedeutung

Der Markt des Ridesharings in Deutschland insgesamt ist relativ unübersichtlich. Dies liegt vor allem daran, dass Ridesharing-Inserate auf diversen Onlineportalen angeboten werden können, ohne dass Angaben über die Anzahl an geschalteten Inseraten, die tatsächlich stattgefundenen Fahrten oder die Anzahl der Nutzerinnen und Nutzer in diesem Bereich möglich wären. Konzentriert sich die Plattform nicht nur auf die Vermittlung von Kontakten, sondern ist an der Transaktion beteiligt oder fordert eine vorhergehende Registrierung ein, sind genauere Angaben möglich. So gibt BlaBlaCar für 2015 an in Deutschland einen Marktanteil von 90 Prozent besessen zu haben (BlaBlaCar, 2016). Dies war jedoch, bevor die Servicegebühren 2016 eingeführt wurden (Handelsblatt, 2016).

Tabelle 2-5 listet die wesentlichen Plattformen für Ridesharing in Deutschland auf. Im Bereich der kostenlosen Inserate ohne Beteiligung der Anbieterin beziehungsweise des Anbieters wird vor allem fahrgemeinschaft.de (1,5 Millionen Nutzerinnen und Nutzer sowie 2,5 Millionen Inserate; fahrgemeinschaft.de, 2017) genutzt. Bei diesem Angebot sollen überwiegend einmalige Fahrgemeinschaften gebildet werden. Daneben haben sich auch Angebote entwickelt, die die Bildung von Pendlergemeinschaften sowie dauerhaften Fahrgemeinschaften zum Ziel haben. In diesem Bereich sind unter anderem flinc (350.000 Mitglieder; flinc, 2017) und Pendlerportal (376.026 Einzelfahrten im Monat; Pendlerportal, 2017) von Bedeutung.

Tabelle 2-5: Anbieter von Ridesharing in Deutschland

Stand: Oktober 2017

Name	Vermittlung von	Buchung über die Plattform	Anmerkung
flinc	Einmaligen und regelmäßigen Fahrgemeinschaften	Nein	Über 350.000 Mitglieder
Karzoo	Regelmäßigen Fahrgemeinschaften für Pendler	Nein	Vor allem für Unternehmen
Matchrider	Regelmäßigen Fahr-gemeinschaften für Pendler	Ja	2017 Start auf der Strecke Tübingen-Stuttgart
MiFaZ	Regelmäßigen Fahr-gemeinschaften für Pendler	Nein	Keine Angaben
Pendlerportal	Regelmäßigen Fahr-gemeinschaften für Pendler	Nein	376.000 Einzelfahrten pro Monat
TwoGo	Regelmäßigen Fahr-gemeinschaften für Pendler	Ja	Dienst der SAP SE
fahrgemeinschaft.de	Einmaligen Fahrgemeinschaften	Nein	Kooperation mit ADAC; 1,5 Millionen Nutzer und 2,5 Millionen Inserate
Mitfahrangebot.de	Einmaligen Fahrgemeinschaften	Nein	Angebot für Deutschland, Österreich und die Schweiz
BlaBlaCar	Einmaligen Fahrgemeinschaften	Ja	45 Millionen Nutzer in 22 Ländern
Sonstiges und Mischformen			
BS Berlin Shuttle	Carsharing und Mitfahrgelegenheit; Verleih von Kleinbussen zur Bildung einmaliger Fahrgemeinschaften.	Ja	Nur zwischen Berlin und Hamburg sowie Berlin und Stuttgart. Bisher 1.500 Fahrten zwischen Berlin und Stuttgart.
CleverShuttle	Ridesharingdienst mit eigenen Fahrzeugen und Fahrerinnen sowie Fahrern	Ja	Derzeit aktiv in Berlin, Hamburg, Leipzig, München; Flotte von circa 52 Fahrzeugen; Beteiligung der Deutschen Bahn AG

Quelle: Berlin Shuttle, 2017; BlaBlaCar, 2017a; CleverShuttle, 2017a, 2017b; fahrgemeinschaft.de, 2017; flinc, 2017; Karzoo, 2017; Matchrider, 2017; MiFaZ, 2017; Mitfahrangebot.de, 2017; Pendlerportal, 2017; TwoGo, 2017.

Das über eine webbasierte Anwendung vermittelte Mitfahren ist nicht auf bestimmte Regionen konzentriert, wie beispielsweise das Free-Floating-

Carsharing. Ridesharing ist insbesondere auch im ländlichen Raum stark vertreten und deckt einen großen Teil Deutschlands ab (s. Abbildung 2-2). Allein BlaBlaCar verzeichnete so im Mai 2016 über 80.000 Haltepunkte in Deutschland (BlaBlaCar, 2017b).

Abbildung 2-2: Abfahrts- und Ankunftsorte von BlaBlaCar im Mai 2016

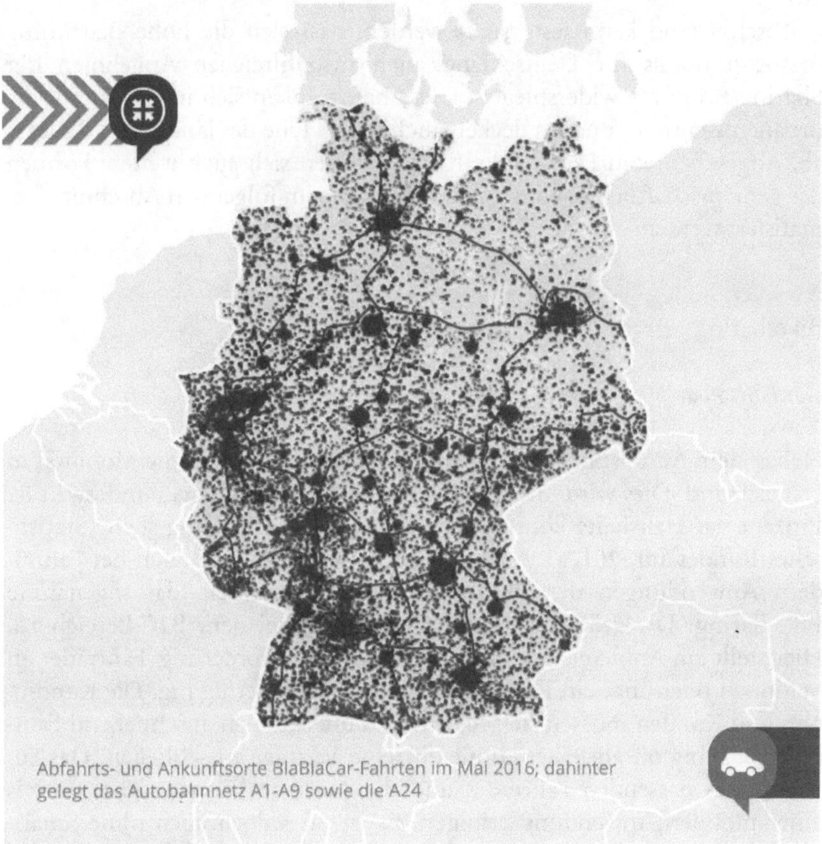

Quelle: BlaBlaCar, 2017b.

Die Bedeutung des Ridesharings für die Verkehrsleistung in Deutschland ist insgesamt noch vergleichsweise gering. Dies wird deutlich, wenn die Zahl angebotener Fahrten der einzelnen Anbieter, beispielsweise 376.000 im Monat über Pendlerportal (Pendlerportal, 2017), mit den gesamt zurückgelegten Wegen verglichen wird. So legten im Jahr 2015 alle Deutschen im Alter zwischen 18 und 60 Jahren pro Tag rund 3,6 Wege zurück

(Chlond et al., 2016, 110). Somit waren das für alle 46,9 Millionen Einwohnerinnen und Einwohner in dieser Altersgruppe (Statistisches Bundesamt, 2017f) nahezu 170 Millionen pro Tag. 72,7 Prozent davon wurden mit Hilfe des motorisierten Individualverkehrs zurückgelegt (Chlond et al., 2016, 41). Zudem sind lediglich circa 40 Prozent der Pendlerinnen und Pendler prinzipiell bereit, eine Fahrgemeinschaft zu gründen (MiFaZ, 2017).

Abschließend kann festgestellt werden, dass sich die hohe Bedeutung des Automobils für Deutschland auch in zahlreichen Angeboten der Sharing Economy widerspiegelt. Diese beschränken sich nicht nur auf die urbanen Zentren, sondern decken auch große Teile des ländlichen Raumes ab. Abgesehen vom Personenkraftwagen haben sich auch weitere Formen der gemeinschaftlichen Nutzung etabliert, die im folgenden Abschnitt thematisiert werden.

Bikesharing

Geschäftsmodelle

Neben dem Auto ist das Fahrrad von hoher Bedeutung für die Mobilität in Deutschland. Dies wird unter anderen dadurch belegt, dass bundesweit 81 Prozent der Haushalte konstant ein Fahrrad zur Verfügung steht (Statistisches Bundesamt, 2017a). Analog zum PKW haben sich auch bei Fahrrädern Anwendungen der Sharing Economy entwickelt, das sogenannte Bikesharing. Die größte Bedeutung kommt dabei dem B2C-Bereich zu. Hier stellt ein Anbieter, zum Teil mit öffentlicher Förderung, Fahrräder an Stationen oder über ein Free-Floating-Modell zur Verfügung. Die Kundinnen und Kunden müssen sich registrieren und können anschließend Fahrräder beliebig oft ausleihen, ohne einzelne Verträge zu schließen. Das Suchen eines passenden Fahrrades und die Ausleihe können dabei mittels einer mobilen Anwendung erfolgen. Es ist oft jedoch auch ohne Smartphone möglich, ein Fahrrad auszuleihen, beispielsweise über den Anruf bei einer Hotline, die Nutzung einer Kundenkarte oder die Nutzung eines Terminals an einer Ausleihstation.

Die B2C-Anbieter im Bereich des Bikesharings sind Eigentümer der Leihfahrräder und stellen in der Regel standardisierte Fahrräder bereit. Diese sind insbesondere auf die Verhältnisse in der Stadt, wie zum Beispiel gut ausgebaute, asphaltierte Fahrradwege und Straßen mit relativ geringen Steigungen, sowie die Anforderungen der Straßenverkehrsordnung angepasst. Zudem können sie relativ schnell für den jeweiligen Fahrenden (zum Beispiel über die Sattelhöhe) eingerichtet werden. Spezielle Fahrräder wie Rennräder oder Mountainbikes werden von diesen Anbietern in der Regel nicht zur Verfügung gestellt. Solche besonderen Fahrräder wie auch Standardfahrräder sind auf P2P-Bikesharing-Plattformen zu finden. Bei diesen lässt sich in der Regel bei privaten Anbieterinnen und Anbietern ein Fahrrad ausleihen, das speziell zu dem eigenen Verwendungswunsch passt. Allerdings kann die Einrichtung des Rades für den jeweiligen Fahrenden unter Umständen mit mehr Aufwand als bei den B2C-Standardfahrrädern verbunden sein (beispielsweise durch die Notwendigkeit des Einsatzes von Werkzeug).

Quantitative Bedeutung

Bei den B2C-Bikesharing-Plattformen existieren in Deutschland derzeit vier Plattformen: Call a Bike, eine Tochter der Deutschen Bahn, MVGmeinRad (eine Tochtergesellschaft der Mainzer Verkehrsgesellschaft mbH), Obike (seit Anfang August 2017 in München) und nextbike (s. Tabelle 2-6). Letztere ist dabei unter verschiedenen Namen im deutschen Markt aktiv: Zu nextbike gehören Fächerrad (Karlsruhe), KVB-Rad (Köln), metropolradruhr (Ruhrgebiet), MVG Rad (München), Norisbike (Nürnberg), PotsdamRad, sz-bike (Dresden) und VRNnextbike (Heidelberg, Mannheim, Ludwigshafen, Speyer). Eine klare Differenzierung zwischen Free-Floating- oder stationsbasiertem Bikesharing gibt es nicht. Die beiden in mehreren Städten tätigen Anbieter nutzen beide Systeme in unterschiedlichen Regionen.

Alle Anbieter weiten ihr Angebot derzeit aus. Von 2015 auf 2016 hat Call a Bike die Anzahl verfügbarer Fahrräder um rund 31 Prozent gesteigert und betreut derzeit 957.200 Kunden in Deutschland (Deutsche Bahn, 2017, 134). 2017 werden durch die Bahntochter in Köln und Düsseldorf in Kooperation mit Ford 3.200 (Call a Bike, 2017b) und in Berlin in Kooperation mit LIDL 3.500 (Tagesspiegel, 2017) Fahrräder neu bereitgestellt. Zwar stehen für nextbike keine Daten für 2016 zur Verfügung. Vorgesehen ist allerdings, dass nextbike allein in Berlin bis zum Jahr 2018 5.000 Fahrräder in Betrieb nimmt (nextbike, 2017, 7), Ende 2015 waren dort 200 Fahrräder des Anbieters im Einsatz (nextbike, 2015). Die Tochtergesellschaft der Mainzer Verkehrsgesellschaft mbH (MVGmeinRad) hat angekündigt, 500 neue Räder bereitzustellen (Mainzer Stadtwerke, 2017). Zudem ist Mitte November 2017 der chinesische Anbieter Mobike mit zunächst 700

Fahrrädern in Berlin in den deutschen Markt eingetreten (Berliner Morgenpost, 2017).

Über diese Anbieter hinaus existiert die Plattform BimBimBikes, die professionalisierte Vermieterinnen und Vermieter von Fahrrädern weltweit, auch in Deutschland, mit Kundinnen und Kunden vernetzt (BimBimBikes, 2017a). Auf dieser Plattform standen im August 2017 insgesamt 222 Fahrräder in 20 Städten bzw. Ortsteilen zur Verfügung (BimBimBikes, 2017b). 100 Fahrräder entfielen dabei allein auf Berlin. Da Buchung und Zahlung über die Plattform abgewickelt werden, lässt sich diese zur Sharing Economy zählen. Sie stellt eine Mischform aus B2C und P2P dar.

Tabelle 2-6: Anbieter von B2C-Bikesharing in Deutschland

Stand: Juli 2017

	Anzahl Städte	Anzahl registrierter Nutzerinnen und Nutzer	Anzahl Fahrräder 2015	Anzahl Fahrräder 2016
Call a Bike	50	957.200	9.928	13.047
nextbike	45	Keine Angaben	8.630	Keine Angaben
Obike	1	20.000*	0	7.000
MVGmeinRad	1	25.900	750*	850
GESAMT B2C		**Mind. 1.003.100**	**18.600**	**Mind. 29.500****

* App-Downloads

** Inklusive Daten zu nextbike von 2015

Gesamt auf Hunderterstellen gerundet.

Quelle: Call a Bike, 2017a; Deutsche Bahn, 2017, 134; Mainzer Stadtwerke, 2017; nextbike, 2015, 2017; Süddeutsche Zeitung, 2017a.

Es gibt in Deutschland derzeit vier Plattformen für das P2P-Bikesharing (s. Tabelle 2-7). Auffallend ist dabei zweierlei: Zum einen sind zwei dieser Anbieter international aktive Unternehmen. Splinster ist in 63 Ländern, cycle.land in fünf Ländern verfügbar. Ein weiterer Anbieter (Listnride) konzentriert sich auf den deutschsprachigen Raum (Deutschland, Österreich und Schweiz). Zum anderen ist die Anzahl der Angebote auf den Plattformen mit Ausnahme von Listnride sehr gering. Listnride kann die Anzahl von mehr als 1.200 Fahrrädern auch nur erreichen, weil dies zum einen den gesamten deutschsprachigen Raum und zum anderen auch einige gewerbliche Fahrradvermieter erfasst (Twotone, 2017). Trotzdem ist das Angebot dieser Plattform vor dem Hintergrund, des erst im Herbst 2016 erfolgten Markteintritts, bemerkenswert (Twotone, 2017). Es wird deutlich, dass der P2P-Bikesharing-Bereich noch sehr wenig entwickelt ist. Dies mag auch an der hohen Verfügbarkeit von Fahrrädern in Privathaushalten liegen (siehe oben). B2C-Angebote haben den Vorteil einer großen Flexibilität für die Nutzerinnen und Nutzer – ein Fahrrad ist wann und wo es gebraucht wird sofort ohne großen Aufwand verfügbar. Die Ausleihe eines P2P-Fahrrads erfordert zumindest in einem gewissen Umfang Vorausplanung und könnte sich vor dem Hintergrund der vielen Fahrräder in Privathaushalten daher eher an die Zielgruppe Touristen statt Einwohner richten.

Laut dem Statistischen Bundesamt (2017a) gab es Anfang 2016 circa 69 Millionen Fahrräder in den Privathaushalten in Deutschland. Einerseits ist dies ein sehr großes Reservoir für P2P-Bikesharing. Andererseits offenbart das jedoch auch den relativ geringen Bedarf, da nahezu sieben von acht Deutschen theoretisch bereits ein Fahrrad besitzen. Dass dennoch Potenzial besteht, belegt das Wachstum von B2C-Modellen. Da diese relativ unkompliziert ausgeliehen werden können und in den Ballungsgebieten weit verbreitet sind, erfreuen sie sich auch bei den Kundinnen und Kunden entsprechender Beliebtheit.

Tabelle 2-7: Anbieter von P2P-Bikesharing in Deutschland

Stand: Juli 2017

Anbieter	Anzahl registrierte Nutzerinnen und Nutzer	Anzahl Fahrräder
Cycle.land	Keine Angaben	5
Listnride	Keine Angaben	Mehr als 1.200*
Splinster	Keine Angaben	130
Upperbike	Über 200	Mehr als 100**
GESAMT P2P	**Mind. 200**	**Mind. 1.400**

* In Deutschland, Österreich und der Schweiz, inklusive einiger gewerblicher Vermieter

** Stand: Mai 2015

Gesamt auf Hunderterstellen gerundet.

Quelle: Bikecitizens, 2015, Cycle.land, 2017; Splinster, 2017; Twotone, 2017.

Rollersharing

Geschäftsmodelle

Geschäftsmodelle, in deren Zentrum das Teilen von Motorrollern steht, werden als Rollersharing bezeichnet. In Deutschland gibt es derzeit einige wenige B2C-Plattformen in diesem Bereich, die jedoch noch vergleichsweise jung sind. Als erste nahm Scoo.me 2014 den Betrieb auf (Scoo.me, 2017). Grundsätzlich stellt beim Rollersharing ein professionalisierter Anbieter Motorroller zur Verfügung, die nach einer Registrierung auf der Plattform von Fahrberechtigten genutzt werden können. Zur Anmeldung bei einem Anbieter genügt in der Regel der Führerschein Klasse B, da mit diesem auch das Fahren mit den entsprechenden Rollern erlaubt wird. Laut Kraftfahrtbundesamt waren somit zum 1. Januar 2017 rund 37,4 Millionen Deutsche fahrberechtigt (inklusive LKW-Führerscheinen, die als Voraussetzung Klasse B verlangen; Kraftfahrtbundesamt, 2017b).

Vom Anbieter werden auch die Operationsgebiete festgelegt, innerhalb derer die Roller nach der Benutzung wieder abgestellt werden dürfen. Die Verbraucher können die Motorroller mit einer mobilen Anwendung orten sowie freischalten. Damit entsprechen die derzeitigen Geschäftsmodelle dem Free-Floating-Modell beim Carsharing.

Quantitative Bedeutung

Aktuell gibt es drei verschiedene Plattformen, die in Deutschland Rollersharing anbieten (s. Tabelle 2-8). Nach Scoo.me im Jahr 2014 wurde 2015 emmy etabliert. Schwerpunkt dieses Angebots liegt auf Berlin mit 350 Fahrzeugen. Im Jahr 2016 kam in Berlin noch die Bosch-Tochter Coup hinzu. Dieser Wettbewerber ist dort mit 1.000 Rollern vertreten. Als Reaktion hat emmy für das Jahr 2017 ebenfalls eine Erweiterung der Berliner Flotte um weitere 450 Roller angekündigt (Berliner Zeitung, 2017).

Tabelle 2-8: Anbieter von Rollersharing in Deutschland

Stand: Juli 2017

Anbieter	Gründung	Städte	Registrierte Fahrberechtigte	Anzahl Roller
Coup	2016	Berlin	Keine Angaben	1.000
Emmy (ehemals eMio)	2015	Berlin, Hamburg, Mannheim, Stuttgart (unter der Marke Stella)	20.000	425*
Scoo.me	2014	Frankfurt am Main, Köln, München	Keine Angaben	115
GESAMT Rollersharing			**Mind. 20.000**	**1.500**

* Nur Berlin und Stuttgart

Gesamt auf Hunderterstellen gerundet.

Quelle: coup, 2017; emmy, 2017; Scoo.me, 2017.

Derzeit konzentriert sich das Rollersharing nur auf wenige Großstädte. In Anbetracht der Tatsache, dass es sich um einen sehr jungen Markt mit rasantem Wachstum handelt, ist zeitnah mit Angeboten auch in weiteren deutschen Städten und Regionen zu rechnen.

Sonstige Formen des Sharings im Mobilitätssektor

Neben den zuvor thematisierten Mobilitätsformen gibt es weitere, bei denen sich ebenfalls Sharing-Geschäftsmodelle zeigen. Noch stärker als die übrigen Bereiche handelt es sich dabei jedoch um Nischenphänomene, die im Folgenden der Vollständigkeit halber kurz vorgestellt werden.

So gibt es in Deutschland beispielsweise auch die Möglichkeit des *Mitfliegens*, also quasi ein Flugzeug zu teilen. Diese Form des Teilens ähnelt dem Ridesharing im Automobilsegment, weil die Pilotin oder der Pilot eines Flugzeugs weitere Passagiere mitnimmt, diese jedoch nicht selbst das Flugzeug steuern. In der Regel handelt es sich um private Pilotinnen und Piloten, die freie Plätze in ihren Kleinflugzeugen anbieten. Typischerweise haben diese weniger als fünf Sitzplätze und starten und landen auf kleinen, regionalen Flugplätzen und Flugfeldern. Es geht bei dieser Form des Sharings jedoch unter Umständen weniger um die Bewältigung einer bestimmten Strecke von A nach B als um Mobilität ihrer selbst willen. Das Mitfliegen in dieser Form hat in Deutschland eine gewisse Tradition. So vermittelt der Anbieter Mitflugzentrale.de bereits seit 1994 auch Flüge. Seit dem Jahr 2013 legt die Verordnung (EU) Nr. 1178/2011 der Europäischen Kommission jedoch nahe, dass die Annahme einer Vergütung (auch einer Selbstkostenbeteiligung) als gewerbliche Tätigkeit aufgefasst werden kann (AOPA, 2014). Diese zog entsprechende Auflagen nach sich und führte zu einer Verunsicherung, unter welchen Voraussetzungen das Mitfliegen möglich ist (AOPA, 2013). Im Jahr 2014 spezifizierte die Verordnung (EU) Nr. 379/2014 der Europäischen Kommission das Mitfliegen auf Selbstkostenbasis in kleinen Maschinen (inklusive Pilotin beziehungsweise Pilot sechs Personen) jedoch als nicht gewerbliche Tätigkeit.[4] Im Zuge dieser Freigabe nahm das Angebot an Mitflugzentralen rasant zu (zum Beispiel Flyt.club (Flyt.club, 2017) mit über 1.000 Mitfliegern oder Wingly mit circa 2.000 Mitfliegern (Wingly, 2016)) und es gibt mittlerweile Suchmaschinen für private Mitfluggelegenheiten (zum Beispiel mitfliegen.eu).

Des Weiteren existieren im Bereich Mobilität noch folgende Sharing-Geschäftsmodelle:

- *Teilen von Tickets der Deutschen Bahn*: Interessentinnen und Interessenten können zum Beispiel über ticket-mitfahrer.de Mitreisende finden, um so günstige Gruppentickets (zum Beispiel Länder- oder Wochenendtickets) oder Mitfahrerrabatte zu nutzen.
- *Teilen von Wohnmobilen und Wohnwagen*: Besitzerinnen beziehungsweise Besitzer eines Wohnmobils können dieses zum Beispiel über shareacamper.de, yescapa.de oder paulcamper.de inserieren und anderen Personen zur Verfügung stellen.
- *Vermitteln von Parkraum*: Stellflächen können zum Beispiel über unserparkplatz.de inseriert und vermietet werden. Dieses Angebot erstreckt sich auch auf LKW-Stellflächen.

---

4 VERORDNUNG (EU) Nr. 379/2014 DER KOMMISSION zur Änderung der Verordnung (EU) Nr. 965/2012 der Kommission zur Festlegung technischer Vorschriften und von Verwaltungsverfahren in Bezug auf den Flugbetrieb gemäß der Verordnung (EG) Nr. 216/2008 des Europäischen Parlaments und des Rates, OJ L 123, 24.4.2014, S. 1–94.

2.1.2 Unterkunftssektor

Der Unterkunftssektor in Deutschland ist vielfältig: Hotels, Pensionen und andere Unterkünfte ab zehn Schlafgelegenheiten werden in der amtlichen Statistik erfasst (Statistisches Bundesamt, 2017c, 2). Darüber hinaus gibt es einen großen sogenannten Graumarkt, der alle nicht in diese Statistik eingehenden Unterkünfte beinhaltet. Dazu gehören typischerweise kleinere Pensionen sowie Ferienhäuser und -wohnungen. Auch die Sharing Economy im Unterkunftsbereich zählt dazu, im Rahmen derer Personen ihren eigenen Wohnraum temporär anderen zur Verfügung stellen (s. Kapitel 1). Zwar erfolgt die Abgrenzung in dieser Studie danach, dass Privatpersonen anderen Privatpersonen zeitweise die eigene Unterkunft anbieten, diese Abgrenzung lässt sich im folgenden Marktüberblick jedoch nicht stringent durchhalten. Das liegt daran, dass die relevanten Sharing-Plattformen neben temporär zu vermietenden eigenen Unterkünften der Anbieterinnen und Anbieter oft auch klassische Ferienwohnungen beinhalten, die ausschließlich zur Vermietung an Gäste genutzt werden. Deren Identifikation ist nicht ohne weiteres möglich. In der Öffentlichkeit wird diese Problematik meist als fehlende Differenzierbarkeit zwischen privaten und professionalisierten Anbieterinnen sowie Anbietern auf diesen Plattformen diskutiert. Tatsächlich könnten jedoch auch private Anbieter Ferienwohnungen vermieten, was ebenfalls außerhalb der hier verwendeten Definition der Sharing Economy im Unterkunftssektor läge. Konkrete Daten zu der Anbieterstruktur auf der Sharing-Plattform Airbnb finden sich in Kapitel 3.1.

Die Sharing-Plattformen selber versuchen dieser Problematik auf unterschiedliche Weise zu begegnen: Airbnb wirbt offensiv damit, „einzigartige Unterkünfte“ (also private Unterkünfte) zu vermitteln, sodass „die Stadt wie ein Einheimischer“ erlebt werden kann (Airbnb, 2017d). Damit wird die temporäre Vermietung des eigenen Wohnraums in den Vordergrund gestellt. Im Unterschied dazu wirbt der deutsche Konkurrent Wimdu mit dem Slogan „Ferien-Apartments günstiger“ (Wimdu, 2017b) und fokussiert damit eine Leistung, die nach der in dieser Studie verwendeten Definition eigentlich nicht zur Sharing Economy zählt. Dabei gibt es unter den auf Wimdu auffindbaren Angeboten durchaus „echte“ Sharing-Angebote. Diese Ausrichtung bei Wimdu ist der Entwicklung des Unternehmens geschuldet: Zunächst fusionierte die Plattform 2016 mit der Sharing-Plattform 9flats (deutsche-startups, 2016, manager-magazin, 2016), bevor sie 2017 vom dänischen Vermittler privater Ferienhäuser und -apartments NOVASOL übernommen wurde (NOVASOL, 2017).

Zur Sharing Economy im Unterkunftssektor zählen jedoch nicht nur die Onlineplattformen, die private Übernachtungsmöglichkeiten gegen Entgelt anbieten, wie Airbnb, 9flats oder Wimdu. Darüber hinaus gehören dazu insbesondere auch Angebote, die Wohnraum vermitteln, der ohne monetäre Gegenleistung genutzt werden kann. Dazu zählen einerseits kostenlose Schlafplätze (zum Beispiel über die Plattform Couchsurfing), andererseits aber auch das sogenannte Houseswapping (Haustausch). Diese Angebote werden im folgenden Abschnitt thematisiert, bevor Übernachtungsmöglichkeiten gegen Entgelt behandelt werden. Letzteres wird dann in Kapitel 3 weiter vertieft, wo unter anderem Nachfrage und Wettbewerbseffekte der Sharing Economy im Unterkunftssektor betrachtet werden. Die Verbreitung von kostenpflichtigen und kostenlosen Sharing-Angeboten im Übernachtungsbereich wird auch anhand einer Befragung des Statistischen Amtes der Europäischen Union unter Privatpersonen im Alter von 16 bis 74 Jahren im Jahr 2017 deutlich (Eurostat, 2017). Demnach haben 19 Prozent der Deutschen in den 12 Monaten vor der Befragung webbasiert eine Unterkunft bei einer anderen Privatperson gebucht. Im EU-Durchschnitt waren es 17 Prozent.

Kostenlose Unterkünfte

Geschäftsmodelle

Es existieren im Wesentlichen zwei Geschäftsmodelle der Sharing Economy im Unterkunftssektor, bei denen die Leistung nicht monetär vergütet wird. Dazu gehört erstens der Wohnungs- beziehungsweise *Haustausch* (Houseswapping). Dazu werden über eine Onlineplattform Personen zusammengebracht, die ihren privat genutzten Wohnraum für eine kurze Zeit mit anderen tauschen wollen, um auf diese Weise Urlaub zu machen. Typisch für diesen Bereich ist, dass eine Koinzidenz von Reiseabsichten vorliegt, dass also beide Tauschparteien zur selben Zeit an entsprechende Orte verreisen. Je nach Sharing-Plattform ist es auch möglich, eine Art Ringtausch durchzuführen, also die eigene Unterkunft bei Abwesenheit abzugeben ohne gleichzeitig in der Unterkunft der Nutzerinnen und Nutzer zu wohnen. Stattdessen werden durch die Zurverfügungstellung Punkte erworben, die gleichzeitig oder zeitversetzt auf der Plattform für die Nutzung einer anderen Unterkunft eingesetzt werden können.

Kern des Haus- beziehungsweise Wohnungstausches ist die Leistung auf Gegenseitigkeit. Daneben hat sich zweitens das Beherbergen von Gästen ohne Gegenleistung bei eigener Anwesenheit in der eigenen Unterkunft (auch *Couchsurfing* genannt, nach dem wichtigsten Anbieter) etabliert. Dabei steht im Vordergrund, Menschen zusammenzubringen und realitätsnahe Eindrücke im Gastland oder in der Gaststadt zu ermöglichen, aber auch Menschen zu helfen (Couchsurfing, 2017a; The Hospitality Club, 2017a). Auch eine Befragung von Gastgeberinnen und Gastgebern bei Couchsurfing und Airbnb zeigt, dass die soziale Interaktion bei dieser Form der Unterkunft im Vordergrund steht (Lampinen/Cheshire, 2016, 1677).

Quantitative Bedeutung

Im Bereich des Haustausches ist die nach eigenen Angaben führende Plattform Haustauschferien (HomeExchange), die 1992 gegründet wurde und in mehr als 150 Ländern vertreten ist (Haustauschferien, 2017a, s. Tabelle 2-9). Dieser Anbieter wurde 2017 von GuestToGuest übernommen, wodurch GuestToGuest weltweit zum Marktführer aufgestiegen ist (GuestToGuest, 2017a). Hier entfällt zudem wie zuvor angesprochen die Koinzidenz, da die Gastgeberinnen und Gastgeber für jede Beherbergung sogenannte „Guest Points“ (GP) erhalten. Diese können dann bei einer eigenen Buchung eingesetzt werden. Es ist zudem möglich, GP zu kaufen. Sie können jedoch nicht in Geld umgetauscht werden (GuestToGuest, 2017b). Das Angebot von GuestToGuest in Deutschland konnte nicht ermittelt werden. Es kann jedoch davon ausgegangen werden, dass dieser Anbieter mit der Übernahme von Haustauschferien und den dort inserierten rund 1.330 Angeboten auch in Deutschland zum Marktführer aufgestiegen ist. Weitere in Deutschland aktive Haustausch-Plattformen sind HomeforHome mit 1.625 Unterkünften, HomeLink mit 805 und Intervac mit 250.

Couchsurfing ist der dominierende Anbieter im Bereich kostenloser Beherbergung von Gästen in der eigenen Unterkunft bei eigener Anwesenheit (s. Tabelle 2-10). Weltweit hat die Plattform mehr als 12 Millionen Mitglieder (Couchsurfing, 2017a), davon über 350.000 Mitglieder in Deutschland. Weitere Anbieter der Vermittlung ähnlicher Leistungen sind The Hospitality Club mit nahezu 100.000 Mitgliedern in Deutschland und BeWelcome mit rund 3.500 Mitgliedern.

Tabelle 2-9: Haustausch-Anbieter in Deutschland

Stand: August 2017

Name	Anzahl der Länder	Anzahl der Angebote weltweit	Anzahl der Angebote in Deutschland
GuestToGuest	187	280.000	keine Angaben
Haustauschferien	150*	>65.000	1.330**
HomeforHome	137	48.379	1.625
HomeLink	78	8.210	805
Intervac	50*	5.565	250**
GESAMT Haustausch		**Mind. 407.200*** **	**Mind. 4.000*** **

* mindestens

** geschätzt

*** Die Aufsummierung erfolgt unter der Annahme, dass kein Multi-Homing (simultane Nutzung mehrerer Plattformen) existiert.

Gesamt auf Hunderterstellen gerundet.

Quelle: GuestToGuest, 2017a; Haustauschferien, 2017a, 2017b; HomeforHome, 2017; HomeLink, 2017; Intervac, 2017.

Tabelle 2-10: Vermittler kostenloser privater Unterkünfte in Deutschland

Stand: August 2017

Name	Anzahl der Länder	Anzahl der Mitglieder weltweit	Anzahl der Mitglieder in Deutschland
BeWelcome	184	22.962	3.460
Couchsurfing	Alle	12.000.000	357.849
The Hospitality Club	207	328.629	98.665
GESAMT kostenlose Übernachtung		**12,35 Millionen***	**460.000***

* Die Aufsummierung erfolgt unter der Annahme, dass kein Multi-Homing (simultane Nutzung mehrerer Plattformen) existiert.

Gesamt auf Hunderterstellen gerundet.

Quelle: Couchsurfing, 2017b, 2017c; BeWelcome, 2017; The Hospitality Club, 2017b.

Anhand der Mitgliederzahl einer Sharing-Plattform für kostenlose Übernachtungen kann nicht auf die Anzahl an Übernachtungen geschlossen werden. Beispielsweise kann ein Mitglied von Couchsurfing angeben, ob er oder sie keine Gäste aufnimmt, vielleicht Gäste aufnimmt, definitiv Gäste aufnimmt oder nur an Treffen interessiert ist (Couchsurfing, 2017b). Das kostenlose Teilen von Wohnraum ist in diesem Geschäftsmodell also nur ein Teil der vermittelten Transaktionen, wenn auch – im Falle von Couchsurfing – sicher der bedeutsamste.

Die Sharing Economy im Bereich der kostenlosen Unterkünfte hat in Deutschland eine vergleichsweise geringe Bedeutung. So wurden im April 2017 allein im Bereich der statistisch erfassten Beherbergungsbetriebe ab zehn Schlafgelegenheiten 3,46 Millionen Schlafgelegenheiten zur Verfügung gestellt (Statistisches Bundesamt, 2017b, 17). Selbst die vergleichsweise hohen Mitgliederzahlen von Couchsurfing sind im Vergleich dazu gering. Dies gilt umso mehr, wenn berücksichtigt wird, dass zahlreiche Mitglieder möglicherweise nicht einmal Schlafplätze anbieten, sondern die soziale Komponente des Netzwerks nutzen möchten. Die Sharing Economy besetzt damit im Bereich der kostenlosen Unterkünfte allenfalls eine Nische.

Unterkünfte gegen Entgelt

Geschäftsmodelle

Zu den entgeltlichen Plattformen der Sharing Economy im Unterkunftssektor zählen solche Unternehmen, die kostenpflichtige Unterkünfte in privatem Wohnraum vermitteln, der primär jedoch selbst genutzt wird. Dazu zählt die kurzzeitige Vermietung einzelner Räume genauso wie der gesamten Wohneinheit. Wie bereits erläutert, ist meist nicht klar abgrenzbar, bei welchen Angeboten es sich tatsächlich um Sharing in diesem Sinne handelt und wann ein professioneller Fokus beziehungsweise eine ständige Fremdvermietung vorliegt. Die einbezogenen Plattformen sind diejenigen, deren Fokus auf der digitalen Vermittlung solcher Sharing-Angebote liegt. Ausgeschlossen wurden Plattformen, bei denen die Abwicklung einer Transaktion – Anfrage, Buchung, Zahlung – nicht primär über die Plattform stattfindet. Darunter fällt beispielsweise die Plattform WG-Gesucht.de. Der Hauptzweck dieses Angebots ist die Vermittlung von dauerhaften Wohngemeinschaften, jedoch können Studierende ihre Wohnungen oder Zimmer auch tageweise anbieten. Über die Webseite von WG-Gesucht.de werden dabei jedoch nur Kontaktdaten zur Verfügung gestellt. Eine Anfrage sowie Buchung über die Plattform oder weitere Services wie eine Zahlungsabwicklung werden nicht angeboten, weshalb es sich hierbei nicht um ein Angebot der Sharing Economy nach oben genannter Definition handelt.

Quantitative Bedeutung

Die Sharing-Angebote im Rahmen der entgeltlichen Vermittlung von Unterkünften werden in Deutschland vergleichsweise viel genutzt (s. Kapitel 3 und Tabelle 2-12). Marktführer ist das Unternehmen Airbnb (s. Tabelle 2-11). Auf dieser Plattform sind weltweit über vier Millionen Angebote verfügbar, täglich übernachten rund zwei Millionen Menschen in einer über Airbnb vermittelten Unterkunft (Airbnb, 2017c). In Deutschland gibt es rund 100.000 Angebote auf Airbnb. Wichtigste Wettbewerber von Airbnb in Deutschland im Unterkunftssegment der Sharing Economy sind Wimdu mit mehr als 12.000 und 9flats mit rund 2.000 Angeboten.

Tabelle 2-11: Vermittler kostenpflichtiger privater Unterkünfte in Deutschland

Stand: August 2017

Name	Anzahl der Länder	Anzahl der Angebote weltweit	Anzahl der Angebote in Deutschland
9flats	140	>200.000	2.065
Airbnb	>191	4.000.000	>100.000
BedyCasa	185	50.000	30
Gloveler	80	75.000	Keine Angaben
Nightswapping	160	5.767	221
Wimdu	>150	350.000	12.156
GESAMT kostenpflichtige Übernachtung		**Mind. 4,68 Millionen**	**Mind. 114.500***

* Die Aufsummierung erfolgt unter der Annahme, dass kein Multi-Homing (simultane Nutzung mehrerer Plattformen) existiert.

Gesamt auf Hunderterstellen gerundet.

Quelle: 9flats, 2017a, 2017b; Airbnb, 2017a, 2017b, 2017c; BedyCasa, 2017a, 2017b; Gloveler, 2016; Nightswapping 2017a, 2017b; Wimdu, 2017a.

Im Vergleich zu anderen Ländern ist die Anzahl an Angeboten in Deutschland bisher relativ niedrig. Dies zeigt zum Beispiel ein Vergleich der Angebote von Airbnb (s. Tabelle 2-12): Die gemessen an Angeboten bedeutendsten Länder sind die Vereinigten Staaten (660.000 Angebote), Frankreich (485.000), Italien (340.000), Spanien (245.000) und das Vereinigte Königreich mit 175.000 Angeboten. Auch bezogen auf die Bevölkerung liegt Deutschland im Vergleich dieser Ländergruppe auf dem letzten Rang. Interessanterweise sind die Vereinigten Staaten in diesem Fall nicht mehr weltweit führend. In der betrachteten Ländergruppe setzt sich Frankreich mit 7,25 Angeboten pro 1.000 Einwohnerinnen und Einwohnern vor Italien und Spanien deutlich ab. Zu beachten ist in diesem Zusammenhang die unterschiedliche Regulierung der Sharing Economy im Unterkunftssektor in diesen Ländern, die einen erheblichen Einfluss auf die Anzahl an Angeboten haben kann (vgl. zum Beispiel Kapitel 4).

Tabelle 2-12: Airbnb-Angebote nach Ländern

Ausgewählte Länder, Stand: 2017

Land	Anzahl Airbnb-Angebote (absolut)	Anzahl Airbnb-Angebote (pro 1.000 Einwohnerinnen und Einwohner)
Vereinigte Staaten	660.000	2,04
Frankreich	485.000	7,25
Italien	340.000	5,61
Spanien	245.000	5,28
Vereinigtes Königreich	175.000	2,67
Deutschland	100.000	1,21

Quelle: Airbnb, 2017c, Weltbank, 2017; eigene Berechnung.

Der Unterkunftssektor der Sharing Economy im kostenpflichtigen Segment wird in Kapitel 3 konkreter untersucht. Bezogen auf die übrigen in dieser Studie betrachteten Segmente der Sharing Economy hat er eine durchaus beachtenswerte Größe, die eine nähere Analyse rechtfertigt.

Sonstige Formen des Sharings im Unterkunftssektor

Sharing im Bereich von Übernachtungsmöglichkeiten ist jedoch nicht auf Wohnungen und Häuser beschränkt. Es haben sich zudem sehr spezialisierte Anwendungen entwickelt. Die bekanntesten werden zur Vollständigkeit hier kurz vorgestellt.

Über Internetportale kann beispielsweise der eigene Garten oder das eigene Grundstück an Camperinnen und Camper vermittelt werden. Dazu erstellt die Besitzerin oder der Besitzer auf einer Plattform ein Inserat. In diesem kann unter anderem der Preis pro Übernachtung, die Möglichkeit von Lagerfeuern sowie die Nutzung beispielsweise von Toiletten oder Duschen geregelt werden. Interessentinnen oder Interessenten können diese Campingmöglichkeit anschließend für ihren Urlaub reservieren. Von Bedeutung sind hier insbesondere Gamping (www.gamping.com) sowie Campinmygarden (Campinmygarden.com). Diese Plattformen sind auf die Vermittlung weltweit spezialisiert und bieten nur eine geringe Anzahl an Möglichkeiten in Deutschland an.

Darüber hinaus gibt es Plattformen, die sich auf die Vermittlung von in der Regel kostenlosen Unterkünften speziell für Anhalterinnen und Anhalter oder Fahrradfahrende spezialisiert haben. Für letztere Gruppe gibt es das Angebot Warmshowers (www.warmshowers.org). Nach einer Registrierung können hier Gastgeberinnen und Gastgeber registrierten Fahrradreisenden eine Übernachtungsmöglichkeit zur Verfügung stellen. Für Tramperinnen und Tramper wurde die Community Trustroots (www.trustroots.org) entwickelt. Mittlerweile stehen die Übernachtungsmöglichkeiten jedoch auch Mitgliedern offen, die nicht per Anhalter unterwegs sind. Um ein Mitglied zu werden, bedarf es jedoch einer Einladung durch ein bestehendes Mitglied oder der Plattform.

2.1.3 Sektor Alltagsgegenstände

Von den drei betrachteten Sektoren ist der Sektor Alltagsgegenstände der heterogenste. Dies liegt unter anderem daran, dass Alltagsgegenstände per se heterogen sind und von Küchenutensilien über Kleidung und Werkzeug bis zu Elektrogeräten oder Spielzeug reichen. Im Rahmen dieser Studie sind Alltagsgegenstände als die Gegenstände definiert (s. Kapitel 1), die im privaten Umfeld vorhanden sind, aber nicht verbraucht werden. Wichtig ist darüber hinaus, dass sie regelmäßig zum Einsatz kommen und nicht nur einmalig genutzt werden. Auch saisonal verwendete Güter werden nicht einbezogen. Auf Grundlage dieser beiden Kriterien ausgeschlossen werden zum Beispiel Lebensmittel (Verbrauchsgut), Partyausstattung wie Hüpfburgen (in der Regel keine regelmäßige Nutzung) und Skiausrüstungen (Zubehör für saisonale Sportart).

Geschäftsmodelle

Für diese Abgrenzung des Sektors Alltagsgegenstände konnten deutschlandweit insgesamt 30 Sharing-Unternehmen identifiziert werden. Die größte Gruppe machen dabei die *B2C-Geschäftsmodelle* aus (s. Abbildung 2-3). Dabei stellen Unternehmen als Eigentümer der Gegenstände diese Kundinnen und Kunden gegen Gebühr zeitweise zur Verfügung. Zu den B2C-Modellen zählen 18 Unternehmen. 12 Geschäftsmodelle sind klassische *P2P-Plattformen*, bei denen Privatleute Gegenstände vermieten. Wie nachfolgend erläutert wird, sind jedoch hier nicht ausschließlich private Gelegenheitsvermieterinnen und -vermieter, sondern auch Unternehmen als Anbieter aktiv. Eine große Untergruppe bei den P2P-Geschäftsmodellen sind Unternehmen, die den Verleih innerhalb einer *Gemeinschaft* oder Community (zum Beispiel einem Stadtviertel oder einem Freundeskreis) organisieren. Dazu zählen vier Plattformen.

Abbildung 2-3: Sharing Economy im Bereich Alltagsgegenstände

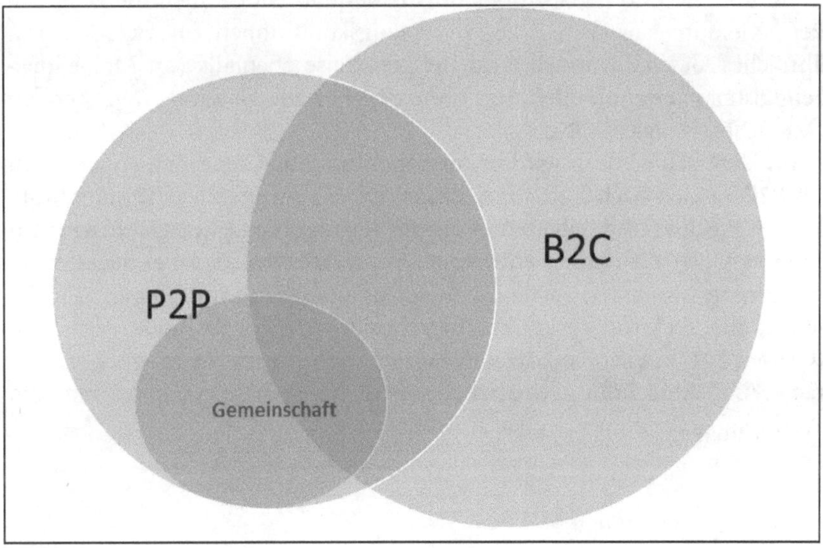

Quelle: Eigene Darstellung.

Bei P2P-Geschäftsmodellen im Segment Alltagsgegenstände haben sich zwei Modelle etabliert. Zum einen gibt es Unternehmen, die eine Vernetzung von Personen innerhalb eines Freundeskreises oder einer Nachbarschaft anstreben. Die Vermietung oder der Verleih von Gegenständen kann dabei auch nur eine Randerscheinung sein. Beispielhaft für eine solche Gemeinschaft oder Community ist allenachbarn.de. Hier ist zunächst eine Registrierung erforderlich. Anschließend ist es möglich, mit der Nachbarschaft Informationen auszutauschen, aber auch Anfragen nach Alltagsgegenständen sind denkbar (allenachbarn.de, 2017).

Zum anderen existieren klassische Plattformen, die Angebot und Nachfrage nach Alltagsgegenständen zusammenbringen. Anbieterinnen und Anbieter eines Gegenstandes tragen diesen typischerweise auf der Plattform ein, sodass er von der Nachfrageseite einfach aufzufinden ist.

Im Sektor Alltagsgegenstände gibt es im Wesentlichen zwei Zahlungsmodelle: Entweder es wird eine Flatrate gezahlt oder der Preis richtet sich nach der Nutzungsdauer. Ein Beispiel für das erste Geschäftsmodell ist das B2C-Unternehmen myonbelle, das Damenkleidung verleiht. Für eine monatliche Gebühr bekommen die Kundinnen ein Paket mit Kleidung und Accessoires zugeschickt (myonbelle, 2017). Sollen diese ausgetauscht werden, so werden sie zurückgeschickt und myonbelle versendet neue Kleidung und Accessoires. Darüber hinaus besteht jedoch auch die Möglichkeit, Kleidung aus dem Paket zu Vorzugskonditionen zu erwerben. Ein ähnliches Geschäftsmodell wird beispielsweise ebenfalls von MeineSpielzeugkiste angewandt, allerdings ohne den Begriff „Flatrate" zu verwenden (MeineSpielzeugkiste, 2017).

Im Unterschied dazu wird bei den meisten B2C-Unternehmen wie auch im P2P-Bereich nach Zeit abgerechnet. Die Kundinnen und Kunden wählen ein Produkt und behalten es für die gewünschte Dauer. Dafür wird ein Mietpreis pro Zeiteinheit entrichtet. Am häufigsten ist dabei die Abrechnung nach Monat. Beispiele für diese Art und Weise sind Grover und kilenda, die Elektronikprodukte beziehungsweise Kindermode vermieten (Grover, 2017b; kilenda, 2017). Es besteht jedoch auch die Möglichkeit der tageweisen Abrechnung, wie beispielsweise bei Leihbar, wo unter anderem Werkzeug geliehen werden kann (leihbar.net).

Quantitative Bedeutung

Für alle Geschäftsmodelle des Segments gilt, dass quantitative Informationen zu den Unternehmen und ihren Nutzerinnen und Nutzern kaum zugänglich sind. Im Vergleich zu den zuvor untersuchten Segmenten Mobilität und Unterkunft ist die quantitative Analyse für das Segment Alltagsgegenstände daher sehr eingeschränkt. Sie wird weiterhin durch die Heterogenität der angebotenen Gegenstände erschwert. Dies gilt insbesondere für die *B2C-Geschäftsmodelle* (s. Tabelle 2-13). Zwar sind grundsätzlich zumindest Angaben zur Anzahl der Produkte eines Unternehmens möglich, diese wird jedoch auch durch den jeweiligen Schwerpunkt beeinflusst: So sind insbesondere im Bereich Textilien die Kleidungsstücke oft in verschiedenen Größen und Farben lieferbar. Dadurch ist hier meist eine höhere Anzahl an Produkten vorhanden als beispielsweise bei Unternehmen mit Schwerpunkt Werkzeuge oder Unterhaltungselektronik.

Für die B2C-Geschäftsmodelle lässt sich dennoch beobachten, dass es derzeit vor allem Angebote im Bereich Kinder- und Damenmode sowie Spielzeug gibt. Insbesondere bei Kinderspielzeug und Kindermode ist dies durch die relativ geringe Nutzungsdauer zu erklären. Diese dürfte auch für die Angebote im Bereich Elektronik und Werkzeuge eine entscheidende Rolle spielen. Des Weiteren wird deutlich, dass sich die Anzahl der Produkte zwischen den Sharing-Unternehmen stark unterscheidet, selbst innerhalb der gleichen Kategorie. So weist etwa Chic by Choice 150 Kleider in ganz Europa auf, während myonbelle 14.500 Kleidungsstücke für Damen im Angebot hat.

Wie in Kapitel 1 bereits erwähnt, ist bei den P2P-Geschäftsmodellen des Sektors Alltagsgegenstände die Abgrenzung von Sharing im klassischen Sinne schwierig. Dies liegt vor allem daran, dass sich kaum eine Plattform auf das Vermieten zwischen Privatpersonen beschränkt, sondern in den meisten Fällen auch oder sogar primär Anbieterinnen und Anbieter einbezieht, die nicht nur gelegentlich, sondern kontinuierlich Gegenstände vermieten. Bestes Beispiel ist die Plattform miet24. Laut eigenen Angaben sind bis zu 1,8 Millionen Mietartikel weltweit verfügbar (miet24, 2017a). In Deutschland tatsächlich gelistet waren am im September 2017 132.185 Artikel (miet24, 2017b). Das Angebot richtet sich jedoch fast ausschließlich an professionelle Anbieterinnen und Anbieter, die bereits im Vermietungsgeschäft tätig sind. So heißt es auf der Webseite: „Sie bieten selbst Angebote zur Vermietung an? Dann ist unser Mietportal der zuverlässige Online-Marketingkanal, um täglich Neukunden zu gewinnen und Ihre Umsätze zu erhöhen.“ Im eigentlichen Sinn zählt diese Plattform somit nicht zum P2P-Sharing. Aufgrund der Ähnlichkeit des Geschäftsmodells und der Tatsache, dass private Anbieterinnen sowie Anbieter, die gelegentlich vermieten, nicht ausgeschlossen sind, wird miet24 dennoch an dieser Stelle aufgeführt (s. Tabelle 2-14). Ein identisches Geschäftsmodell wie miet24 verfolgt Mietmeile (Mietmeile, 2017b). Auf dieser Plattform waren am 4.9.2017 rund 19.300 Angebote gelistet. Anbieterinnen und Anbieter zahlen hier einen monatlichen Betrag, der sich nach Laufzeit und Anzahl der Inserate richtet (Mietmeile, 2017b).

Tabelle 2-13: B2C-Anbieter im Sektor Alltagsgegenstände in Deutschland

Stand: September 2017

Name	Kategorie	Anzahl Produkte
Bauduu	Lego	100*
Chic by Choice	Damenmode	150 (ganz Europa)
Ciluna	Spielzeug	47
CottonbudBaby	Babybekleidung (Erstausstattungspakete)	Keine Angaben
dresscoded	Damenmode	1.800
Grover	Elektronik (Computer, Handys, u.ä.)	Mindestens 300
kilenda	Kindermode, Spielzeug, Mode für Mütter	4.500
kindoo	Kindermode	Keine Angaben
Kleiderei	Damenmode	3.000
Leihbar	Beamer, Gadgets, Werkzeug	Mindestens 713
LifeThek	Kinder & Familie, Freizeit, Haus & Garten, Werkzeuge, Technik, Lego	500
MeineSpielzeug-kiste	Spielzeug	500
mein-Spielzeug-mieten	Spielzeug, Möbel	36**
myonbelle	Damenmode	14.500
OTTO NOW	Technik, Haushalt, Sport	140
Räubersachen	Kleidung für Babys und Kleinkinder	373**
Spiele-Offensive	Gesellschaftsspiele	6 Leihpakete mit je 6 Spielen
TEMPORARY WARDROBE	Damenmode	Keine Angaben

* Stand: 21. April 2014

** zur Auswahl auf der Webseite.

Quelle: Bauduu, 2014; Chic by Choice, 2017; Ciluna, 2017; dresscoded, 2017; Grover, 2017a; kilenda, 2017; Leihbar, 2016; LifeThek, 2017; MeineSpielzeugkiste, 2017; mein-Spielzeug-mieten, 2017; neuhan-deln.de, 2017; Räubersachen, 2017; Spiegel, 2016; Spiele-Offensive, 2017; Stern, 2015; TEMPORARY WARDROBE, 2017.

Neben diesen Plattformen, die allenfalls teilweise typisches Sharing ermöglichen, gibt es aber auch solche, die sich auf Sharing zwischen Privatpersonen spezialisiert haben. Dazu gehört als bedeutendste Plattform frents mit 20.384 Angeboten (frents, 2017). Auch fairleihen.de und leihdirwas gehören zu dieser Gruppe von Plattformen.

Tabelle 2-14: P2P-Anbieter im Segment Alltagsgegenstände in Deutschland

Stand: September 2017

Name	Wichtigste Kategorien	Anzahl Produkte
Basario	Elektronik, Werkzeug, Sport & Freizeit, Baumaschinen, Computer, Möbel, Kleidung	31*
fairleihen.de	Bücher, DVD, Elektronik, Foto & Audio & Video, Garten, Haushalt, Kinder & Baby, Kleidung, Küche, Spiele, Werkzeug	2.226*
Frents	Audio & Hifi, Baby & Kind, Bücher, Büro & Schreibwaren, Computer, Filme, Foto & Video, Games, Garten, Koffer, Kreatives Gestalten, Küche & Möbel & Haushalt, Mode, CD & Vinyl, Musikinstrumente, Navi & MP3 & Handy, Schuhe & Strümpfe, Spiele & Spielzeug, Taschen, Uhren & Schmuck, Werkzeug	20.384*
Leihdirwas	Bücher, Zuhause & Garten, Filme & TV, Foto & Audio & Video, Games, Elektronik, Kostüme & Kleider, Kinder & Baby	9.094*
leih-ein-buch	Bücher	669*
miet24	Baumaschinen, DVDs & Spiele, Elektronik, Freizeit & Kultur, Klima & Heiztechnik	132.185*
Mietmeile	Baumaschinen, Büro, Elektronik, Freizeit, Kostüme, Werkzeuge	19.278*
Utiluru	Elektronik, Werkzeug, Bücher, Kinderspielzeug	Keine Angaben

* Zur Auswahl auf der Webseite.

Quelle: Basario, 2017; fairleihen.de, 2017a; frents, 2017; leihdirwas, 2017; leih-ein-buch, 2017; miet24, 2017a, 2017b; Mietmeile, 2017a, 2017b; Utiluru, 2017.

Die Einbeziehung der Plattformen, die auch eine kontinuierliche Vermietung ermöglichen, in den Bereich Alltagsgegenstände kann die quantitative Bedeutung dieses Sektors der Sharing Economy stark verzerren. Allein miet24 hat monatlich über 3,5 Millionen Besucherinnen und Besucher (miet24, 2017b). Dabei ist jedoch eine Differenzierung hinsichtlich der typischen Sharing-Aktivitäten nicht möglich. Es kann jedoch vermutet werden, dass dieses Verleihen oder Vermieten zwischen Privatpersonen noch eher selten vorkommt. Einen Hinweis dafür liefern die relativ geringen Nutzerzahlen von fairleihen.de in Höhe von etwa 3.000 (Information auf Anfrage von fairleihen.de am 28. August 2017). Dass potenziell mehrere Plattformen gleichzeitig genutzt werden können (das sogenannte Multi-Homing), relativiert diese Zahlen weiter.

Die quantitative Bedeutung der *Gemeinschaften* innerhalb des Sektors Alltagsgegenstände der Sharing Economy ist kaum zu ermessen. Dies liegt primär darin begründet, dass selbst bei Zugehörigkeit zu einer dieser

Communities nicht das gesamte Angebot, sondern eine regional oder lokal begrenzte Auswahl einsehbar ist. Darüber hinausgehende empirische Informationen fehlen zumeist. Die Community allenachbarn.de gab Anfang September 2017 zumindest an, dass über 1.300 Nachbarschaften in Deutschland verfügbar seien, was aber weder einer Aussage über die tatsächlich registrierten Nutzerinnen und Nutzer noch über die verfügbaren Alltagsgegenstände erlaubt. Der englischsprachige Anbieter peerby bietet die Vermietung im engeren geographischen Umkreis als Leistung an. Insgesamt sind hier länderübergreifend rund 4.000 Gegenstände verfügbar (peerby, 2017). Auch dies ist für den deutschen Markt wenig hilfreich. Weitere Anbieter sind Thangs, die die Vermietung innerhalb eines Freundeskreises zum Ziel haben oder washershare, wo Nutzerinnen und Nutzer private Waschmaschinen oder Waschsalons in der Umgebung finden können. Die Bedeutung der Gemeinschaften innerhalb dieses Sektors der Sharing Economy bleibt damit unklar. Es liegt jedoch auch vor dem Hintergrund der Daten zu den anderen Geschäftsmodellen dieses Sektors die Vermutung nahe, dass es sich um ein Nischenphänomen handelt.

2.1.4 Bedeutung von Unternehmen als Kunden in der Sharing Economy

Der Fokus dieser Studie liegt auf den Geschäftsmodellen der Sharing Economy, bei denen Individuen die Kundinnen und Kunden sind (s. Kapitel 1). Vorstellbar ist jedoch auch, dass Unternehmen an dieser Stelle auftreten. Dafür gibt es grundsätzlich zwei Möglichkeiten: Unternehmen können entweder auf der Nachfrageseite in P2P-Geschäftsmodellen auftreten. Dies ist dann der Fall, wenn etwa P2P-Unterkünfte an Geschäftskundinnen und -kunden vermietet werden. Alternativ ist denkbar, dass Unternehmen sowohl Angebots- als auch Nachfrageseite der Sharing Economy in B2B-Geschäftsmodellen abbilden.

Unternehmen treten in P2P-Modellen der Sharing Economy vor allem vor dem Hintergrund von Dienstreisen auf. In Deutschland haben im Jahr 2016 beispielsweise 33 Prozent der Unternehmen mit mehr als 500 Beschäftigten, denen diese Form der Sharing Economy bekannt ist, die Nutzung von Unterkunftsplattformen erlaubt (s. Abbildung 2-4). 27 Prozent der Unternehmen gestattete die Nutzung von Ridesharing. Bei kleineren Unternehmen mit bis zu 500 Beschäftigten waren die Anteile bei diesen beiden Formen des Sharings sogar noch höher. Es ist zudem denkbar, dass Beschäftigte Car- oder Ridesharing auf Dienstreisen nutzen, ohne dies explizit dem Arbeitgeber zu melden. Es fällt zudem auf, dass der Anteil der erlaubenden Unternehmen zwischen 2015 und 2016 zugenommen hat. Einzige Ausnahme bildet die Nutzung von Vermittlungsplattformen für Unterkünfte bei großen Unternehmen. Für viele Unternehmen scheinen die Angebote aus dem P2P-Segment attraktive Alternativen zu klassischen Angeboten darzustellen. Gegen eine Nutzung sprechen primär sicherheits- und versicherungsrechtliche Gründe (VDR, 2016, 28), die 2016 von 54 Prozent der kleinen und mittleren Unternehmen und 64 Prozent der großen Unternehmen, die eine Nutzung nicht gestatten, angegeben werden.

Abbildung 2-4: Erlaubte Nutzung der Sharing Economy im Rahmen von Geschäftsreisen

In Prozent der Unternehmen, denen das jeweilige Angebot bekannt ist, 2016

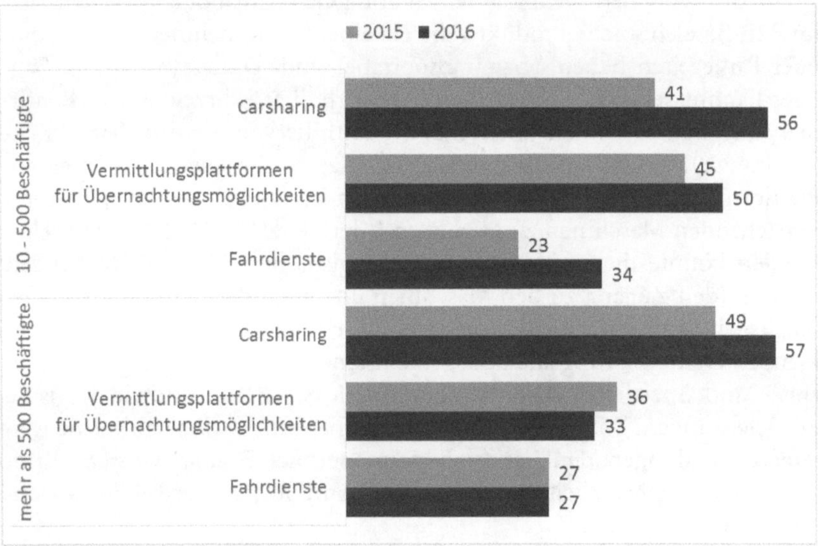

Quelle: VDR, 2016; eigene Darstellung.

Für geschäftliche Zwecke wird darüber hinaus auch Carsharing genutzt (s. Abbildung 2-4), was sich aber vor allem auf B2C- beziehungsweise dann B2B-Geschäftsmodelle fokussieren dürfte. Carsharing ist den Unternehmen zum einen sehr bekannt. 94 Prozent der großen und 82 Prozent der kleinen und mittleren Unternehmen gaben dies 2016 an. Zum anderen wird die Nutzung von Carsharing häufig erlaubt: Von den Unternehmen, die es kennen, gestatteten 57 beziehungsweise 56 Prozent die Nutzung. Insbesondere die großen B2C-Carsharing-Anbieter haben oft auch Angebote speziell für Unternehmenskunden. Ein Beispiel ist das stationsbasierte Angebot von Flinkster für Geschäftskunden (Flinkster, 2017b). Dieses spezifiziert unter anderem eine Monatsmiete, die für Privatkunden nicht angeboten wird.

In diesem Kontext sind Unternehmenskunden den Privatkunden in der Sharing Economy sehr ähnlich. Darüber hinaus gibt es auch typische B2B-Geschäftsmodelle. Auch hier ist Sharing kein neues Phänomen. So vermieten Unternehmen schon lange ungenutzte Büro- oder Lagerräume an andere Unternehmen (zum Beispiel über die Plattform liquidspace.com). Anders als bei P2P- und häufig auch B2C-Modellen der Sharing Economy ist hier jedoch eher weniger eine kurzfristige Nutzungsdauer im Interesse des Nachfragers. Das nachfragende Unternehmen dürfte meist zumindest eine mittelfristige Mietdauer anstreben.

Für die typischen webbasierten Sharing-Geschäftsmodelle eignen sich im B2B-Bereich solche Produkte, die bei einem Unternehmen lange Stand- oder Ruhezeiten haben, aber transportabel sind. Dazu zählen etwa Bau- oder Landmaschinen. So verleihen Landwirte ihre Fahrzeuge oder Baufirmen ihre Baumaschinen untereinander mithilfe von Sharing-Plattformen (Gesing, 2017, 13). In Deutschland ist letzteres beispielsweise über die Plattform klickrent möglich. Grundsätzlich ist es auch denkbar, Zeit auf feststehenden Maschinen zu vermieten (Klerk et al., 2015, 10). Unter Umständen könnte dies mit einem hohen logistischen Aufwand verbunden sein, um den Zugang zu den Maschinen und auch das Bewahren von Geschäftsgeheimnissen zu gewährleisten. Interessant ist angesichts der zunehmenden Digitalisierung auch die gemeinsame Nutzung von (digitalen) Rechen- und Speicherkapazitäten (Levering/Icks, 2016, 3) sowie Logistikdienstleistungen (Wosskow, 2014, 38). Darüber hinaus sind zahlreiche weitere Anwendungen denkbar (siehe zum Beispiel Foljanty/Gossen, 2016, 13), deren Zugehörigkeit zur Sharing Economy von der verwendeten Definition abhängig ist.

Viele Hersteller großer Maschinen mit potenziell hohen Standzeiten bieten heute schon eine Vermietung oder den Kauf von gebrauchten Produkten an. Mit der Sharing Economy im Verständnis dieser Studie hat dies jedoch nur wenige Gemeinsamkeiten, vor allem, weil oft keine vollständige Abwicklung einer Ausleihe über das Internet möglich ist (s. Kapitel 1). Es ist jedoch denkbar und wahrscheinlich, dass der B2B-Bereich der Sharing Economy zukünftig wichtiger werden wird. Es bestehen Potenziale, Ressourcen in Unternehmen effizienter zu nutzen und damit Kosten zu sparen (pwc, 2014, 7). Besonders relevant könnte dies für kleine und mittlere Unternehmen sein, die kostengünstig Zugang zu großen Ressourcenpools erhalten können, was den potenziellen Nachteil der geringeren Größe im Vergleich zu Großunternehmen ausgleichen könnte (Levering/Icks, 2016, 10).

Fraglich ist, ob dann auch eine Anpassung des regulatorischen Rahmens erfolgen muss. Für Vertragsabschlüsse zwischen Unternehmen – unabhängig davon, ob im Kontext der Sharing Economy oder nicht – gelten feste Regeln, deren Befolgung nicht infrage steht. Auch die Überlegung, welchen Status ein Anbieter hat (gelegentlich versus kontinuierlich), spielt hier keine Rolle. Damit lassen sich im B2B-Segment der Sharing Economy auch mittelfristig keine Handlungsbedarfe absehen, zumal der Sektor bislang in Deutschland nur eine Nische darstellt.

2.2 Marktentwicklung der wichtigsten Sharing-Plattformen in Deutschland

Neben der im vorangegangenen Abschnitt vorgenommenen Status-Quo-Bestimmung der Sharing Economy in Deutschland wird nun analysiert, wie sie sich im Zeitablauf entwickelt hat. Dazu werden quantitative Fallstudien durchgeführt, im Rahmen derer die Entwicklung ausgewählter Sharing-Unternehmen in den Sektoren Mobilität, Unterkunft und Alltagsgegenstände genauer untersucht wird. Die Sharing Economy ist bundesweit erst seit wenigen Jahren in ihrer jetzigen Form präsent (s. Abbildung 1-1). Daher ist auch der betrachtete Zeitraum vergleichsweise kurz und beschränkt sich je nach Sharing-Unternehmen auf wenige Jahre. Unter anderem wird als Datenquelle Google Trends (siehe auch Box) verwendet, aber auch andere Daten werden herangezogen.

Methodik: Google Trends

Google Trends stellen den Umfang von Google-Suchanfragen in einem Zeitraum dar. Dabei werden nicht absolute Werte für die Anzahl an Anfragen für einen bestimmten Begriff angegeben. Stattdessen werden die Suchanfragen relativ zum insgesamt höchsten Wert in dem betrachteten Zeitraum dargestellt. Dieser höchste Wert beträgt 100.

Ein Beispiel (s. Abbildung 1-1): Betrachtet wird der Zeitraum Januar 2009 bis Juli 2017. Der Wert von 49 im Oktober 2014 bedeutet dann, dass zu diesem Zeitpunkt die Anzahl der Suchanfragen nach dem Suchwort knapp die Hälfte der höchsten Anzahl an Suchanfragen im Gesamtzeitraum ausmachten.

Google-Suchanfragen eignen sich als Analyseinstrument, da die Stichprobe kontinuierlich, aber unregelmäßig ist, die Daten über die Zeit hinweg gesammelt werden und die Anfragen selbst nicht strategisch sind. So ergibt sich ein relativ kohärentes, zeitlich und geografisch zuordenbares Bild des Interesses der Internetnutzer an einem Thema beziehungsweise einem Suchwort. Dabei gilt es zu beachten, dass eine Veränderung des Suchbegriffs auch das Ergebnis beeinflussen kann. Zudem erlaubt die Methode gerade bei der Verwendung von Unternehmensnamen als Suchbegriffen keinerlei Rückschlüsse über Klickzahlen von Unternehmenswebseiten. Diese werden gerade in der Sharing Economy auch von Zugriffen über Apps getragen, für die Google Trends keine Rolle spielt.

2.2.1 Mobilitätssektor

Um die Entwicklung im Mobilitätssektor der Sharing Economy exemplarisch darzustellen, wird als wichtigste Form zunächst das B2C-Carsharing betrachtet. Für diesen Teilbereich gibt es Daten zur Anzahl der vorhandenen Fahrzeuge sowie der registrierten Nutzerinnen und Nutzer seit dem Jahr 2008 (s. Abbildung 2-5). Damit ist die Datenverfügbarkeit hier sehr gut und der Zeitraum vergleichsweise lang. Die Daten zeigen, dass insbesondere das Free-Floating-Carsharing stark an Bedeutung zugenommen hat. Während am Anfang 2011 noch kein Auto in Deutschland zur Verfügung stand, waren es ein Jahr später bereits über 1.500 Fahrzeuge. Zu Beginn des Jahres 2017 standen insgesamt 7.800 Fahrzeuge zur Verfügung. Im Vergleich zu 2012 entspricht dies mehr als einer Verfünffachung.

Im gleichen Zeitraum zwischen 2012 und 2017 stieg die Anzahl der stationsbasierten Fahrzeuge von 5.600 auf 9.400 und damit um etwa zwei Drittel. Dies fällt gegenüber dem Free-Floating-Carsharing deutlich ab. Allerdings sind Unternehmen im stationsbasierten Carsharing auch schon deutlich früher in Deutschland aktiv gewesen. Im Jahr 2008 gab es 3.200 Fahrzeuge bundesweit. Dennoch zeigt die Abbildung deutlich, dass der Teilbereich des stationsbasierten Carsharings sowohl in Bezug auf die Anzahl der Fahrzeuge als auch in Bezug auf die Anzahl der Nutzerinnen und Nutzer ein langsameres Wachstum vollzogen hat als der Teilbereich des Free-Floatings. Letzteres verzeichnete 2012 rund 40.000 registrierte Nutzerinnen und Nutzer. Anfang 2017 waren es nahezu 1,3 Millionen. Innerhalb von nur fünf Jahren hat sich die Anzahl der Nutzerinnen und Nutzer damit verdreißigfacht.

Abbildung 2-5: Entwicklung von stationsbasiertem und Free-Floating-Carsharing in Deutschland

Anzahl Fahrzeuge (linke Achse) und Fahrberechtigte (rechte Achse), jeweils zum 1. Januar des Jahres

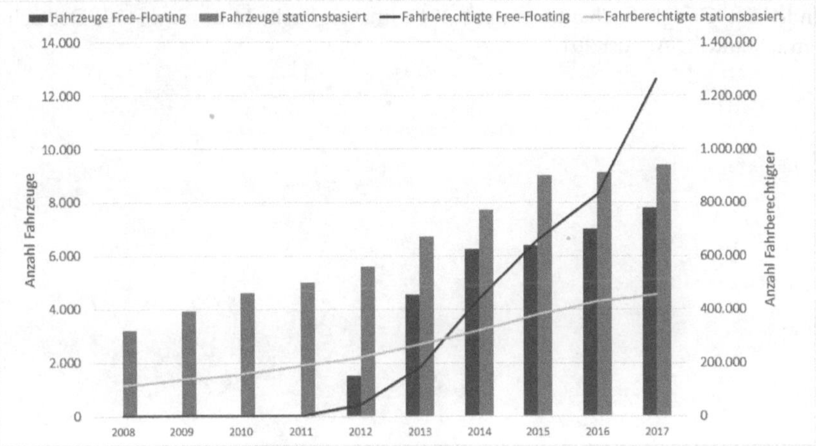

Quelle: bcs, 2016a, 2017b; eigene Darstellung.

Das größte Buchungsnetzwerk beim stationsbasierten Carsharing in Deutschland ist Flinkster mit seinen Kooperationspartnern (s. Kapitel 2.1.1). Im Bereich des Free-Floating-Carsharings ist die Daimler-Tochter car2go die größte Anbieterin beziehungsweise der größte Anbieter (car2go, 2017b). Ein Vergleich der Suchanfragen auf der Suchmaschine Google in Deutschland nach diesen beiden Anbieterinnen beziehungsweise Anbietern im Vergleich zum Begriff Carsharing (s. Abbildung 2-6), macht deutlich, dass die Verbraucherinnen sowie Verbraucher vor allem nach car2go suchen. Bereits im Laufe des Jahres 2012 hat dieser Suchbegriff „Carsharing" überholt, welcher im Suchinteresse relativ konstant ist. Seit Ende 2014 ist jedoch eine Annäherung im Suchinteresse zu erkennen. Dies ist auf einen Rückgang der Suchanfragen nach car2go zurückzuführen. Bei car2go ist anzunehmen, dass die Kundinnen und Kunden in zunehmendem Maße nicht über Google zum Anbieter gelangen, weil car2go bereits 2015 titelte: „Die App-basierte Miete bei car2go setzt sich durch" (car2go, 2015b). Am wenigsten wird durchgängig über den gesamten angegebenen Zeitraum nach Flinkster gesucht. Tendenziell hat das Suchinteresse in den letzten beiden Jahren sogar noch abgenommen. Eine mögliche Erklärung für das geringe Suchinteresse an Flinkster mag sein, dass es sich um eine

Kooperation mehrerer Anbieter handelt und oft speziell nach diesen Anbietern, wie zum Beispiel teilAuto und book-n-drive, gesucht wird.

Abbildung 2-6: Suchinteresse an „car2go", „Carsharing" und „Flinkster" seit 2012 in Deutschland im Vergleich

Indizierte Google-Suchanfragen seit 2012 im Vergleich, Maximum: 100, Deutschland, Stand: 1. August 2017

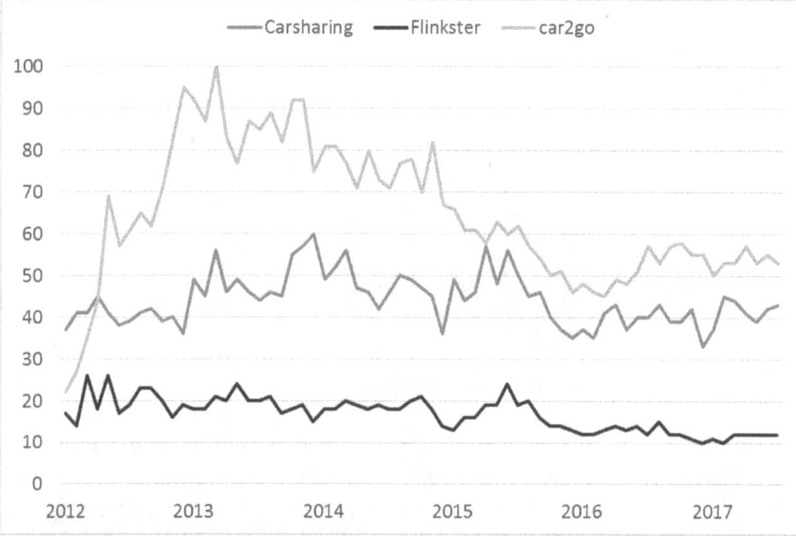

Die Daten zeigen die Gesamtsuchanfragen für „car2go", „Carsharing" und „Flinkster" in Deutschland relativ zum Maximum an Anfragen in diesem Zeitraum (100).

Quelle: Google Trends; eigene Darstellung.

Dass die Anzahl an Suchanfragen nicht zwangsläufig die Bedeutung eines Anbieters widerspiegelt oder mit dieser korreliert, wird an den zur Verfügung stehenden Fahrzeugen deutlich. Flinkster und car2go stellen in Deutschland derzeit jeweils rund 4.000 Fahrzeuge zur Verfügung (s. Abbildung 2-7), obwohl bei Google Trends deutlich öfter nach car2go gesucht wird. Dies legt nahe, dass die Kundengruppen der beiden Anbieter sich unter Umständen unterscheiden.

Sowohl Flinkster als auch car2go haben die Anzahl buchbarer Fahrzeuge seit dem Markteintritt kontinuierlich ausgebaut. Seit dem Jahr 2012 erfolgte das Wachstum der beiden Fahrzeugflotten nahezu parallel. Flinkster ging aus dem Deutsche Bahn Carsharing hervor, das 2001 entstanden ist

(Deutsche Bahn, 2014, 17). 2011 wurden die Aktivitäten unter dem Namen Flinkster gebündelt und insgesamt 2.700 Fahrzeuge zur Verfügung gestellt (Deutsche Bahn, 2012, 67). Ende 2016 waren es 4.017 PKW (Deutsche Bahn, 2017), ein Zuwachs von knapp 50 Prozent. Dabei muss jedoch beachtet werden, dass bei den Kooperationspartnerinnen und Kooperationspartnern von Flinkster auch Free-Floating-Fahrzeuge zur Verfügung stehen, welche in der obigen Zahl enthalten sind, sowie, dass durch den Austritt von Multicity 350 Fahrzeuge seit Ende Oktober 2017 nicht mehr gebucht werden können. car2go hat ebenfalls 2011 in Deutschland mit zunächst 300 PKW in Hamburg den Geschäftsbetrieb aufgenommen (car2-go, 2016). Im August 2017 standen bei diesem Anbieter insgesamt 3.860 Fahrzeuge bereit. Innerhalb von sechseinhalb Jahren hat das Unternehmen die Anzahl Fahrzeuge also um fast das Dreizehnfache gesteigert. Auch in anderen Ländern ist car2go aktiv: Weltweit können derzeit 13.916 Fahrzeuge ausgeliehen werden.

Abbildung 2-7: Entwicklung der Fahrzeuge von Flinkster und car2go

Anzahl zum 31. Dezember eines Jahres

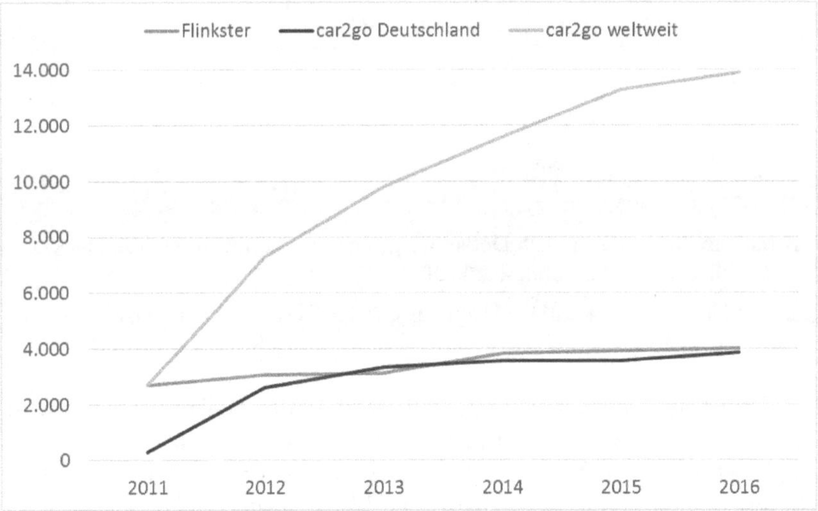

Quelle: car2go, 2015a, 2015b, 2016, 2017a; Deutsche Bahn, 2012, 2014, 2016, 2017; Hamburger Abendblatt, 2013; zum Teil eigene Berechnungen.

Beim Carsharing in Deutschland handelt es sich somit um einen wachsenden Markt, bei dem vor allem Free-Floating-Carsharing auf Expansionskurs ist. Das Ausscheiden des relativ kleinen und nur in Berlin tätigen Anbieters Multicity Ende Oktober 2017 dürfte keinen nachhaltigen Einfluss auf diese Entwicklung haben. Insbesondere die beiden Marktführer sind ebenfalls in Berlin vertreten und möglicherweise in der Lage, ihre Kapazitäten an eine erhöhte Nachfrage anzupassen. Doch auch im stationsbasiertem Carsharing werden die Kapazitäten weiter ausgebaut.

Abbildung 2-8: Finanzierungsrunden für BlaBlaCar (Comuto SA) seit 2010

Betrag in Millionen US-Dollar*

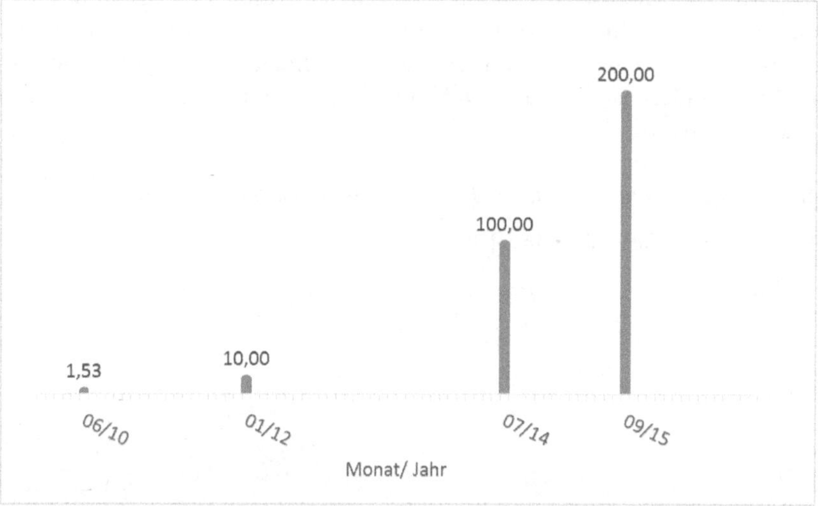

* Betrag im Juni 2010 in US-Dollar umgerechnet, Umrechnungskurs 1 EUR = 1,2209 Dollar (Deutsche Bundesbank, 2011).

Quelle: BlaBlaCar, 2014, 2015; EU-Startups, 2012; ITespresso, 2010; eigene Darstellung.

Das Ridesharing erfreut sich ebenfalls wachsender Beliebtheit. Dies wird anhand der Finanzierungsrunden von BlaBlaCar deutlich (s. Abbildung 2-8). Im Juni 2010 erhielt die dahinterstehende Comuto SA lediglich 1,25 Millionen Euro (ITespresso, 2010). Die bisher letzte Finanzierungsrunde brachte BlaBlaCar im September 2015 bereits 200 Millionen US-Dollar ein. Laut eigenen Angaben soll das Geld insbesondere für die Expansion des Unternehmens genutzt werden (BlaBlaCar, 2015).

2.2.2 Unterkunftssektor

Der Marktüberblick im Unterkunftssektor der Sharing Economy in Deutschland hat gezeigt, dass die größten Anbieter Couchsurfing im Bereich der kostenlosen und Airbnb im Bereich der kostenpflichtigen Unterkunft sind (s. Kapitel 2.1.2). Ein Vergleich der beiden Unternehmen anhand der Google-Suchanfragen aus Deutschland zeigt, dass vor allem nach Airbnb gesucht wird (s. Abbildung 2-9). Darüber hinaus zeigt Airbnb einen starken Anstieg der Suchanfragen, der zudem noch saisonal zu sein scheint. So werden zur Mitte eines Jahres jeweils vergleichsweise erhöhte Anfragen registriert, bevor diese um den Jahreswechsel einen Tiefpunkt erreichen. Dieser Verlauf könnte auf die Sommerferien in Deutschland zurückzuführen sein. Die Anzahl der Suchanfragen nach Couchsurfing nehmen dagegen sogar ab.

Abbildung 2-9: Entwicklung der Google-Suchanfragen nach „Airbnb" und „Couchsurfing" in Deutschland

Indizierte Google-Suchanfragen seit Mai 2011 im Vergleich, Maximum: 100, Deutschland, Stand: 1. August 2017

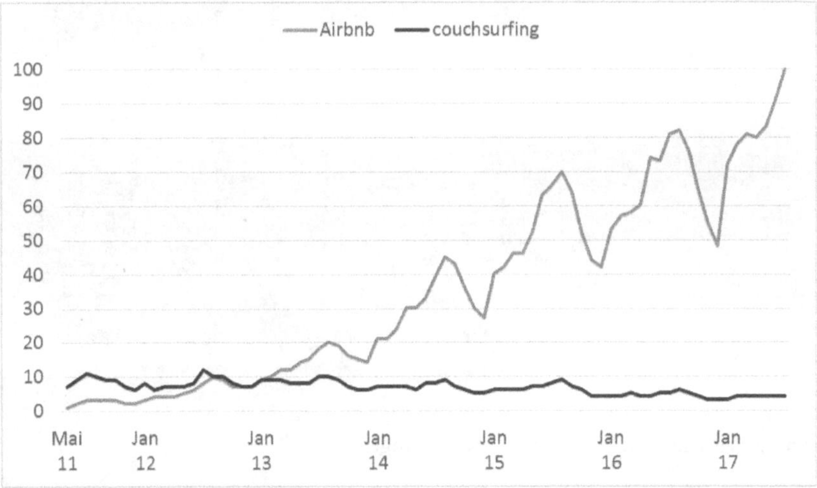

Die Daten zeigen die Gesamtsuchanfragen für „Airbnb" und „Couchsurfing" in Deutschland relativ zum Maximum an Anfragen in diesem Zeitraum (100).

Quelle: Google Trends; eigene Darstellung.

2011 übernahm Airbnb den deutschen Konkurrenten Accoleo und expandierte auf diesem Wege nach Deutschland (Gründerszene, 2011). Zu diesem Zeitpunkt war Couchsurfing bereits in Deutschland bekannt und wurde demensprechend öfter gesucht. Die Nutzung von Airbnb erfolgt in vielen Fällen mithilfe der Airbnb-App, deren deutschsprachige Version allein auf Android-Betriebssystemen mindestens 10 Millionen Mal installiert worden ist (Google, 2017). Zudem gelangen überhaupt nur weniger als 20 Prozent aller Besucher auf airbnb.de über eine Suchmaschine auf diese Seite (Monopolkommission, 2015, 91). Die deutlich positive Entwicklung der Google-Suchanfragen erhält vor diesem Hintergrund eine gesteigerte Bedeutung, weil sie das tatsächliche Interesse an Airbnb noch deutlich unterschätzen dürfte.

In einer Analyse der Situation in 13 Großstädten (unter anderem Paris, San Francisco, Seattle, Sydney und Tokyo) wurde jedoch festgestellt, dass der Anteil von Airbnb an den Übernachtungen sowie Umsätzen im Beherbergungsgewerbe unter vier beziehungsweise drei Prozent liegt (Fiorilla, 2017, 3).

Abbildung 2-10: Finanzierungsrunden für Airbnb seit Gründung

Betrag in Millionen US-Dollar

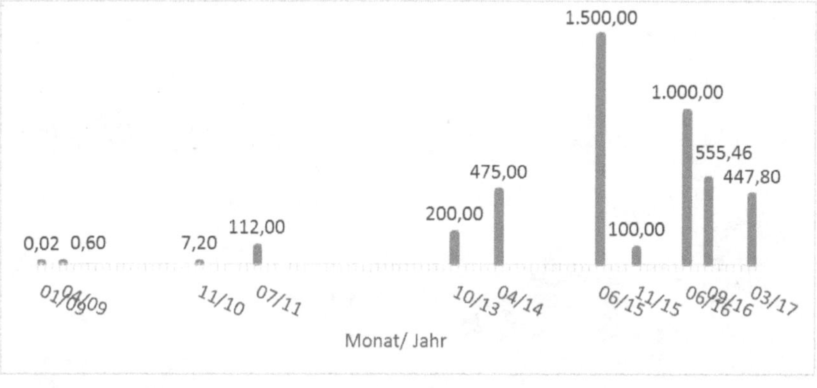

Quelle: crunchbase, 2017; eigene Darstellung.

Nicht nur das Suchinteresse an Airbnb auf Google, sondern auch die finanzielle Unterstützung für das nicht börsennotierte Unternehmen zeigen die wachsende Bedeutung des Unternehmens (s. Abbildung 2-10). In bislang elf Finanzierungsrunden stellten Investoren Airbnb insgesamt knapp 4,4 Milliarden US-Dollar zur Verfügung. Dabei nahm der Umfang der Finanzierung je Runde bis zum Maximum von 1,5 Milliarden US-Dollar im Jahr 2015 zu, während die einzelnen Finanzierungsrunden in geringer werdendem zeitlichem Abstand erfolgten. Insgesamt wurden in die Sharing Economy weltweit bis zum Jahr 2015 15 Milliarden US-Dollar investiert (t3n, 2015).

Die Entwicklung der Finanzierungsrunden bei Airbnb zeigt zweierlei: Zum einen hat Airbnb einen großen Bedarf an Finanzmitteln, wahrscheinlich um die weltweite Expansion voranzutreiben. Zum anderen sind Investoren bereit, Eigenkapital in erheblichen Mengen bereitzustellen, was darauf hindeutet, dass der Wert des Unternehmens sehr hoch eingeschätzt wird. Basierend auf den Finanzierungsrunden wird von einem Marktwert von Airbnb von rund 30 Milliarden US-Dollar ausgegangen (Forbes, 2017). Dies ist, insbesondere bei einem nicht börsennotierten Unternehmen, ausgesprochen viel. Zum Vergleich: Die Marktkapitalisierung von Airbnb liegt damit etwa in der gleichen Größenordnung wie die der deutschen DAX-Konzerne Continental, Deutsche Bank oder Linde (finanzen.net, 2017). Die hohe Bewertung von Airbnb ist vor allem darauf zurückzuführen, dass das Unternehmen nicht erst in Unterkünfte investieren muss, sondern durch die Anwerbung neuer Anbieterinnen und Anbieter sowie die Expansion in weitere Länder sehr schnell wachsen kann. Dieses Wachstum ist zudem mit sehr geringen Kosten verbunden, da neue Angebote einfach in die bestehende Plattform integriert werden können.

Auch in Deutschland ist Airbnb auf Wachstumskurs (s. Abbildung 2-11). Ende 2013 standen auf Airbnb rund 19.000 Übernachtungsmöglichkeiten in Deutschland zur Verfügung. Innerhalb eines Jahres verdoppelte sich diese Zahl. Auch in 2015 kamen netto 20.000 Angebote in Deutschland hinzu. Das Wachstumstempo nahm dann deutlich zu und die Anzahl der Unterkünfte wurde 2016 sogar mehr als verdoppelt, sodass am Ende dieses Jahres rund 100.000 Unterkünfte in Deutschland verfügbar waren.

Grundsätzlich ist erwartbar, dass Airbnb in Deutschland weiter expandiert. Dafür sprechen die umfangreichen finanziellen Mittel genauso wie Prognosen für den deutschen Tourismussektor. So geht eine Studie für Unterkünfte in Ferienhäusern und der Sharing Economy davon aus, dass sich die Anzahl der Nutzerinnen und Nutzer in Deutschland bis 2021 um ein Drittel erhöht (Bohnhoff/Schreiber, 2017). Bei den bundesweiten Umsätzen dieses Segments, das über die Sharing Economy hinausgeht, werden zwischen 2015 und 2021 Zuwächse von 54 Prozent erwartet.

Abbildung 2-11: Entwicklung des Airbnb-Angebots in Deutschland

Anzahl zum 31. Dezember des jeweiligen Jahres

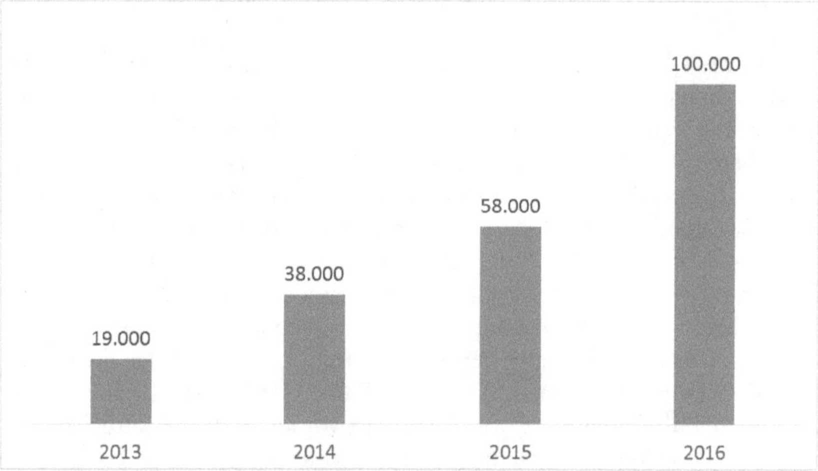

Quelle: Airbnb, 2016b, 2017a; op-online.de, 2015; eigene Darstellung.

2.2.3 Alltagsgegenstände

Der Marktüberblick des Sektors Alltagsgegenstände zeigt (s. Kapitel 2.1.3), dass in diesem die Trennung der kontinuierlichen, professionalisierten Vermietung von der gelegentlichen Vermietung im privaten Umfeld besonders schwierig ist. Vor diesem Hintergrund wird in diesem Abschnitt ausschließlich die Entwicklung im Bereich des P2P-Sharings untersucht. Dabei wird auf Plattformen fokussiert, die ausschließlich das typische Sharing im privaten Umfeld ermöglichen. Dies hat mehrere Vorteile: Zum einen werden tatsächlich nur Alltagsgegenstände einbezogen, die mithilfe von Sharing-Plattformen zugänglich gemacht werden. Zum anderen werden durch dieses Vorgehen auch Plattformen ausgeschlossen, die über die in Kapitel 1 vorgenommene Definition von Alltagsgegenständen hinaus weitere Güter oder Dienstleistungen vermitteln. Darunter fällt beispielsweise miet24, weil hier unter anderem auch Fahrzeuge, Boote und Dienstleistungen angeboten werden.

Abbildung 2-12: Entwicklung der Google-Suchanfragen nach „fairleihen" und „frents" in Deutschland

Indizierte Google-Suchanfragen seit März 2010 im Vergleich, Maximum: 100, Deutschland, Stand: 15. September 2017

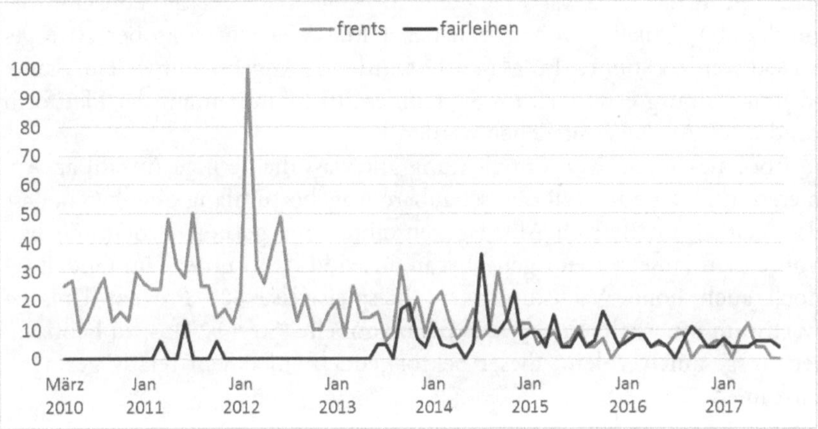

Die Daten zeigen die Gesamtsuchanfragen für „fairleihen" und „frents" in Deutschland relativ zum Maximum an Anfragen in diesem Zeitraum (100).

Quelle: Google Trends.

Die relativ geringe Anzahl an Angeboten auf P2P-Plattformen für Alltagsgegenstände hat auch gezeigt, dass Sharing in diesem Segment eine Nische bedient. Dies wird auch an den Google-Suchanfragen nach den P2P-Plattformen fairleihen.de und frents seit März 2010 (Gründung von frents) deutlich (s. Abbildung 2-12). Das Suchinteresse nach diesen Begriffen ist zum einen sehr volatil. Zum anderen ist es, abgesehen vom Maximum Anfang des Jahres 2012 sehr gering und in der Tendenz seit 2015 rückläufig. Anders als in den beiden anderen betrachteten Sharing-Sektoren findet sich zumindest anhand der Google-Suchanfragen bei Alltagsgegenständen kein Wachstum.

Etwas anders sieht es aus, wenn statt der Suchanfragen andere Indikatoren für unternehmerisches Wachstum verwendet werden. Die Verfügbarkeit von Daten ist jedoch schlecht. Auf Nachfrage gibt die nicht gewinnorientierte Plattform fairleihen.de an, seit der Gründung (Mai 2013; fairleihen.de, 2017b) jährlich 1.000 bis 1.500 Nutzer hinzugewonnen zu haben und Mitte 2017 etwa 3.000 Nutzer ausschließlich in Berlin zu haben. Über diese Informationen hinaus veröffentlicht fairleihen.de in unregelmäßigen

Abständen einen Sachstand im Blog der Plattform (fairleihen.de, 2017b). Dabei wird auch die Anzahl der angebotenen Gegenstände publiziert (s. Abbildung 2-13). fairleihen.de ist seit 2013 in Berlin aktiv. Fünf Monate nach Inbetriebnahme der Webseite konnten darüber bereits 440 Artikel entliehen werden. Im Juli 2014 waren erstmals 1.000 Gegenstände verfügbar. Seit Ende 2015 ist die Zahl an Angeboten relativ konstant bei rund 2.000 Artikeln, wobei die 2.000er Marke erst im Oktober 2016 geknackt werden konnte. Im Mai 2017 wurde das Angebot auf weitere Städte in Brandenburg erweitert. Im September 2017 konnten auf der Plattform rund 2.200 Artikel ausgeliehen werden.

Trotz dieser positiven Entwicklung gilt, dass die geringe Anzahl an Anbietern und der zum Teil überschaubare Angebotsumfang offenbaren, dass das Sharing im Bereich Alltagsgegenstände eine geringe Bedeutung hat. Von einem äußerst niedrigen Niveau aus sind dann unter Umständen jedoch auch hohe Wachstumsraten, beispielsweise 600 Prozent Umsatzwachstum innerhalb eines Jahres bei myonbelle (Stern, 2015), zu beobachten. Insgesamt verbleibt dieser Sektor jedoch auf einem relativ geringen Niveau.

Abbildung 2-13: Entwicklung der Anzahl angebotener Artikel auf fairleihen.de

Anzahl für veröffentlichte Monate seit der Gründung im Mai 2013; Stand: 13. September 2017

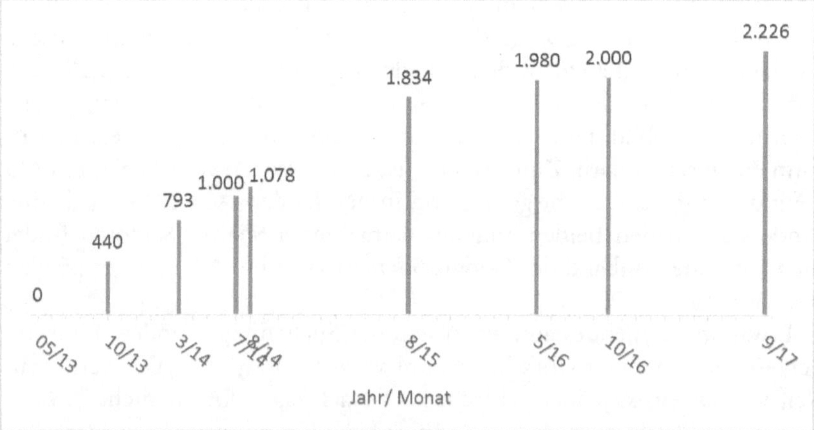

Im Mai 2017 wurde das Angebot über Berlin hinaus ausgedehnt.

Quelle: fairleihen.de, 2017a, 2017b; eigene Darstellung.

2.3 Rolle der Sharing-Anbieter im Markt

Um die wirtschaftliche Bedeutung der Sharing Economy abschätzen zu können, ist es entscheidend, ob es sich bei den Dienstleistungen der Sharing-Anbieter im Vergleich zu klassischen Unternehmen um Substitute oder Komplemente handelt. Ein Substitut wären die Dienstleistungen der Sharing Economy dann, wenn sie bereits vorhandene Dienstleistungen oder Produkte ersetzen. Als komplementär wären sie einzustufen, wenn die Dienstleistungen der Sharing Economy neben den bestehenden Dienstleistungen und Produkten existieren und diese unter Umständen sogar ergänzen. Es gibt Publikationen, die die Frage nach der Rolle der Sharing-Anbieter allgemein zu beantworten versuchen. So gibt beispielsweise Bonciu (2016, 50) an, dass Sharing-Unternehmen ein wichtiges Komplement für klassische Unternehmen seien. Goudin (2016, 14) geht davon aus, dass die Sharing Economy klassische Geschäftsmodelle meist ersetzt.

Allgemein ist jedoch anzunehmen, dass die Rolle der Sharing-Anbieter zum einen vom jeweiligen Segment und Geschäftsmodell abhängig ist. Es ist wenig plausibel, dass die Effekte in so unterschiedlichen Sektoren wie Mobilität und Unterkunft identisch sind. Zum anderen hängt dies sicher auch von dem betrachteten Markt ab. So dürfte es deutliche Unterschiede zwischen städtischen und ländlichen Räumen geben. In den Städten existiert bereits ein differenziertes Unterkunftsangebot aus Hotels, Pensionen und weiteren Unterkunftsarten. Dementsprechend ist der Wettbewerb zwischen den einzelnen Anbietern hoch. In ländlichen Regionen dagegen, insbesondere in den touristisch weniger erschlossenen, sind Sharing-Unterkünfte möglicherweise in der Lage, überhaupt erst ein Angebot an Unterkünften zu schaffen. Im Folgenden wird daher die vorhandene Literatur danach ausgewertet, welche Schlüsse sich für die drei Segmente Mobilität, Unterkunft und Alltagsgegenstände ziehen lassen.

2.3.1 Mobilitätssektor

Die Effekte des Carsharings auf andere Mobilitätsformen in Deutschland wurden in einer Umfrage im Jahr 2014 ermittelt (s. Abbildung 2-14). Bis zum Zeitpunkt der Umfrage sahen 70 Prozent der Personen, die Carsharing nutzten, keine Veränderung in der Nutzung von Fernzügen. Beim öffentlichen Personennahverkehr (ÖPNV) waren es 67 Prozent, beim Fahrrad 63 Prozent. Dies spricht für eine Komplementarität des Carsharings, von dem in dieser Studie P2P-Modelle ausgeschlossen werden. Dagegen gaben insgesamt 23 Prozent an, die Nutzung eines PKW aufgrund des Carsharings reduziert oder eingestellt zu haben. Bei Mietwagen waren es 32 Prozent, bei Taxen 31 Prozent. Carsharing scheint laut dieser Befragung für einige Mobilitätsformen, vor allem den motorisierten Individualverkehr, auch substitutiv zu sein. Bedeutsam ist, dass es kein einheitliches Bild gibt, es somit bei jeder Mobilitätsform Personen gibt, die Carsharing als Komplement betrachten, wie auch Personen, für die Carsharing ein Substitut darstellt.

Martin et al. (2010) belegen mithilfe einer Befragung von mehr als 9.000 Carsharing-Nutzerinnen und Nutzern in den USA und Kanada einen signifikanten Rückgang in der Anzahl der von einem Haushalt durchschnittlich betriebenen PKW. Mishra et al. (2015) finden für die San Francisco Bay Area eine signifikant niedrigere Anzahl an Autos bei Carsharing-Nutzerinnen und Nutzern. Für den Free-Floating-Anbieter car2go belegt eine Studie für die Städte Calgary, San Diego, Seattle, Vancouver und Washington, D.C., dass ein Carsharing-Fahrzeug durchschnittlich zwischen sieben und elf private PKW ersetzt (Martin/Shaheen, 2016, 9).

Abbildung 2-14: Auswirkungen von Carsharing auf andere Mobilitätsformen

In Prozent der Personen, die Carsharing nutzen, nur Personen mit Führerschein, n=1.900, 2014

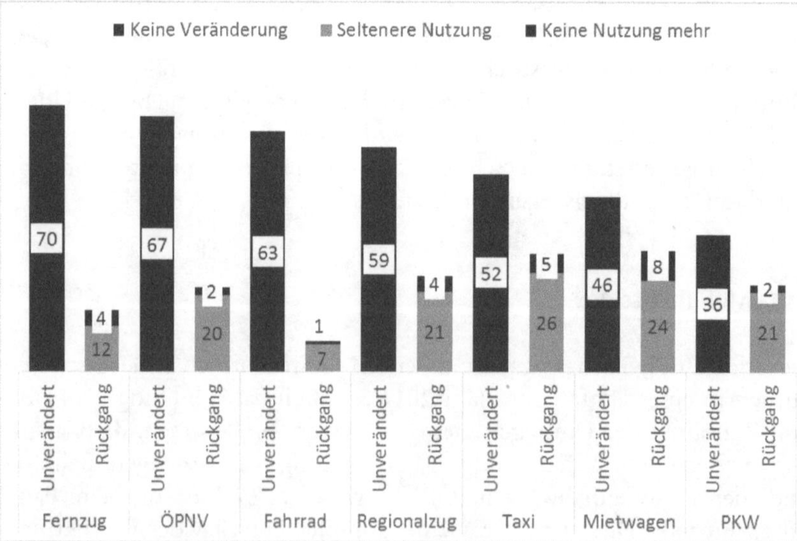

Quelle: Berylls Strategy Advisors, 2015, 6; eigene Darstellung.

Unabhängig von der Form des Carsharings gibt das Beratungsunternehmen AlixPartners (2014) für zehn US-amerikanische Großstädte sogar an, dass ein Carsharing-Fahrzeug 32 private PKW ersetzt. Bis zum Jahr 2014 seien deshalb etwa 500.000 Autos weniger gekauft worden. Bis zum Jahr 2020 schätzen die Autoren, dass durch Carsharing in den USA 1,2 Millionen PKW weniger gekauft werden. Die bisher ermittelten Werte für Europa sind deutlich geringer: Eine Studie des Free-Floating-Unternehmens DriveNow für Wien belegt, dass ein Carsharing-Fahrzeug im Durchschnitt fünf private PKW ersetzt (DriveNow, 2016, 1). Für den deutschen Markt zeigt eine Befragung bei Nutzerinnen und Nutzern stationsbasierter Carsharing-Angebote, dass ein solches Fahrzeug 15 private PKW ersetzen kann (bcs, 2016b, 25 ff.). Die Ersatzquote ist jedoch regional sehr unterschiedlich ausgeprägt. Eine weitere Studie zu den Anbietern Flinkster und DriveNow zeigt, dass sich die Anzahl der PKW im Haushalt nur bei 5 beziehungsweise 19 Prozent der Nutzerinnen und Nutzer überhaupt geändert hat (WiMobil, 2016, 172 ff.). Allerdings zeigt diese Analyse auch, dass die Veränderung nicht mit Carsharing erklärt werden kann, sondern mit anderen Faktoren zusammenhängt, wie etwa der Haushaltsgröße.

Auch das EU-Parlament geht 2017 in einer Studie zu den Auswirkungen der Sharing Economy im Mobilitätssektor davon aus, dass dort substitutive Wirkungen vorliegen (Finger et al., 2017, 55 ff.). In Bezug auf das Ridesharing ist zwischen kurz- und langfristigen Effekten zu differenzieren: Kurzfristig würde Ridesharing Fahrten mit Langstreckenzügen ersetzen und über die Reduktion der Umsätze zu einer Abwärtsspirale des Angebots an solchen Zügen führen. Langfristig wird davon ausgegangen, dass die Abnahme des Besitzes von Privatfahrzeugen in urbanen Gegenden durch das große (Car-)Sharing-Angebot zu einer gesteigerten Nachfrage nach Alternativen auf langen Strecken, wie Zugfahrten, Ridesharing und Mietwagen, führen wird. Die substitutiven Wirkungen des Ridesharings zum Beispiel auf den Taximarkt bestätigen auch andere Studien (Rammler, 2016, 125).

Für die übrigen Formen des Sharings im Mobilitätssektor gibt es kaum Literatur, welche die Wirkungen auf jeweils andere Formen der Mobilität beleuchtet. Für das Bikesharing findet eine Studie mit Daten aus dem Großraum Washington, D.C. heraus, dass eine Bikesharing-Station Staus um 4 Prozent reduziert (Hamilton/Wichman, 2016). Dieser staureduzierende Effekt tritt vor allem in Gegenden mit einer sehr hohen Staubelastung auf. Die Analyse erlaubt keine Rückschlüsse darauf, in welchem Umfang das Ergebnis auf eine Substitution des Autofahrens oder der Nutzung anderer Verkehrsmittel zurückzuführen ist. Es gibt jedoch Hinweise darauf, dass es zumindest zum Teil aus einer Substitution des Autos resultiert.

2.3.2 Unterkunftssektor

Für den Sektor Unterkunft gibt eine Befragung aus dem Jahr 2016 erste Antworten auf die Frage, ob die Unterkunftsangebote im Rahmen der Sharing Economy komplementär oder substitutiv zum klassischen Hotelgewerbe zu sehen sind (vgl. auch Kapitel 3.4.1): In Nordrhein-Westfalen wurden insgesamt 236 Hotel- und Pensionsbetriebe zur Konkurrenz durch die Sharing Economy befragt (Demary et al., 2017, 47 ff.). Die Mehrzahl der befragten Betriebe sehen die Sharing-Angebote als Konkurrenz. Ist die Auslastung in den letzten zwei Jahren gesunken, ist der Anteil der Hotels, die eine Konkurrenz wahrnehmen, noch höher. „Konkrete Verdrängungseffekte lassen sich auf Basis der Umfrage allerdings nicht benennen, da die Auslastungsentwicklung von zahlreichen Faktoren abhängig ist, die weit über die Präsenz der Sharing Economy hinausgehen. Es kann jedoch vermutet werden, dass gerade Hotels im niedrigen Preissegment direkt mit vielen Angeboten der Sharing Economy in Konkurrenz stehen und damit potenziell eher Gefahr laufen könnten, von Verdrängungseffekten betroffen zu sein." (Demary et al., 2017, 47).

Dies bestätigt eine empirische Untersuchung des Effekts von Airbnb auf den texanischen Hotelmarkt (Zervas et al., 2016, 21). Verdrängungseffekte treten danach eher bei Hotels auf, die in niedrigen Preissegmenten tätig sind, die nicht Teil einer Hotelkette sind oder die wenig Geschäftsreisende beherbergen. Zudem zeigt die Analyse, dass eine zehnprozentige Erhöhung der Airbnb-Angebote mit einem statistisch signifikanten monatlichen Umsatzrückgang von 0,39 Prozent bei Hotels verbunden ist (ebenda, 16). Zumindest teilweise scheint Airbnb damit substitutiv für Hotelaufenthalte zu sein.

Die Ergebnisse einer repräsentativen Befragung in den USA, dem Vereinigten Königreich, Frankreich und Deutschland durch Morgan Stanley Global Insights aus dem Jahr 2015 gehen in eine ähnliche Richtung: Bei 42 Prozent derjenigen, die Airbnb in den vergangenen zwölf Monaten genutzt hatten, hat Airbnb ein Hotel substituiert (Morgan Stanley Global Insights, 2015, 8).

Für Südkorea lässt sich ein Zusammenhang zwischen Hotelumsätzen und der Sharing Economy im Unterkunftssektor nicht bestätigen. Eine Studie mit Airbnb-Daten aus dem Jahr 2014 findet keinen statistisch signifikanten Zusammenhang zwischen Airbnb-Angeboten und den Umsätzen von regulären Hotels (Choi et al., 2015, 5). Lediglich für niedrigpreisige Hotels in Seoul findet sich eine geringe negative Korrelation. Auch Neeser

(2015) findet für Schweden, Norwegen und Finnland keinen signifikanten Effekt von Airbnb auf die Hotelumsätze pro Zimmer.

2.3.3 Sektor Alltagsgegenstände

Der Sektor Alltagsgegenstände der Sharing Economy in Deutschland ist sehr klein und sehr heterogen. Vor diesem Hintergrund liegen nach dem Wissen der Autoren keine Studien dazu vor, ob das Sharing eher substitutiv oder komplementär zu den üblichen Angeboten zu sehen ist. Grundsätzlich dürfte bei den Nachfragerinnen und Nachfragern von Sharing-Angeboten in diesem Bereich eine von drei Optionen zutreffen: Die erste Möglichkeit besteht darin, dass der gesuchte Gegenstand geliehen wird, um einen Kauf zu vermeiden. Dann wäre das Angebot substitutiv. Die zweite Alternative ist, dass der Gegenstand geliehen wird, bevor er gekauft wird, um ihn auszuprobieren. Gerade bei teureren technischen Geräten ist dies durchaus denkbar. Das Sharing-Angebot wäre dann ein Komplement zum Kaufangebot. Schließlich besteht die dritte Möglichkeit darin, dass Nachfrage nach dem Gegenstand durch das Sharing-Angebot überhaupt erst geschaffen wird. Es bleibt unklar, welcher Effekt überwiegt.

2.3.4 Beitrag der Sharing Economy zum Bruttoinlandsprodukt

Die Sharing Economy ist sehr heterogen und setzt sich aus zahlreichen einzelnen Märkten zusammen. Diese lassen sich unter anderem anhand von Merkmalen wie dem durch die Sharing-Plattform vermittelten Gut und der damit unter Umständen verbundenen Dienstleistung, aber auch geografisch definieren. Daten zu einzelnen Märkten und damit zur Sharing Economy insgesamt sind schwer verfügbar. Dadurch wird es insbesondere erschwert, den Beitrag des Sharings zur Wirtschaftsleistung zu schätzen. Der Nobelpreisträger Joseph Stiglitz sagte in einem Interview für die Zeitung Le Monde: „For now, [...], Airbnb, the collaborative economy does not generate productivity gains as powerful as those of the industrial revolution, and we do not know how to measure what they inject in gross domestic product." (Goudin, 2016, 13). Für die Schweiz wurde 2015 versucht, den Beitrag der Sharing Economy zu schätzen (Feubli/Horlacher, 2015). Die Autorin und der Autor haben zuerst die von Sharing-Aktivitäten betroffenen Sektoren identifiziert (zum Beispiel Beherbergung und Mobilität) und ihren Anteil am Schweizer Bruttoinlandsprodukt bestimmt. Anschließend wurden die Ausgaben der privaten Haushalte im Bereich des Sharings in diesen Wirtschaftsbereichen geschätzt. Je nach Annahme über die Höhe der Ausgaben lag der Anteil der Sharing Economy zwischen 0,1 und 1 Prozent des Schweizer Bruttoinlandsprodukts (BIP).

Ein ähnlicher Stellenwert der Sharing Economy wird anhand von Zahlen für die Europäische Union deutlich. Eine Studie für das Europäische Parlament (Goudin, 2016, 21) schätzt, dass durch die Nutzung nicht ausgelasteter Ressourcen mittels Sharing in der EU maximal ein Wert von 572 Milliarden Euro pro Jahr entsteht. Dabei handelt es sich dem Autor nach jedoch um das maximale Potenzial, das so nur in Ausnahmefällen erreicht werden könnte. Der größte Beitrag durch die Aktivierung von unter ihrem Potenzial genutzten Ressourcen könnte dabei in Bezug auf den Faktor Arbeit generiert werden, wenn Personen aufgrund von Sharing-Angeboten überhaupt arbeiten oder ihre Arbeitszeit ausdehnen können (309 Milliarden Euro; Goudin, 2016, 21). 152 Milliarden Euro könnten im Mobilitätssektor und 35 Milliarden im Beherbergungssektor gehoben werden. Andere Sektoren, inklusive dem Sektor für Alltagsgegenstände, könnten zusammen einen Beitrag von maximal 76 Milliarden Euro leisten.

2.4 Effekte der Sharing Economy auf Beschäftigung

Die Auswirkungen der Sharing Economy auf Beschäftigung und den Arbeitsmarkt sind bisher nicht eindeutig zu identifizieren. Es gibt zwar eine zunehmende Anzahl an Veröffentlichungen, die sich diesem Thema aus unterschiedlichen Blickwinkeln widmen. Gleichzeitig fehlt jedoch für einzelne Länder und Sektoren der Sharing Economy die empirische Evidenz, die klare Schlussfolgerungen zulässt. Wie auch in Bezug auf andere Fragestellungen im Zusammenhang mit dem Phänomen der Sharing Economy, sind auch ihre Effekte auf den Arbeitsmarkt stark von dem zu betrachtenden Sektor abhängig (vgl. auch Degryse, 2016, 28). Was im Sektor Unterkunft relevant ist, muss keine Wirkung im Mobilitätssektor haben.

Grundsätzlich können Sharing-Geschäftsmodelle auf verschiedene Art und Weise auf Beschäftigung wirken: Zum einen können die Sharing-Unternehmen selbst Arbeitsplätze schaffen. Zum anderen ist denkbar, dass gerade P2P-Geschäftsmodelle möglicherweise die Hürden für Individuen reduzieren, sich selbstständig zu machen. Zugleich ist dieses Geschäftsmodell aber auch ein Weg, das unternehmerische Risiko einer Tätigkeit auf die privaten Anbieter zu übertragen. Schließlich können die Sharing-Unternehmen als neuer Wettbewerber in Märkten theoretisch auch die dortigen etablierten Anbieter und deren Beschäftigungssituation beeinflussen. Im Folgenden werden die drei Wirkungskanäle der Sharing Economy in Bezug auf Beschäftigung kurz im Hinblick auf die in dieser Studie relevanten Segmente analysiert.

2.4.1 Beschäftigung bei Sharing-Unternehmen

Eine direkte Wirkung auf den Arbeitsmarkt erfolgt durch die Beschäftigung, die bei Sharing-Unternehmen selbst entsteht. Dabei gilt es zu unterscheiden zwischen P2P-Plattformen, die lediglich vermitteln, und B2C-Unternehmen, die darüber hinaus auch die Güter besitzen, warten, reparieren und ersetzen. Es kann vermutet werden, dass letztere Geschäftsmodelle mit einer größeren Anzahl von Arbeitsplätzen einhergehen als erstere, bei denen die Vermittlung digitalisiert erfolgt und lediglich eine vergleichsweise geringe Anzahl an Beschäftigten primär für die Betreuung und Weiterentwicklung der Plattform notwendig ist. Letzteres bestätigt eine Auswertung der Metajobsuchmaschine Joblift (2016), nach deren Angaben sich 2016 die Mehrzahl der Stellenangebote aus der Sharing Economy in Deutschland an IT-Spezialisten richtet. Auch beispielsweise Degryse (2016, 34) gibt an, dass Airbnb nicht mehr als ein paar hundert Angestellte habe. Zwar bleibt unklar, auf welchen geografischen Raum sich diese Aussage bezieht. Insgesamt ist der Personalaufwand für P2P-Plattformen in Deutschland sicherlich vergleichsweise gering, insbesondere im Hinblick auf die potenziell mögliche Anzahl an Nutzerinnen und Nutzern.

Diesen Aspekt verdeutlichen einige Beispiele: So hat das B2C-Sharing-Unternehmen Grover aus dem Sektor Alltagsgegenstände nach eigener Aussage etwa 5.000 regelmäßige Nutzerinnen und Nutzer bei 35 Beschäftigten. Kilenda weist 3.000 regelmäßige Nutzerinnen und Nutzer auf und beschäftigt 19 Vollzeitäquivalente im gleichen Sektor. Dabei ist davon auszugehen, dass bei einem Wachstum der Transaktionen die Beschäftigtenzahlen keinesfalls in gleichem Maße wachsen müssen, insbesondere bei P2P-Modellen.

Der Vergleich der Rechtsformen der in dieser Studie berücksichtigten, in Deutschland aktiven Sharing-Unternehmen zeigt für die drei betrachteten Sektoren deutliche Unterschiede (s. Abbildung 2-15). Im Mobilitätssektor der Sharing Economy sind rund 43 Prozent der Unternehmen als Verein oder Genossenschaft organisiert und stellen damit im weiteren Sinne die Gemeinschaft und ihre Förderung in den Mittelpunkt des Geschäftsbetriebs. Sämtliche Sharing-Unternehmen in diesem Sektor, auf die dies zutrifft, stammen aus dem Bereich stationsbasiertes Carsharing. Im Sektor Alltagsgegenstände zeigt das Beispiel fairleihen.de, dass nicht nur Vereine und Genossenschaften, sondern auch manche GmbHs das Gemeinwohl in den Vordergrund stellen. Einen direkten Zusammenhang zwischen der Rechtsform eines Sharing-Unternehmens und der Beschäftigtenanzahl gibt es nicht. Allerdings ist insbesondere bei den auf das Gemeinwohl fokussierten Unternehmen zum Teil ausschließlich eine ehrenamtliche Beschäftigung gegeben (zum Beispiel BeWelcome im Unterkunftssektor oder fairleihen.de im Sektor Alltagsgegenstände).

Abbildung 2-15: Sharing-Unternehmen in Deutschland nach Rechtsform

In Prozent an allen Unternehmen des Sektors, n=198, Stand: August 2017

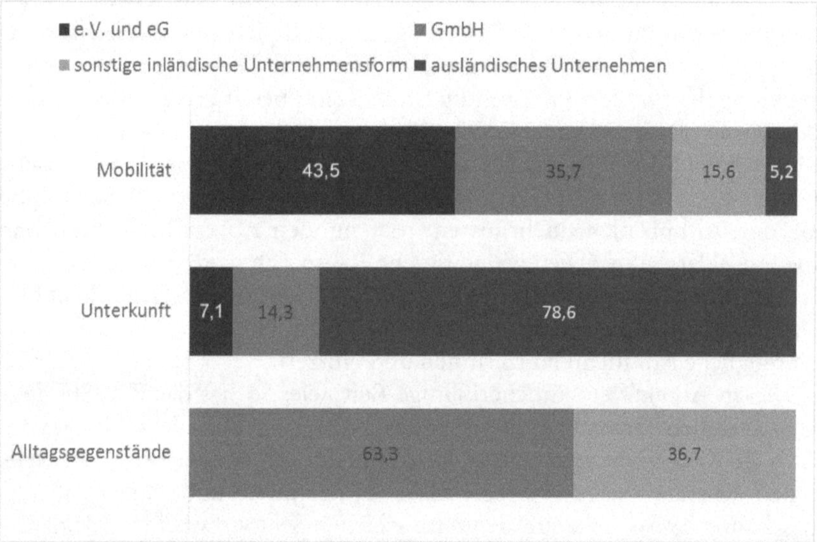

Quelle: Eigene Recherchen.

Im Unterkunftssektor der Sharing Economy sind rund 79 Prozent der insgesamt 14 Unternehmen ausländischen Rechtsformen zuzurechnen. Die Unternehmen haben nach ihrer Gründung – etwa in den Vereinigten Staaten – nach Deutschland expandiert. Dies gilt im Mobilitätsbereich bei einer deutlich höheren Fallzahl von 154 Unternehmen lediglich für 5,2 Prozent. Die Beschäftigtenzahlen steigen im Rahmen solcher Expansionen typischerweise an. Die Wirkung auf Beschäftigung des Mobilitätsbereichs ist jedoch insgesamt gering. Auf Anfrage hat der Bundesverband CarSharing die Anzahl Beschäftigter im Carsharing geschätzt. Er kommt zum Schluss, dass es in Deutschland insgesamt 830 Vollzeitäquivalente Stellen beziehungsweise 1.250 Beschäftigte bei stationsbasierten Carsharing-Unternehmen mit mehr als 20 Fahrzeugen gibt. Dazu kommen noch 370 Angestellte bei car2go und DriveNow.

Dabei ist durchaus ein Zusammenhang zwischen der Beschäftigung bei Sharing-Unternehmen und dem Ausmaß der Regulierung möglich. Im Allgemeinen stellt ein auch auf unterschiedlichen Verwaltungsebenen stark ausdifferenzierter Regulierungsrahmen für Sharing-Unternehmen eine Herausforderung dar (Demary/Engels, 2016, 25). Dies gilt insbesondere für die Unternehmen, die grenzüberschreitend tätig sind oder dies anstreben. Die für Sharing-Unternehmen und -Anbieter anwendbare Regulierung unterscheidet sich zum einen zwischen verschiedenen Ländern. Zum anderen gibt es auch innerhalb eines Landes umfassende Unterschiede in der Regulierung, insbesondere in Bezug auf den Unterkunftssektor der Sharing Economy. Je komplexer die anzuwendende Regulierung ist, desto mehr Personal ist unter Umständen notwendig, um deren Einhaltung zu gewährleisten.

2.4.2 Arbeitsmarkteffekte für Anbieterinnen und Anbieter auf P2P-Sharing-Plattformen

Für viele Menschen ist eine Tätigkeit als Anbieterin oder Anbieter der Sharing Economy eine attraktive Möglichkeit, Geld zu verdienen. In einer Umfrage der EU-Kommission im Jahr 2016 gaben 27 Prozent der befragten ab 15-jährigen Personen in Deutschland an, bereits als Anbieterin oder Anbieter in der Sharing Economy tätig gewesen zu sein (EU-Kommission, 2016a, P2). Dies liegt unterhalb des EU-Durchschnitts von 32 Prozent. Bei diesen Werten ist jedoch zu beachten, dass sie die Sharing Economy (beziehungsweise in der Ausdrucksweise der EU-Kommission die Collaborative Economy) als Ganzes umfasst. Es bleibt auch unklar, wie diese in der Befragung definiert wurde. Schließlich umfasst der Wert all diejenigen, die bis zum Zeitpunkt der Befragung als Anbieterin beziehungsweise Anbieter tätig gewesen waren, unabhängig von der Häufigkeit der Tätigkeit. Werden nur die Personen berücksichtigt, die regelmäßig jeden Monat anbieten, bleiben noch 7 Prozent der Bevölkerung ab 15 Jahren. Bezogen auf die in dieser Studie betrachteten Sektoren dürfte der Wert noch einmal deutlich niedriger liegen. Bislang ist die Anzahl an Anbieterinnen und Anbietern der Sharing Economy in den Sektoren Mobilität, Unterkunft und Alltagsgegenstände somit noch klein. Dennoch gehen aus Anbietersicht einige Chancen mit der Tätigkeit einher.

P2P-Sharing-Plattformen erlauben einen „sanften“ Einstieg in eine Selbstständigkeit (Demary et al., 2017, 53). Ausgehend von einem gelegentlichen Zuverdienst auf Basis einer wenig genutzten Ressource wie einem Auto oder einer Wohnung lassen sich die Häufigkeit und der Umfang der Transaktionen theoretisch vergleichsweise einfach ausweiten. Die Sharing Economy ermöglicht das Austesten einer Selbstständigkeit, bevor dieser Schritt dann tatsächlich erfolgt.

Diese Abfolge dürfte sich innerhalb der Sharing Economy jedoch nicht überall wiederfinden. Besonders relevant erscheint eine sich aus den Sharing-Aktivitäten entwickelnde Selbstständigkeit dann, wenn erstens das Sharing-Geschäftsmodell weit verbreitet und damit die Anzahl potenzieller Nachfrager groß ist. Dies ist im Unterkunftssektor der Fall, während der Sektor Alltagsgegenstände und der Sektor des P2P-Car- oder Bikesharings dafür derzeit kaum infrage kommen. Zweitens muss das relevante Gut vorhanden sein und es dürfte die Selbstständigkeit ebenfalls erleichtern, wenn es auch anderweitig leicht gewinnbringend eingesetzt werden kann. Eine leerstehende Wohnung lässt sich über eine Sharing-Plattform oder aber auch dauerhaft vermieten. Ein weiteres Auto oder auch Alltagsgegenstände weisen diese Eigenschaft meist nicht auf.

Für das Sharing von Unterkünften in Deutschland gibt es keine Daten dazu, in welchem Umfang sich bei den Anbieterinnen und Anbietern eine Selbstständigkeit entwickelt hat. Stors und Kagermeier (2017) liefern mit einer Befragung einzelner Airbnb-Anbieterinnen und -Anbieter in Berlin erste Hinweise dazu: Von den befragten 25 Anbieterinnen und Anbietern hatten sechs, also fast ein Viertel, mehrere Unterkünfte angemietet oder gekauft, um sie kontinuierlich kurzfristig anzubieten (ebenda, 19). Sie „betrachten [...] ihre Vermietungspraxis als eigenes Geschäftsmodell, aus dem sie auch den Großteil ihrer regelmäßigen Einkünfte beziehen. [...] Sie haben sich durch die Vermietung mehrerer Wohnungen [...] selbstständig gemacht.“ (ebenda, 19). Während dies Hinweise auf eine Selbstständigkeit von Anbieterinnen und Anbietern über Airbnb in Berlin geben kann, erlaubt die Stichprobengröße keine verlässlichen Schlussfolgerungen hinsichtlich der Anbieterstruktur der Plattform (vgl. Kapitel 3.5).

Selbst wenn keine Gründung erfolgt, sondern die Anbieterinnen und Anbieter von Unterkünften über Sharing-Plattformen dies in einem Nebenerwerb betreiben, können Sharing-Plattformen den Einstieg in den Arbeitsmarkt erleichtern (Eichhorst/Spermann, 2015, 17; Das Acevedo, 2016, 18). Dies gilt für den Unterkunftssektor, aber auch für die Bereiche Mobilität (Hall/Krueger, 2015, 11) und Alltagsgegenstände. Die Markteintrittsbarrieren sind niedrig, da in den meisten Fällen ohne weiteres eine Leistung angeboten werden kann. Die durch diese Form des Nebenerwerbs geschaffene Flexibilität könnte insbesondere für Gruppen, für die der Zugang zum Arbeitsmarkt zuvor erschwert war, eine Chance darstellen. Dazu gehören zum Beispiel Personen, die Kinder oder Angehörige versorgen (Deutsches Jugendinstitut, 2005, 89).

Die Tätigkeit als Anbieterin beziehungsweise Anbieter auf einer Sharing-Plattform kann zudem zu einer größeren finanziellen Sicherheit führen. So gaben 53 Prozent der Airbnb-Gastgeberinnen und -Gastgeber in den USA in einer Befragung an, dass sie aufgrund des Zuverdienstes ihr Haus behalten konnten (Airbnb, 2015, 3). 48 Prozent nutzten das Einkommen aus dem Sharing dafür, Miete und Lebensmittel zu bezahlen. Die Sharing Economy trägt somit dazu bei, Existenzen zu sichern. Auch in Deutschland kann das zusätzliche Einkommen der Gastgeberinnen und Gastgeber dazu beitragen, deren finanzielle Situation zu verbessern. So nutzten 33 Prozent der Airbnb-Gastgeberinnen und Gastgeber in Berlin im Jahr 2015 dieses zusätzliche Einkommen, um finanziell „über die Runden zu kommen" (Airbnb, 2016a, 3 ff.). Typischerweise verdienten sie jährlich 1.800 Euro mit der (Unter-)Vermietung ihres Wohnraums. 49 Prozent davon wurden dafür verwendet, regelmäßige Haushaltsausgaben wie Miete oder Ratenzahlungen sowie Rechnungen zu bezahlen. Sicherlich ist Berlin unter den deutschen Städten und Regionen in Bezug auf die Sharing Economy ein Sonderfall (s. Kapitel 3.5). Im bundesdeutschen Durchschnitt lagen die Einnahmen aus der Vermietung von Unterkünften über Airbnb im Jahr 2016 deutlich niedriger bei 1.600 Euro (Airbnb, 2017a). Es wird dennoch deutlich, dass auch hierzulande zusätzliches Einkommen aus der Sharing Economy dazu verwendet wird, den finanziellen Spielraum der Anbieterinnen und Anbieter zu vergrößern.

Für die Anbieterinnen und Anbieter auf Sharing-Plattformen eröffnet diese Tätigkeit in Bezug auf den Arbeitsmarkt aber noch weitere Chancen. Stors und Kagermeier (2017, 18 f.) stellen für Airbnb am Beispiel Berlin fest, dass Sharing räumliche und berufliche Flexibilität ermöglicht. So können Berufspendlerinnen und -pendler oder Personen, die an wechselnden Orten arbeiten, sich ihren Hauptwohnsitz mithilfe einer Vermietung über die Plattform (zumindest teilweise) gegenfinanzieren. Auch Weiterbildungen oder eine berufliche Umorientierung lassen sich durch den Zuverdienst erreichen (ebenda, 22 f.).

Selbstständigkeit oder Zuverdienst im Rahmen einer P2P-Sharing-Plattform bieten also für Anbieterinnen und Anbieter eine neuartige Verdienstmöglichkeit, die zahlreiche Chancen und vor allem Flexibilität mit sich bringt. Gleichzeitig fällt aufgrund der selbstständigen oder nebenerwerblichen Tätigkeit jedoch die Verantwortung für die soziale Absicherung den Anbieterinnen und Anbietern zu (Monopolkommission, 2016, 1225 f.; Degryse, 2016, 34). Dies bedeutet für die Sharing-Plattformen unter Umständen gegenüber klassischen Unternehmen einen Kostenvorteil. Die fehlende Qualitätskontrolle durch das Sharing-Unternehmen wird im Allgemeinen versucht, durch ein Bewertungssystem auszugleichen (Eichhorst/Spermann, 2016, 19).

2.4.3 Beschäftigung bei etablierten Anbietern

Die Sharing Economy kann dann Auswirkungen auf die Beschäftigung bei etablierten Anbietern haben, wenn ihre Leistungen substitutiv zu denen der Etablierten sind (s. Kapitel 2.3). Wenn beispielsweise Personen für die Urlaubsreise eine Sharing-Unterkunft statt eines Hotels buchen, kann dies bei letzterem einen Rückgang von Beschäftigung bewirken. Dies gilt insbesondere dann, wenn die Nachfrage nach einer Leistung wie einer Übernachtung insgesamt gleichbleibt. Aber auch ein insgesamt leichter Nachfrageanstieg kann unter Umständen noch negative Beschäftigungswirkungen bei den etablierten Unternehmen auslösen. Zu den davon betroffenen Unternehmen zählen nicht nur die direkten Wettbewerber mit klassischem Geschäftsmodell – wie zum Beispiel Hotels und Autovermietungen –, sondern es können darüber hinaus auch weitere Unternehmen entlang der Wertschöpfungskette tangiert werden. Dies wäre etwa denkbar, wenn Personen aufgrund ihrer Nutzung von Carsharing das eigene Auto abschaffen und damit die Nachfrage nach Neu- und Gebrauchtfahrzeugen bei Autoherstellern und -häusern zurückgeht. Beschäftigungseffekte bei etablierten Unternehmen sind also davon abhängig, wie sich zum einen die Nachfrage nach dem produzierten Gut oder der Dienstleistung entwickelt und wie stark substitutiv das Sharing-Angebot wirkt. Zwar haben verschiedene Studien insbesondere in Bezug auf das B2C-Carsharing für einzelne Märkte die Auswirkungen auf die insgesamt benötigten PKW berechnet (s. Kapitel 2.3). Dennoch sind diese Ergebnisse so spezifisch – bezogen auf einzelne Länder, Städte oder unter umfassenden Annahmen berechnet –, dass sich daraus keine allgemeingültigen Schlussfolgerungen ableiten lassen, nicht einmal für ein einzelnes Segment der Sharing Economy.

In ähnlichem Umfang gilt dies auch für den Unterkunftssektor der Sharing Economy. Zwar wird auch in Deutschland eine Verdrängung von klassischen Unterkünften durch die Sharing-Angebote befürchtet. Empirisch belegt ist dies jedoch bislang allenfalls regional begrenzt in den USA (s. Kapitel 2.3.2 und 3.4.1). Was sich allgemein festhalten lässt, ist, dass eine größere Verbreitung der Sharing Economy auch Verdrängungseffekte bei der Beschäftigung in den etablierten substitutiven Unternehmen wie anderen Unterkünften wahrscheinlicher macht. Derzeit sind solche Effekte aber gerade in Deutschland, wo die Sharing Economy noch Ausbaupotenzial aufweist, wenig wahrscheinlich.

Dazu kommt, dass auch eine Komplementarität der Sharing-Geschäftsmodelle eine (meist positive) Auswirkung auf die Beschäftigung bei etablierten Unternehmen haben kann. Dies gilt insbesondere für die Unternehmen, die das Sharing unterstützende Dienstleistungen anbieten, wie zum Beispiel Reinigungsdienste (Pusch, 2014, 35). Darüber hinaus ist es auch denkbar, dass aufbauend auf dem Angebot der Sharing Economy ganz neue Geschäftsmodelle und damit Arbeitsplätze entstehen, die eher dem etablierten Sektor zuzuordnen sind. Darunter fallen beispielsweise Firmen, die für die Anbieterinnen und Anbieter auf Unterkunftsplattformen die Abwicklung wie etwa die Schlüsselübergabe übernehmen. Die Auswirkungen der Sharing Economy auf etablierte Unternehmen sind damit keineswegs eindeutig positiv oder negativ.

2.4.4 Gesamtwirkungen

Während die Wirkungen der Sharing Economy auf die Beschäftigung bei den Sharing-Unternehmen selbst sowie den Anbieterinnen und Anbietern bei P2P-Plattformen eher positiv sind, ist bei etablierten Unternehmen tendenziell von einem Beschäftigungsrückgang auszugehen. Ob und wieweit die positiven Beschäftigungseffekte die negativen kompensieren, ist nicht eindeutig festzustellen. Dies hängt unter anderem mit der Nachfrageentwicklung in den einzelnen Sektoren und Märkten zusammen.

Zu diesen Gesamtwirkungen gibt es bisher nur vereinzelte Untersuchungen, die sich auf einen spezifischen Markt konzentrieren: So stellen Fang et al. (2016) in einer Studie mit Daten für den US-Bundesstaat Idaho fest, dass Airbnb positive Auswirkungen auf die Gesamtbeschäftigung in der Tourismusbranche haben kann. Zwar schaffen die Anbieter der Unterkünfte selbst keine Arbeitsplätze, sondern könnten unter Umständen sogar Beschäftigung im niedrigpreisigen Hotelsegment verdrängen. Die Autoren führen die steigende Beschäftigung deshalb darauf zurück, dass die Anzahl an Besucherinnen und Besuchern insgesamt zunimmt, sodass durch die

Nachfrageerhöhung beispielsweise Beschäftigung in Restaurants entsteht. Zwar ist die Stichprobe dieser Untersuchung klein und der Bundesstaat Idaho laut den Autoren sehr touristisch (Fang et al., 2016), sodass diese Ergebnisse nicht zu verallgemeinern und auch nicht direkt auf Deutschland anwendbar sind. Sie zeigen dennoch an einem Beispiel, dass positive Effekte der Sharing Economy auf Beschäftigung nicht ausgeschlossen sind. Zudem stützen auch Daten von Airbnb selbst die dahinterstehende These der Nachfrageausweitung: Das Unternehmen hat ermittelt, dass Airbnb-Gäste 2,1 Mal so lange bleiben und 1,8 Mal so viel ausgeben wie typische Besucherinnen und Besucher (Airbnb, 2015, 2). Auch andere Studien bestätigen dies für einzelne Märkte (USA und Finnland: Tussyadiah/Pesonen, 2015).

Bertschmann et al. (2015) haben in einer Studie für das Bundesministerium für Umwelt, Naturschutz, Bau und Reaktorsicherheit die möglichen Auswirkungen von Carsharing auf die Beschäftigung sowie die Wertschöpfung für die gesamte deutsche Volkswirtschaft geschätzt. Dabei wurden zwei Szenarien angenommen: In Szenario A wird der Ausbau des Carsharings durch Regulierung und Investitionen seitens des Staates flankiert, während in Szenario B zusätzliche Verkehrsmaßnahmen sowie Änderungen der regulatorischen Rahmenbedingungen unterbleiben. Für Szenario B gehen die Autorinnen und Autoren von einem Rückgang der Beschäftigung von rund 5.700 bis 6.800 Arbeitsplätzen aus (Bertschmann et al., 2015, 143). Die Wertschöpfung steigt hingegen um 71-361 Millionen Euro. In Szenario A werden zwischen rund 72.000 und circa 109.000 Stellen neu geschaffen (ebenda). Dies ist jedoch mit einem Rückgang der Wertschöpfung zwischen rund 560 und 5.300 Millionen Euro verbunden.

Grundsätzlich lässt sich festhalten, dass Beschäftigungswirkungen der Sharing Economy – sowohl in positiver wie in negativer Richtung – nicht ausgeschlossen sind. Das Ausmaß dieser Effekte und die konkrete Ausgestaltung, etwa Haupt- versus Nebenerwerb, lassen sich jedoch derzeit kaum bestimmen. Umfassende Beschäftigungswirkungen der Sharing Economy in Deutschland sind allerdings derzeit nicht absehbar.

3 Die Sharing Economy im Unterkunftssektor

Über den Unterkunftssektor der Sharing Economy wird in der Öffentlichkeit zum Teil kontrovers diskutiert. Dies liegt zum einen daran, dass die Aktivitäten in diesem Sektor homogener sind als etwa im Bereich Mobilität (s. Kapitel 2.1). Angebot und Nachfrage nach Homesharing konzentrieren sich auf wenige Plattformen. Zum anderen ist der Übergang von einer gelegentlichen Tätigkeit, die nebenbei ausgeführt wird, zu einem professionalisierten, kontinuierlichen Angebot in diesem Segment fließend. Die Unterscheidung dieser zwei Typen von Angeboten ist eine besondere Herausforderung, die diesen Sektor kennzeichnet.

Tabelle 3-1: Absolute Fallzahlen der Befragung von Nutzerinnen und Nutzern

Anzahl der Beobachtungen in den jeweiligen Stichproben

	Hauptstichprobe	Zusatzstichprobe	Gesamt
Gast Sharing-Unterkunft 2016	195	244	439
davon mit positiver Angabe der Übernachtungen	186	216	402
Gastgeberin/Gastgeber Sharing-Unterkunft 2016	23	583	606
davon mit positiver Angabe der Buchungen	21	467	488
Gesamt	2.014	1.320	3.334

Quelle: Eigene Berechnungen.

Im Folgenden wird der Unterkunftssektor der Sharing Economy daher detailliert analysiert. Dazu wird in Abschnitt 3.1 das Angebot an Homesharing-Unterkünften in Deutschland genauer betrachtet. In Abschnitt 3.2 wird auch die Nachfrage nach diesen Dienstleistungen untersucht. Dabei wird aus methodischen Gründen zwischen inländischer und ausländischer Nachfrage unterschieden. Abschnitt 3.3 unternimmt eine Schätzung der Marktanteile der Sharing-Plattformen in Bezug auf den gesamten Markt für Unterkünfte. Die weiteren Abschnitte dieses Kapitels befassen sich mit den Auswirkungen der Sharing Economy im Unterkunftssektor. Abschnitt 3.4 betrachtet Wettbewerbseffekte, Abschnitt 3.5 geht auf die Wirkungen auf Raumregionen und Wohnraum ein. Schließlich untersucht

Abschnitt 3.6 auf Basis von Befragungsergebnissen potenzielle Problemlagen auf der Angebots- wie auf der Nachfrageseite des Homesharings insbesondere in Bezug auf die Aspekte Sicherheit, Sauberkeit und Versicherung. Diese Befragungsergebnisse basieren auf einer repräsentativen Hauptstichprobe, die online erhoben wurde, sowie auf einer nichtrepräsentativen Zusatzstichprobe, die ebenfalls größtenteils online (u. a. über Twitter und Facebook) erhoben wurde. Erstere ist als geschichtete Zufallsstichprobe repräsentativ für die Onlinebevölkerung in Deutschland nach den Merkmalen Alter, Geschlecht und Bundesland. Letztere ergänzt die Datenbasis um weitere (potenzielle) Nutzer der Sharing Economy, um ein umfassenderes, allerdings dann nicht mehr repräsentatives Bild zu schaffen und die repräsentativen Ergebnisse zu illustrieren. Insgesamt ergeben sich die Fallzahlen gemäß Tabelle 3-1. Es wird deutlich, dass die Zusatzstichprobe die Zahl der Gäste und Gastgeberinnen und Gastgeber im Jahr 2016 im Vergleich zur Hauptstichprobe deutlich erhöht. Da nicht alle Befragten alle Fragen beantwortet haben, addieren sich etwaige Untersummen in der Analyse einzelner Befragungsteile unter Umständen nicht immer zur Gesamtsumme auf. Es wurde jeweils mit der passendsten Teilstichprobe gerechnet, um ein valides, belastbares Ergebnis zu ermitteln.

3.1 Angebot an Unterkünften

3.1.1 Methodik

Zu dem Angebot an Unterkünften der Sharing Economy in Deutschland gibt es *keine amtlichen Daten.* Das erschwert eine belastbare Analyse des Angebots erheblich. Die Datenakquise gestaltet sich gemeinhin als schwierig. Umfassende Recherchen (zum Beispiel online, in Statistik-, Zeitschriften und Zeitungsdatenbanken sowie bei Hotel- und Tourismusverbänden) ergaben, dass allenfalls stichprobenartige Sekundärdaten zur Verfügung stehen (zum Beispiel Handelsblatt, 2018, 24 f.), die meist über Verfahren des Webscrapings erhoben wurden (s. Kapitel 7.3.4). Die konkret dahinterstehende Methodik ist jedoch bei diesen Daten oft nicht ausgeführt und bleibt unklar. Zudem sind die Daten häufig regional beschränkt, bilden nur sehr wenige Indikatoren ab und stammen von einem unklaren oder weit zurückliegenden Zeitpunkt. Zur konkreten Analyse des Angebots der Sharing Economy im Unterkunftssektor sind diese Daten daher kaum geeignet.

Um dennoch das Angebot an Unterkünften der Sharing Economy in Deutschland analysieren zu können, sind daher bei den Sharing-Plattformen selbst generierte Daten die beste Alternative. Die Sharing-Plattformen erheben Daten etwa zu den inserierten Angeboten, deren Ausstattungsmerkmalen und zum Teil auch deren Buchung. Bei dieser Herangehensweise besteht auch die Herausforderung, dass viele Anbieterinnen und Anbieter von Unterkünften diese nicht ausschließlich auf einer Plattform einstellen, sondern im Rahmen des so genannten *Multihomings* mehrere Plattformen nutzen. Da sich identische Unterkünfte auf verschiedenen Sharing-Plattformen nicht eindeutig identifizieren lassen, besteht bei Auswertung der Angebote auf mehreren Sharing-Plattformen die Gefahr der Mehrfacherfassung identischer Angebote. Damit würde das Gesamtangebot überschätzt, wobei unklar bliebe, in welcher Größenordnung. Auch die Bedeutung der Sharing Economy im Unterkunftssektor würde auf diese Weise in jedem Fall größer eingeschätzt, als sie tatsächlich ist.

Die Alternative stellt eine *Analyse des Angebots einer Sharing-Plattform* dar. Sinnvollerweise wird dazu die Plattform verwendet, deren Angebot den größten Teil des gesamten Sharing-Angebots in Deutschland abbildet. Dies ist in Deutschland Airbnb (s. Kapitel 2.1.2). Als Marktführer in Deutschland wird über diese Plattform das Gros der Unterkünfte angeboten (s. Tabelle 2-11). Wegen dieses hohen Marktanteils von Airbnb im Bereich der entgeltlichen Vermittlung von Sharing-Unterkünften wird im Folgenden auf die Daten dieses Anbieters abgestellt. Es ist davon auszugehen, dass das tatsächliche Angebot auf diese Weise weniger verzerrt abgebildet werden kann als durch das Verwenden von Daten mehrerer Plattformen. Die dargestellten Angebotszahlen sind entsprechend jedoch eher als Mindest- denn als Höchstwerte zu interpretieren.

Die Daten wurden dem Auftragnehmer von Airbnb exklusiv bereitgestellt und bilden die Plattform zum 1. Januar 2017 ab (zitiert als Airbnb, 2017g). Um eine neutrale Aussagekraft der Datensätze sicherzustellen, wurden die Daten mithilfe unterschiedlicher Sekundärquellen umfassend auf Plausibilität geprüft und halten diesem Check Stand. Im Einzelnen wurden alle über Internetrecherche und durch gezielte Anfragen auffindbare und akquirierte Daten, vor allem auch punktuell für bestimmte Zeitpunkte und Regionen vorhandene Daten, mit denen von Airbnb verglichen und auf diese Weise eingeordnet. Im Folgenden werden zur Einordnung an einigen Stellen auch Daten aus alternativen Quellen zitiert. Abweichungen zwischen den Primär- und den Sekundärdaten sind jedoch schon allein deshalb wahrscheinlich, weil die Daten jeweils Momentaufnahmen zu unterschiedlichen Stichtagen zeigen. Es lässt sich allerdings ein Vergleich der Größenordnungen ziehen.

Die Airbnb-Daten beziehen sich auf so genannte aktive Inserate. Dies bezeichnet alle Unterkünfte, die während einer Suche auf der Airbnb-Webseite erscheinen; darunter gemeinsame beziehungsweise mit dem Gastgeber geteilte Zimmer, Privatzimmer und ganze Unterkünfte. Dabei gilt es zweierlei zu berücksichtigen. Zum einen beinhalten *aktive Inserate* nicht zwingend, dass diese Unterkünfte zu einem bestimmten Zeitpunkt oder generell verfügbar sind. So könnten zum Beispiel Unterkünfte fälschlicherweise aktiv sein, aber nicht buchbar, wenn der Gastgebende den Kalender nicht richtig gepflegt hat.

Zum anderen kann eine Unterkunft ein einzelnes privates oder geteiltes Zimmer in einer Wohnung, eine ganze Wohnung oder auch ein Haus sein. Gastgeberinnen und Gastgeber können ihre Unterkunft jedoch gleichzeitig in mehreren Kategorien inserieren. So kann ein Inserat als Privatzimmer bei ihrer Anwesenheit und als ganze Unterkunft bei ihrer Abwesenheit vorliegen. Dies bewirkt, dass eine einzelne Unterkunft in den aktiven Inseraten theoretisch bis zu dreimal aufgeführt werden kann. Diese Fälle sind in den Daten jedoch nicht identifizierbar.

Dementsprechend sind die Angaben zu den aktiven Inseraten als Maximalwert der zum 1. Januar 2017 über Airbnb verfügbaren Unterkünfte in Deutschland zu verstehen. Um deutlichere Angaben machen zu können, werden daher, wo möglich und sinnvoll, Daten für ganze Unterkünfte verwendet.

3.1.2 Das Airbnb-Angebot in Deutschland

Laut den Daten von Airbnb (2017g) waren dort in Deutschland zum 1. Januar 2017 insgesamt 94.700 aktive Inserate geschaltet (s. Tabelle 2-3). Die Schaltung trifft keine Aussage über die tatsächliche Verfügbarkeit oder erfolgte Buchung der Unterkunft. Ein Vergleich zwischen den Bundesländern zeigt, dass vor allem Berlin (21.100), Bayern (16.200) und Nordrhein-Westfalen (14.100) sehr viele aktive Inserate aufweisen. Diese Länder weisen auch die höchste absolute Zahl an aktiv inserierten gesamten Unterkünften auf. Den höchsten Anteil der gesamten Unterkünfte an allen aktiven Inseraten haben Mecklenburg-Vorpommern (86 Prozent), Schleswig-Holstein (77 Prozent) und Rheinland-Pfalz (73 Prozent). Dies sind Bundesländer, die als Ferienziele sehr beliebt sind, woraus geschlossen werden könnte, dass viele Ferienwohnungen auch über Airbnb angeboten werden.

Tabelle 3-2: Airbnb-Inserate nach Bundesländern

Anzahl der aktiven Inserate auf Airbnb (insgesamt und nur „Gesamte Unterkunft“) am 1. Januar 2017; Anteil der inserierten gesamten Unterkünfte an allen Inseraten und am Wohnungsbestand zum 31. Dezember 2016

Bundesland	Alle aktiven Inserate	Aktive Inserate „Gesamte Unterkunft“	Anteil der aktiven Inserate „Gesamte Unterkunft“ an allen Inseraten	Anteil der aktiven Inserate „Gesamte Unterkunft" am Wohnungsbestand
Baden-Württemberg	7.800	4.700	60,3%	0,09%
Bayern	16.200	9.300	57,4%	0,15%
Berlin	21.100	11.100	52,6%	0,58%
Brandenburg*	1.300	900	69,2%	0,07%
Bremen	800	500	62,5%	0,14%
Hamburg	6.900	4.200	60,9%	0,45%
Hessen*	5.200	2.800	53,8%	0,09%
Mecklenburg-Vorpommern	2.900	2.500	86,2%	0,28%
Niedersachsen	6.300	4.100	65,1%	0,10%
Nordrhein-Westfalen*	14.100	8.900	63,1%	0,10%
Rheinland-Pfalz*	2.600	1.900*	73,1%	0,09%
Saarland	300	200	66,7%	0,04%
Sachsen	4.200	2.600	61,9%	0,11%
Sachsen-Anhalt	600	400	66,7%	0,03%
Schleswig-Holstein	3.500	2.700	77,1%	0,18%
Thüringen*	900	600	66,7%	0,05%
Deutschland gesamt	**94.700**	**57.400**	**60,6%**	**0,14%**

* Zum Vergleich: Laut Tourismusnetzwerk Rheinland-Pfalz (2017) gab es am 14. November 2017 3.521 aktive Airbnb-Angebote aller Unterkunftsarten in Rheinland-Pfalz; 1.192 Angebote in Thüringen, 1.878 Angebote in Brandenburg, 7.550 Angebote in Hessen und 16.183 Angebote in Nordrhein-Westfalen. Unterschiede können an den unterschiedlichen Stichtagen liegen. Der Anteil der gesamten Unterkünfte wurde für Rheinland-Pfalz ebenfalls mit 73 Prozent berechnet.

Quelle: Airbnb, 2017g; Statistisches Bundesamt, 2018; eigene Berechnung.

Der Anteil der inserierten gesamten Unterkünfte am Wohnungsbestand in den Bundesländern ist äußerst gering. In der Airbnb-Hochburg Berlin liegt er bei 0,58 Prozent, in Hamburg bei 0,45 Prozent, bei allen anderen Bundesländern deutlich darunter. Diese Anteile sind tendenziell als Maximalanteile zu verstehen, da der Wohnungsbestand nicht den Bestand an Einfamilienhäusern beschreibt, obwohl auch diese zum Teil auf Airbnb angeboten werden. Diese Daten belegen damit *auf Ebene der Bundesländer zunächst*, dass nur ein vernachlässigbar kleiner Teil des gesamten Wohnraumbestands vom Homesharing über Airbnb betroffen ist. Gleichzeitig wird deutlich, dass *potenzieller Wohnraumentzug ein lokales Thema* ist, das mit den vorhandenen Daten nicht abgebildet werden kann.

Gut 60 Prozent der 94.700 bundesweit aktiven Inserate auf Airbnb bieten eine gesamte Unterkunft an, das heißt Gast und Gastgeberin oder Gastgeber sind nicht gleichzeitig anwesend. 38 Prozent bieten ein Privatzimmer, also einen Teil der eigentlichen Wohnung an (s. Abbildung 3-1). In Berlin werden tendenziell mehr Privatzimmer angeboten als in Gesamtdeutschland: 46 Prozent der aktiven Inserate beziehen sich auf Privatzimmer, 53 Prozent auf gesamte Unterkünfte.

Abbildung 3-1: Airbnb-Inserate nach Unterkunftsarten

Aktive Inserate nach Unterkunftsarten in Deutschland am 1. Januar 2017, in Prozent

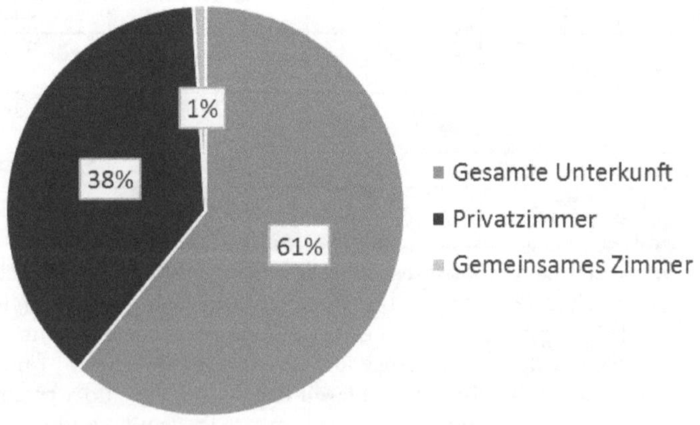

Quelle: Eigene Berechnung nach Airbnb, 2017g; eigene Berechnung.

Insgesamt ergibt sich ein vielfältiges Angebot an Unterkünften. In Berlin kann man schon für einen Euro pro Nacht in einem „Zimmer mit Kaninchen" schlafen. In Prenzlau gibt es für neun Euro pro Nacht ein ganzes Zelt. Im thüringischen Eberstedt gibt es eine schwimmende Blockhütte für 31 Euro die Nacht. Wer in Hannover in einem „Luxuriösen Penthouse auf zwei Ebenen" schlafen will, muss mehr als 700 Euro für vier Personen pro Nacht zahlen.

Ein oft genannter Vorteil von Airbnb-Unterkünften gegenüber traditionellen Unterkunftsformen ist der geringere durchschnittliche Übernachtungspreis. Im Tausch gegen ein niedrigeres Serviceniveau, darunter keine Rezeption, kein Frühstück und so weiter zahlen Sharing-Reisende oft geringe Preise als im Hotel. Laut Handelsblatt (2018) kostete eine Hotelübernachtung im Jahr 2015 Durchschnittlich 111 Euro, eine Übernachtung bei Airbnb hingegen nur 64 Euro. Geht man für 2016 von 8,2 Millionen auf Airbnb gebuchten Nächten in Deutschland aus (Airbnb, 2017g), ergibt sich daraus eine beachtliche Wirtschaftskraft von 524,8 Millionen Euro. Auch wenn diese Zahl mit Einschränkungen determiniert wurde, zeigt sie doch die Größenordnung des über Airbnb generierten Angebotes. Zum Vergleich: Der DEHOGA Bundesverband (2018) verzeichnet für 2016 26,2 Milliarden Euro Nettoumsatz in der Hotellerie und 3,4 Milliarden Euro im sonstigen Beherbergungsgewerbe.

3.1.3 Professionelle Anbieterinnen und Anbieter

Auf Sharing-Plattformen im Unterkunftssektor kann das gelegentliche Angebot privater Anbieterinnen und Anbieter (Homesharing) mit der eher professionalisierten, kontinuierlichen Vermietung mit Gewinnerzielungsabsicht verschwimmen. Deshalb wird im Folgenden explizit auf letztere Anbietergruppe eingegangen. *Professionelle Anbieterinnen und Anbieter* sind solche, die keine freien Kapazitäten in ihrer eigenen Wohnung zur Vermietung nutzen, sondern explizit Wohnraum umgewandelt haben, um kontinuierlich kurzfristig zu vermieten. Dabei betrachten sie ihre Vermietungspraxis als eigenes Geschäftsmodell, aus dem sie auch den Großteil ihrer regelmäßigen Einkünfte beziehen (Stors/Kagermeier, 2017).

Da professionelle Anbieterinnen und Anbieter nicht als solche auf Sharing-Plattformen gekennzeichnet sind, gibt es unterschiedliche Ansätze, sie zu identifizieren. Skowronnek et al. (2015) sehen Gastgeberinnen und Gastgeber mit mehr als einem Inserat als professionell an. Diese Definition ist allerdings insofern ungenau, als dass – wie zuvor erläutert – ein-

und dieselbe Unterkunft in mehreren Inseraten beworben werden kann – etwa als einzelnes Zimmer der Wohnung, als die gesamte Wohnung oder als geteiltes Zimmer mit dem Gastgebenden.

Deshalb kann bei *mehreren Inseraten* nicht automatisch angenommen werden, dass mehrere Unterkünfte vermietet werden und nicht nur die selbst genutzte Privatwohnung in Zeiten der Abwesenheit für einen kleinen Zuverdienst gelegentlich vermietet wird, wie der Sharing-Gedanke ursprünglich vorsieht.

Allerdings besteht bei Gastgeberinnen und Gastgebern mit *mehr als einer aktiven gesamten Unterkunft* auf Airbnb sehr viel stärker die Vermutung, dass diese professionell tätig sind. Zu berücksichtigen ist allerdings auch hier, dass es bei Airbnb auch die Möglichkeit der Co-Gastgeberschaft gibt. Co-Gastgeber unterstützen Eigentümerinnen und Eigentümer von Inseraten bei der Betreuung von Unterkunft und Gästen und erhalten dafür einen Anteil der Buchungseinkünfte. Außerdem ist einzubeziehen, dass sich unter den Gastgebern Menschen, beispielsweise Berufspendler, mit Zweitwohnungen befinden können, die ihre jeweils andere Wohnung zeitweise vermieten – ohne dem Wohnungsmarkt dadurch Wohnungen zu entziehen.

Vor diesen Einschränkungen sind die Anteile der Gastgeber mit einer, zwei oder mehr als zwei aktiven gesamten Unterkünften in den zehn deutschen Städten mit den meisten aktiven Inseraten zu sehen (s. Tabelle 3-3): Diese sind Maximalwerte für eine tendenziell professionelle, aber keinesfalls bewiesen professionelle Anbieterschaft. Selbst in der Airbnb-Hochburg Berlin haben nur 3 Prozent der Gastgeberinnen und Gastgeber mehr als zwei aktive gesamte Unterkünfte. 93 Prozent hingegen haben nur eine aktive gesamte Unterkunft. Der höchste Anteil der Gastgeberinnen und Gastgeber mit mehr als zwei aktiven Unterkünften wird in Dresden mit 6 Prozent erzielt. Dort haben immerhin noch 87 Prozent der Gastgeberinnen und Gastgeber nur eine aktive gesamte Unterkunft. Insgesamt ist der Anteil der Mehrfach-Gastgebenden gerade vor dem Hintergrund der einschränkenden Annahmen gering. 88 Prozent der Gastgeberinnen und Gastgeber bundesweit haben ein aktives Inserat der Kategorie „Gesamte Unterkunft“, 8 Prozent haben zwei dieser Inserate (s. Abbildung 3-2). Diese Zahlen ändern sich nur marginal, wenn man aktive Inserate aller Art betrachtet.

Tabelle 3-3: Top 10-Airbnb-Städte

Top-10-Städte in Bezug auf die Anzahl der aktiven Inserate „Gesamte Unterkunft“ pro Gastgebendem in Deutschland am 1. Januar 2017; Anteil am gesamten Wohnungsbestand, Anteile der Gastgeber mit 1, 2 oder mehr aktiven gesamten Unterkünften, in Prozent

				Anteil der Gastgeberinnen und Gastgeber mit … aktiven Inseraten „Gesamte Unterkunft“		
	Alle aktiven Inserate	**Aktive Inserate „Gesamte Unterkunft“**	**Anteil der aktiven Inserate „Gesamte Unterkunft“ am Wohnungsbestand**	**1**	**2**	**mehr als 2**
1. Berlin**	21.100	11.100	0,58%	93%	4%	3%
2. München**	8.800	4.600	0,59%	95%	4%	1%
3. Hamburg**	6.900	4.200	0,45%	96%	3%	1%
4. Köln*, **	5.300	3.100	0,56%	94%	4%	2%
5. Düsseldorf*, **	2.500	1.700	0,50%	87%	8%	5%
6. Frankfurt a.M. **	2.300	1.000	0,26%	93%	4%	3%
7. Hannover	2.100	1.200	0,41%	92%	5%	3%
8. Leipzig**	2.100	1.100	0,36%	92%	5%	3%
9. Dresden**	1.200	800	0,24%	87%	7%	6%
10. Nürnberg**	1.200	600	0,22%	89%	6%	5%

* Zum Vergleich: Der DEHOGA NRW (2016) zählte am 29. Juni 2016 2.244 Inserate aller Unterkunftsarten und 1.437 gesamte Unterkünfte in Köln und 1.467 (959) in Düsseldorf. Unterschiede können an den unterschiedlichen Stichtagen liegen.

** Zum Vergleich: Das Handelsblatt (2018) berichtet vom 18.600 Inseraten in 2017 in Berlin, 6.500 in München, 7.000 In Hamburg, 6.300 in Köln, 2.700 in Düsseldorf, 2.000 in Frankfurt, 1.100 in Dresden und 1.200 in Nürnberg. Es gibt also Abweichungen nach oben und unten und keine Hinweise auf systematische Verzerrungen.

Quelle: Airbnb, 2017g; Statistisches Bundesamt, 2018; eigene Berechnungen.

Eine Einschränkung dieser Betrachtung ist, dass Gastgeberinnen und Gastgeber theoretisch in der Lage wären, sich mit verschiedenen Emailadressen verschiedene Accounts zuzulegen. Auf diese Weise könnte eine umfangreiche Vermietungstätigkeit potenziell verschleiert werden. Eine Gastgeberin oder ein Gastgeber hätte dann mehrere Accounts, die aber jeweils nur ein

Inserat anführen würden. Die Datenlage erlaubt eine Identifikation solcher Anbieterinnen und Anbieter, die mehrere Accounts pflegen, nicht. Auch Webscraping würde nicht zur Aufklärung beitragen. Denkbar ist, dass nicht einmal die Vermittlungsplattform Airbnb selbst in der Lage ist, verschiedene Accounts ein und derselben Person zu identifizieren und zuzuordnen. Vor diesem Hintergrund ist eine Unterschätzung des Grads der Professionalität der Anbieterinnen und Anbieter denkbar.

Die Auswertung der Anteile der aktiven Gesamtunterkünfte am Wohnungsbestand in den Top-10-Airbnb-Städten deutet abermals darauf hin, dass eine Bedrohung des Wohnungsmarktes zumindest auf Stadtebene nicht gegeben ist. Dies gilt umso mehr, als dass Airbnb einen Großteil des gesamten Angebots an Sharing-Unterkünften abdeckt (s. oben). Den höchsten Anteil erzielt München mit 0,59 Prozent (s. Tabelle 3-3). Berlin kommt auf 0,58 Prozent. Zum Vergleich: GEWOS (2016) kommt ebenfalls auf rund 0,6 Prozent und betrachtet dabei das Verhältnis der im ersten Halbjahr 2016 zumindest an einem Tag gebuchten 11.751 über Airbnb angebotenen Wohnungen zum Berliner Wohnungsbestand von 1.902.675 Wohnungen zum 31.12.2015. Dies schließt eine erhöhte Professionalisierung des Angebots und hierdurch eine Einschränkung des Wohnungsmarktangebotes in einzelnen Stadtvierteln oder Straßenzügen jedoch nicht aus (s. unten).

Abbildung 3-2: Airbnb-Inserate pro Gastgeberin und Gastgeber

Aktive Inserate der Kategorie „Gesamte Unterkunft" pro Anbieterin beziehungsweise Anbieter in Deutschland am 1. Januar 2017, in Prozent

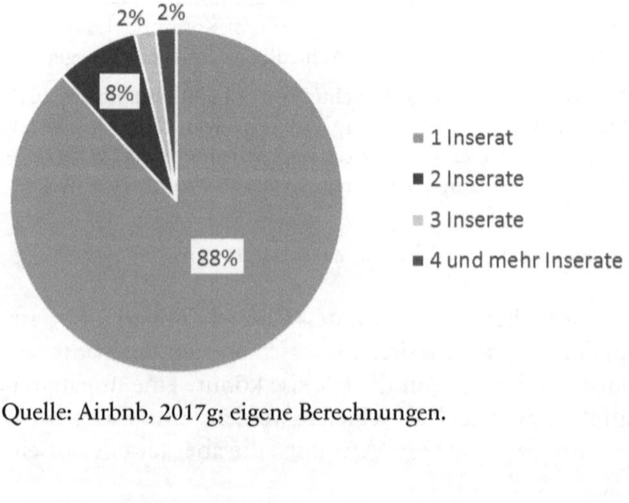

Quelle: Airbnb, 2017g; eigene Berechnungen.

Ergänzend zur Betrachtung der Inseratzahl pro Gastgeberin und Gastgeber ist auch die Kontinuität der Vermietung ein Faktor, der zur Aufklärung darüber beitragen kann, ob Anbieterinnen und Anbieter tatsächlich Homesharing betreiben. Auch Anbieterinnen und Anbieter mit nur einem oder zwei Inseraten können theoretisch dauerhaft kurzfristig vermieten, weshalb grundsätzlich die Einbeziehung der Kontinuität der Vermietung eine wichtige Rolle spielt. Daten zu der Verteilung der Buchungen auf die vorhandenen Unterkünfte – und damit zum Ausmaß der kontinuierlichen Vermietung – wurden von Airbnb in dieser Form nicht zur Verfügung gestellt. Sie können auch nicht selbstständig, etwa durch Webscraping, erhoben werden, da letzteres immer nur eine Momentaufnahme abbilden kann. Deshalb kann die zeitliche Komponente in dieser Untersuchung nicht hinreichend berücksichtigt werden.

Einen Ansatz bietet die Analyse der Anzahl der Unterkünfte, die 2016 an mehr als 182 Nächten in 2016 gebucht wurden, also in der der Gastgebende augenscheinlich weniger als die Hälfte des Jahres selbst gewohnt hat. Das Hamburger Wohnraumschutzgesetz beispielsweise sieht eine Zweckentfremdung einer Erstwohnung, wenn diese weniger als sechs Monate im Jahr selbst genutzt wird (§ 9 HmbWoSchG i. V. m. den Fachanweisungen der Hamburger Behörde für Stadtentwicklung und Umwelt, o. J., 2). Dies entspräche einer Vermietung an 182 Tagen oder mehr. Aus wissenschaftlicher Sicht ist es grundsätzlich wünschenswert, Daten zu den gebuchten Übernachtungen ohne Bindung an einen bestimmten Schwellenwert zu analysieren (first-best Lösung). Müssen aus Gründen der Datenverfügbarkeit Schwellenwerte verwendet werden, ist es sinnvoll, den Effekt verschiedener Schwellenwerte zu vergleichen (second-best Lösung). Neben 182 Tagen als Kriterium wären etwa 60 oder 30 Tage oder aber auch eine völlig andere Zahl an Tagen denkbar.

Den Studienautoren lagen an dieser Stelle lediglich belastbare Zahlen zu den an mindestens 182 Tagen vermieteten Wohnungen vor. Inseratzahlen mit anderen Zeitkriterien existieren allenfalls punktuell. Etwa vermieten 85 Prozent der Gastgeber in Frankfurt am Main ihre Unterkunft an weniger als 120 Tagen, acht Prozent an mehr als 180 Tagen im Jahr (vgl. Manus, 2018). Eine belastbarere Analyse würden umfassende Zahlen zu einer beliebigen Anzahl an Tagen an beliebigen Orten in Deutschland bieten. Aufgrund der eingeschränkten Datenlage wird im Folgenden auf 182 Tage abgestellt.

In ganz Deutschland gab es 2016 nur 2.420 ganze Unterkünfte, die an mehr als 182 Nächten gebucht worden waren (s. Tabelle 3-4). Das entspricht 0,04 Prozent des deutschen Wohnungsbestandes. 1.050 Unterkünfte entfallen allein auf die Airbnb-Hauptstadt Berlin. Am ehesten ist aus Basis der vorliegenden Daten noch dort eine Professionalisierung zu vermuten (s. auch Kapitel 3.5). Allerdings wird auch dort mit 63 Prozent das Gros der Wohnungen laut GEWOS (2016) bis zu 30 Tage vermietet (45 Prozent an maximal 15 Tagen), bei 20 Prozent lag die Auslastung über 60 Tage. Airbnb (2017e) selbst berichtet von einer durchschnittlichen Auslastung einer „typischen Unterkunft" in Berlin von 28 Nächten im Jahr 2016. Zudem entsprechen die 1.050 Wohnungen, die im Jahr 2016 an mehr als 182 Nächten gebucht wurden, gerade einmal 0,05 Prozent aller Berliner Wohnungen. Auf Ebene der Bezirke, Viertel oder Straßenzüge ist allerdings zu erwarten, dass sich dieser Anteil stark ändern kann. Verschiedene Webscraping-Projekte zeigen eine teilweise starke Penetration einzelner Straßen durch über Airbnb vermietete Wohnungen (siehe Skowronnek et al. (2015), Cox (2017)). Auf der Mikroebene ist Wohnraumentzug also zu vermuten, aber mit den vorliegenden Daten nicht zu belegen.

Tabelle 3-4: Airbnb-Unterkünfte mit starker Buchung

Anzahl der Unterkünfte (insgesamt und nur „Gesamte Unterkunft"), die in 2016 über Airbnb an mehr als 182 Nächten gebucht wurden; Anteil der gebuchten ganzen Unterkünfte an allen gebuchten Unterkünften und am Wohnungsbestand zum 31. Dezember 2016, in Prozent

	Alle Unterkunftsarten	Gesamte Unterkunft	Anteil „Gesamte Unterkunft" an allen Unterkünften	Anteil „Gesamte Unterkunft" an Wohnungsbestand
Berlin	1.600	1.050	65,6%	0,05%
Dresden	20	20	100,0%	0,01%
Düsseldorf	100	80	80,0%	0,02%
Frankfurt a.M.	70	40	57,1%	0,01%
Hamburg	290	170	58,6%	0,02%
Hannover	20	10	50,0%	0,00%
Köln	160	120	75,0%	0,02%
Leipzig	50	40	80,0%	0,01%
München	440	280	63,6%	0,04%
Nürnberg	50	30	60,0%	0,01%
Deutschland	**3.690**	**2.420**	**65,6%**	**0,04%**

Quelle: Airbnb, 2017g; Statistisches Bundesamt, 2018; eigene Berechnungen.

Eine weitere Empirie, die Aufschlüsse auf den Professionalisierungsgrad der Anbieter und ein potenzielles Wohnraumentzugsproblem gibt, ist die

Anzahl der Betten, die pro Inserat angeboten werden (s. Tabelle 3-5). Je höher die Bettenzahl pro Inserat, desto höher die Wahrscheinlichkeit, dass ein professionelles Inserat vorliegt, das je nach Lage einen Wohnraumentzug bedeuten kann. Die mit Abstand meisten Inserate bieten bis zu zwei Schlafplätze an und sind somit zumindest in der Theorie tendenziell nicht professionell. Allerdings ist auch denkbar, dass gerade kleine Wohnungen rein zu Sharing-Zwecken angemietet werden und so dem Wohnungsmarkt entzogen werden.

Tabelle 3-5: Airbnb-Inserate nach Bettenanzahl

Anzahl der aktiven Inserate nach Anzahl der Betten am 1. Januar 2017

Bettenanzahl	Deutschland	Berlin
1	51.000	13.300
2	23.900	5.200
3	6.900	1.200
4	6.500	700
5	2.100	300
6	1.900	200
7	500	100
8 und mehr	1.900	100
Gesamtzahl der Betten	**mind. 186.100**	**mind. 34.300**

Quelle: Airbnb, 2017g; eigene Berechnungen.

Insgesamt ist die Datenlage nicht hinreichend genug, um hieraus eindeutige Schlussfolgerungen für Handlungsbedarfe abzuleiten. Die Datenanalyse weist zahlreiche Limitierungen auf: Aggregrationen und Durchschnittsbildung verhindern mikrolokale Analysen, Mehrfachaccounts sind nicht identifizierbar, tatsächliche Buchungen nicht ermittelbar. Die vorliegenden Daten legen zwar nahe, dass die Mehrzahl der aktiven Inserate auf Airbnb im Rahmen des klassischen Homesharings zu verorten ist. Weder auf Ebene der Bundesländer, noch auf Ebene der Städte mit den meisten Airbnb-Inseraten gibt es auf Basis der vorliegenden Daten Hinweise auf professionalisierte, dauerhaft kurzfristige Vermietung und damit Wohnraumentzug in nennenswertem Umfang. Dies kann jedoch grundsätzlich in einzelnen Stadtvierteln oder Straßenzügen anders sein, lässt sich aber anhand der vorliegenden Daten nicht weiter vertiefen. Gerade für die Ebenen, die in der öffentlichen Debatte thematisiert werden, sind damit keine klaren Aussagen möglich. Diese fehlende empirische Belegbarkeit darf nicht darüber hinwegtäuschen, dass es auf Mikroebene Probleme geben kann, wie Webscraping-Projekte wie Skowronnek et al. (2015) und Cox (2017) andeuten.

Bestimmte Probleme wie Wohnraumentzug ließen sich bei besserer Datenlage sicherlich klarer belegen bzw. widerlegen. Als Konsequenz daraus ist es zwingend erforderlich, eventuellen Handlungsbedarf lokal zu determinieren. Die in diesem Gutachten vorgestellten Handlungsoptionen sind auf mikrolokaler Ebene nur dann anzuwenden, wenn ein entsprechender Bedarf empirisch belegt werden kann. Diese empirische Evidenz auf Mikroebene kann dieses Gutachten nicht leisten.

3.2 *Nachfrage nach Unterkünften*

Die Nachfrage nach Sharing-Unterkünften in Deutschland lässt sich nicht mithilfe amtlicher Daten abbilden. Um sie zu approximieren, werden Daten aus zwei verschiedenen Quellen genutzt, die jeweils die Nachfrage aus dem Ausland beziehungsweise die Nachfrage aus dem Inland beschreiben.

Die *ausländische Nachfrage nach deutschen Sharing-Unterkünften* wird mithilfe von Befragungsergebnissen aus dem World Travel Monitor von IPK International dargestellt. Diese exklusiven Befragungsdaten beziehen inklusive Deutschland 63 Länder ein und bilden damit etwa 90 Prozent der weltweiten Reisen ab. Insgesamt wurden im Jahr 2016 aus 62 Ländern rund 61 Millionen Reisen nach Deutschland durchgeführt. Bei knapp 3,5 Millionen dieser Reisen, also 5,7 Prozent, wurden Sharing-Unterkünfte genutzt. Airbnb verzeichnete im Jahr 2016 laut eigenen Angaben 2,3 Millionen Gäste aus dem Ausland in der Bundesrepublik (Airbnb, 2017a). Die durchschnittliche Aufenthaltsdauer betrug laut IPK 7,3 Nächte. Insgesamt wurden also im Jahr 2016 in Deutschland aus dem Ausland gut 25,6 Millionen Sharing-Übernachtungen nachgefragt.

Die *inländische Nachfrage nach deutschen Sharing-Unterkünften* wird mithilfe einer Onlinebefragung approximiert. Für diese Befragung wurden 2.097 Internetnutzer zwischen 18 und 75 Jahren in Deutschland befragt. Die geschichtete Zufallsstichprobe ist repräsentativ für die Onlinebevölkerung in Deutschland nach den Merkmalen Alter, Geschlecht und Bundesland (Hauptstichprobe; 2.014 Beobachtungen). Zusätzlich wurden Anbieter und Gäste von Sharing-Angeboten besonders in den Fokus genommen (Fokusstichproben; 83 Beobachtungen).

195 der 2.014 Befragten in der Hauptstichprobe waren 2016 Gast in einer Sharing-Unterkunft in Deutschland. Das entspricht 9,68 Prozent. 229 der Befragten (11,37 Prozent) haben 2016 eine Sharing-Unterkunft im Aus-

land genutzt. Insgesamt 50 Befragte (2,48 Prozent) waren sowohl Sharing-Gäste im Inland als auch im Ausland. Zum Vergleich: 19 Prozent der Deutschen buchten laut Eurostat (2017) in 2017 eine Unterkunft über Webseiten oder Apps bei einer anderen Person zu privaten Zwecken. Das deckt sich mit den Werten aus der Onlinebefragung.

Abbildung 3-3: Nachfrage nach Sharing-Übernachtungen in Deutschland

Anteil der Übernachtungen, die von Nutzern aus dem Ausland beziehungsweise aus dem Inland nachgefragt werden, in Prozent, 2016

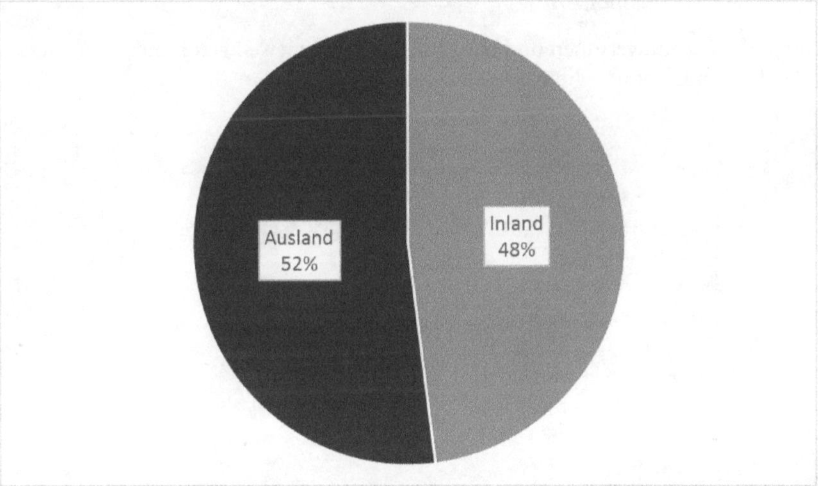

Quelle: Eigene Berechnungen.

Werden die aus der Onlinebefragung errechneten Anteile auf die ungefähre Anzahl an Internetnutzern in Deutschland im Jahr 2016 hochgerechnet, die laut Statistischem Bundesamt (2016a) und Eurostat (2016) rund 56,2 Millionen Menschen im Alter zwischen 16 und 75 Jahren betrug, wurden gut 5,4 Millionen Sharing-Reisen aus dem Inland getätigt. Da die Altersgruppen je nach Quelle nicht exakt deckungsgleich sind, werden hier grobe Rundungswerte angegeben. Durchschnittlich verbringen die inländischen Sharing-Gäste 4,3 Nächte in diesen Unterkünften. Daraus ergibt sich eine Nachfrage nach Sharing-Unterkünften aus dem Inland von knapp 23,2 Millionen. Dies entspricht 48 Prozent der Gesamtnachfrage und damit anteilsmäßig weniger als die ausländische Nachfrage (s. Abbildung 3-3). Bezogen auf den gesamten Tourismussektor werden Übernachtungen zu 82 Prozent aus dem Inland und zu 18 Prozent aus dem Ausland nachgefragt (Statistisches Bundesamt, 2016b). Sharing-Unterkünfte scheinen also vor allem für Nutzer aus dem Ausland, die nach Deutschland reisen, eher eine Option zu sein als eine Übernachtung in herkömmlichen Unterkunftsbetrieben. Dies könnte auch daran liegen, dass sie im Durchschnitt mit 7,3 Nächten drei Nächte länger bleiben als die Inlandsgäste mit 4,3 Nächten. Dieser Vergleich der Zahlen ist jedoch aufgrund der unterschiedlichen Datenerhebungsmethoden und -quellen nur mit Einschränkungen valide.

Abbildung 3-4: Inländische Nachfrage nach Sharing-Unterkünften nach Bundesländern

Anteil der Nachfragerinnen und Nachfrager aus dem jeweiligen Bundesland an der inländischen Gesamtnachfrage, in Prozent, 2016

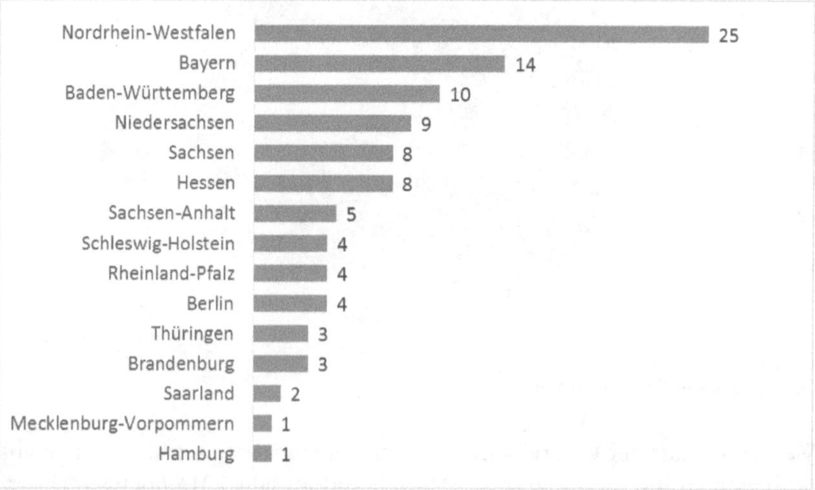

Quelle: Eigene Berechnungen.

Insgesamt kann auf Basis der In- und Auslandsnachfrage von einer *Gesamtnachfrage* nach Sharing-Unterkünften von rund 48,8 Millionen Übernachtungen im Jahr 2016 ausgegangen werden. Es spricht vieles dafür, dass diese Nachfrage zukünftig weiter steigen könnte. Dazu zählen unter anderem die zunehmende Online-Affinität der Bevölkerung, der steigende Bekanntheitsgrad der Sharing-Plattformen im Unterkunftssektor und die steigende Angebotsvielfalt auf diesen, etwa bezüglich Geschäftsreisen. Auch traditionelle Übernachtungsanbieter wie Hotels und Pensionen sind zunehmend auf Sharing-Plattformen vertreten (Swiss Hotel Association, 2016), sodass auch die Abgrenzung zu den übrigen Unterkunftsformen noch schwieriger werden wird. Eine solche Entwicklung muss nicht unbedingt zu Lasten der übrigen Unterkünfte gehen: Eine Prognose bis zum Jahr 2021 geht für Deutschland sowohl für das gesamte Segment der online gebuchten Reisen als auch für die Ferienwohnungen und Privatunterkünfte von einer Zunahme der Nutzerinnen und Nutzer wie auch der Umsätze aus (Bohnhoff/Schreiber, 2017).

Abbildung 3-5: Anzahl der Übernachtungen inländischer Gäste in Sharing-Unterkünften

Anteil der inländischen Befragten, die 2016 eine bestimmte Anzahl von Nächten in über Sharing-Plattformen vermittelten Unterkünften in Deutschland verbracht haben, in Prozent

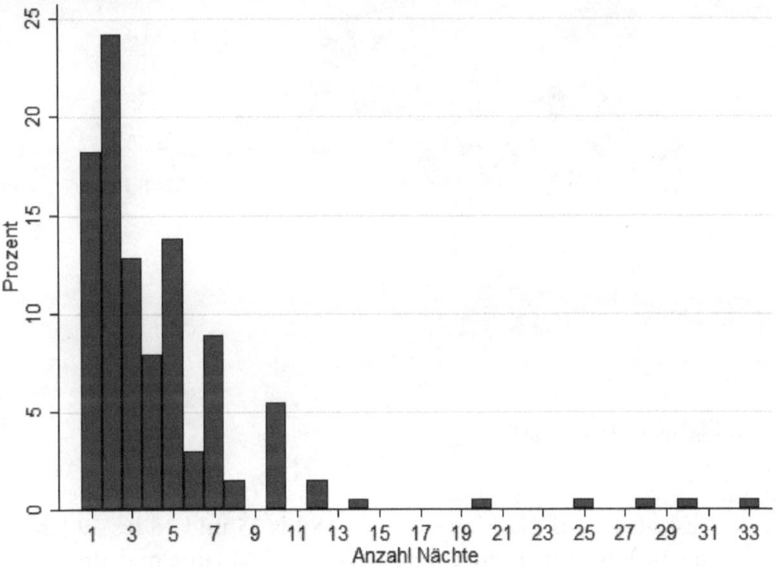

Quelle: Eigene Berechnungen.

Die meisten Sharing-Nachfragerinnen und -Nachfrager aus dem Inland, nämlich ein Viertel, kommen aus Nordrhein-Westfalen, gefolgt von Bayern und Baden-Württemberg (s. Abbildung 3-4). Das spiegelt in etwa die Anteile der Bundesländerbevölkerung an der Gesamtbevölkerung, wobei Nordrhein-Westfalen auch dann überdurchschnittlich stark bei der Sharing-Nachfrage vertreten ist. Von der Herkunft der Nachfragerinnen und Nachfrager ist allerdings nicht auf den Ort der Unterkunft zu schließen.

Die Anzahl der insgesamt in Sharing-Unterkünften verbrachten Nächte der inländischen Gäste aus der Hauptstichprobe der Befragung variiert stark. Die meisten Gäste haben 2016 zwei Nächte in einer Sharing-Unterkunft verbracht, einige wenige sogar deutlich mehr als 20 (s. Abbildung 3-5).

Abbildung 3-6: Inländische Gäste in Sharing-Unterkünften nach Alter

Inländische Sharing-Gäste in Deutschland nach Altersgruppen, in Prozent, 2016

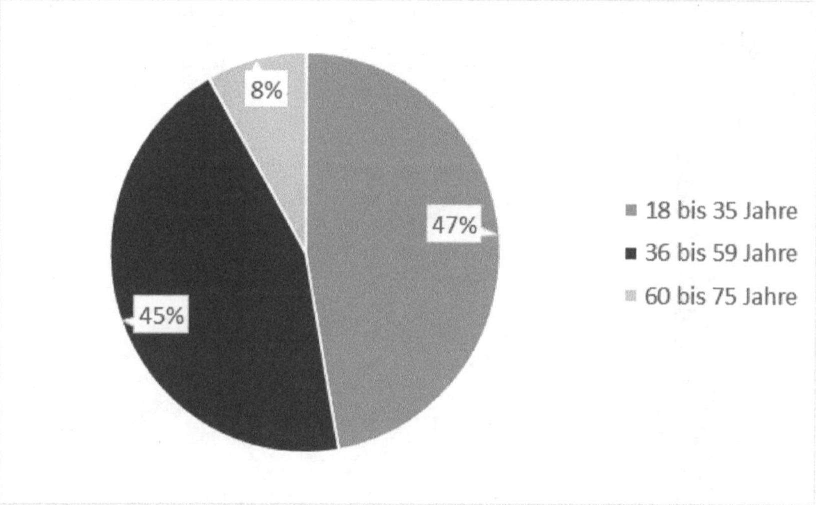

Quelle: Eigene Berechnungen.

Die inländischen Sharing-Gäste in Deutschland (Hauptstichprobe) verteilen sich fast gleich auf die Altersgruppen 18 bis 35 und 36 bis 59 Jahre (s. Abbildung 3-6). Nur acht Prozent der Gäste sind 60 Jahre und älter. Damit ist die Sharing Economy keinesfalls ein Thema der jüngeren Generationen, sondern wird bereits von Menschen aller Altersgruppen nachgefragt. Generell sind ältere Reisende auch eine starke Nachfragergruppe – insbesondere nimmt die durchschnittliche Urlaubsdauer mit steigendem Alter zu (ADAC, 2017, 23).

Neben den Sharing-Unterkünften rücken herkömmliche Übernachtungsformen wie Hotels und Pensionen jedoch keinesfalls in den Hintergrund: Lediglich fünf Prozent der Sharing-Economy-Übernachtungsgäste (Hauptstichprobe) haben vor ihrer Buchung keinen Vergleich mit herkömmlichen Übernachtungsformen gemacht. Alle anderen haben einen Vergleich gemacht, sich schlussendlich aber doch für eine Sharing-Unterkunft entschieden. 70 Prozent der Befragten nannten den günstigeren Preis als Entscheidungsgrund (s. Abbildung 3-7). Deutlich abgeschlagen sind die bessere Lage der Sharing-Unterkünfte, spezielle Bedürfnisse der Gäste wie mehr Platz oder eine eigene Küche sowie der Wunsch nach einem speziellen Wohnerlebnis wie ein lokaler Einwohner. Der persönliche Kontakt zum Gastgeber spielt entgegen der Werbung einiger Sharing-Plattformen im Unterkunftssektor für die Befragten der Hauptstichprobe so gut wie keine Rolle.

Dieses Bild ändert sich, wenn man eine nichtrepräsentative Zusatzstichprobe aus den Fokusstichproben sowie Teilnehmern verschiedener, größtenteils online durchgeführter (z. B. über Twitter und Facebook) Umfragen betrachtet (insgesamt 1.320 zusätzliche Befragte; 244 davon geben an, 2016 Gast in einer inländischen Sharing-Unterkunft gewesen zu sein). Der Anteil derjenigen, die den günstigeren Preis oder die bessere Lage schätzen, ändert sich nur minimal (s. Abbildung 3-7), allerdings gewinnen Gründe wie spezielle Bedürfnisse (58 Prozent), lokales Wohnen (40 Prozent) sowie der Kontakt zum Gastgeber (25 Prozent) massiv an Bedeutung – der Anteil derjenigen, die diese Gründe anführen, verdoppelt sich in etwa im Vergleich zur Hauptstichprobe. Das liegt auch daran, dass die Zusatzstichprobe anders zusammengesetzt ist – mutmaßlich mit eher Sharing-Affinen, die auch zwischenmenschliche Faktoren des Sharings besonders schätzen. Sie übernachteten mit durchschnittlich 5,9 Nächten auch länger als die Befragten der Hauptstichproben in Sharing-Unterkünften. Die Ergebnisse aus der Analyse der Zusatzstichprobe sind damit selektiv und nicht repräsentativ, erweitern jedoch das vorhandene Analysebild.

Für viele Nachfrager aus der repräsentativen Hauptstichprobe ist und bleibt die Sharing Economy letztlich nur eine von mehreren Möglichkeiten, Unterkünfte zu buchen. Das folgende Kapitel ordnet die Sharing Economy in den gesamten Übernachtungsmarkt ein.

Abbildung 3-7: Gründe für die Wahl einer Sharing-Unterkunft

Anteil der befragten Sharing-Gäste, die den jeweiligen Faktor als Grund für die Wahl einer Sharing-Unterkunft nennen, in Prozent, 2016 (aus Hauptstichprobe: n=195; aus Zusatzstichprobe n=189)

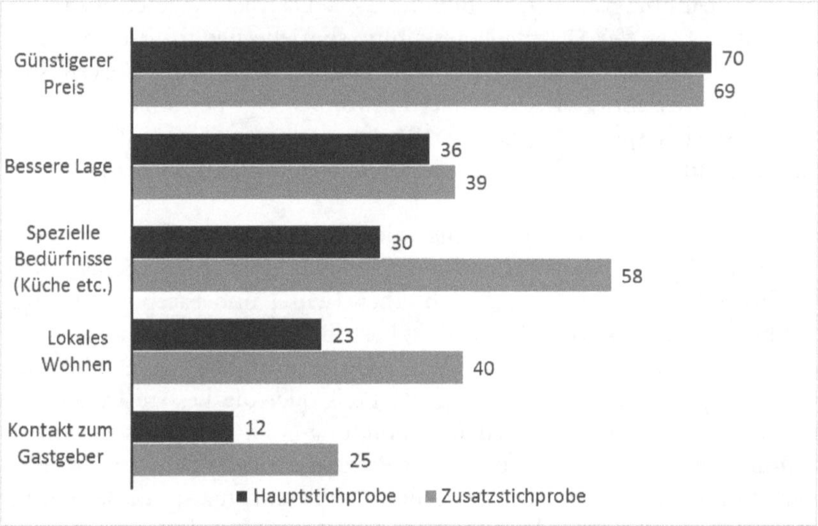

Quelle: Eigene Berechnungen.

3.3 *Marktanteile im Unterkunftssektor*

Für eine fundierte Einordnung der Sharing Economy in den Unterkunftssektor ist es zunächst sinnvoll, einen Überblick über den Umfang und die Bedeutung von herkömmlichen Übernachtungsmöglichkeiten zu geben. Dabei gilt es allgemein zu unterscheiden zwischen den mit amtlichen Daten erfassten Bereichen und den nicht durch die amtliche Statistik abgedeckten Bereichen.

Die *amtliche Statistik zum Tourismus* erfasst seit 2011 Beherbergungsbetriebe (Hotellerie, Ferienunterkünfte, Campingplätze und ähnliches) mit mindestens zehn Schlafgelegenheiten (Statistisches Bundesamt, 2017c, 2). In diesem Bereich des Beherbergungssektors ist seit 2011 ein stetiges Wachstum der Anzahl der Übernachtungen zu beobachten (s. Abbildung 3-8). Im Jahr 2011 wurden insgesamt rund 393,2 Millionen Übernachtungen gezählt (Statistisches Bundesamt, 2017b, 4). Im Jahr 2016 waren es bereits 447,2 Millionen. Diese verteilten sich auf 51.803 Betriebe mit insgesamt 3,46 Millionen Schlafgelegenheiten (ebenda, 17). Der Anteil der Übernachtungen von Gästen mit ständigem Wohnsitz im Ausland lag zuletzt bei 18,1 Prozent. Auch hier gab es relativ wie absolut eine Zunahme seit dem Jahr 2011. Im Jahr 2016 betrug die Anzahl an Übernachtungen von Gästen aus dem Ausland in Beherbergungsbetrieben mit mindestens zehn Schlafgelegenheiten in Deutschland etwa 80,8 Millionen (ebenda, 4). Auch im Folgenden wird für die Analyse des Stellenwertes der Sharing Economy im Unterkunftssektor auf die Anzahl an Übernachtungen abgestellt.

Abbildung 3-8: Entwicklung der Übernachtungen im Unterkunftssektor in Deutschland

Anzahl an Übernachtungen (linke Achse), Anteil an Übernachtungen von Gästen mit Wohnsitz im Ausland in Prozent (rechte Achse), jeweils nur Übernachtungen in Unterkünften mit mindestens zehn Schlafgelegenheiten

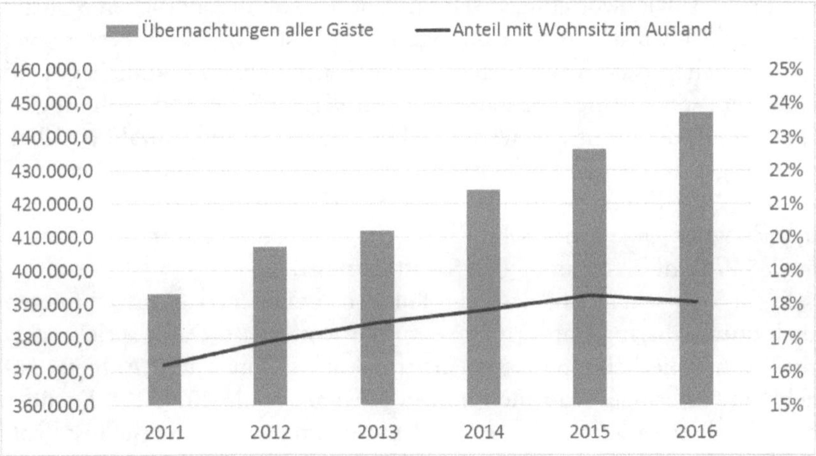

Quelle: Statistisches Bundesamt, 2017b; eigene Darstellung.

Die amtlichen Daten der Beherbergungsstatistik erfassen nicht die *Unterkunftsmöglichkeiten in Deutschland, die weniger als zehn Schlafplätze aufweisen*. Dazu zählen Ferienhäuser und -wohnungen sowie kleine Pensionen genauso wie ein Großteil der Unterkünfte der Sharing Economy. Die Bedeutung dieses Teilbereichs des Unterkunftssektors ist wenig erforscht. Für 2014 schätzen die Gesellschaft für Konsumforschung (GfK) und die Fachhochschule Westküste (Eisenstein/Gaßner, 2015) aufgrund einer repräsentativen Bevölkerungsbefragung, dass durch Inländerinnen und Inländer bundesweit insgesamt 686 Millionen Übernachtungen getätigt wurden. Amtlich erfasst wurden davon lediglich rund 349 Millionen. Etwa 270 Millionen Übernachtungen wurden im Rahmen von Verwandten- sowie Bekanntenbesuchen getätigt, bei denen anzunehmen ist, dass in der Mehrzahl der Fälle auch dort übernachtet wurde. Somit verbleiben rund 67 Millionen Übernachtungen beispielsweise in kleinen Pensionen und Ferienhäusern.

Im Auftrag des Deutschen Ferienhausverbandes und der Vermittlungsplattform FeWo-direkt hat das Beratungsunternehmen dwif-Consulting im Jahr 2015 die Bedeutung nicht von der Statistik erfasster Angebote im Bereich Ferienhausmarkt für 2014 untersucht (dwif-Consulting, 2015). Im Jahr 2014 zählte das Statistische Bundesamt insgesamt rund 424 Millionen Übernachtungen in Unterkünften ab zehn Schlafgelegenheiten, wovon rund 31,8 Millionen Übernachtungen auf Ferienhäuser und Ferienwohnungen entfielen (Statistisches Bundesamt, 2017d). dwif-Consulting hat für 2014 ermittelt, dass zusätzlich 71,4 Millionen Übernachtungen in Ferienhäusern sowie -wohnungen stattfanden, die von der amtlichen Statistik nicht erfasst wurden (dwif-Consulting, 2015, 20). In dieser Berechnung sind jedoch private Wohnungen, kleine Pensionen und ähnliches nicht enthalten, sondern sie beschränkt sich auf Ferienhäuser und -wohnungen. Damit stellt der ermittelte Wert eine Untergrenze für die Anzahl an Übernachtungen in kleinen Betrieben dar. Es ist somit davon auszugehen, dass im Jahr 2014 insgesamt mindestens 495,4 Millionen Übernachtungen im traditionellen Unterkunftssektor stattgefunden haben. Davon waren maximal 85 Prozent in der amtlichen Statistik erfasst.

Es ist wahrscheinlich, dass ein Teil der zusätzlichen Übernachtungen auch durch Sharing-Plattformen vermittelt worden ist. Dafür spricht, dass auch kontinuierliche, professionalisierte Anbieterinnen und Anbieter zunehmend Sharing-Plattformen nutzen (Demary et al., 2017, 12). Darüber hinaus gab es in letzter Zeit einige Unternehmenszusammenschlüsse von Sharing-Plattformen und Ferienhaus-Plattformen, wie das Beispiel NOVASOL und Wimdu zeigt (s. Kapitel 2.1.2). Vor diesem Hintergrund kann eine Bestimmung des Marktanteils von Sharing-Unterkünften allenfalls eine grobe Schätzung darstellen.

Zusätzlich ist zu beachten, dass im deutschen Unterkunftssektor zwei gegenläufige Tendenzen vorliegen. Wie angesprochen sind zum einen in der amtlichen Statistik nicht alle Übernachtungen enthalten. Werden diese Daten jedoch zum Vergleich mit der Sharing Economy im Unterkunftssektor herangezogen, wird die Bedeutung des Sharings tendenziell überschätzt. Zum anderen sind nicht alle Betriebsarten im Unterkunftssektor gleichermaßen vom Sharing betroffen. So schließt die amtliche Statistik zum Beispiel auch Schulungsheime und Rehakliniken sowie Stellflächen auf Campingplätzen ein, die selten auf Sharing-Plattformen zu finden sind. Die Zielgruppen sind also zum Teil unterschiedlich. Dadurch ist die Relevanz der Sharing-Unterkünfte in Teilbereichen des Unterkunftssektors eventuell deutlich größer, als es der Marktanteil am Gesamtmarkt nahelegt.

3.3.1 Stellenwert der Sharing Economy für den gesamten Unterkunftssektor

Um für das Jahr 2016 eine Einschätzung der Bedeutung der Sharing-Plattformen im Unterkunftssektor im Vergleich zum gesamten Sektor zu ermöglichen, werden folgende zwei Annahmen getroffen:

1. *Die Anzahl an Übernachtungen in Ferienhäusern und -wohnungen ist 2016 so groß wie 2014.*
   Es wird davon ausgegangen, dass sich die Anzahl der Übernachtungen in den in den amtlichen Statistiken nicht erfassten Ferienhäusern und -wohnungen im Jahr 2016 gegenüber dem Jahr 2014 nicht verändert hat und 71,4 Millionen entspricht. Grundsätzlich ist sowohl eine Abnahme wie auch eine Zunahme dieser Übernachtungen in dem relevanten Zeitraum denkbar, wobei letzteres in Anbetracht der Entwicklungen in den größeren Unterkunftsbetrieben (s. Abbildung 3-8) wahrscheinlicher erscheint. Infolgedessen stellt die Anzahl der Übernachtungen in diesem Teilbereich nur eine grobe Schätzung dar, die in der Tendenz eher unterschätzt sein könnte. In Summe mit den amtlich erfassten Übernachtungen in Höhe von 447,2 Millionen im Jahr 2016 (Statistisches Bundesamt, 2017b) ergeben sich daraus insgesamt 518,6 Millionen Übernachtungen im traditionellen Unterkunftssektor (Hotellerie, Pensionen, Campingplätze ab zehn Schlafgelegenheiten, Ferienhäuser und -wohnungen). Darin nicht enthalten sind Übernachtungen in kleinen Pensionen und Gasthäusern mit weniger als zehn Schlafgelegenheiten. Auch dies trägt dazu bei, dass die Anzahl an Übernachtungen im traditionellen Sektor eher unterschätzt wird.
2. *Es gibt keine Überschneidung zwischen dem traditionellen Unterkunftssektor und der Sharing Economy.*
   Es wird weiterhin davon ausgegangen, dass in diesen 518,6 Millionen Übernachtungen keine Übernachtungen enthalten sind, die durch

Sharing-Economy-Plattformen vermittelt wurden. Angesichts der starken Vermischung von Sharing-Unterkünften und professionalisierten Ferienhäusern und -wohnungen auf eben diesen Plattformen bedeutet diese Annahme eine starke Einschränkung. Es ist davon auszugehen, dass es Ferienwohnungen und -häuser gibt, die sowohl auf Sharing-Plattformen als auch unter anderem auf typischen Ferienhausportalen gelistet sind. Aufgrund der Doppelzählungen werden der Gesamtmarkt und auch die Sharing Economy überschätzt. Damit ist der geschätzte Marktanteil der Sharing-Economy-Plattformen tatsächlich wahrscheinlich etwas geringer.

Die Gesamtnachfrage nach Sharing-Unterkünften lag im Jahr 2016 bei 48,8 Millionen Übernachtungen. In Summe mit dem Volumen des traditionellen Sektors ergibt dies ein Gesamtmarktvolumen von knapp 567,4 Millionen Übernachtungen. Die Sharing-Plattformen erreichen damit einen Marktanteil von maximal 8,6 Prozent (s. Tabelle 3-6). Dieser Marktanteil symbolisiert eine Schätzung der über Sharing-Plattformen vermittelten Übernachtungen am Gesamtmarkt, wobei der Gesamtmarkt nicht die kleinen Betriebe enthält. Daher stellt dieser Anteil einen Maximalwert dar. Der tatsächliche Anteil ist möglicherweise deutlich niedriger.

Der Stellenwert der Sharing Economy im Unterkunftssektor ist demnach bislang vergleichsweise gering. Dieses Resultat deckt sich mit den Ergebnissen des ADAC Reise-Monitors 2017 (ADAC, 2017, 26). Auf die Frage „In welcher Unterkunft werden Sie diesen Urlaub 2017 voraussichtlich verbringen?" gaben 7 Prozent der befragten ADAC-Mitglieder an, in einer über Sharing-Plattformen gebuchten Unterkunft übernachten zu wollen.

In einer Studie für das BMWi ermittelte DIW Econ für das Jahr 2015, dass 35,8 Milliarden Euro touristischer Gesamtkonsum auf den herkömmlichen Unterkunftssektor entfiel (BMWi, 2017a, 22). Darunter werden primär die Ausgaben für die Unterkünfte wie etwa Hotels verstanden. Wird davon ausgegangen, dass dieser Gesamtkonsum für herkömmliche Unterkünfte im Jahr 2016 unverändert blieb, lässt sich der touristische Gesamtkonsum der Sharing-Economy-Unterkünfte auf rund 3,1 Milliarden Euro approximieren. Dabei ist zu berücksichtigen, dass die Kosten für Sharing-Unterkünfte in Deutschland meist geringer sind als für traditionelle Unterkünfte (Demary/Engels, 2016, 9). Dies spricht für eine Überschätzung des Wertes. Gleichzeitig ist jedoch in der amtlichen Statistik ein Anstieg der Übernachtungen von 2015 auf 2016 zu beobachten (s. Abbildung 3-8), was auf eine Unterschätzung des Wertes hindeutet. Beide Effekte könnten sich auch ausgleichen. Dazu passt, dass DIW Econ den Wert des touristischen Gesamtkonsums für die dauerhafte Nutzung und Vermietung durch Eigentümer – was der Sharing Economy durchaus ähnelt – mit 3,6 Milliarden Euro für 2015 beziffert (BMWi, 2017a, 22).

Tabelle 3-6: Marktanteil der Sharing-Plattformen im Unterkunftssektor in Deutschland

Stand: 2016

Art der Unterkunft		Anzahl Übernachtungen in Millionen	Anteil in Prozent
Traditioneller Unterkunftssektor	Beherbergungsbetriebe ab zehn Schlafgelegenheiten	447,2	78,8
	Ferienhäuser und -wohnungen*	71,4	12,6
	Andere Beherbergungsbetriebe mit weniger als zehn Schlafgelegenheiten	Keine Angaben	-
	Sharing Economy	**48,8**	**8,6**
	Gesamt	**567,4**	**100,0**

* Angaben für 2014.

Quelle: dwif-Consulting, 2015; Statistisches Bundesamt, 2017b; eigene Berechnungen.

3.3.2 Stellenwert der Sharing Economy für die Unterkunft von Gästen aus dem Inland und aus dem Ausland

Angebote von Sharing-Plattformen sind bei Gästen mit ständigem Wohnsitz im Ausland verhältnismäßig deutlich beliebter als bei Personen mit Wohnsitz im Inland (s. Kapitel 3.2). Während 18,1 Prozent aller offiziellen Übernachtungen im Jahr 2016 von Individuen mit ständigem Wohnsitz im Ausland getätigt wurden, waren es 52 Prozent der Übernachtungen in der Sharing Economy. Aus diesem Grund ist auch bei der Untersuchung des Marktanteils eine getrennte Betrachtung der inländischen und der ausländischen Gäste sinnvoll.

Unter den grundsätzlich gleichen Annahmen wie zuvor lässt sich der Marktanteil für die Sharing-Plattformen für Gäste aus dem Inland mit maximal 5,2 Prozent berechnen (s. Tabelle 3-7). Dies ist im Vergleich zu den Gesamtwerten (s. Tabelle 3-6) gering. Anders stellt sich die Situation dar, wenn Gäste aus dem Ausland betrachtet werden. Mehr als ein Fünftel aller an Gäste mit Wohnsitz im Ausland vermittelten Übernachtungen liefen über Sharing-Plattformen (21,5 Prozent).

Die hohe Beliebtheit von Sharing-Angeboten bei Reisenden mit ständigem Wohnsitz im Ausland dürfte unter anderem an der größeren Verbreitung der Sharing-Plattformen im Unterkunftssektor und insbesondere von Airbnb im Ausland liegen (s. Tabelle 2-12). Auch die im Durchschnitt geringeren Kosten dürften eine Rolle spielen (Demary/Engels, 2016, 9), weil ausländische Gäste länger bleiben als inländische (s. Kapitel 3.2). Außerdem ermöglichen es Sharing-Plattformen, mithilfe von Apps mit einem standardisierten Interface schnell und ohne die deutsche Sprache und den deutschen Übernachtungsmarkt zu kennen (wie etwa die relevanten Buchungsseiten), passende Unterkünfte zu buchen.

Tabelle 3-7: Marktanteile der Sharing Economy im Unterkunftssektor in Deutschland für Gäste aus dem Inland und Ausland

Stand: 2016

		Gäste aus dem Inland		Gäste aus dem Ausland	
	Art der Unterkunft	**Anzahl Übernachtungen in Millionen**	**Anteil in Prozent**	**Anzahl Übernachtungen in Millionen**	**Anteil in Prozent**
Traditioneller Unterkunftssektor	Beherbergungsbetriebe ab zehn Schlafgelegenheiten	366,4	81,8	80,8	67,7
	Ferienhäuser und -wohnungen*	58,5**	13,1	12,9**	10,8
	Andere Beherbergungsbetriebe mit weniger als zehn Schlafgelegenheiten	Keine Angaben	-	Keine Angaben	-
	Sharing Economy	**23,2**	**5,2**	**25,6**	**21,5**
	GESAMT	**448,1**	**100,0**	**119,3**	**100,0**

Rundungsdifferenzen

* Angaben für 2014

** Berechnet unter der Annahme, dass der Anteil inländischer Gäste identisch mit den amtlichen Daten ist.

Quelle: dwif-Consulting, 2015; Statistisches Bundesamt, 2017e, 22; eigene Berechnungen.

3.4 Wettbewerbseffekte der Sharing Economy im Unterkunftssektor

Durch die Sharing Economy können unterausgelastete Güter beziehungsweise Ressourcen aktiviert und so Ineffizienzen verringert werden (Allen/Berg, 2014; Haucap, 2015; Einav et al., 2016; Horton/Zeckhauser, 2016; Haucap/Kehder, 2018). Dies gilt ebenfalls für Anwendungen im Bereich von Unterkünften: Privatpersonen stellen ihre eigene Wohnung Gästen zur Verfügung, wenn sie beispielsweise verreist sind. Dadurch wird dem Wohnungsmarkt keine Unterkunft entzogen. Gleichzeitig gelingt es den Sharing-Plattformen, ohne den Erwerb eigener Ressourcen ein großes Angebot bereitzustellen, sodass sie unter Umständen schnell zu ernst zu nehmenden Wettbewerbern etablierter Unternehmen im Unterkunftsbereich – wie etwa Hotels – werden können. Im Folgenden werden die Wettbewerbseffekte der Sharing-Plattformen untersucht, die Unterkünfte gegen Entgelt vermitteln (s. Kapitel 2.1.2).

3.4.1 Wettbewerb mit etablierten Unternehmen

Im Allgemeinen stehen Sharing-Plattformen im Wettbewerb mit anderen Sharing-Plattformen und etablierten Unternehmen (Demary, 2015, 13 ff.). Als mehrseitige Plattformen sind Sharing-Unternehmen in der Lage, schnell zu wachsen und Skaleneffekte zu realisieren. Das bedeutet, dass zwar die fixen Kosten für die Einrichtung und den Betrieb der Plattform hoch sind, die Kosten pro zusätzliche Nutzerin oder Nutzer aber sehr gering. Mit zusätzlicher Nutzeranzahl fallen also die durchschnittlichen Kosten. Aufgrund des schnellen Wachstums sind die Markteintrittsbarrieren für Sharing-Plattformen geringer als für herkömmliche Anbieter von Unterkünften, welche die Anzahl an Unterkunftsmöglichkeiten nur langsam erhöhen können und dafür viel investieren müssen. In vielen Märkten hat der Marktzutritt von Sharing-Unternehmen dazu geführt, dass der Wettbewerb intensiviert wurde (ebenda, 14). Zwar bedeutet ein solcher Markteintritt nicht unbedingt ein Aufteilen der Nachfrage unter einer größeren Zahl Wettbewerber. Es ist stattdessen auch eine Zunahme der Nachfrage aufgrund des größeren und diverseren Angebots möglich. In der Summe ist dennoch nach einem Marktzutritt oftmals die Intensität des Wettbewerbs höher als zuvor.

Empirische Studien zum Einfluss des Marktzutritts von Sharing-Plattformen im Unterkunftssektor auf die etablierten Unternehmen nehmen zumeist Airbnb in den Blick (vgl. auch Kapitel 2.3.2). Bereits 2014 untersuchten Zervas et al. die Wirkung von Airbnb auf Hotels im US-Bundesstaat Texas. Sie fanden heraus, dass ein Anstieg von Airbnb-Angeboten um 1 Prozent zu einem Rückgang der Hoteleinnahmen von 0,05 Prozent führte (Choi et al., 2015, 2). In einer neueren Version des Papiers geben die Autoren an, dass ein Anstieg der Airbnb-Angebote um 10 Prozent zu einem Rückgang der Einnahmen von 0,39 Prozent führt (Zervas et al., 2016, 3). Dieser geringe Einfluss legt nahe, dass Airbnb eher ein schwaches Substitut für Hotelübernachtungen darstellt (Gyodi, 2017, 4). Dagegen konnten Choi et al. (2015) für Südkorea keinen Einfluss von Airbnb auf die Hoteleinnahmen feststellen. Die Analyse fand jedoch zu einem Zeitpunkt statt, als diese Sharing-Plattform nur relativ wenige Angebote führte (ebenda, 1). Neeser untersuchte 2015 den Einfluss von Airbnb auf den Hotelmarkt in Finnland, Norwegen sowie Schweden. Der Autor konnte zwar keinen Einfluss auf die Hoteleinnahmen feststellen, jedoch wurde eine Reduktion des Durchschnittspreises eines Hotelzimmers beobachtet (Neeser, 2015, 11). Dies lässt den Schluss zu, dass die etablierten Unternehmen auf die zusätzliche Konkurrenz reagieren.

In der wissenschaftlichen Literatur ist somit ein Effekt insbesondere von Airbnb auf etablierte Beherbergungsbetriebe nachgewiesen worden. Dieser ist in der Regel jedoch relativ gering. Bei den genannten Forschungsergebnissen wurde zumeist nur das Airbnb-Angebot als erklärende Variable angeführt (insbesondere Neeser, 2015; Choi et al., 2015). Dies vernachlässigt jedoch andere Entwicklungen, die durch Digitalisierung begünstigt werden. Insbesondere sind hier Hotelbuchungsportale wie HRS oder Booking.com zu nennen. So wurde beispielsweise in einem Artikel für die Wirtschaftswoche (Goebel et al., 2016) darauf hingewiesen, dass diese Portale zu einem intensivierten Wettbewerb unter den etablierten Beherbergungsbetrieben führen. Dies hat zur Folge, dass vermehrt große Hotelketten entstehen. Wird nur das Angebot von Airbnb als erklärende Variable benutzt, führt dies eventuell zu einer Überschätzung der Wirkung dieses Sharing-Portals: Alle Auswirkungen im Zuge von Innovationen seit dem Markteintritt von Airbnb werden durch dieses Vorgehen womöglich allein auf dieses Portal zurückgeführt, was objektiv nicht stimmt. Beispielsweise werden so Konzentrationstendenzen auf Airbnb zurückgeführt, obwohl diese eigentlich durch Booking.com ausgelöst wurden. Diese mögliche Einschränkung bei der Interpretation gilt ebenfalls für die Analyse des Effekts von Airbnb auf die gesamte Tourismusbranche (Fang et al., 2016). In dieser Untersuchung wird festgestellt, dass durch Airbnb-Angebote netto Arbeitsplätze im Tourismus geschaffen werden. Mit zunehmendem Angebot im Sharing-Bereich nimmt dieser Effekt jedoch ab.

Ein weiterer Aspekt, der in der wissenschaftlichen Literatur noch nicht ausreichend erforscht wurde, ist, inwieweit die Konkurrenz durch Sharing-Plattformen zu Innovationen bei etablierten Anbietern beiträgt. So versuchen Hotels durch Investitionen zunehmend, den Gästen einen Mehrwert zu bieten, damit diese sich doch wieder für ein konventionelles Hotel entscheiden (Lidl, 2017). Für Nordrhein-Westfalen zeigt eine Befragung von Hotels und Pensionen, dass diese zwar die Sharing-Unterkünfte als Konkurrenz wahrnehmen, aber in geringerem Maße mit eigenen Aktivitäten wie neuen Serviceleistungen auf diese Konkurrenz reagieren (Demary et al., 2017, 47 ff.). Ob die Innovationsbemühungen zum Erfolg führen, hängt maßgeblich von der Motivation der Sharing-Gäste ab, sich für eine Übernachtung in einer Sharing-Unterkunft zu entscheiden. Steht das Preis-Leistungs-Verhältnis für sie im Vordergrund, sind sie bei einer Verbesserung der Leistung der traditionellen Unterkünfte vermutlich relativ schnell bereit, statt des Homesharings eben diese zu nutzen. Ist jedoch die soziale Interaktion mit den Gastgeberinnen und Gastgebern entscheidend für die Wahl einer Unterkunft über eine Sharing-Plattform, dürfte eine Rückgewinnung für die traditionellen Beherbergungsbetriebe schwierig werden. Welcher Beweggrund tatsächlich ausschlagegebend für die Wahl der Sharing Economy ist, wird daher im folgenden Abschnitt untersucht.

3.4.2 Motivation der Nutzerinnen und Nutzer

Wie die im Rahmen dieser Studie durchgeführte repräsentative Onlinebefragung zeigt, ist der Preis *auf der Nachfrageseite* häufig das ausschlaggebende Argument für die Entscheidung für eine Sharing-Unterkunft (s. Abbildung 3-7). Andere Argumente, wie beispielsweise eine bessere Lage oder ein besseres Abdecken der Bedürfnisse der Gäste, folgen erst weit abgeschlagen – es sei denn, man betrachtet die Zusatzstichprobe dieser Studie, die jedoch nicht repräsentativ ist und deren Ergebnisse daher verzerrt sein dürften.

Dass der Preis der mit Abstand wichtigste Grund für die Wahl der Sharing-Unterkunft ist, bestätigt das Forschungsprojekt „PeerSharing". Bei diesem Projekt handelt es sich um einen Teil des vom Bundesministerium für Bildung und Forschung (BMBF) geförderten Schwerpunktprogramms „Nachhaltiges Wirtschaften". Im Arbeitsbericht 3 (Bätzing et al., 2016) wurden mittels einer qualitativen Untersuchung unter 32 Befragten für die Bereiche Mobilität, Unterkunft sowie Alltagsgegenstände Beweggründe für die Nutzung von Sharing identifiziert. Dabei konnte festgestellt werden, dass zuallererst finanzielle Motive für die Nutzung von Sharing-Angeboten ausschlaggebend sind (ebenda, 20). An zweiter Stelle stehen qualitative Erwägungen, wie eine schnellere und praktischere Bedürfnisbefriedigung im Vergleich zu konventionellen Anbieterinnen und Anbietern. Um die identifizierten Treiber und ihre Bedeutung zu analysieren, wurden im Rahmen des Projekts anschließend zwei Befragungen durchgeführt (Gossen et al., 2017). Dabei wurden unter anderem 1.637 Nutzerinnen und Nutzer von Wimdu nach ihrer Motivation befragt (ebenda, 14). Die Befragten konnten auf einer Skala von eins („Stimme absolut nicht zu") bis sieben („Stimme vollkommen zu") angeben, aus welchem Grund, sie sich für die Buchung über Wimdu entschieden haben. Es stellte sich heraus, dass die Absicht Geld zu sparen mit Abstand am wichtigsten für die Entscheidung ist (Durchschnittswert von 5,45). Auf dem zweiten Platz liegt die Nutzung von freien Ressourcen (3,95). Es folgen die Wünsche, neue Leute kennenzulernen (3,37), die Umwelt zu schützen (3,24) und in Kontakt mit gleichdenkenden Menschen zu kommen (2,97).

Den Befund, dass das Preis-Leistungs-Verhältnis am wichtigsten für die Konsumentinnen und Konsumenten ist, bestätigt ebenfalls eine repräsentative Befragung durch PricewaterhouseCoopers (pwc, 2015). Es wurden 1.000 Deutsche befragt, welchen Vorteil die Nutzung von Angeboten wie Airbnb, car2go oder Uber habe (ebenda, 16). 40 Prozent der Befragten gaben an, dass ein besserer (günstigerer) Preis für die gleiche Leistung verlangt werde. 30 Prozent sahen keine Vorteile und 28 Prozent hielten den direkten Kontakt mit der Anbieterin beziehungsweise dem Anbieter für vorteilhaft. Für 25 Prozent war die positive Wirkung für den Umweltschutz ein Vorteil.

Die Preissensitivität der Nutzerinnen und Nutzer wird ebenfalls in einer Befragung von 594 Personen zu ihrer Motivation zur Nutzung von Angeboten in der Sharing Economy deutlich (Schiel, 2015). Für 78,5 Prozent stellte ein besserer (niedrigerer) Preis ein Argument für Sharing dar (ebenda, 55). Auch die Nutzerinnen und Nutzer speziell von Angeboten im Unterkunftssektor (95 Individuen) gaben das Preisargument am häufigsten an (36 Prozent). Es folgen Vergnügen („Enjoyment") mit 33 Prozent und Nachhaltigkeit mit 31 Prozent (ebenda, 55).

Diese Ergebnisse sind grundsätzlich auch dadurch getrieben, dass der Fokus der Betrachtung an dieser Stelle auf den Sharing-Plattformen im Unterkunftssektor liegt, die eine Unterkunft gegen ein Entgelt vermitteln. Würden auch die Plattformen einbezogen, die kostenlose Unterkünfte vermitteln, wären für die Nachfrageseite unter Umständen Aspekte wie der

Kontakt zur Gastgeberin oder zum Gastgeber wichtiger. Aber auch der (dann fehlende) Preis könnte natürlich immer noch eine Rolle spielen.

Auch Sharing-Plattformen nehmen die Nachfrageseite als preissensibel wahr: 81 Prozent der Kundinnen und Kunden von Sharing-Angeboten seien preisbewusste Individuen (Kuhnt et al., 2015, 13). Dies hat eine Befragung von 127 Sharing-Unternehmen ergeben (70 davon aus Europa). Für die Nachfrageseite des Unterkunftssektors der Sharing Economy ist somit mehrheitlich der Preis beziehungsweise das Preis-Leistungs-Verhältnis entscheidend. Dies könnte in der Folge Preisdruck bei den Betrieben des traditionellen Unterkunftssektors verursachen.

Finanzielle Anreize sind ebenfalls *auf der Angebotsseite* von Sharing-Plattformen von hoher Bedeutung. In der qualitativen Untersuchung des PeerSharing-Arbeitsberichts wurde von allen Befragten als Motivation am häufigsten der Wunsch genannt, Geld zu verdienen (Bätzing et al., 2016, 19). Dabei wurde auch deutlich, dass die Einnahmen aus der Vermietung über Unterkunftsplattformen zum Teil ein fester Bestandteil des regelmäßigen Einkommens sind. In den anschließenden Umfragen im Rahmen des Projekts (Gossen et al., 2017) wurden Anbieterinnen und Anbieter auf Wimdu nach dem Grund befragt, warum sie Wohnraum vermieten. Auf der Skala von eins bis sieben (Stimme vollkommen zu), erreichte die Aussage „Ich nutze Wimdu, um Geld zu verdienen“ einen Durchschnittswert von 5,89. Dies ist der höchste Wert. Die Befragten sehen somit in den zusätzlichen Verdienstmöglichkeiten den mit Abstand größten Anreiz für die Nutzung von Sharing-Plattformen im Unterkunftssektor.

Dieses Ergebnis wird durch die Resultate der pwc-Studie bestätigt (pwc, 2015, 18). Die Befragten sahen den größten Vorteil aus Anbieterinnen- beziehungsweise Anbietersicht auf Sharing-Plattformen in der Möglichkeit, Geld zu verdienen (31 Prozent). 26 Prozent sahen einen Vorteil darin, „Zeit und Dinge, die man übrig hat, an andere weiterzugeben“. 21 Prozent sahen keinen Vorteil.

Sowohl für Gäste als auch für Gastgeberinnen sowie Gastgeber sind für die Nutzung von Sharing-Plattformen im Unterkunftssektor also vor allem finanzielle Motive ausschlaggebend. Vor diesem Hintergrund ist es vorteilhaft, wenn die genutzte Plattform oder die genutzten Plattformen möglichst viele Nutzerinnen und Nutzer auf Angebots- und Nachfrageseite haben. Einerseits möchten die Anbieterinnen und Anbieter eine möglichst große Kundengruppe ansprechen, um viele potenzielle Gäste zu erreichen. Andererseits ist es auch aus Sicht eines Gastes von Vorteil, auf einer großen Plattform präsent zu sein, weil dadurch eine große Auswahl und in Folge von Wettbewerb möglicherweise niedrige Preise zu erwarten sind. Ob solche Konzentrationstendenzen tatsächlich gegeben sind, wird im Folgenden näher betrachtet.

3.4.3 Konzentrationstendenzen

Die Wettbewerbssituation unter den Sharing-Plattformen im Unterkunftssektor zeigt eine deutliche Monopolisierung. Hinter dem Marktführer Airbnb mit seinen 100.000 Angeboten folgen weit abgeschlagen Wimdu (12.000 Angebote) und 9flats (2.000; siehe auch Kapitel 2.1.2). Insgesamt gibt es weit weniger verschiedene Plattformen als in den Sektoren Mobilität und Alltagsgegenstände (vgl. Kapitel 2.1). Im Unterkunftssektor scheinen Netzwerkeffekte eine besonders tragende Rolle zu spielen. Die Fusion von 9flats und Wimdu (Kotowski, 2016) deutet darauf hin, dass eine Bündelung der Nutzerinnen und Nutzer, also eine Ausweitung der Nachfrager- und Angebotsbasis, zentral ist für die erfolgreiche Durchsetzung einer Plattform.

Netzwerkeffekte treten auf, wenn der Nutzen einer Plattform für die Nutzerinnen und Nutzer auf allen Seiten umso größer ist, je mehr andere Nutzerinnen und Nutzer vorhanden sind (Rochet/Tirole, 2003, 990). Je mehr Anbieterinnen und Anbieter auf einer Unterkunftsplattform ein Inserat schalten, desto mehr potenzielle Gäste suchen auch auf dieser Plattform, und vice versa. Ab einer kritischen Masse an Nutzerinnen und Nutzern auf allen Seiten der Plattform setzen Netzwerkeffekte ein und schnelles Wachstum erfolgt (Evans, 2009). Der Effekt, dass Erfolg (in der Anziehung von Nutzerinnen und Nutzern) weiteren Erfolg bewirkt, wird auch als positiver Feedbackeffekt bezeichnet (Shapiro/Varian, 1999, 175 ff.).

Dieser ist insbesondere im Unterkunftssektor der Sharing Economy stark, weil dieser sehr früh von Airbnb dominiert wurde und Airbnb internationaler Marktführer in einem Segment ist, das an sich international ist: Reisetätigkeit und damit das Unterkunftssuchen sind per se potenziell internationale Vorgänge. Dies steht im Gegensatz zum Mobilitätssektor und zum Sharen von Alltagsgegenständen, die immer auch eine streng lokale Komponente haben: Ein New Yorker leiht sich vermutlich keine Bohrmaschine in Berlin aus. Unterkunftsgesuche hingegen sind oft übernational: Will ein deutscher Unterkunftsanbieter möglichst vielen Nachfragerinnen und Nachfragern offenstehen, sucht er sich also eine internationale Plattform, die in vielen Sprachen Menschen in vielen Ländern anspricht, die eine Reise nach Deutschland planen (vgl. dazu auch Sundararajan, 2016, 117 ff.). Airbnb hat sich sehr schnell sehr stark in vielen Ländern positioniert und wird in 25 Sprachen angeboten (Airbnb, 2017f.). Deshalb haben auch neu auftretende Konkurrenten und Nachzügler geringe Chancen gegen dieses etablierte „natürliche Monopol“ und der Unterkunftssektor wird tendenziell konzentrierter. Konkurrenz gibt es nur noch durch Spezialisierung und Abgrenzung, daher auch die Tendenz von Wimdu, sich eher Ferienwohnungen zu widmen (s. Kapitel 2.1.2).

Ein natürliches Monopol ist dadurch gekennzeichnet, dass ein Unternehmen alleine die Nachfrage zu geringeren Kosten befriedigen kann als mehrere Unternehmen (Posner, 1969, 548). Natürliche Monopole treten in Märkten mit einer Netzinfrastruktur auf, beispielsweise in der Wasserversorgung – dort sind die Durchschnittskosten geringer, wenn es ein Wassersystem statt mehrerer gibt. Onlineplattformen weisen im Normalfall hohe Skaleneffekte auf (Evans/Schmalensee, 2007, 167 f.): Die fixen Kosten für Entwicklung, Aufbau und Unterhalt der Plattform sind hoch, die variablen Kosten sind dagegen sehr niedrig, sodass bei einer zunehmenden Anzahl an Nutzerinnen und Nutzern die durchschnittlichen Kosten pro Nutzer abnehmen (s. Kapitel 3.4.1). In diesem Sinne gibt es Parallelen zwischen der natürlichen Monopolisierung und der Entwicklung im Sharing-Economy-Unterkunftssektor. Das natürliche Monopol bildet sich, weil es zunächst Vorteile für alle hat. Anbieterinnen und Anbieter wählen die Plattform mit den meisten potenziellen Gästen und diese gehen dorthin, wo die meisten Angebote sind. Das ist seit Jahren bei Airbnb der Fall und verstärkt sich noch, da viele neue Nutzerinnen und Nutzer auf eine immer breitere bereits vorhandene Nutzerzahl bei Airbnb treffen. Airbnb selbst hat aufgrund der großen Nutzerzahl und der damit anfallenden analysierbaren Datenmengen die Möglichkeit, sein Geschäftsmodell kontinuierlich zu verbessern und damit wiederum mehr Nutzer anzulocken – mit dem möglichen Resultat einer weiter zunehmenden Marktkonzentration im Sharing-Economy-Unterkunftssektor. Eine Veränderung des Geschäftsmodells – wie etwa die Ausweitung auf andere Angebotsarten – könnte allerdings auch zur Folge haben, dass keine oder geringere Konzentrationstendenzen auftreten.

Die beschriebenen Konzentrationstendenzen beschränken sich im Unterkunftssektor jedoch nicht auf die Sharing-Plattformen, sondern schließen auch das Hotelgewerbe mit ein. Gerade vor dem Hintergrund der zunehmenden Digitalisierung, aber auch mit Blick auf Wettbewerb durch Homesharing stehen Hotels unter Anpassungsdruck (Goebel et al., 2016). Die Folge sind Zusammenschlüsse im Hotelsegment, die zu großen Hotelketten führen. Die Vielzahl an Hotels macht es jedoch unwahrscheinlich, eine ähnlich starke Konzentration wie im kostenpflichtigen Homesharing zu erreichen.

3.5 *Effekte auf die Verfügbarkeit von Wohnraum*

Mittlerweile ist unumstritten, dass auf Sharing-Plattformen im Unterkunftssektor zum Teil herkömmliche Wohnungen ausschließlich für Kurzzeitvermietungen beispielsweise an Touristen angeboten werden, anstatt sie langfristig zu vermieten (zum Beispiel Süddeutsche Zeitung, 2017b). Dies kann zu einer Knappheit von Wohnraum beitragen und die Preise für Wohnraum steigern. Dies ist jedoch nur dann der Fall, wenn Wohnraum im Ergebnis tatsächlich knapp ist. Darüber hinaus können auch andere Aspekte, wie etwa die Wohnungsbaupolitik, ursächlich für Preissteigerungen und Wohnraumknappheit sein. Eine Analyse der Effekte der Sharing Economy auf die Verfügbarkeit von Wohnraum muss daher differenziert erfolgen.

Die in Kapitel 3.1 analysierten Daten des Angebots auf Airbnb geben auf Ebene der Bundesländer und der deutschen Städte mit den meisten Inseraten keine Hinweise auf eine umfangreiche professionalisierte Vermietung von Wohnraum. Damit lässt sich anhand dieser von Airbnb zur Verfügung gestellten Daten auch kein Wohnraumentzug belegen, zumindest nicht auf den analysierten Ebenen. Dies ist jedoch keinesfalls gleichbedeutend damit, dass dieser tatsächlich nicht vorliegt. Auf Ebene von einzelnen Stadtvierteln oder sogar Straßenzügen kann theoretisch Wohnraumentzug vorgenommen werden. Webscraping-Projekte geben Hinweise darauf, dass dies für einige Straßen etwa in Berlin der Fall sein könnte (Skowronnek et al. (2015), Cox (2017)). Im Folgenden wird der mögliche Zusammenhang zwischen Wohnraumverfügbarkeit und der Sharing Economy im Unterkunftssektor anhand sekundärer Quellen daher genauer analysiert.

Der deutsche Wohnungs- beziehungsweise Häusermarkt entwickelt sich in ländlichen und städtischen Regionen unterschiedlich (s. Abbildung 3-9). In vielen ländlichen Regionen existieren Überkapazitäten und zudem wurde am Bedarf vorbei gebaut (Deschermeier et al., 2017a). Dort wurden zwischen 2011 und 2015 20 Prozent mehr Wohnungen gebaut, als tatsächlich vor dem Hintergrund von demografischem Wandel und Leerstand infolge von Abwanderung gebraucht wurden. Zudem wurden mehr als doppelt so viele Einfamilienhäuser gebaut wie benötigt werden. Die Folge sind Leerstand und niedrige Mieten in vielen Teilen von Deutschland. Vor diesem Hintergrund könnten Angebote wie die der Sharing Economy, aber auch typische Ferienunterkünfte eine Chance sein, um diesem Problem zu begegnen. Einerseits würden so eventuell leerstehende Objekte vermietet. Andererseits wurde nachgewiesen, dass insbesondere Airbnb zu einer Belebung des Tourismus führen kann (Fang et al., 2016). Diese Einschätzung bestätigt eine Anfrage des BMWi bei den deutschen Bundesländern. In dieser wurde deutlich, dass Regionen, welche mit Leerstand zu kämpfen haben, wie zum Beispiel das Saarland, die touristischen Regionen Sachsen-Anhalts oder der Raum Görlitz in Sachsen, im Homesharing eine Chance sehen.

Anders stellt sich die Situation auf dem Wohnungsmarkt in den großen deutschen Städten dar. Laut Deschermeier et al. (2017a) wurden zwischen 2011 und 2015 in den sieben größten Städten lediglich 32 Prozent des bestehenden Baubedarfs auch tatsächlich gebaut. Die Folge sind steigende Kaufpreise und damit auch steigende Mieten. Im Frühjahrsgutachten Immobilienwirtschaft 2017 des Rates der Immobilienweisen wird in diesem Zusammenhang für Wohnimmobilien festgestellt: „Die Preisübertreibung liegt zwischen 36% in Düsseldorf, gut 40% in Frankfurt und Hamburg, um die 50% in Köln, Berlin und Stuttgart sowie 75% in München." (Feld et al., 2017, 13). Werden dem Wohnungsmarkt durch Anbieterinnen und Anbieter auf Sharing-Plattformen zusätzlich Objekte entzogen, könnte diese Situation womöglich verschärft werden. Es ist nicht davon auszugehen, dass eine starke Einschränkung oder gar ein Verbot von Homesharing auf die Situation auf dem Wohnungsmarkt einen nennenswerten Effekt hätte. Dazu sind die Angebotszahlen – insbesondere von Wohnungen, bei denen zu vermuten ist, dass es sich nicht um die Hauptwohnung der Anbieterin oder des Anbieters handelt – zu gering (vgl. 3.1).

Dennoch befürchten einige Bundesländer in der Befragung durch das BMWi eine zusätzliche Verknappung auf dem Wohnungsmarkt aufgrund der Sharing Economy im Unterkunftssektor. Negative Auswirkungen werden vor allem in Ballungsgebieten, wie Hamburg und Umland (Schleswig-Holstein), Berlin, Dresden (Sachsen), Leipzig (Sachsen), München (Bayern), im Rhein/Maingebiet (Hessen) sowie speziell in Frankfurt am Main gesehen. Jedoch auch in touristischen Regionen werden zum Teil negative Auswirkungen („Rollladensiedlungen") erwartet, wie zum Beispiel auf Sylt (Schleswig-Holstein) oder den ostfriesischen Inseln (Niedersachsen).

Abbildung 3-9: Bautätigkeit und Baubedarf in Deutschland

Kreise und kreisfreie Städte, 2011 bis 2015

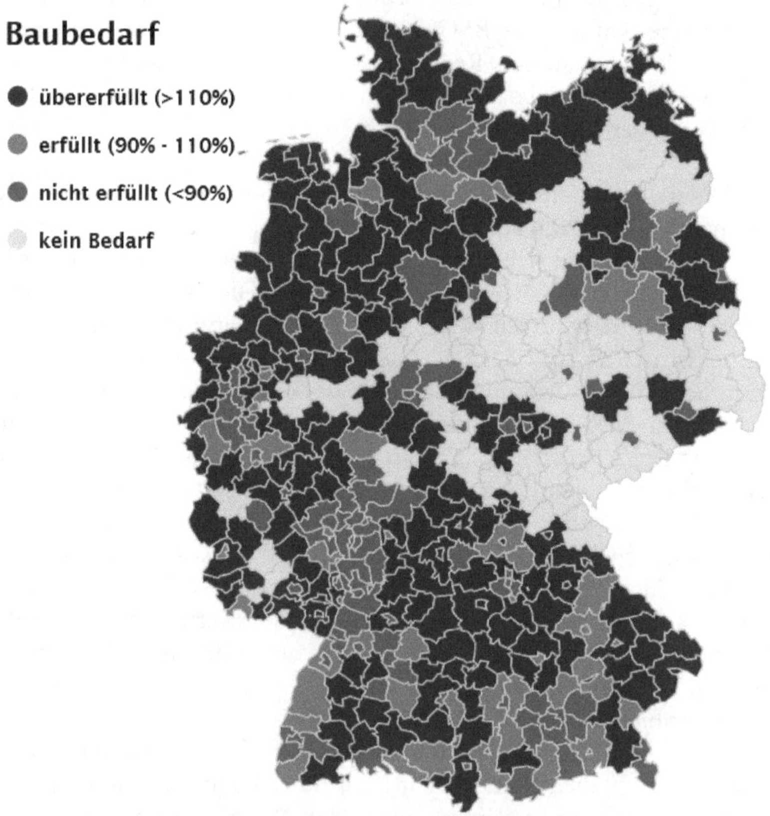

Quelle: Institut der deutschen Wirtschaft Köln, 2017.

Die Frage ist, in welchem Umfang die Sharing Economy dem Wohnungsmarkt in besonders betroffenen Regionen Wohnungen entzieht und welche Effekte damit einhergehen. Die vorhandenen Studien, welche die Wirkungen der Sharing Economy im Unterkunftssektor auf den Wohnungsmarkt untersuchen, kommen nicht zu einem eindeutigen Ergebnis. Dies liegt zum einen, wie oben angesprochen, an der Unterschiedlichkeit der regionalen und lokalen Gegebenheiten, die sich auf die Ergebnisse auswirken. Die meisten Analysen fokussieren sich daher auf Berlin. Zum anderen sind die Ergebnisse solcher Untersuchungen abhängig vom Zeitpunkt der

Datenerhebung sowie den verwendeten Daten. Im Folgenden werden die vorhandenen Studien mit Schwerpunkt Berlin vor diesem Hintergrund betrachtet.

Grundsätzlich steht der Wohnungsmarkt in Berlin großen Herausforderungen gegenüber. In Berlin wird ein stetiges Bevölkerungswachstum verzeichnet (s. Abbildung 3-10). Während am 31.12.2004 rund 3,3 Millionen Menschen in Berlin lebten, waren es Ende 2016 bereits fast 3,7 Millionen. Seit 2010 hat das Tempo des Anstiegs der Bevölkerung zudem stark zugenommen. Die Situation auf dem Wohnungsmarkt hat sich durch die Aufnahme Geflüchteter seit 2015 zusätzlich verschärft. Dies wird insbesondere an Schlagzeilen wie „Der Kampf um Wohnungen beginnt" (Zeit Online, 2015) bereits im Jahr 2015 deutlich. Durch die relativ geringe Bautätigkeit und den starken Zuzug kommt es zu einer eklatanten Unterversorgung der Bevölkerung mit Wohnraum. Eine Studie für die Fraktion von DIE LINKE im Berliner Abgeordnetenhaus kam im Jahr 2016 zu dem Schluss, dass ein absoluter Wohnungsmangel von 125.000 Wohnungen in Berlin besteht (Holm, 2016). Wimdu geht 2017 von einem Fehlen von 200.000 Wohnungen in der Hauptstadt aus (Wimdu, 2017c).

Abbildung 3-10: Einwohnerinnen und Einwohner in Berlin seit 2004

Angaben jeweils am 31. Dezember eines Jahres

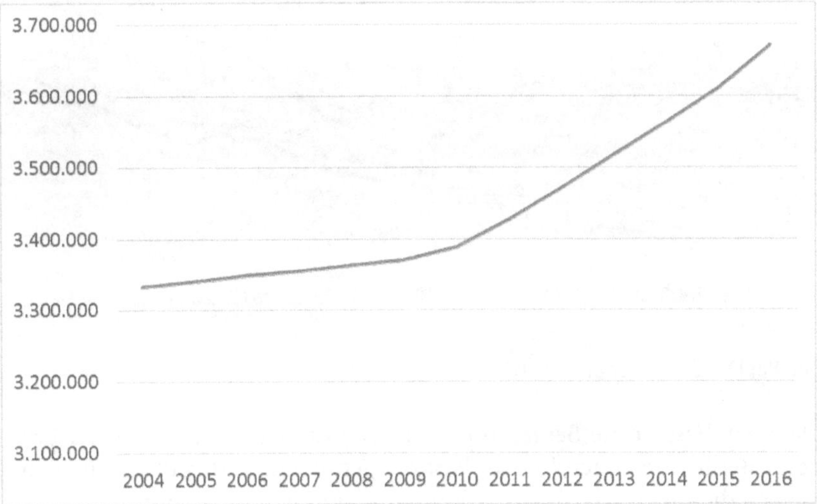

Quelle: Amt für Statistik Berlin-Brandenburg, 2017.

Die Folge dieser Entwicklungen sind insbesondere starke Mietsteigerungen (s. Abbildung 3-11). Im Vergleich der sieben größten deutschen Städte sticht Berlin mit den höchsten Mietsteigerungen heraus. 2016 entsprach die Durchschnittsmiete bei einer Neuvermietung mehr als 140 Prozent des Wertes von 2005. In Hamburg, der Stadt mit dem zweithöchsten Anstieg, waren es „nur" fast 130 Prozent. Beim Anstieg der durchschnittlichen Miete bei Neuvermietung handelt es sich um einen langfristigen Trend, der in Berlin bereits seit dem Jahr 2009 besteht. Die Markteintritte der Sharing-Anbieter im Unterkunftssektor in Berlin erfolgten meist mindestens zwei Jahre später; eine umfangreiche Nutzung noch später. Ein direkter Effekt der Markteintritte auf die Mietsteigerungen in Berlin ist nicht festzustellen.

Abbildung 3-11: Entwicklung der Durchschnittsmieten

Bei Neuvermietung für Wohnungen in Mehrfamilienhäusern in den sieben größten deutschen Städten, 2005=100

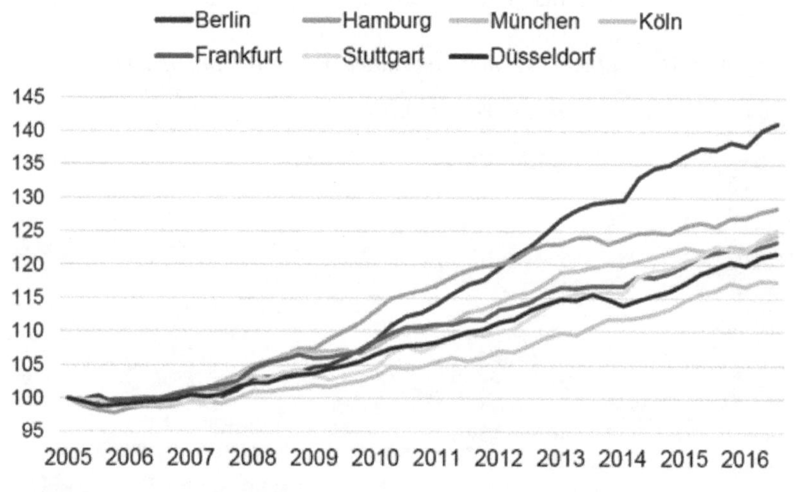

Quelle: Deschermeier et al., 2017b.

Dennoch besteht die Befürchtung, dass professionalisierte Vermieter gerade in Berlin zunehmend ganze Wohnungen über Sharing-Plattformen anbieten, die zuvor klassischer Wohnraum waren und so nun dem Wohnungsmarkt dauerhaft entzogen werden. Daher geht das Berliner Abgeordnetenhaus mithilfe des Berliner Zweckentfremdungsverbots[5] vom November 2013 gegen eine Veränderung der Nutzung von städtischem Wohnraum vor, die auch solche Anbieterinnen und Anbieter auf Sharing-Plattformen trifft. Ziel ist es, eine weitere Verschärfung der Wohnraumknappheit in Berlin zu verhindern. Laut diesem Gesetz „darf Wohnraum im Land Berlin oder in einzelnen Bezirken nur mit Genehmigung des zuständigen Bezirksamts zweckentfremdet werden, soweit die Versorgung der Bevölkerung mit ausreichendem Wohnraum zu angemessenen Bedingungen besonders gefährdet ist" (§ 1 Abs. 1 ZwVbG). Seit dem 1. Mai 2014 ist das Gesetz in Kraft; es gab einen Übergangszeitraum für bereits als Ferienwohnung genutzten Wohnraum bis zum 30. April 2016. Aufgrund rechtlicher und anwendungsbezogener Herausforderungen ist das ZwVbG mit dem zweiten Gesetz zur Änderung des Zweckentfremdungsverbot-Gesetzes überarbeitet worden (Senatsverwaltung für Stadtentwicklung und Wohnen, 2018).

In Berlin ist ein Zweckentfremdungsverbot grundsätzlich keine neue Erscheinung. Es gab bereits 1972 eine eigene Verordnung, die das Verbot der Zweckentfremdung zum Inhalt hatte (Berliner Zweckentfremdungsverbot-Verordnung[6] vom 25. Juli 1972). Auch anderen Städten ist diese Art des Vorgehens vertraut. Beispielsweise ist in Hamburg seit 1982 das Hamburgische Wohnraumschutzgesetz[7] in Kraft.

Die Ergebnisse von Studien, welche sich mit den Auswirkungen der Sharing Economy im Unterkunftssektor auf die Verfügbarkeit von Wohnraum beschäftigen, sind auch vor dem Hintergrund dieser Anpassungen der Rechtslage in Berlin zu beurteilen. Eine der wenigen Untersuchungen zu diesem Thema für Deutschland kommt zu dem Schluss, dass in allen deutschen Städten ab 50.000 Einwohnern (insgesamt circa 187 Städte) 2015 zusammen 46.400 Wohnungen dem Wohnungsmarkt durch Sharing-Anbieterinnen und -Anbieter entzogen wurden (GBI, 2016). Ein besonderer Schwerpunkt bei dieser Betrachtung ist dabei Berlin. Hier wurden laut der Studie 14.400 Privatunterkünfte dauerhaft an Touristen vermietet. Insbesondere 7,7 Prozent der Berliner Wohnungen bis 40 Quadratmeter stan-

5 Gesetz über das Verbot der Zweckentfremdung von Wohnraum (Zweckentfremdungsverbot-Gesetz - ZwVbG) v. 29.11.2013, GVBl. S. 626, zuletzt geändert durch Art. 1 Zweites ÄndG v. 9. April 2018, GVBl. S. 211.

6 Verordnung über das Verbot der Zweckentfremdung von Wohnraum (ZwVbVO) v. 25.7.1972, GVBl. S. 1445.

7 Gesetz über den Schutz und die Erhaltung von Wohnraum (Hamburgisches Wohnraumschutzgesetz - HmbWoSchG).
v. 8.3.1982, HmbGVBl. 1982, S. 47.

den so für dauerhafte Mietverhältnisse nicht zur Verfügung. Während die Berechnungsmethode dieser Studie unklar bleibt, nehmen Skowronnek et al. (2015) eine Analyse auf Basis gescrapter Daten vor. Sie kommen ebenfalls für 2015 zu dem Ergebnis, dass 11.701 Berliner Wohneinheiten (0,4 Prozent aller Wohnungen) auf Airbnb zu finden sind. Der überwiegende Teil der angebotenen Wohnungen wurde somit möglicherweise im Rahmen von Homesharing vermietet und nicht dem Wohnungsmarkt entzogen. Bezogen auf das gesamte Berliner Stadtgebiet legen diese Ergebnisse für 2015 nahe, dass es keine flächendeckenden Probleme mit Wohnraumentzug durch kontinuierliche Vermietung über Sharing-Plattformen geben kann, denn dazu sind die Zahlen relativ zu allen Wohnungen in der Stadt zu gering. Dies kann sich in einzelnen Stadtteilen oder Straßenzügen natürlich anders darstellen, lässt sich aber anhand der zur Verfügung stehenden Studien nicht weiter präzisieren (s. Kapitel 3.1).

Diese grundsätzliche Schlussfolgerung bestätigen Daten aus dem Jahr 2016. Für das erste Halbjahr 2016 wurde vom Institut für Stadt-, Regional- und Wohnforschung Berlin festgestellt (GEWOS, 2016), dass 11.751 Objekte auf Airbnb zur Verfügung standen (0,6 Prozent des gesamten Berliner Wohnungsbestands). 63 Prozent davon wurden bis zu 30 Tage vermietet. Bei diesen Objekten ist anzunehmen, dass es sich um regulär vermietete Wohnungen handelt. Lediglich 20 Prozent (rund 2.350 Wohnungen oder 0,1 Prozent aller Wohnungen in Berlin) standen an mehr als 60 Tagen zur Verfügung. Kontinuierliche Vermietung über Sharing-Plattformen scheint also allenfalls einen geringen Teil des Angebots auf diesen Plattformen und einen äußerst geringen Anteil des gesamten Wohnungsbestands in Berlin auszumachen. Zu ähnlichen Resultaten kommen Chaves et al. (2017). Für Februar 2016 werden 11.000 ganze Wohneinheiten in Berlin auf der Airbnb-Webseite angeboten. Diese Ergebnisse decken sich mit den Resultaten der Primärdatenanalyse in Kapitel 3.1.

Die Wirkung des Zweckentfremdungsverbot-Gesetzes in Berlin ist aufgrund der Datenlage kaum zu beurteilen. Wird eine Schätzung von Wimdu zugrunde gelegt, ist die Wirkung als eher gering einzustufen. Wimdu geht davon aus, dass durch das Zweckentfremdungsverbot in Berlin 1.500 Wohnungen dem Wohnungsmarkt wieder zugeführt werden konnten (Wimdu, 2017c). Chaves et al. (2017) schätzen einen Rückgang der auf Airbnb von professionalisierten Anbieterinnen und Anbietern online gestellten Wohnungen von 2.000 auf 1.000. Gemäß der Berliner Senatsverwaltung für Wohnen sind seit Inkrafttreten des Zweckentfremdungsverbots im Jahr 2014 maximal 4.000 Wohnungen dem Wohnungsmarkt in Berlin wieder zugeführt worden, die zuvor an Touristen vermietet worden waren (Lehmann/Loy, 2018). In Anbetracht des bestehenden Mangels an Wohnraum in Berlin von bis zu 200.000 Wohneinheiten sind diese Größenordnungen verhältnismäßig klein. Das Potenzial, in Berlin Wohnungen aus der Sharing Economy in den klassischen Wohnungsmarkt zurückzuführen und diesen so zu entlasten, ist bezogen auf ganz Berlin also vermutlich eher gering. Es ist dennoch denkbar, dass sich dies auf mikrolokaler Ebene anders darstellt, insbesondere wenn die Wohnungen lokal konzentriert gelegen sein sollten.

3.6 Problemlagen in der Sharing Economy im Unterkunftssektor

Mit einer zunehmenden Nutzung von Sharing-Angeboten im Unterkunftssektor geht auch die Frage einher, welche Qualität diese Angebote haben. Insbesondere ist relevant, ob es spezifische, eindeutig und mehrheitlich bestätigte Problemlagen gibt, welche regulatorische Eingriffe erforderlich machen könnten. Grundsätzlich ist es schwierig, bestehende Problemlagen in der Sharing Economy zu identifizieren. Bestehende Studien und Gutachten stellen vor allem auf Sicherheit, Zuverlässigkeit und Sauberkeit ab (vgl. Monopolkommission, 2016; pwc, 2015). Ein Ansatzpunkt ist die Analyse von quantitativen Bewertungen bestimmter Aspekte, wie etwa Sauberkeit, auf den Plattformen selber. Bei Airbnb ist Sicherheit ein einzelnes Bewertungskriterium, welches die Gäste mit Sternen beurteilen können. Alternativ dazu lassen sich über freihändische Kommentare auf den Plattformen oder in speziellen Foren Problemlagen ableiten. Die Bewertungssysteme von Onlineplattformen neigen jedoch zu Verzerrungen, oft positiver Art: Die Bewertungen sind tendenziell nach oben verzerrt, weil Nutzerinnen und Nutzer vor negativen Bewertungen zurückschrecken (vgl. Tadelis, 2016; Dellarocas/Wood, 2008; Nosko/Tadelis, 2015). Andererseits ist zu beobachten, dass Nutzer besonders bei extremen Erfahrungen bewerten, also zu extrem guten oder extrem schlechten Bewertungen neigen. Mittelmäßige Bewertungen gibt es kaum. Dazu kommt bei der Auswertung von Texten beispielsweise in Form von Forumsbeiträgen, dass eine Kategorisierung und damit Vergleichbarkeit meist nur schwer umsetzbar ist.

Deshalb wurde für die Analyse in dieser Studie der Weg gewählt, Anbieterinnen und Anbieter wie auch Nachfragerinnen und Nachfrager der Sharing Economy im Unterkunftssektor konkret zu den Problemlagen zu befragen. Ein Bestandteil der Befragungen war eine Onlinebefragung von Internetnutzerinnen und -nutzern im Jahr 2016 in Deutschland (s. Kapitel 3.2). Die geschichtete Zufallsstichprobe ist repräsentativ für die Onlinebevölkerung in Deutschland nach den Merkmalen Alter, Geschlecht und Bundesland. Zusätzlich wurden weitere, nichtrepräsentative Umfragen unter anderem über Twitter und Facebook geschaltet, um die Datenbasis zu erweitern (s. auch Kapitel 3.1). Wie bereits bei den Gründen für die Nachfrage von Sharing-Unterkünften (s. Abbildung 3-7) geschehen, zeichnen sich in der Zusatzstichprobe durchaus andere Präferenzen und Einschätzungen ab. Diese helfen, die Ergebnisse der repräsentativen Stichprobe einzuordnen und dienen der Illustration. Dennoch wird im Folgenden aufgrund der besseren Belastbarkeit und Übertragbarkeit in erster Linie auf die Ergebnisse der repräsentativen Hauptstichprobe abgestellt.

Grundsätzlich gilt, dass bei den abgefragten Einschätzungen entlang einer Skala von 1 bis 5 bewertet wurde. Bei der Interpretation der Ergebnisse existieren Spielräume. So ist es beispielweise vom Blickwinkel abhängig, ob ein Anteil von 80 Prozent, der bei einer Frage „Stimme (voll und ganz) zu“ angegeben hat, als hoch oder niedrig zu bewerten ist. Dies gilt umso mehr, als es für die gestellten Fragen keine Literatur gibt, die als Vergleich herangezogen werden könnte. Diese Herausforderung wird bei der Interpretation der Ergebnisse berücksichtigt.

Es ist des Weiteren zu berücksichtigen, dass sich Problemlagen unter Umständen regional oder lokal (bis auf den einzelnen Straßenzug/die einzelne Wohnung) sehr unterschiedlich darstellen können. Empirische Evidenz dazu liefert weder die dieser Studie zugrundeliegende Datenbasis noch eine gesonderte Befragung der Bundesländer.

3.6.1 Problemlagen unter Sharing-Economy-Gästen

Für die Gäste der Sharing Economy wurden Sauberkeit und Sicherheitsaspekte als potenzielle Problembereiche identifiziert. In der oben angesprochenen repräsentativen Onlinebefragung wurden 195 Personen zwischen 18 und 72 Jahren in Deutschland befragt, die angaben, im Jahr 2016 Gast in einer inländischen Sharing-Unterkunft gewesen zu sein. Außerdem gaben etwa 230 Personen zwischen 19 und 93 Jahren (98,7 Prozent davon bis 73 Jahre) aus der Zusatzstichprobe, auf die dies auch zutrifft, zu den Problemlagen ihre Einschätzung. Insbesondere wurden dabei die Themen Sauberkeit und Sicherheit der Unterkunft abgefragt. Außerdem wurden Unfälle während des Aufenthaltes sowie die damit verbundenen Versicherungsleistungen einbezogen. Eventuelle Verzerrungen in den Antworten sind unter anderem des zeitlichen Abstands zwischen Übernachtung und Befragungszeitpunkt geschuldet. Genauere Ergebnisse würden vermutlich erzielt, wenn die Befragung während des Aufenthaltes in der Sharing-Unterkunft erfolgt wäre. Aufgrund der geringen Fallzahlen in Unterkategorien sind die Ergebnisse aus Unterstichproben zudem mit Vorsicht zu interpretieren. Diejenigen Befragten, die mehrmals Sharing-Unterkünfte gebucht hatten, wurden gebeten, eine durchschnittliche Einschätzung zu geben. Im Folgenden werden die einzelnen Faktoren beleuchtet. Ausführlichere Ergebnisse und Interpretationen werden im Anhang dargestellt.

Sauberkeit und Hygiene waren laut der repräsentativen Befragung bei den Sharing-Unterkünften kein Problem. Der Aussage „Die gebuchten Unterkünfte waren sauber und hygienisch" stimmten jeweils mehr als 80 Prozent der Befragten der Hauptstichprobe und der Zusatzstichprobe zu (s. Abbildung 8-1). Aufgrund der unterschiedlichen Hygieneansprüche der verschiedenen Gäste ist davon auszugehen, dass eine Zustimmung zu 100 Prozent unrealistisch ist.

Hinsichtlich der *Elektrik* und elektrischer Geräte gab es Anlass zur Beschwerde, allerdings waren die Beschwerden in der Minderheit. Jeweils 79 Prozent der Befragten stimmten der Aussage „Die Elektrik sowie die elektrischen Geräte der Unterkünfte erschienen mir sicher" entweder zu oder voll und ganz zu (s. Abbildung 8-2). Die Vergleichbarkeit dürfte etwas leichter sein als bei der Sauberkeit, da frappierende Mängel wie offene Kabel gleichermaßen sichtbar sind. Allerdings ist anzunehmen, dass Gäste mehr auf Sauberkeit als auf sichere Elektrik achten, weshalb der Sauberkeitsaspekt vermutlich besser aus dem Gedächtnis abrufbar ist. Zudem dürfte es nur bei erheblichen Mängeln zu einer negativen Bewertung kommen, da diese Mängel eher im Gedächtnis bleiben. Vermutlich sind die Bewertungen in diesem Themenfeld also leicht positiv verzerrt. In der Folge sollte die fehlende Zustimmung von 9 Prozent der Befragten durchaus ernst genommen werden, auch, weil bei einem schlechten Zustand der Elektrik von Gebäuden zumeist von einem anderen Risiko ausgegangen werden kann als bei einer schlechten Sauberkeit einer Unterkunft.

Für die Sicherheit einer Unterkunft spielt auch die *Bausubstanz* eine Rolle. Der Aussage „Die Bausubstanz, z. B. Fenster, Böden, Treppen, war soweit erkennbar in einem sicheren Zustand" traf auf deutliche Zustimmung unter den Befragten: 83 Prozent stimmten dieser Aussage zu oder voll und ganz zu (s. Abbildung 8-3). Auch bei der Bausubstanz ist davon auszugehen, dass sich Gäste nur bei extrem negativen Erfahrungen und auffälligen Mängeln hinreichend an diese erinnern, sodass vermutlich eine leichte Verzerrung in Richtung positiver Bewertung vorhanden ist. Vor diesem Hintergrund sollten auch die 4 Prozent der Befragten (Zusatzstichprobe: 6 Prozent) bewertet werden, die der Aussage überhaupt nicht zustimmten.

Bei der Aussage „Es waren ausreichende Vorkehrungen für *Brandschutz* getroffen (z. B. Rauchmelder, Feuerlöscher, freier Zugang zum Ein- bzw. Ausgang, Informationen für den Brandfall)" war das Antwortverhalten uneinheitlicher. Gut ein Fünftel der Befragten wusste gar keine Antwort, ein Fünftel befand „weder noch" (s. Abbildung 8-4). Auf diesen Aspekt von Sicherheit scheinen viele Gäste nicht geachtet zu haben. Dennoch bewertet auch in diesem Fall die Mehrheit der Befragten (47 Prozent) den Brandschutz als gegeben. Die Ergebnisse zeigen, dass Missstände oft nur zu Problemen werden, wenn es zu entsprechenden Vorfällen kommt. Einem fehlenden Brandschutz werden sich Gäste oft erst im Notfall, im Fall des Brandes, gewahr. Deshalb konnten auch viele Gäste überhaupt keine Aussage zum Grad des Brandschutzes machen. Regulatorische Eingriffe erscheinen auf Basis dieser Daten nicht notwendig. Allerdings kann der Brandschutz schon durch die Installation eines Rauchmelders erheblich verbessert werden. Die Rauchmelderpflicht ist bereits für alle Bundesländer beschlossen, einige Bundesländer befinden sich allerdings noch in der Übergangsphase.

Im weitesten Sinne zählt auch zur Sicherheit, wenn es *Probleme mit Nachbarn* von Sharing-Unterkünften gibt. In der Vergangenheit haben sich Berichte gehäuft, laut denen es durch Sharing-Gäste beispielsweise zu Ruhestörungen gekommen ist, was zu Konflikten mit der Nachbarschaft geführt hat (zum Beispiel Vooren, 2016). Dieser Aspekt ist laut der Befragung nicht unerheblich: Knapp ein Viertel der Befragten (ein Fünftel der Zusatzstichprobe) stimmte der Aussage „Es gab Schwierigkeiten mit den Nachbarn der Sharing-Unterkunft (z. B. Beschwerden über Ruhestörungen)" zu (s. Abbildung 8-5). Dies ist vor allem vor dem Hintergrund erstaunlich, dass die Nachbarn selbst nicht zur Zielgruppe der Befragung zählten und befragt wurden. Diese hätten vermutlich eher von Problemen berichtet als die mutmaßlichen Nachfragerinnen und Nachfrager der Sharing-Unterkünfte. Im Vergleich zu den anderen in der Befragung berücksichtigten Aspekten sind Vorfälle mit den Nachbarn eine relativ häufig auftretende Problemlage, die jedoch vielschichtig ist. Generell wird in Deutschland die Polizei bei einer Störung der Nachtruhe gerufen, bei wiederholten Vorfällen das Ordnungsamt informiert. Darüber hinaus erscheinen zusätzliche regulatorische Eingriffe fehlgesetzt.

Die Bewertung der Sicherheitsaspekte wird im Folgenden ergänzt durch die tatsächliche Gefahrenlage mittels Befragung der Gäste nach *Unfällen*. Immerhin 8 Prozent der befragten Gäste haben sich 2016 bei einem Aufenthalt in einer Sharing-Unterkunft verletzt, die meisten von ihnen Männer unter 35 Jahren. In der Zusatzstichprobe war es weniger als ein Prozent der Befragten. Letzteres deckt sich mit den Ergebnissen der Befragung der EU-Kommission (2012). Generell kann keine Aussage über die Schwere der Verletzung und vor allem auch die Ursächlichkeiten gemacht werden. Es ist denkbar, dass ein Teil der Unfälle auf eigene Fahrlässigkeit, etwa im Umgang mit scharfen Gegenständen, zurückzuführen ist, und nicht mit eventuellen Missständen in der Wohnung wie etwa unsicherer Bausubstanz verbunden ist. Dies bestätigen auch die Ergebnisse der EU-Kommission: 54 Prozent der Befragten gaben dort an, dass der betreffende Unfall ihr eigener Fehler war (EU-Kommission, 2014, 13). Auch ist denkbar, dass die Verletzungen nicht unmittelbar in der Wohnung selbst erfolgten, unter der Annahme, dass die Frage missverstanden wurde. Die Schäden aus den Vorfällen, darunter etwa Arztkosten, wurden dennoch zum größten Teil über die Versicherung des Gastgebers abgewickelt, gefolgt von der Versicherung der Gäste. In drei von insgesamt 15 Fällen wurde auch die Versicherung der Plattform, über die gebucht wurde, mit einbezogen. In der Zusatzstichprobe wurden beide aufgetretenen Unfälle über die Versicherung der Plattform abgewickelt.

Die vorstehende Analyse basierend auf einer repräsentativen Befragung liefert keine Ergebnisse, die auf einen eindeutigen, verstärkten Regulierungsbedarf von Sharing-Unterkünften hindeuten. Dieser wäre etwa nachvollziehbar, wenn eine Mehrheit einen bestimmten Sicherheitsaspekt beanstandet hätte. Am ehesten besteht noch Regulierungsbedarf im Fall der Elektrik, der allerdings unabhängig von der Sharing Economy für alle Wohnungen gilt. In diesem Bereich gab es im Vergleich die meisten Sicherheitsbedenken durch die Gäste. Es liegt nach derzeitigen Erkenntnissen jedoch kein Marktversagen vor, das Eingriffe staatlicherseits erfordern würde. Der Übernachtungsmarkt reguliert sich in diesem Sinne selbst. Unzufriedene Gäste könnten Gastgeber öffentlichkeitswirksam durch das Bewertungssystem der Plattformen sanktionieren und sie somit sogar vom Markt drängen. Der Eindruck der Nichtnotwendigkeit regulatorischer Eingriffe ändert sich auch nicht beim Blick auf die zusätzlich erhobenen Nachfragerzahlen der Zusatzstichprobe – die Tendenzen in den jeweiligen Sicherheits- und Sauberkeitsaspekten bleiben gleich.

Ebenfalls ändert sich dieses Bild nicht durch die repräsentative Befragung derjenigen, die im Jahr 2016 keine Sharing-Unterkunft in Deutschland gebucht haben (1.819 Befragte der Hauptstichprobe und 339 Befragte der Zusatzstichprobe). Gefragt nach den Gründen für die ausbleibende Buchung, spielen Aspekte der Sicherheit und der Hygiene nur eine marginale Rolle. Lediglich 8 Prozent (Zusatzstichprobe: 14 Prozent) buchten nicht aus Gründen der mangelnden Hygiene, der unsicheren Elektrik, des mangelnden Brandschutzes oder der unsicheren Bausubstanz (s. Abbildung 3-12). Auch der unklare Versicherungsschutz im Schadensfall spielte nur für fünf Prozent der Befragten (Zusatzstichprobe: 10 Prozent) eine Rolle. Die meisten Befragten hatten deshalb keine Sharing-Unterkunft gebucht, weil sie Sharing-Plattformen nicht kennen, keine Reise in Deutschland unternommen hatten oder herkömmliche Übernachtungsformen wie Hotels und Pensionen bevorzugt haben. Bei den Befragten der Zusatzstichprobe war die mangelnde Reisetätigkeit in Deutschland der Hauptgrund, gefolgt von der Wertschätzung herkömmlicher Übernachtungsformen. Dies deutet darauf hin, dass Sharing-Unterkünfte vor allem auch als Ergänzung zum bestehenden Angebot und nicht nur als Substitut wahrgenommen werden.

Abbildung 3-12: Gründe gegen eine Sharing-Buchung in Deutschland

Anteil der Befragten, die aufgrund des jeweiligen Aspektes im Jahr 2016 keine Unterkunft über eine Sharing-Plattform gebucht haben, in Prozent; Hauptstichprobe: n=1.819; Zusatzstichprobe: n=339

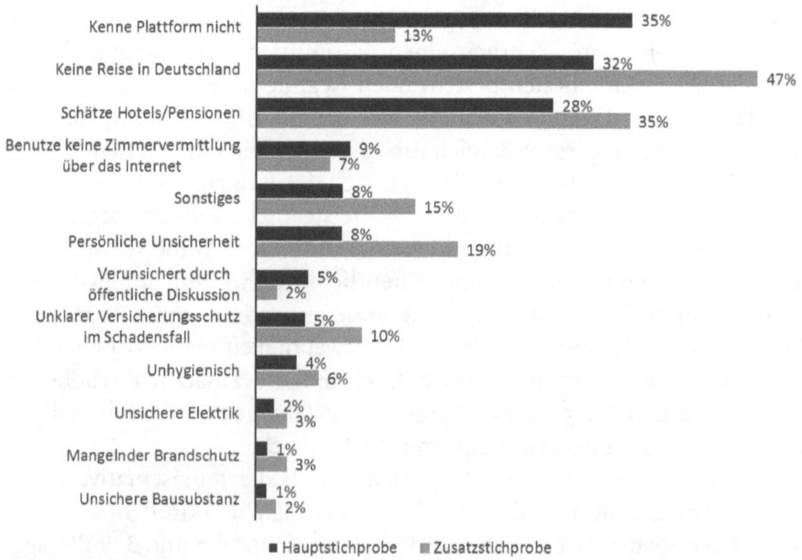

Quelle: Eigene Berechnungen.

Insgesamt liefert die Analyse der Antworten aus Haupt- und Zusatzstichprobe ein scharfes Bild der potenziellen Problemlagen bei Sharing-Übernachtungen. Auch die Hinzuziehung der Befragungsergebnisse einer heterogenen, nicht repräsentativen Zusatzstichprobe zeigt keine gravierenden Problemlagen, die dringende Handlungsoptionen nach sich zögen.

3.6.2 Problemlagen unter Sharing-Economy-Anbieterinnen und -Anbietern

Im Gegensatz zu der Gästeseite ist für die Angebotsseite der Sharing Economy im Unterkunftssektor keine repräsentative Auswertung möglich. In der repräsentativen Hauptstichprobe gibt es nur 23 Anbieterinnen und Anbieter. Die Zusatzstichprobe ist nicht repräsentativ, führt aber zu einer Gesamtzahl von 583 Anbieterinnen und Anbietern. Zusammengenommen liegen also Antworten von 606 Anbieterinnen und Anbietern vor. Die folgende Problemlagenanalyse erfolgt auf Basis der Haupt- und Zusatzstichprobe, ist deshalb aber nicht repräsentativ. Die Datenbasis reduziert sich dadurch, dass einige Anbieterinnen und Anbieter im Jahr 2016 keine gebuchten Nächte zu verzeichnen haben. Im Folgenden werden nur diejenigen Anbieterinnen und Anbieter betrachtet, die eine positive Anzahl gebuchter Nächte angegeben haben. Dies ist bei 21 Anbieterinnen und Anbietern aus der Hauptstichprobe und 467 aus der Zusatzstichprobe, also insgesamt 488 Anbieterinnen und Anbietern der Fall.

Schadensfälle

Die befragten Gastgeberinnen und Gastgeber hatten im Jahr 2016 zwischen einer (6 Prozent) und 1.835 (ein Fall) Buchungen für ihre Sharing-Unterkunft bzw. Sharing-Unterkünfte aufzuweisen. Zahlen über 365 sind möglich, wenn Gastgeber mehrere Sharing-Unterkünfte, etwa mehrere Zimmer, vermieten. 90 Prozent der Befragten Gastgeber hatten weniger als 65 Buchungen, die Hälfte weniger als 15.

Fast alle (484) Anbieterinnen und Anbieter beantworteten die Frage, ob es zu Schäden an ihrer Unterkunft gekommen sei. Bei den meisten Gastgebern (58 Prozent) kam es 2016 zu keinen „Schäden an der Unterkunft, Hausrat oder Sonstigem“ durch den Gast (s. Abbildung 3-13). 22 Prozent der Gastgeberinnen und Gastgeber gaben an, es sei zu einem Schaden gekommen. Zwei Schäden gab es für 11 Prozent der Gastgeber. Im Schnitt kam es zu weniger als einem Schaden pro Gastgeber. Die Anzahl der Schäden pro Buchung lag bei etwa 0,06: Bei jeder 17. Buchung kam es zu Schäden.

Rund 190 der Gastgeberinnen und Gastgeber mit Schäden (40 Prozent derer, die sich überhaupt zu Schäden äußern) im Jahr 2016 beantworteten die Frage nach der Schadensregulierung. 65 Prozent von 192 Gastgeberinnen und Gastgeber gaben an, es hätte bei keinem der Schäden Probleme mit der Versicherung des Gastes gegeben; die anderen drei Gastgeberinnen und Gastgeber äußerten sich nicht zu der Frage. 23 Prozent gaben an, es hätte bei einem der Schäden Probleme gegeben. Vereinzelt wurde auch von mehreren Schäden berichtet, bei denen es Probleme gab. Bei jedem dritten Schaden kam es zu einem Problem mit der Versicherung des Gastes.

Abbildung 3-13: Schadensfälle in Sharing-Unterkünften in Deutschland

Anteil der Gastgeberinnen und Gastgeber, die Schäden im Jahre 2016 vorzuweisen hatten (Frage: „Bei wie vielen Ihrer Buchungen kam es zu Schäden an der Unterkunft, Hausrat oder Sonstigem?“), in Prozent, n=484 (nichtrepräsentative Kombination aus Haupt- und Zusatzstichprobe), 2016

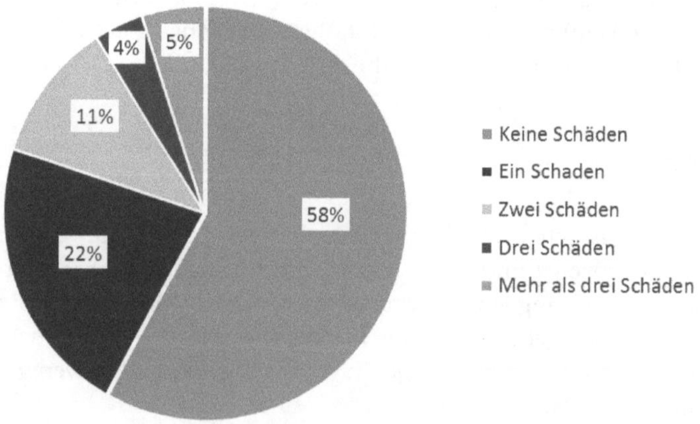

Quelle: Eigene Berechnung.

Weniger Probleme gab es mit der Schadensregulierung durch die Versicherung der Plattform (wie zum Beispiel die Gastgeber-Garantie oder die Versicherung zum Schutz von Gastgeberinnen und Gastgebern bei Airbnb): 78 Prozent der 189 Gastgeberinnen und Gastgeber, die diese Frage beantworteten, gaben an, es hätte bei keinem der Schäden Probleme mit der Versicherung der Plattform gegeben. 15 Prozent berichten von einem problematischen Schadensfall, drei Prozent von zwei Problemfällen. Die Aussage, es habe Probleme gegeben, bedeutet jedoch nicht, dass die Versicherung schlussendlich nicht gegriffen hat. Insgesamt scheint der Versicherungsmechanismus im Schadensfall zu funktionieren.

Gut gewappnet für den Schadensfall waren eher wenige der Gastgeberinnen und Gastgeber. Lediglich 42 Prozent hatten 2016 eine private Haftpflichtversicherung, die auch Schäden im Rahmen der Vermietung der Unterkunft abdeckt, 41 Prozent eine Hausratversicherung. Sonstige Versicherungen hatten nur 7 Gastgeberinnen und Gastgeber.

Zwar kommt es immer wieder zu Schäden durch den Gast bei Sharing-Übernachtungen, in der Regel sind die Buchungen mit Schaden jedoch in der Minderheit. Wenn es zu Schäden kommt, ist der finanzielle Ausgleich durch Versicherungen sowohl der Plattform als auch des Gastes in der Regel unproblematisch, vor allem wenn es die Versicherung der Plattformen betrifft.

Gründe gegen eine Vermietung über Sharing-Plattformen

Die Gründe, warum Befragte im vergangenen Jahr keine Unterkunft über eine Sharing-Plattform angeboten haben, liefern noch weitere Indizien für potenzielle Problemlagen der Anbieterinnen und Anbieter. Die meisten der Befragten sind nicht als Gastgeberinnen und Gastgeber in Erscheinung getreten, weil sie keine fremden Personen in ihren persönlichen Räumen mögen (62 Prozent der Hauptstichprobe, 55 Prozent der Zusatzstichprobe; s. Abbildung 3-14). 28 Prozent sind „nicht auf einen Nebenverdienst angewiesen" (Zusatzstichprobe: 23 Prozent) und verzichten deshalb auf eine Vermietung. 16 Prozent (Zusatzstichprobe: 20 Prozent) ist das Saubermachen und Vorbereiten der Unterkunft zu anstrengend. Diejenigen, die „sonstige Gründe" angegeben haben, merken oft an, dass sie keinen Platz für Vermietungen haben.

Abbildung 3-14: Gründe gegen die Vermietung auf Sharing-Plattformen in Deutschland

Anteil der Befragten, die aufgrund des jeweiligen Aspektes im Jahr 2016 keine Unterkunft über eine Sharing-Plattform angeboten haben, in Prozent; Hauptstichprobe: n=1.991, Zusatzstichprobe: n=493

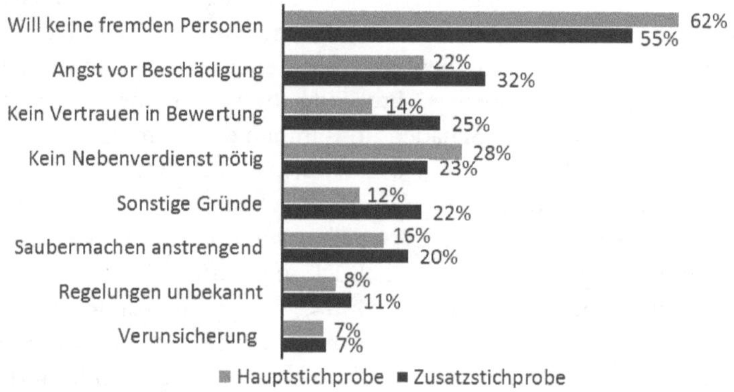

Quelle: Eigene Berechnung.

Zudem gibt es auch viele Gründe, nicht zu vermieten, die direkt mit eventuellen Regulierungen in Verbindung stehen. 7 Prozent der Befragten sind durch die öffentliche Diskussion verunsichert und haben Angst, dass die Vermietung rechtlich nicht erlaubt ist. 8 Prozent (11 Prozent in der Zusatzstichprobe) wissen nicht genau, welche rechtlichen Regelungen, etwa hinsichtlich des Brandschutzes, sie beachten müssen, und scheuen sich deshalb noch vor einer Vermietung, obwohl sie Interesse an dieser hätten. Gut ein Fünftel hat Angst vor einer Beschädigung der Unterkunft ohne Klärung der Haftung, in der Zusatzstichprobe sogar 32 Prozent. 14 Prozent vertrauen der Bewertung auf den Plattformseiten nicht und fürchten unangenehme Gäste. In der Zusatzstichprobe ist das sogar für ein Viertel der Befragten ein Hemmnis.

Die letzteren Punkte deuten auf einen Klärungsbedarf hinsichtlich Regelungen und Haftungsfragen sowie einen Verifizierungsbedarf der Bewertungssysteme hin.

3.7 Empirische Schlussfolgerungen

Die verfügbaren Daten in den drei Sektoren Unterkunft, Mobilität und Alltagsgegenstände erlauben es, ein Bild der Bedeutung der Sharing Economy in Deutschland zu zeichnen. Es gibt zahlreiche Unternehmen, die innerhalb verschiedener Geschäftsmodelle in der Sharing Economy tätig sind. Besonders in den Sektoren Mobilität und Unterkunft hat die Anzahl der Nachfragerinnen und Nachfrager der Dienstleistungen bereits eine relevante Höhe erreicht. In diesen beiden Bereichen werden zudem zahlreiche Personen selbst auf der Anbieterseite aktiv, indem sie ihre Fahrzeuge wie Autos oder Fahrräder oder ihre Wohnung teilweise oder komplett vermieten. Insgesamt ist die Bedeutung der Sharing Economy in Deutschland jedoch vergleichsweise gering.

Das Bild der Sharing Economy ist auf Basis der zur Verfügung stehenden Daten keineswegs vollständig. Im Gegenteil, die Datenlage ist sehr lückenhaft. Dies gilt auch für den Unterkunftssektor der Sharing Economy, für den im Rahmen weitergehender Fragestellungen noch konkretere Analysen vorgenommen wurden als für die beiden anderen Sektoren. Trotz umfassender Recherche, eigener Erhebung in Form einer Befragung und der Nutzung exklusiver Daten von Airbnb erlauben die Daten nur die Beantwortung einzelner Fragen für ausgewählte Raumregionen. Ein Beispiel: Die zur Verfügung stehenden Daten zu den Problemen mit Nachbarn bei Sharing-Economy-Unterkünften stammen aus einer Befragung der Nachfragerseite. Die Nachbarschaft selber war nicht einbezogen. Entsprechend kann das Ergebnis nur einen ersten Hinweis auf möglicherweise bestehende Probleme geben, aber keinesfalls eindeutig sein.

Ähnliches gilt für die Daten zum Angebot an Unterkünften bei Airbnb. Zwar lässt sich auf Basis der vorliegenden Daten davon ausgehen, dass die Mehrzahl der aktiven Angebote bei Airbnb dem klassischen Homesharing zuzuordnen sind. Die betrachteten Ebenen der Bundesländer und wichtigsten deutschen Städte legen nahe, dass eine regelmäßig kurzfristige Vermietung und damit ein Wohnraumentzug dort nicht in nennenswertem Umfang auftreten. Dies lässt jedoch keine Aussage über mikrolokale Räume wie Stadtviertel oder einzelne Straßenzüge zu, in denen dennoch Problemlagen möglich sind. Auch detaillierte Informationen für Gebiete außerhalb der Ballungszentren fehlen. So ist z. B. die Situation entlang der Nord- und Ostseeküste unbekannt, genauso wie die Lage im Schwarzwald, Thüringer Wald, Harz oder am Bodensee. Letztlich bleibt die Identifikation und Analyse von Problemlagen der Sharing Economy im Unterkunftssektor damit auch eine mikrolokale Aufgabe. Dies bildet die Voraussetzung für eventuelle regulatorische Eingriffe zur Abmilderung, Verhinderung oder Beseitigung dieser Problemlagen. In der Praxis bedeutet dies, dass einzelne Kommunen und Städte kleinteilig mithilfe von zu erhebenden Daten prüfen müssen, ob die Sharing Economy im Unterkunftssektor in diesen Räumen zu Problemen führt. Erst bei Vorliegen einer entsprechenden Evidenz ist dann eine Regulierung für diese Räume gangbar. Nur so kann gewährleistet werden, dass die Maßnahmen erforderlich bzw. verhältnismäßig sind.

Vor diesem Hintergrund wird in den folgenden Kapiteln ein Schwerpunkt darauf gelegt, welche Optionen für Regulierung sich bei Vorliegen einer Problemlage ergeben. Dabei wird in Kapitel 5 zunächst beispielhaft aufgezeigt, wie die Regulierung der Sharing Economy im Unterkunftssektor in sechs Städten weltweit ausgestaltet ist. In Kapitel 5 wird dann insbesondere auf Handlungsoptionen in den Bereichen Besteuerung, Wohnraumvermietung, Schutz der Stadtbevölkerung und Verbraucherschutz eingegangen sowie außerdem die Option der Registrierungspflicht vorgestellt. Reallabore, die in Kapitel 6 vorgeschlagen werden, dienen dann dazu, die Effekte einer regulatorischen Maßnahme zu prüfen. Auch im Kontext der Sharing Economy können sie deshalb wertvolle Hinweise geben, wenn auf mikrolokaler Ebene Handlungsbedarf identifiziert würde.

4 Regulierungsbeispiele aus der Praxis für die Sharing Economy im Unterkunftssektor

Zahlreiche Städte und Regionen weltweit haben inzwischen Regulierungsrahmen für die Sharing Economy im Unterkunftssektor vorgegeben. Jeder regulatorische Eingriff an sich ist immer von den Rahmenbedingungen vor Ort und den empirisch nachweisbaren Effekten der Sharing Economy abhängig. Im Folgenden wird anhand von sechs Beispielen – Amsterdam, Chicago, Paris, San Francisco und Wien – aufgezeigt, wie die Behörden in diesen Städten bei der Regulierung der Sharing Economy im Unterkunftssektor vorgegangen sind.

Die Darstellung der Regulierungsbeispiele ist deskriptiv. Eine Evaluierung der nachfolgenden Regulierungsbeispiele ist nicht möglich ist, da die Problemlagen in den jeweiligen Städten vor Implementierung der jeweiligen Regulierung nicht recherchiert werden konnten. Auch Studien zur Effizienz und Effektivität der jeweiligen Maßnahmen fehlen.

4.1 Amsterdam

Hinsichtlich der rechtlichen Anforderungen an die Vermietung von Privatunterkünften in Amsterdam ist zwischen drei Kategorien von Unterkünften zu unterscheiden:

Urlaubsvermietung („vakantieverhuur"): Vermietung ganzer Unterkünfte für die Dauer von einem Tag bis zu zwei Monaten. Es muss sich um den Hauptwohnsitz des Vermieters handeln. Die Zahl der Gäste darf höchstens vier Personen betragen. Die Obergrenze für diese Form der Urlaubsvermietung liegt bei 60 Tagen im Jahr.[8]. Diese Form der Urlaubsvermietung ist nicht erlaubnispflichtig. Im Juli 2017 hat die Stadt Amsterdam jedoch mit

8 Amsterdam verschärft die Vermietung von Wohnungen an Touristen über Peer-to-Peer-Sharing-Plattformen. Anwohner dürfen ganze Wohnungen oder Häuser ab 2019 nur noch für maximal 30 Tage im Jahr vermieten (vgl. z. B. http://www.uni-muenster.de/NiederlandeNet/aktuelles/archiv/2018/januar/0111Airbnb_Amsterdam.html, zuletzt abgerufen am 18. Februar 2018).

Wirkung ab 1. Oktober 2017 eine Meldepflicht eingeführt.[9] Danach ist jede Vermietung über ein digitales Meldesystem anzuzeigen. Ein Verstoß gegen die Meldepflicht kann mit einer Geldbuße von 6.000 EUR geahndet werden. Verstößt die Vermietung auch gegen weitere gesetzliche Vorgaben (z. B. die Obergrenze von 60 Tagen), so beträgt die Geldbuße bis zu 20.500 EUR.

Kurzaufenthalt („shortstay"): Vermietung ganzer Unterkünfte für mindestens sieben aufeinanderfolgende Nächte bis maximal sechs Monate. Die Zahl der Gäste darf höchstens vier Personen betragen. Für die Vermietung von Unterkünften als „shortstay" ist eine Erlaubnis erforderlich, die für zehn Jahre erteilt wird. Die Regeln für „shortstay" wurden im Jahr 2009 in erster Linie mit dem Ziel eingeführt, zusätzliche Unterkünfte für (ausländische) Gäste zu schaffen, die sich aus beruflichen Gründen für einen gewissen Zeitraum in Amsterdam aufhalten. Da Anfang 2014 die angestrebte Zahl von ca. 800 Unterkünften der Kategorie „shortstay" erreicht wurde, werden seit Januar 2014 keine neuen Genehmigungen für „shortstay" erteilt.[10]

Fremdenzimmer („Bed & Breakfast"): Vermietung eines (unselbstständigen) Teils einer Wohnung (max. 40 Prozent der Wohnungsfläche). Der überwiegende Teil der Wohnung muss daher weiterhin durch den Hauptbewohner genutzt werden. Im Unterschied zum „vakantieverhuur" muss der Hauptbewohner während des Aufenthalts der Gäste anwesend sein. Eine Verwaltung des „Bed & Breakfast" durch Dritte ist nicht zulässig. Es dürfen nicht mehr als vier Schlafplätze vermietet werden. Eine Erlaubnispflicht besteht nicht, die Einrichtung eines „Bed & Breakfast" muss jedoch bei der Stadt Amsterdam angemeldet werden.[11]

Im Dezember 2014 hat die Stadt Amsterdam (soweit ersichtlich als erste europäische Stadt) mit Airbnb eine Vereinbarung getroffen, mit dem Ziel die Durchsetzung der oben genannten Regeln zu verbessern. Unter anderem sieht die Vereinbarung vor, dass Airbnb die Touristensteuer bei den Buchungen einbehält und an die Stadt abführt. Ende 2016 wurde die Ver-

---

9 Siehe https://www.amsterdam.nl/wonen-leefomgeving/wonen/bijzondere-situaties/vakantieverhuur/melden/, zuletzt abgerufen am 18. Februar 2018.

10 Siehe https://www.amsterdam.nl/wonen-leefomgeving/wonen/woningeigenaren/verhuren/shortstaybeleid/, zuletzt abgerufen am 18. Februar 2018.

11 Für die Anmeldung stellt die Stadt Amsterdam ein Online-Formular zur Verfügung. https://formulieren.amsterdam.nl/tripleforms/LoketAmsterdam/formulier/nl-NL/evAmsterdam/scBedBreafast.aspx/fBB_Inleiding, zuletzt abgerufen am 18. Februar 2018.

einbarung neu gefasst und bis zum 31. Dezember 2018 verlängert. In ihrer aktuellen Fassung sieht die Vereinbarung u. a. folgende Maßnahmen vor:[12]

- Halbjährlich informiert Airbnb die Anbieter per E-Mail über die geltenden Regelungen für die Vermietung von Privatunterkünften. Der Inhalt der E-Mail wird mit der Stadt Amsterdam abgestimmt.[13]
- Airbnb richtet auf der persönlichen Profilseite des Anbieters einen Zähler ein. Dieser zeigt die Zahl der bereits erfolgten Übernachtungen im Kalenderjahr an. Wird die Zahl von 50 Übernachtungen erreicht, so wird der Anbieter durch einen visuellen Hinweis darauf aufmerksam gemacht, dass die Obergrenze von 60 Übernachtungen bald erreicht ist.[14]
- Halbjährlich übermittelt Airbnb der Stadt Amsterdam aggregierte Daten über die Tätigkeit des Vermittlungsportals (u. a. Gesamtzahl der aktiven und inaktiven Gastgeber, Gesamtzahl der Übernachtungen im vergangenen Kalenderjahr, Gesamtzahl ganzer Wohnungen sowie einzelner Zimmer, Gesamtzahl von Angeboten für mehr als vier Personen).

Auf Grundlage der Vereinbarung mit der Stadt Amsterdam hat Airbnb im März 2017 eine automatische Begrenzung („automated limit") eingeführt, um sicherzustellen, dass Wohnungen nur für max. 60 Tage vermietet werden können. Eine längere Vermietung über die Vermittlungsplattform soll danach nur möglich sein, wenn der Anbieter nachweist, dass er über eine entsprechende Erlaubnis (etwa als Bed & Breakfast oder „shortstay") verfügt.[15]

---

12 Vereinbarung zwischen der Stadt Amsterdam und Airbnb (November 2016), verfügbar unter: https://www.amsterdam.nl/publish/pages/593837/overeenkomst_gemeente_amsterdam_en_airbnb.pdf, zuletzt abgerufen am 18. Februar 2018.

13 Ziff. 3.2 der Vereinbarung zwischen der Stadt Amsterdam und Airbnb (November 2016).

14 Ziff. 3.3 der Vereinbarung zwischen der Stadt Amsterdam und Airbnb (November 2016).

15 Siehe https://amsterdam.airbnbcitizen.com/new-data-release-amsterdam/, zuletzt abgerufen am 18. Februar 2018; siehe auch Ziff. 3.5 der Vereinbarung zwischen der Stadt Amsterdam und Airbnb (November 2016).

Tabelle 4-1: Regulierungsüberblick für Amsterdam

Beherbergungsart	Privat/ Kommerziell	Genehmigungspflicht	Mindestaufenthaltsdauer	Maximale Aufenthaltsdauer	Maximale Anzahl der Gäste
Urlaubsvermietung (*vakantieverhuur*)	Erstwohnsitz	ohne Genehmigungspflicht; mit Meldepflicht	1 Nacht	2 Monate	4
Kurzaufenthalt (*shortstay*)		genehmigungspflichtig	7 Nächte	6 Monate	4
Fremdenzimmer (*Bed & Breakfast*)	Erstwohnsitz	ohne Genehmigungspflicht; mit Meldepflicht	1 Nacht		4

Quelle: Dredge et al., 2016, 38.

Eine im Jahr 2016 im Auftrag der Stadt Amsterdam durchgeführte Evaluierung hat ergeben, dass die Anzahl der Privatunterkünfte, die mindestens einmal im Jahr an Touristen vermietet werden, im Jahr 2015 im Vergleich zum Vorjahr um 33 Prozent auf insgesamt 22.000 Wohnungen gestiegen ist.[16] Vor diesem Hintergrund hat Amsterdam zum 1. Oktober 2017 die bereits erwähnte Meldepflicht für Urlaubsvermietung („vakantieverhuur") eingeführt.[17] Die jüngsten Entwicklungen deuten auf eine weitere Verschärfung der Regulierung in Amsterdam hin. So hat der Stadtrat von Amsterdam im Januar 2018 beschlossen, dass die Obergrenze für die Vermietung ganzer Wohnungen ab dem 1. Januar 2019 von 60 Tagen auf 30 Tage gesenkt werden soll.[18] Nach den jüngsten Kommunalwahlen im Frühjahr

---

16 Evaluatie toeristische verhuur van woningen 2016, S. 10; verfügbar unter: https://www.amsterdam.nl/publish/pages/593837/toeristische_verhuur_van_woningen_evaluatie.pdf, zuletzt abgerufen am 18. Februar 2018.

17 Maurice Geluk, Tweede Kamer steunt Amsterdam bij aanpak toeristische verhuur, Het Financieele Dagblad (20. Juni 2017), https://fd.nl/economie-politiek/1206975/amsterdam-zoekt-in-kamer-steun-voor-aanpak-toeristischeverhuur. https://www.rundschau-online.de/wirtschaft/nur-30-tage-im-jahr-amsterdam-verschaerft-regeln-fuer-airbnb-weiter-29462992, zuletzt abgerufen am 18. Februar 2018.

18 Remco Andersen, Amsterdammers mogen woning straks nog maar dertig dagen per jaar verhuren - maar handhaving blijft lastig, De Volkskrant (10. Januar 2018), https://www.volkskrant.nl/nieuws-achtergrond/amsterdammers-mogen-woning-straks-nog-maar-dertig-dagen-per-jaar-verhuren-maar-handhaving-blijft-lastig~b781330b/, zuletzt abgerufen am 20. Juni 2018.

2018 wurde darüber hinaus angekündigt, dass Kurzzeitvermietungen in einigen besonders betroffenen Stadtbezirken ganz untersagt werden sollen.[19]

Einen Überblick über die derzeit geltende Regulierung liefert Tabelle 4-1.

4.2 Chicago

Im Juni 2016 und Februar 2017 hat die Stadt Chicago neue Regeln über die Kurzzeitvermietung von Wohnungen („short-term residential rentals“) eingeführt, die in der „Shared Housing Ordinance“ (SHO) zusammengefasst sind.[20] Die SHO sieht unterschiedliche Registrierungs- und Genehmigungspflichten für Kurzzeitvermietungen sowie Internetplattformen vor, über die Kurzzeitvermietungen gebucht werden können. Die Verordnung differenziert dabei sowohl nach Art der Unterkunft als auch nach Art der Vermittlungsplattform.

In Bezug auf Vermittlungsplattformen wird zwischen zwei Kategorien unterschieden: Unter den Begriff „short-term residential rental intermediary“ fallen Plattformen, die in erster Linie genehmigungsfreie Privatunterkünfte („shared housing units“) vermitteln (z. B. Airbnb). Unter den Begriff „short-term residential rental advertising platform“ fallen Plattformen, die in erster Linie genehmigungspflichtige Vacation rentals, Bed & Breakfast und Hotels vermitteln (z. B. VRBO, HomeAway). Plattformen der ersten Kategorie werden sowohl bei der behördlichen Registrierung von Anbietern als auch bei der Abführung der Übernachtungssteuer („hotel accommodation tax“) eingebunden. Bei Plattformen der zweiten Kategorie ist dies nicht der Fall. Dort registrierte Anbieter müssen selbst bei der zuständigen Behörde eine Genehmigung beantragen und auch selbst die Übernachtungssteuer abführen.

In Bezug auf die Art der Unterkunft unterscheidet die SHO zwischen drei Kategorien, für die unterschiedlich strenge rechtliche Anforderungen gelten:

---

19 Cecilia Rodriguez, Fed Up With Tourists, Amsterdam Gets Tough On Airbnb, Tourist Taxes And Too Much Partying, Forbes (17. Mai 2018) https://www.forbes.com/sites/ceciliarodriguez/2018/05/17/amsterdam-overwhelmed-by-tourists-gets-tough-on-airbnb-tourists-taxes-too-much-partying/#1b5d575c2be5, zuletzt abgerufen am 20. Juni 2018.

20 Siehe https://www.cityofchicago.org/content/dam/city/depts/bacp/Small%20Business%20Center/sharedhousingordinanceamendments.pdf, zuletzt abgerufen am 20. Juni 2018.

- Shared Housing Unit: Die geringsten Anforderungen gelten für „Shared Housing Units“ (SHU). Darunter fallen nach Art. 4-14-010 SHO Wohneinheiten mit sechs oder weniger Schlafräumen, die ganz oder teilweise für die vorübergehende Benutzung durch Gäste vermietet werden. Für eine SHU ist keine Gewerbeerlaubnis („Business Licence“) erforderlich. SHUs, die über eine „short term rental intermediary platform“ angeboten werden, unterliegen jedoch einer Registrierungspflicht. Die Registrierung erfolgt über die Vermittlungsplattform.[21] Die Registrierungsanfrage wird dabei von der Plattform an die Stadt Chicago weitergeleitet. Dort wird u. a. geprüft, ob dem Betrieb der SHU planungsrechtliche Einwände entgegenstehen. Wird die Registrierungsanfrage positiv beschieden, wird eine Registrierungsnummer erteilt, die gut sichtbar im entsprechenden Sucheintrag auf der Plattform anzugeben ist.[22] Die Registrierung ist jährlich zu erneuern[23] und ist nicht übertragbar.[24] Die anfallende „hotel accommodation tax“ wird über die Plattform abgeführt. Vermieter, die mehr als eine SHU anbieten, müssen bei der Stadt Chicago eine Gewerbeerlaubnis als „Shared Housing Unit Operator“ beantragen.[25]
- Vacation Rental: Strengere Anforderungen als für SHUs gelten für Vacation Rentals. Hierunter fallen gem. Art. 4-6-300 SHO ebenfalls Wohneinheiten mit sechs oder weniger Schlafräumen, die zur vorübergehenden Nutzung Gästen angeboten werden. Der Unterschied zu SHUs besteht im Wesentlichen darin, dass Vacation Rentals nicht über eine „short-term residential rental intermediary platform“ (z. B. Airbnb) angeboten werden, sondern über eine „short-term residential advertising platform“ (z. B. VRBO, HomeAway). Hierfür ist eine besondere Gewerbeerlaubnis („Vacation Rental License“) erforderlich, die nicht über die Onlineplattform, sondern direkt bei der Stadt Chicago zu beantragen ist. Für Vacation Rentals besteht darüber hinaus eine Versicherungspflicht. Erforderlich sind eine Feuerversicherung sowie eine Haftpflichtversicherung über mindestens 1 Mio. USD (pro Schadensfall).[26]

---

21 Zu den Einzelheiten des Registrierungsverfahrens siehe Art. 4-14-020 Chicago Shared Housing Ordinance.

22 Art. 4-14-020(f) Chicago Shared Housing Ordinance.

23 Art. 4-14-020(h) Chicago Shared Housing Ordinance.

24 Art. 4-14-020(i) Chicago Shared Housing Ordinance.

25 Siehe https://www.cityofchicago.org/content/dam/city/depts/bacp/general/Shared_Housing_Unit_Operator_Fact_Sheet-062117.pdf, zuletzt abgerufen am 6. Juni 2018.

26 Art. 4-6-300(f)(1) Chicago Shared Housing Ordinance.

Die von der Stadt Chicago vergebene License Number ist in der Werbung für das Vacation Rental anzugeben.

- Bed & Breakfast: In eine dritte Kategorie fällt der Betrieb eines „Bed & Breakfast". Darunter fällt gem. Art. 4-6-290 SHO ein vom Vermieter bewohntes Gebäude, in dem elf oder weniger Räume vermietet werden. Auch hierfür ist eine besondere Gewerbeerlaubnis erforderlich, die u. a. ein „valid certificate in food handling and sanitation issued by the Department of Health" voraussetzt.

Einen Überblick über das Registrierungsverfahren für Shared Housing Units in Chicago bietet das folgende Schaubild:

Abbildung 4-1: Registrierungsverfahren für Shared Housing Units in Chicago

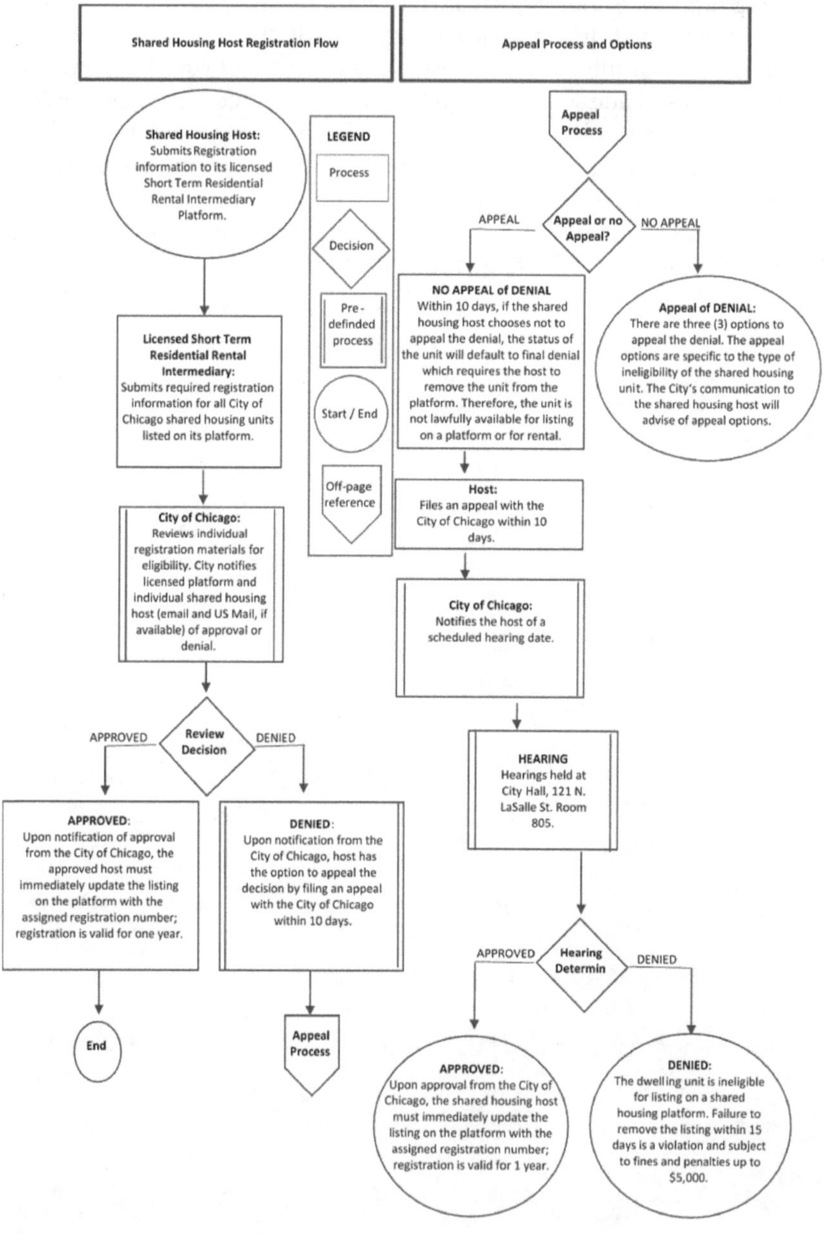

Quelle: City of Chicago, 2017.

4.3 *Paris*

Der Regulierungsrahmen für die Vermietung von Privatunterkünften ist in Frankreich jüngst durch die Loi n° 2016-1312 du 7 octobre 2016 pour une République numérique sowie das zugehörige Décret n° 2017-678 du 28 avril 2017 geändert worden. Die folgende Darstellung beschränkt sich auf einen Überblick über jene Änderungen, welche die Registrierung von Privatunterkünften betreffen. Seit der jüngsten Reform gelten in Frankreich zwei unterschiedliche Arten von Meldepflichten für Kurzzeitvermietungen, die in Art. L324-1-1 I. und Art. L324-1-1 II. des Code du tourisme geregelt sind.

Gemäß Art. L324-1-1 I. Code du tourisme ist die kurzzeitige Vermietung einer Touristenunterkunft („meublé de tourisme") bei der jeweiligen Kommune anzuzeigen. Die Meldepflicht entfällt, wenn es sich bei der Unterkunft *um den Hauptwohnsitz* („résidence principale") des Vermieters handelt. Dies ist grundsätzlich der Fall, wenn der Vermieter die Unterkunft mindestens *acht Monate bewohnt*. Für eine Kurzzeitvermietung des Hauptwohnsitzes von bis zu vier Monaten besteht nach Art. L324-1-1 I. Code du tourisme somit keine Meldepflicht.

Artikel L324-1-1 II. Code du tourisme sieht vor, dass bestimmte Kommunen (insbes. Großstädten mit mehr als 200.000 Einwohnern[27]) per Ratsbeschluss eine strengere Meldepflicht einführen können, die keine Ausnahme für die Vermietung von Hauptwohnsitzen vorsieht. In diesem Fall muss eine Anmeldung auf elektronischem Wege ermöglicht werden. Die Einzelheiten der Anmeldung legt Art. D324-1-1 II. Code du tourisme fest. Danach wird bei der Anmeldung eine eindeutige Identifikationsnummer erteilt. Durch Art. L324-2-1 II. Code du tourisme werden die Betreiber von Onlineplattformen verpflichtet, in einer Annonce für die Unterkünfte diese Identifikationsnummer anzugeben. Darüber hinaus bestimmt Art. L324-2-1 II. Code du tourisme, dass die Onlineplattformen im Falle der Vermietung einer „résidence principale" sicherstellen müssen, dass die gesetzliche Obergrenze von 120 Übernachtungen pro Kalenderjahr nicht überschritten wird. Der Stadtrat von Paris hat am 13. Juli 2017 beschlossen, die erweiterte Meldepflicht nach Art. L324-1-1 II. Code du tourisme einzuführen.[28] Seit dem 1. Dezember 2017 ist die Angabe der Registrierungsnummer für Annoncen auf Onlineplattformen verpflichtend.

---

27 Vgl. Art. L631-7 Code de la construction et de l'habitation.

28 Siehe Conseil de Paris, 2017 DLH 128 Obligation d'enregistrement de la déclaration préalable prévue à l'article L.314-1-1 du Code du tourisme – Création du

Da die Verpflichtung zur Angabe von Registrierungsnummern von einigen Plattformen offenbar nicht hinreichend durchgesetzt wurden, hat die Stadt Paris im April 2018 angekündigt, die beiden Plattformen Airbnb und Wimdu zu verklagen.[29] Anfang Juni 2018 haben einige Plattformbetreiber (u. a. Airbnb, Leboncoin.fr und Tripadvisor) eine Erklärung unterzeichnet, in der sie sich verpflichten, bis Ende 2018 die Einhaltung der gesetzlichen Obergrenze von 120 Tagen durchzusetzen.[30]

4.4 San Francisco

Die Zulässigkeit einer Kurzzeitvermietung (d. h. die Vermietung von ganzen Unterkünften oder Teilen von Unterkünften für weniger als 30 aufeinanderfolgende Tage) ist in San Francisco an mehrere Voraussetzungen geknüpft.[31] Erforderlich ist zunächst, dass es sich bei der vermieteten Unterkunft um den Hauptwohnsitz des Vermieters handelt. Dies setzt voraus, dass der Vermieter die Unterkunft an mindestens 275 Tagen im Jahr bewohnt. Ferner ist eine doppelte Registrierung erforderlich: Zum einen ist bei dem Office of the Treasurer & Tax von San Francisco ein „Business Registration Certificate“ zu beantragen, da die Erwirtschaftung von Einkünften durch Kurzzeitvermietung als „business“ qualifiziert wird. Zum anderen ist eine Anmeldung bei dem Office of Short-Term Rentals (OSTR) erforderlich, um den Status als „certified host“ zu erlangen.[32] Dabei wird im Wesentlichen überprüft, ob der Vermieter tatsächlich seinen Hauptwohnsitz in der Unterkunft hat. Künftig werden diese Verfahren vereinfacht, da

---

téléservice correspondant, verfügbar unter: http://a06.apps.paris.fr/a06/jsp/site/plugins/solr/modules/ods/DoDownload.jsp?id_document=136778&items_per_page=20&sort_name=&sort_order=&terms=téléservice&query=téléservice, zuletzt abgerufen am 18. Februar 2018.

29 Paris klagt gegen Airbnb und Wimdu, Spiegel Online (12. April 2018), http://www.spiegel.de/reise/aktuell/paris-klagt-gegen-airbnb-und-wimdu-a-1202543.html, zuletzt abgerufen am 20. Juni 2018.

30 Airbnb s'engage à bloquer les locations après 120 jours, Le Point (7. Juni 2018), http://www.lepoint.fr/societe/airbnb-s-engage-a-bloquer-les-locations-apres-120-jours-07-06-2018-2225085_23.php, zuletzt abgerufen am 20. Juni 2018.

31 Zum Folgenden siehe https://shorttermrentals.sfgov.org/about, zuletzt abgerufen am 20. Juni 2018.

32 Einen Überblick über das Registrierungsverfahren bietet der „Short Term Residential Rental Guide“ der Stadt San Francisco, der online verfügbar ist: https://businessportal.sfgov.org/start/starter-kits/shorterm-rental, zuletzt abgerufen am 20. Juni 2018.

die Vermittlungsplattform Airbnb ab dem 6. September 2017 die Möglichkeit anbietet, dass Anbieter von Unterkünften ein „Short-Term Residential Rental Certificate" und eine „Business Registration Certificate" direkt über die Website von Airbnb beantragen können.[33]

Registrierte Unterkünfte können ohne die Anwesenheit des Vermieters für maximal 90 Nächte pro Jahr vermietet werden (sogenannte „un-hosted rentals"). Für die Vermietung während der Anwesenheit des Vermieters gilt keine Obergrenze (sog. „hosted rentals"). Registrierte Vermieter sind verpflichtet, vierteljährlich einen elektronischen Bericht über die Anzahl der Übernachtungen an das OSTR zu übermitteln. Ferner ist das „Business Certificate" jährlich und das vom OSTR erteilte Certificate alle zwei Jahre zu erneuern. Bestimmte Wohneinheiten (z. B. Wohneinheiten des Inclusionary Affordable Housing Program) sind von der Registrierung ausgeschlossen.

Neben den Anforderungen an den Anbieter der Unterkunft gelten gemäß Sec. 41A.5(g)(4) San Francisco Administrative Code auch besondere Pflichten für Online-Vermittlungsplattformen.[34] Insbesondere sind die Onlineplattformen verpflichtet zu überprüfen, ob eine Unterkunft beim OSTR registriert ist, bevor sie eine Vermittlungsdienstleistung anbieten oder eine Vermittlungsgebühr erheben dürfen. Ferner müssen die Plattformen monatlich eine eidesstattliche Erklärung abgegeben, dass sie bei der Überprüfung der Registrierung von Gastgebern die angemessene Sorgfalt („reasonable care") beachtet haben. Schließlich sind sie verpflichtet, die Daten über die Gastgeber und Transaktionen für mindestens drei Jahre aufzubewahren und diese auf Verlangen dem OSTR zur Verfügung zu stellen.

Welche Anforderungen die Betreiber der Plattformen erfüllen müssen, um dem Gebot der „reasonable care" zu genügen, hat die Stadt San Francisco in einer Verwaltungsrichtlinie konkretisiert.[35] Darin ist zum einen vorgesehen, dass die Plattform von ihren Nutzern bei der Registrierung auf der Plattform zwingend die OSTR erteilte Registrierungsnummer abfragt. Zum anderen werden verschiedene Möglichkeiten für den Datenabgleich

---

33 Siehe https://www.airbnb.de/help/article/871/san-francisco--ca, zuletzt abgerufen am 20. Juni 2018.

34 Zum Folgenden siehe https://shorttermrentals.sfgov.org/sites/default/files/OSTR_Letter_to_Platfoms_Admin_Guidelines073117.pdf, zuletzt abgerufen am 20. Juni 2018.

35 Short-Term Rental Guidelines, online verfügbar unter: https://shorttermrentals.sfgov.org/sites/default/files/OSTR_Admin_Guidelines_for_Platforms.pdf, zuletzt abgerufen am 20. Juni 2018.

zwischen Plattform und Behörde genannt. Eine Option ist die Einrichtung eines automatischen Datenabgleichs über ein Application Program Interface (API). Alternativ kann die Plattform die von ihr erhobenen Daten monatlich in Form einer Tabelle („spreadsheet") dem OSTR übermitteln. Eine weitere Option besteht darin, dass die Plattform sich von jedem Nutzer eine elektronische Kopie des vom OSTR ausgestellten Certificates vorlegen lässt und diese zusammen mit den Adressdaten des Nutzers an das OSTR übermittelt.

Im Juni 2016 hatten die Betreiber der Plattformen Airbnb und HomeAway wegen der oben genannten Regelungen Klage gegen die Stadt San Francisco erhoben.[36] Ein Antrag der Kläger auf vorläufigen Rechtsschutz wurde im November 2016 abgewiesen.[37] Daraufhin wurde das Verfahren im Mai 2017 durch einen Vergleich beendet.[38]

Die Kurzzeitvermieter müssen eine Haftpflichtversicherung in Höhe von mindestens 500.000 Dollar abschließen, sofern sie nicht über Airbnb vermieten; bei Airbnb ist die Haftpflichtversicherung nämlich inklusive.[39]

Der Gast muss eine Steuer, die Transient Occupancy Tax, in Höhe von 14 Prozent des Buchungsbetrags inklusive der Reinigungsgebühr bezahlen. Die Vermieter ziehen diese Steuer i.d.R. ein und führen sie an die Stadt ab. Wird über eine sog. „Qualified Website Company" vermietet (zu der bislang nur Airbnb zählt), dann wird die Steuer von der Plattform eingezogen und abgeführt.[40]

4.5 Wien

Seit dem Jahr 2013 besteht in Wien eine Pflicht zur Erhebung einer Tourismusabgabe („Ortstaxe") auch für Vermieter von Privatunterkünften. Um die Durchsetzung der Ortstaxenpflicht zu verbessern, hat der Wiener Landtag im September 2016 eine Änderung des Wiener Tourismusförderungsgesetzes (WTFG) beschlossen. Zum Hintergrund der Gesetzesnovelle

---

36 Airbnb Inc. et al. v. City and County of San Francisco, Case No. 3:16-cv-03615-JD.

37 Order Re Preliminary Injunction, 8. November 2016, Case No. 3:16-cv-03615-JD, Document 74.

38 Siehe https://www.sfcityattorney.org/2017/05/01/herrera-repels-legal-challenge-short-term-rental-law-securessettlement-airbnb-homeaway/.

39 Vgl. http://businessportal.sfgov.org/start/starter-kits/short-term-rental, zuletzt abgerufen am 27. Juli 2018.

40 Vgl. http://businessportal.sfgov.org/start/starter-kits/short-term-rental, zuletzt abgerufen am 27. Juli 2018.

gehört, dass das österreichische Finanzministerium im Jahr 2015 ein (bislang offenbar erfolgloses) Amtshilfeersuchen an Irland gestellt hat, um von der dort ansässigen Europazentrale von Airbnb Daten österreichischer Vermieter zu erhalten.[41] § 15 Abs. 1 WTFG n.F. bestimmt, dass die Inhaber von Unterkünften die einzelnen Unterkunftseinheiten bei dem Magistrat der Stadt Wien anzumelden haben. Ergänzt wird diese Meldepflicht durch eine in § 15 Abs. 2 WTFG n.F. geregelte Auskunftspflicht der Onlineplattformen. Danach haben „Diensteanbieter" i.S.d. E-Commerce-Gesetzes im Bereich des Tourismus die nach ihren Geschäftsunterlagen vorhandenen Identifikationsdaten (Bezeichnung, Name, Geschlecht, Geburtsdaten, Rechtsform) und Kontaktdaten der bei ihnen registrierten Unterkunftgeber sowie sämtliche Adressen der bei ihnen registrierten Unterkünfte im Gebiet der Stadt Wien dem Magistrat bis zum 15. des der jeweiligen Registrierung folgenden Monats in einer automationsunterstützt auswertbaren Form anzuzeigen. Der Magistrat kann bezüglich Art und Struktur der Datenübertragung Festlegungen treffen. Laut Gesetzesbegründung soll durch die Meldepflicht ein effizienter Abgabenvollzug sichergestellt werden.[42] Nach der Gesetzesbegründung soll die Auskunftspflicht nicht nur Vermittlungsplattformen (z. B. Airbnb) treffen, sondern auch Agenturen, die für Unterkünfte, wie beispielsweise Ferienwohnungen, Dienstleistungen (wie Schlüsselübergabe, Reinigung, Kontakt mit dem Gast, Vertrieb) erbringen und diese Unterkünfte über ihre eigene Website oder eine Vermittlungsplattform anbieten.[43] Gemäß § 15 Abs. 3 WTFG wird der Magistrat der Stadt Wien zugleich ermächtigt, mit den „Diensteanbietern", also insbesondere den Betreibern von Vermittlungsplattformen, Vereinbarungen über die Erhebung der Ortstaxe bei den bei ihnen registrieren Anbieterinnen und Anbietern von Unterkünften zu treffen. Für den Fall des Abschlusses einer solchen Vereinbarung ist vorgesehen, dass die Diensteanbieter neben den Unterkunftinhabern für die Entrichtung der Ortstaxe haften. Die Stadt Wien geht also gewissermaßen zweigleisig vor: Einerseits wird die Möglichkeit geschaffen, eine Vereinbarung mit den Vermittlungsplattfor-

41 Siehe „Steuern: Wien will Daten von Airbnb & Co", Die Presse, 14. Februar 2017, verfügbar unter: http://diepresse.com/home/wirtschaft/economist/5169243/Steuern_Wien-will-Daten-von-Airbnb-Co..

42 Entwurf des Gesetzes, mit dem das Gesetz betreffend die Tourismusförderung in Wien geändert wird (LGBl 7/2017), kundgemacht am 17. Februar 2017, Beilage 23/2016, S. 6, verfügbar unter http://www.wien.gv.at/ma08/histgesetzentwurf/2016/beilage-23-16.pdf.

43 Ibidem.

men über die Erhebung von Steuern zu treffen, wie dies etwa seit 2014 in Amsterdam und seit dem 1. Juli 2017 auch in Zug in der Schweiz der Fall ist.[44] Andererseits wird mit der neu eingeführten Auskunftspflicht nach § 15 Abs. 2 WTFG ein Mittel zur besseren Durchsetzung der Abgabenpflicht geschaffen, falls keine Vereinbarung zustande kommen sollte. Inzwischen haben weitere österreichische Bundesländer angekündigt, dem Wiener Vorbild zu folgen. So wurde etwa mit Wirkung zum 1. Januar 2018 eine Novelle des Vorarlberger Tourismusgesetzes verabschiedet, die u. a. eine Auskunftspflicht der Vermittlungsplattform für die Durchsetzung von Abgabenpflichten vorsieht.

44 Siehe „Airbnb vereinbart erste Ortstaxenvereinbarung in der Schweiz", Der Standard, 18. Juni 2017, verfügbar unter: http://derstandard.at/2000059418713/Airbnb-fixiert-erste-Ortstaxen-Vereinbarung-im-deutschsprachigen-Raum.

5 Handlungsoptionen für die Sharing Economy im Unterkunftssektor

Auf Basis der vorhandenen Daten (s. Kapitel 3) lassen sich auf regionaler und städtischer Ebene keine Belege für eine durch die Sharing Economy im Unterkunftssektor verursachte Wohnraumverknappung in relevanter Größenordnung finden. Auch in den anderen Handlungsbereichen liegt auf diesen Raumebenen keine empirische Evidenz für Handlungsbedarf vor. Für einzelne Stadtbezirke und Straßenzüge ist ein alternatives Ergebnis möglich, aber anhand der vorhandenen Daten nicht nachweisbar. Zudem kann sich die Situation theoretisch zukünftig so verändern, dass regulatorische Eingriffe unabdingbar sind. Vor diesem Hintergrund werden in diesem Kapitel Handlungsoptionen für eine Regulierung der Sharing Economy im Unterkunftssektor vorgestellt. Dabei wird zunächst auf eine Registrierungspflicht eingegangen; anschließend werden Status quo und regulatorische Maßnahmen für die Themenfelder Besteuerung, Wohnraumversorgung, Schutz der Stadtbevölkerung und Verbraucherschutz dargelegt. Dabei werden nicht nur mögliche Änderungen auf der Ebene des materiellen Rechts erörtert, sondern auch Fragen der effektiven Rechtsdurchsetzung.

5.1 Registrierungspflicht

Wie in den vorangegangenen Kapiteln bereits angedeutet wurde, würde die Durchsetzung der bereits geltenden oder gegebenenfalls noch einzuführenden Regulierungsvorschriften im Zusammenhang mit der Steuererhebung, der Steuerung der Vermietung von Privatunterkünften an Touristen sowie dem Schutz der Stadtbevölkerung durch eine Registrierung der Anbieter wesentlich erleichtert. Vor der näheren Erörterung der einzelnen Regulierungsziele (s. Kapitel 5.2 bis 5.5) wird daher zunächst die Frage einer Registrierungspflicht für Anbieterinnen und Anbieter von Privatunterkünften behandelt. Die Frage einer Registrierungspflicht, die alle hier erörterten Regulierungsziele betrifft, wird damit gewissermaßen „vor die Klammer" gezogen. Dabei wird auch auf europarechtliche Vorgaben für eine solche Registrierungspflicht eingegangen.

5.1.1 Behördliche Registrierung

Die Anmeldung der Anbieter könnte zum einen auf kommunaler Ebene bei der örtlich zuständigen Behörde erfolgen. Dabei würde eine eindeutige Identifikationsnummer erteilt, die bei Annoncen auf Vermittlungsplattformen anzugeben ist. Hierbei müsste sichergestellt werden, dass auf den Onlineplattformen nur Angebote ordnungsgemäß registrierter Anbieter angezeigt werden. Als mögliches Vorbild kommen etwa die in den „Short-Term Rental Guidelines" der Stadt San Francisco genannten Vorgehensweisen in Betracht.[45] Besonders effizient wäre wohl der automatische Datenabgleich über ein Application Program Interface (API). Alternativ käme auch das von der Stadt Wien praktizierte Modell in Betracht, nach dem die Plattformen verpflichtet werden, die Daten neuer Nutzer regelmäßig der zuständigen Behörde zu übermitteln, die ihrerseits einen Datenabgleich mit den bei ihr registrierten Anbietern durchführt. Will man eine direkte Übermittlung der Nutzerdaten zwischen Behörde und Plattform vermeiden, wäre zu erwägen, ob die zuständige Behörde einen Datenabgleich mittels anderer technischer Methoden durchführen kann. Diesen Weg hat Berichten zufolge offenbar die Stadt Amsterdam gewählt, die im Jahr 2016 ein DataLab eingerichtet hat und mittels „Scraping" systematisch Daten von Vermittlungsplattformen sammelt und auswertet.[46]

5.1.2 Registrierung über die Vermittlungsplattform

Um den behördlichen Aufwand zu reduzieren, könnte man auch erwägen, die Anmeldung direkt über die jeweilige Vermittlungsplattform durchzuführen, wie dies seit 2017 in Chicago und San Francisco praktiziert wird (sog. Pass-Through-Registration). Will man eine Beteiligung der Behörde am Registrierungsverfahren vermeiden, müsste die Plattform selbst einen Identitätsnachweis durchführen. Bis vor Kurzem stand einer Fernidentifizierung durch Scannen des Personalausweises § 20 Abs. 2 PAuswG entge-

45 Short-Term Rental Guidelines, online verfügbar unter: https://shorttermrentals.sfgov.org/sites/default/files/OSTR_Admin_Guidelines_for_Platforms.pdf, zuletzt abgerufen am 20. Juni 2018.

46 Vgl. Evaluatie toeristische verhuur van woningen 2016, S. 25; siehe auch Amsterdam opent Open Datalab, auch https://ibestuur.nl/nieuws/amsterdam-opent-open-datalab. Zur Zulässigkeit ähnlicher Maßnahmen vgl. Schröder, Bau- und ordnungsrechtliche Fragen der kurzzeitigen Wohnraumvermietung über Internetportale im Rahmen der Sharing Economy, GewArch 2015, 392 (395 f.).

gen.[47] Mit der zum 15. Juli 2017 in Kraft getretenen Änderung des PAuswG durch das Gesetz zur Förderung des elektronischen Identitätsnachweises[48] dürfte dies künftig möglich sein.[49] Bei der Verarbeitung der so erhobenen Ausweisdaten sind selbstverständlich die Vorgaben des Datenschutzrechts zu beachten. Als datenschutzfreundliche Alternative käme künftig eine Identitätsüberprüfung mit der eID-Funktion des Personalausweises unter Einschaltung eines Identifizierungsdiensteanbieters („digitales Postident“) in Betracht.[50]

Die Vergabe einer eindeutigen Identifikationsnummer durch die Plattform bereitet Schwierigkeiten bei Anbietern, die ihre Unterkünfte über mehrere Vermittlungsplattformen anbieten („Multihoming“). Eine Lösung könnte auch hier möglicherweise die Einrichtung eines Application Program Interface (API) bieten, das die unterschiedlichen Plattformen mit einer behördlichen Datenbank verknüpft, aus der für jede Registrierungsanfrage eine eindeutige Registrierungsnummer vergeben wird. Dabei müsste allerdings jeweils automatisch geprüft werden, ob für die Unterkunft bereits eine Registrierungsnummer erteilt wurde. Inwieweit dies technisch möglich und praktikabel ist, könnte im Rahmen eines Reallabors untersucht werden (vgl. dazu auch Kapitel 6.3).

Eine mögliche Alternative wäre eventuell die Anknüpfung an bereits bestehende Meldepflichten, etwa die Anzeigepflicht nach § 8 Abs. 1 Rundfunkbeitragsstaatsvertrag (RBeitrStV). So könnten die Anbieter verpflichtet werden, bei der Registrierung auf der Vermittlungsplattform die für die Erhebung des Rundfunkbeitrags erteilte Beitragsnummer anzugeben. Die Plattformen könnten ihrerseits verpflichtet werden, nur Inserate anzuzeigen, in denen eine Beitragsnummer angegeben wird. Dies würde es der zuständigen Behörde ermöglichen, die Identität der Anbieter zu ermitteln.

Zusammenfassend ist festzustellen, dass die Durchsetzung bereits geltender oder neu einzuführender Meldepflichten durch eine noch näher zu konkretisierende Beteiligung der Vermittlungsplattformen wohl deutlich erleichtert werden würde. Hierfür spricht insbesondere der Umstand, dass die erforderlichen Daten über die Identität der Anbieter und den Umfang der Vermietungstätigkeit bei der Plattform ohnehin erhoben werden, die Plattform daher sozusagen als „cheapest information provider“ anzusehen

47 Vgl. VG Hannover, Urt. v. 28. November 2013 – 10 A 5342/11, ZD 2014, 266.
48 BGBl. I 2017 S. 2310.
49 Vgl. die Gesetzesbegründung zu § 20 PAuswG n.F., BT-DRs. Drucksache 18/11279, S. 28 f.
50 Vgl. §§ 19a, 21 b PAuswG.

ist. Auch auf europäischer Ebene werden derartige Regulierungsansätze, die auf eine Einbindung der Plattform zielen, derzeit unter dem Stichwort „data-driven delegation“ diskutiert (vgl. Sundararajan 2017, 21 ff.). Das Spektrum der Handlungsmöglichkeiten reicht dabei von einer Pflicht zur Angabe von Registrierungsnummern auf der Plattform über einen Datenaustausch zwischen Plattform und Behörde bis hin zu einer Delegation des Registrierungsverfahrens an die Plattform.

5.1.3 Europarechtliche Vorgaben

Aus europarechtlicher Perspektive stellt sich vor allem die Frage, ob die hier knapp skizzierten Handlungsoptionen zur Einführung einer Registrierungspflicht für Anbieterinnen und Anbieter von Privatunterkünften mit den Vorgaben der Dienstleistungsrichtlinie 2006/123/EG (DLRL) und der E-Commerce-Richtlinie 2000/31/EG (ECRL) im Einklang stehen.[51]

a) Dienstleistungsrichtlinie

Die Einführung einer Registrierungspflicht für Kurzzeitvermietungen dürfte grundsätzlich mit der DLRL vereinbar sein. Der Anwendungsbereich der DLRL in Bezug auf eine Registrierungspflicht für die Anbieter von Kurzzeitvermietungen dürfte eröffnet sein. Unter den Begriff der Dienstleistung im Sinne der Richtlinie fällt gem. Art. 4 Nr. 1 DLRL jede von Art. 57 AEUV erfasste selbstständige Tätigkeit, die in der Regel gegen Entgelt erbracht wird.[52] Nicht zwingend erforderlich ist, dass die Schwelle zur gewerblichen Tätigkeit überschritten wird.[53] Demnach fällt die gelegentliche Vermietung privater Unterkünfte grundsätzlich in den Anwendungsbereich der DLRL.

Etwas anderes könnte sich aus 9. Erwägungsgrund der DLRL ergeben. Danach findet die Richtlinie keine Anwendung auf „Vorschriften bezüglich der Stadtentwicklung oder Bodennutzung, der Stadtplanung und der

---

51 Vgl. Mitteilung der Kommission, Europäische Agenda für die kollaborative Wirtschaft, COM(2016) 356.

52 Krames, in: Schlachter/Ohler, Europäische Dienstleistungsrichtlinie, 2008, Art. 2 Rn. 4.

53 Vgl. Streinz/Leible, in: Schlachter/Ohler, Europäische Dienstleistungsrichtlinie, 2008, Art. 2 Rn. 4.

Raumordnung, Baunormen sowie verwaltungsrechtliche Sanktionen, die wegen der Nichteinhaltung solcher Vorschriften verhängt werden". Soll die Registrierungspflicht primär Zwecken der Stadtentwicklung oder zur Durchsetzung bauordnungsrechtlicher Anforderungen dienen, könnte dies bedeuten, dass die DLRL auf eine solche Registrierungspflicht nicht anwendbar ist. Die Ausnahmeregelung gilt jedoch nur für solche Anforderungen, „die nicht die Dienstleistungstätigkeit als solche regeln oder betreffen, sondern von Dienstleistungserbringern im Zuge der Ausübung ihrer Wirtschaftstätigkeit genauso beachtet werden müssen wie von Privatpersonen." Der 9. Erwägungsgrund der Richtlinie gilt demnach nur für sog. „Jedermann-Anforderungen".[54] Nach der jüngsten Rechtsprechung des EuGH gilt die Ausnahme beispielsweise nicht für Vorschriften in einem Bauleitplan einer Gemeinde, die die Tätigkeiten des Einzelhandels mit Waren in Gebieten außerhalb des Stadtzentrums dieser Gemeinde verbieten.[55] Zur Begründung verweist der EuGH darauf, dass sich eine solche Regelung nur an Personen richtet, die eine derartige Tätigkeit aufnehmen wollen, und nicht an Privatpersonen.[56] In gleicher Weise dürfte auch eine Registrierungspflicht für Kurzzeitvermietungen, die an eine bestimmte gegen Entgelt erbrachte Tätigkeit anknüpft, wohl nicht unter die Ausnahmeregelung fallen.[57]

Bejaht man somit die Anwendbarkeit der DLRL, so dürfte die Registrierungspflicht für Anbieter von Privatunterkünften als Genehmigungsregelung i.S.v. Art. 9 DLRL zu qualifizieren sein.[58] Der Begriff der Genehmigungsregelung (Art. 4 Nr. 6 DLRL) ist weit auszulegen und umfasst auch bloße Anzeigepflichten, sofern die Ausübung der Tätigkeit ohne oder vor der Anzeige rechtswidrig ist, wenn also die Anzeige Rechtmäßigkeitsvoraussetzung für die Ausübung der Tätigkeit ist.[59] Dies dürfte – je nach Aus-

54 Vgl. Schübel-Pfister, EU-Dienstleistungsrichtlinie und nationales Baurecht, ZfBR 2008, 242 (243).

55 EuGH, 30. Januar 2018, C-360/15 und C-31/16, ECLI:EU:C:2018:44, Rn. 121-125.

56 EuGH, a.a.O., Rn. 124.

57 Anders offenbar Brauneck, Sharing Economy in der EU – Übernachtungsplattform schlägt Zweckentfremdungsverbot für Wohnraum? EWS 2016, 340 (341) in Bezug auf das Berliner Zweckentfremdungsverbotsgesetz.

58 Vgl. Ranchordas, Analytical paper on market access requirements in the short term accommodation rental sector in Stockholm, Budapest and Brussels, 2017, S. 92.

59 Cornils, in: Schlachter/Ohler, Europäische Dienstleistungsrichtlinie, 2008, Art. 9 Rn. 20. Nicht unter Art. 9 DLRL fallen dagegen solche Anzeigepflichten, die keine Rechtmäßigkeitsvoraussetzung, sondern nur eine „Nebenpflicht darstellen (z. B. § 14 GewO).

gestaltung der Registrierungspflicht – zu bejahen sein. Eine solche Genehmigungsregelung ist gemäß Art. 9 Abs. 1 DLRL nur zulässig, wenn sie (1) nicht diskriminierend, (2) durch zwingende Gründe des Allgemeininteresses gerechtfertigt und (3) verhältnismäßig ist.

Das Verbot diskriminierender Regelungen ist bei einer allgemeinen Registrierungspflicht, die eine sowohl praktisch als auch rechtlich unterschiedslos beschränkende Maßnahme darstellt, nicht berührt. Als zwingender Grund des Allgemeininteresses, der zur Rechtfertigung der Meldepflicht dienen könnte, kommt hier insbesondere die Sicherstellung der Wirksamkeit der Steueraufsicht in Betracht.[60] Soweit es darum geht, Störungen durch eine zu große Zahl von Touristen in Wohngebieten zu verhindern, dürften auch der Schutz der öffentlichen Ordnung und der städtischen Umwelt einschlägig sein.[61] Entscheidend ist letztlich, dass die Meldepflicht so ausgestaltet ist, dass der Verhältnismäßigkeitsgrundsatz gewahrt ist. Dies lässt sich nur anhand der konkret beabsichtigen Maßnahme beurteilen. Zur Wahrung des Verhältnismäßigkeitsgrundsatzes sollte das Registrierungsverfahren einfach, kostengünstig und nach Möglichkeit online durchzuführen sein.

Soweit mit der Registrierungspflicht für Anbieter von Unterkünften auch Verpflichtungen der Online- Plattform verbunden sind (z. B. Mitwirkung an der Registrierung, Übermittlung von Daten), liegt eine Beschränkung der Dienstleistungsfreiheit des Plattformbetreibers vor, die an Art. 16 Abs. 3 DLRL zu messen sind. Auch insoweit gilt, dass diese (1) nicht diskriminierend, (2) durch zwingende Gründe des Allgemeininteresses gerechtfertigt und (3) verhältnismäßig sein müssen. Für die oben skizzierten Maßnahmen, insbesondere den automatisierten Datenabgleich über ein API, dürfte dies wohl zu bejahen sein.

b) E-Commerce-Richtlinie

Rechtspflichten, die den Betreiber der Vermittlungsplattform im Zusammenhang mit der Registrierungspflicht für Anbieter von Unterkünften treffen, sind zusätzlich an den Vorschriften der ECRL zu messen. Den Ausgangspunkt der rechtlichen Beurteilung bildet dabei Art. 4 Abs. 1 ECRL. Danach stellen die Mitgliedstaaten sicher, dass „die Aufnahme und

---

60 Müller-Graff, in: Streinz, EUV/AEUV, 2. Aufl. 2012, Art. 56 AEUV Rn. 107 m.w.N.
61 Cornils, in: Schlachter/Ohler, Europäische Dienstleistungsrichtlinie, 2008, Art. 9 Rn. 29.

die Ausübung der Tätigkeit eines Anbieters von Diensten der Informationsgesellschaft“ nicht zulassungspflichtig ist. Soweit die Tätigkeit einer Onlineplattform, über die (Privat-)Unterkünfte angeboten werden, als „Dienst der Informationsgesellschaft“ (Art. 2 lit. a ECRL) zu qualifizieren ist, ist es daher den Mitgliedstaaten verwehrt, diese Tätigkeit spezifischen Zulassungsanforderungen oder sonstigen Anforderungen gleicher Wirkung zu unterwerfen.

Zur Beantwortung der Frage, ob es sich bei einer Vermittlungsplattform für Kurzzeitvermietungen um einen Dienst der Informationsgesellschaft handelt, kann auf die vom EuGH[62] jüngst in der Entscheidung „Uber Spain“ entwickelten Kriterien zurückgegriffen werden. Dort hatte der EuGH darüber zu entscheiden, ob es sich bei der Tätigkeit eines Vermittlungsdienstes, der es mittels einer Smartphone-Applikation ermöglicht Transportdienstleistungen zu buchen, um einen Dienst der Informationsgesellschaft handelt. Im Ergebnis hat der EuGH dies verneint und dabei u. a. darauf verwiesen, dass Uber einen entscheidenden Einfluss auf die Bedingungen ausübt, unter denen die Fahrer die Transportdienstleistung erbringen. Weiter heißt es in der Entscheidung: „Dabei ist insbesondere klar ersichtlich, dass Uber durch die gleichnamige Anwendung zumindest den Höchstpreis für die Fahrt festsetzt, dass diese Gesellschaft den Preis beim Kunden erhebt und danach einen Teil davon an den nicht berufsmäßigen Fahrer des Fahrzeugs überweist und dass sie eine gewisse Kontrolle über die Qualität der Fahrzeuge und deren Fahrer sowie über deren Verhalten ausübt, die gegebenenfalls zu ihrem Ausschluss führen kann.“[63]

Wendet man diese Kriterien auf eine Plattform wie Airbnb oder Wimdu an, so spricht einiges dafür, dass die Plattformen als Dienste der Informationsgesellschaft zu qualifizieren sind. Zwar kontrollieren die Plattformen die technische Infrastruktur für den Abschluss von Kurzzeitmietverträgen. Auch leisten die von den Plattformen bereitgestellten Bewertungssysteme einen wesentlichen Beitrag zur Qualitätssicherung. Der Einfluss von Airbnb und Wimdu oder vergleichbarer Plattformen auf die Erbringung der Beherbergungsleistung ist jedoch insgesamt deutlich geringer als der Einfluss von Uber auf die Transportdienstleistungen. Weder legen die Plattformen die Höchstpreise für die Übernachtungen fest, noch unterliegen die Vermieter einer derart engen (Echtzeit-)Kontrolle wie die Fahrer im Fall von Uber. Beschränkt sich die Tätigkeit der Plattform im Wesentlichen auf die Bereitstellung einer technischen Infrastruktur von Vermittlung von

62 EuGH, 20. Dezember 2017, C-434/15, ECLI:EU:C:2017:981 - Uber.
63 EuGH, a.a.O., Rn. 39.

(Privat-)Unterkünften, so dürfte die Tätigkeit daher grundsätzlich nach Art. 4 Abs. 1 ERCL zulassungsfrei sein.[64]

Soweit die Plattformbetreiber für Verstöße der Anbieter gegen die Registrierungspflicht in die Verantwortung genommen werden sollen, wie dies etwa in Frankreich vorgesehen ist, sind die Haftungsprivilegien der Art. 12 bis 15 ECRL zu beachten. Einer Haftung des Plattformbetreibers könnte insoweit das für Hosting-Provider geltende Haftungsprivileg aus Art. 14 Abs. 1 ERCL entgegenstehen. Zu beachten ist dabei, dass sich der Betreiber einer Vermittlungsplattform nach der Rechtsprechung des EuGH[65] nur dann auf die Haftungsprivilegien der Art. 14 f. ECRL berufen kann, wenn er sich darauf beschränkt, seinen Dienst mittels rein technischer und automatischer Verarbeitungen der von einem Dritten eingegebenen Daten neutral zu erbringen. Verlässt der Anbieter seine neutrale Vermittlerposition und spielt er eine aktive Rolle, ist eine Berufung auf die Art. 14 f. ECRL ausgeschlossen.[66] Ob dies der Fall ist, kann nicht pauschal beurteilt werden, sondern hängt vom jeweiligen Geschäftsmodell des Plattformbetreibers ab. Beschränkt sich die Plattform darauf, eine Suche von Angeboten anhand bestimmter Kriterien zu ermöglichen, dürfte es sich um eine neutrale Plattform im Sinne der Rechtsprechung des EuGH handeln. Unschädlich ist grundsätzlich auch der Betrieb eines Bewertungssystems (ob mit oder ohne Wortfilter).[67] Übt der Plattformbetreiber jedoch eine weitergehende Kontrolle über die Anbieter aus (etwa durch detaillierte Anforderungen an die Ausstattung der Unterkunft und eine Überprüfung der Unterkunft vor Ort wie im Falle von Airbnb Plus), so könnte der Plattformbetreiber möglicherweise seine neutrale Position aufgeben und dadurch die Haftungsprivilegien der Art. 14 f. ECRL verlieren.[68]

---

64 Die rechtliche Beurteilung könnte dagegen anders ausfallen, wenn die Plattform neben Vermittlungsdiensten weitere Dienstleistungen erbringt und im Ergebnis selbst als Anbieter der Kurzzeitvermietung anzusehen ist, vgl. Mitteilung der Kommission, Europäische Agenda für die kollaborative Wirtschaft, COM(2016) 356, S. 6.

65 EuGH, Urt. v. 12. Juli 2011, C-324/09, Slg. 2011, I-6011, Rn. 106 ff. - L'Oreal / Ebay.

66 Vgl. Erwägungsgründe 42 f. ECRL.

67 Vgl. BGH, Urt. v. 19. März 2015, I ZR 94/13, GRUR 2015, 1129, Rn. 35 – Hotelbewertungsportal.

68 In einem solchen Fall könnte man auch erwägen, dass es sich bei der Tätigkeit der Plattform nicht mehr um einen reinen Dienst der Informationsgesellschaft handelt, sodass bereits aus diesem Grund die Haftungsprivilegien der ECRL nicht anwendbar wären, vgl. Hacker, UberPop, UberBlack, and the Regula-

Zu berücksichtigen ist ferner Art. 15 Abs. 1 ECRL. Danach dürfen die Mitgliedstaaten dem Betreiber der Onlineplattform keine allgemeine Verpflichtung auferlegen, die von ihnen übermittelten oder gespeicherten Informationen zu überwachen oder aktiv nach Umständen zu forschen, die auf eine rechtswidrige Tätigkeit hinweisen. Nach Erwägungsgrund 48 der ECRL lässt die Richtlinie jedoch die Möglichkeit unberührt, dass die Mitgliedstaaten von Diensteanbietern, die von Nutzern ihres Dienstes bereitgestellte Informationen speichern, verlangen, die nach vernünftigem Ermessen von ihnen zu erwartende und in innerstaatlichen Rechtsvorschriften niedergelegte Sorgfaltspflicht anzuwenden, um bestimmte Arten rechtswidriger Tätigkeiten aufzudecken und zu verhindern.[69] Zwar sind die Erwägungsgründe der ECRL nicht selbst Rechtsquelle, sondern können lediglich als Rechtserkenntnisquelle bei der Auslegung des Normtextes herangezogen werden.[70] Mit Blick auf Erwägungsgrund 48 der ERCL dürfte Art. 15 Abs. 1 ECRL jedoch dahingehend auszulegen sein, dass die Einrichtung einer Datenschnittstelle, über die automatisch überprüft wird, ob ein Nutzer behördlich registriert ist, mit der ECRL vereinbar ist, sofern dies mit verhältnismäßig geringem technischen Aufwand zu bewerkstelligen ist.

Konkrete Auskunftsansprüche gegenüber dem Plattformbetreiber zur Offenlegung anonymer Inserate, wie sie etwa § 5 Abs. 2 S. 2 ZwVbG Berlin vorsieht, dürften mit Art. 15 Abs. 2 ECRL vereinbar sein.[71] Danach können die Mitgliedstaaten die Anbieter von Diensten der Informationsgesellschaft dazu verpflichten, die zuständigen Behörden, unverzüglich über mutmaßliche rechtswidrige Tätigkeiten oder Informationen der Nutzer ihres Dienstes zu unterrichten oder den zuständigen Behörden auf Verlangen Informationen zu übermitteln, anhand deren die Nutzer ihres Dienstes, mit denen sie Vereinbarungen über die Speicherung geschlossen haben, ermittelt werden können.

Ob eine generelle Pflicht zur regelmäßigen Übermittlung von Nutzerdaten auf Art. 15 Abs. 2 ECRL gestützt werden kann, ist eher zweifelhaft. Aus unionsrechtlicher Sicht dürfte es dagegen zulässig sein, von der Plattform

---

tion of Digital Platforms after the Asociación Profesional Elite Taxi Judgment oft he CJEU, ERCL 2018, 80 (93).

69 Vgl. auch BGH, Urt. v. 19. März 2015, I ZR 94/13, GRUR 2015, 1129, Rn. 31 – Hotelbewertungsportal.

70 EuGH, Urt. v. 13. Juli 1989, Rs. 215/88, ECLI:EU:C:1989:331, Rn. 31 – Casa Fleischhandel/BALM.

71 Vgl. VG Berlin, Beschl. v. 20. Juli 2017, VG 6 L 162.17, ZD 2017, 494; VG Berlin, Urt. v. 14. März 2018, VG 6 K 676.17.

die Installation eines Zählers zu verlangen und bei Überschreiten der Obergrenze für Übernachtungen die Herausgabe der Daten des Nutzers zu fordern. Effektiver und effizienter dürfte allerdings die – in Paris und Amsterdam angewendete – Regelung sein, dass der Account des Nutzers bei Erreichen der jährlichen Obergrenze bis zum Ende des Jahres deaktiviert wird.

5.2 Besteuerung

5.2.1 Besteuerung – Status quo

Durch den Markteintritt von Peer-to-Peer-Sharing-Plattformen ist das Angebot an Vermietungen von Privatunterkünften z. B. an Touristen oder Geschäftsreisende insbesondere in Großstädten gestiegen, womit nicht nur eine Erhöhung der Nachfrage nach diesen, sondern auch eine Intensivierung des Wettbewerbs im Beherbergungssektor verbunden ist (vgl. hierzu Kapitel 2.3.2). Das ist an sich unproblematisch: Wettbewerbsintensivierung ist aus volkswirtschaftlicher Sicht wünschenswert, da sie in der Regel zu mehr Auswahl für die Verbraucher führt, die Preise senkt und die Angebotsqualität verbessert. Allerdings setzt ein wirkungsvoller Wettbewerb im Beherbergungssektor voraus, dass alle Wettbewerber – egal ob sie ein Hotel oder eine Pension betreiben oder auf einer Sharing-Plattform Wohnraum professionell vermieten – einer vergleichbaren Regulierung im Hinblick auf Steuern wie Gewerbe- und Umsatzsteuer sowie Abgaben wie Kurtaxe und Tourismusabgabe unterliegen („level playing field"). Nur so können Wettbewerbsverzerrungen, die mit diversen distributiven Wirkungen zu Lasten beispielsweise der Hotellerie verbunden sein können, begrenzt werden. Ziel des folgenden Kapitels ist es daher zu prüfen, inwieweit die Rechtsvorschriften im Hinblick auf Steuern auch für die Vermieter gelten, die Wohnraum über Peer-to-Peer-Sharing-Plattformen anbieten. Dabei ist zwischen unterschiedlichen Steuerarten – Gewerbesteuer, Umsatzsteuer, Beherbergungssteuer und Einkommensteuer – zu differenzieren.

Gemäß § 2 Abs. 1 S. 1 GewStG unterliegt grundsätzlich jeder stehende Gewerbebetrieb, der im Inland betrieben wird, der *Gewerbesteuer*. Der Begriff des Gewerbebetriebes ist dabei identisch mit dem Begriff des gewerblichen Unternehmens im Einkommensteuerrecht (§ 2 Abs. 1 S. 2 GewStG, § 15 Abs. 2 EStG). Dafür muss die Tätigkeit über eine bloße Vermögensverwaltung hinausgehen.[72] Die Vermietung einer einzelnen Privatunterkunft stellt regelmäßig keine gewerbliche Betätigung dar, weil die Vermietung in der Regel nicht über den Rahmen der privaten Vermögensverwaltung hinausgeht.[73] Anders ist dies zu beurteilen, wenn die Wohnung „in hotelmäßiger Weise“ angeboten wird. Dies setzt voraus, dass neben der Bereithaltung der Räume, sachliche und personelle Vorkehrungen erforderlich sind, wie sie mit der üblichen Vermietung von Wohnungen nicht verbunden sind. Die Rechtsprechung hat dies in der Vergangenheit insbesondere in Fällen bejaht, in denen eine für kurzfristiges Wohnen voll eingerichtete und ausgestattete Eigentumswohnung in einem Feriengebiet im Verbund mit einer Vielzahl gleichartig genutzter Wohnungen anderer Wohnungseigentümer liegt und zu einer einheitlichen Wohnanlage gehört sowie die Werbung für kurzfristige Vermietung und die Verwaltung einer für die Wohnanlage bestehenden Feriendienstorganisation übertragen wurde.[74] Aber auch die Vermietung einer einzelnen Eigentumswohnung außerhalb einer Ferienanlage kann, sofern die Wohnung „in hotelmäßiger Weise“ angeboten wird, eine gewerbliche Tätigkeit darstellen.[75] Dies ist etwa dann zu bejahen, wenn sachliche und personelle Vorkehrungen getroffen werden (z. B. in Form einer Rezeption), die es gestatten, auch Gäste ohne vorherige Buchung aufzunehmen.[76] Gewerblichkeit i.S.v. § 2 Abs. 1 S. 1 GewStG liegt auch vor, wenn über das reine Vermieten hinaus Nebenleistungen (z. B. Frühstücksservice, Ferienbetreuung) angeboten werden, die eine Organisation nach Art einer Fremdenpension erfordern.[77] Damit erfordert die Feststellung einer gewerblichen Tätigkeit i.S.d. GewStG bei der Vermietung von Privatunterkünften eine Einzelfallprüfung. Zu beachten ist darüber hinaus, dass für natürliche Personen und Personengesellschaften ein Freibetrag i.H.v. 24.500 EUR gewährt wird (§ 11 Abs. 1 Nr. 1 GewStG). Ist die Vermietung von Privatunterkünften als gewerblich einzustufen, so greift

---

72 Blümich/Drüen, 138. Aufl. 2018, GewStG § 2 Rn. 83.

73 BFH, Urt. v. 24. Oktober 2000 – IX R 58/97, DStRE 2001, 633.

74 Siehe etwa BFH, Beschl. v. 17. März 2009 - IV B 52/08, BFH/NV 2009, 1114; BFH, Urt. v. 25. Juni 1976 – III R 167/73, NJW 1976, 1863; siehe auch Finanzgericht Berlin-Brandenburg, Urt. v. 24. November 2016 – 9 K 9292/13, BeckRS 2017, 94407.

75 BFH, Urt. v. 14. Januar 2004 – X R 7/02, BFH/NV 2004, 945; BFH, Urt. v. 14. Dezember 2004 – IX R 70/02, BFH/NV 2005, 1040.

76 BFH, Urt. v. 14. Januar 2004 – X R 7/02, BFH/NV 2004, 945.

77 Wirfler, in: Beck'sches Steuer- und Bilanzrechtslexikon, Edition 41 (Stand: 1. Dezember 2017), Stichwort: Ferienhaus und Ferienwohnung, Rn. 4.

die Gewerbesteuerpflicht daher nur für Vermieter, die jährlich mindestens 24.500 Euro Gewinn[78] erzielen.

Gemäß § 4 Nr. 12 S. 1 UStG sind Vermietungsumsätze aus der Nutzungsüberlassung von Grundstücken und Grundstücksteilen grundsätzlich von der *Umsatzeuer* befreit. Die Steuerbefreiung dient im Wesentlichen dem sozialpolitischen Ziel, Wohnungsmieten niedrig zu halten.[79] Von der Befreiung ausgenommen ist die Vermietung von Wohn- und Schlafräumen zur kurzfristigen Beherbergung von Fremden (§ 4 Nr. 12 S. 2 UStG). Damit soll eine Abgrenzung insbesondere zu Vermietungsumsätzen des Hotelgewerbes erzielt werden.[80] Nach der Rechtsprechung des BFH gilt eine Beherbergung als kurzfristig, wenn sie maximal sechs Monate dauert.[81] Zu beachten ist, dass Kleinunternehmer gemäß § 19 Abs. 1 UStG von der Erhebung der Umsatzsteuer ausgenommen werden.[82] Die Kleinunternehmerregelung findet Anwendung auf Vermieter von Privatunterkünften, wenn der Umsatz im vorangegangenen Kalenderjahr maximal 17.500 Euro nicht überstiegen hat und im laufenden Jahr voraussichtlich 50.000 Euro nicht übersteigen wird.

Zusätzlich zur Gewerbe- und Umsatzsteuerpflicht können für die Vermieter kommunale Steuer- und Abgabepflichten bestehen. Exemplarisch sei hier auf *Tourismusabgaben* (Bettensteuer, Beherbergungssteuer) verwiesen. Grundsätzlich steht es den Kommunen, in denen kommunale Steuern und Abgaben erhoben werden, frei, Bagatell- bzw. Freigrenzen für die gelegentliche Vermietung von Privatunterkünften zu definieren, um den mit der Erhebung verbundenen Verwaltungsaufwand zu reduzieren. Allerdings kann das zu Wettbewerbsverzerrungen zwischen den verschiedenen Anbietern des Beherbergungssektors führen. Folglich sollten derartige Steuern und Abgaben nach Möglichkeit von allen Anbietern des Beherbergungssektors entrichtet werden (Monopolkommission, 2016, Rn.: 1220).

Es bleibt ergänzend zu erwähnen, dass die Einkünfte aus der Vermietung von Privatunterkünften gem. § 21 Abs. 1 EStG der *Einkommensteuer* unterliegen und zwar auch dann, wenn es sich nur um eine gelegentliche Vermietung handelt. Bei der vorübergehenden Vermietung von selbst genutztem Wohnraum, kann allerdings im Einverständnis mit dem Steuer-

78 Der Gewinn ist das positive Betriebsergebnis. Er ergibt sich aus der Differenz zwischen dem Erlös und den Kosten.

79 Bunjes/Heidner, 16. Aufl. 2017, UStG § 4 Nr. 12 Rn. 1.

80 Bunjes/Heidner, 16. Aufl. 2017, UStG § 4 Nr. 12 Rn. 41.

81 BFH, Urt. v. 27. Oktober 1993 – XI R 69/90, BFH/NV 1994, 744.

82 Der Unternehmer kann gem. § 19 Abs. 2 UStG auf die Anwendung der Kleinunternehmerregelung verzichten.

pflichtigen aus Vereinfachungsgründen von einer Besteuerung abgesehen werden, wenn die Einnahmen den Betrag von 520 EUR pro Jahr nicht übersteigen.[83]

Zusammenfassend ist festzustellen, dass die Gewerbe- und Umsatzsteuerpflicht theoretisch auch für Privatanbieter gelten, die über Online-Vermittlungsplattformen vermieten, wenn sie die in den jeweiligen Steuergesetzen bestimmten Kriterien erfüllen. Ferner sind Privatanbieter in der Regel auch zur Abführung der kommunalen Steuern und Abgaben verpflichtet, sofern die Kommunen auf die Definition von Bagatell- bzw. Freigrenzen für die gelegentliche Vermietung von Privatunterkünften verzichten. Wettbewerbsverzerrungen sind daher weniger in der bestehenden Regulierung, sondern vielmehr in der Durchsetzbarkeit des geltenden Rechts begründet. Diese ist in der Sharing Economy deutlich schwieriger als bei traditionellen Gewerbebetrieben des Beherbergungssektors. Ziel des folgenden Abschnitts ist es daher, Instrumente zu erläutern, die geeignet sind, diesem Problem entgegenzuwirken.

5.2.2 Durchsetzung der Steuererhebung

Die Abgrenzung der gewerblichen von der nicht-gewerblichen Vermietung von Privatunterkünften im Sinne des Gewerbesteuerrechts ist oft schwierig und bedarf einer Einzelfallprüfung. Dadurch entstehen Grauzonen. Das schafft nicht nur Rechtsunsicherheit für die Vermieterinnen und Vermieter, sondern erschwert auch die Durchsetzung der Steuerpflicht. Angesichts des zunehmenden Angebots an über das Internet vermittelten Privatunterkünften könnte sich eine breit angelegte Überprüfung für die Finanzämter aufgrund des damit verbundenen Prüfaufwandes als schwierig erweisen. Um Rechtssicherheit zu schaffen und Einzelfallprüfungen zu vermeiden, kann die Einführung von Schwellenwerten sinnvoll sein (Europäische Kommission, 2016b, S. 5f.; Monopolkommission, 2016, Rn.:1306; Haucap/Kehder, 2018, 68 f.; Haucap/Heimeshoff, 2018). Die Schwellenwerte können sich z. B. auf die Umsätze pro Jahr[84] und/oder die Anzahl von

83 R 21.2 Abs. 1 der Einkommensteuer-Richtlinien 2012 (EStR 2012). Dies gilt entsprechend bei vorübergehender Untervermietung von Teilen einer angemieteten Wohnung, die im Übrigen selbst genutzt wird.

84 So schlagen z. B. einige Unternehmen der Sharing Economy in einer Petition im Jahr 2014 die Einführung einer Wertgrenze für die Nicht-Gewerblichkeit von EUR 5.000 vor. Wenn durch die Vermietung privater Ressourcen innerhalb von zwölf Monaten mehr als 5.000 Euro erwirtschaftet werden, liegt eine gewerbliche

Übernachtungen pro Jahr beziehen – gegebenenfalls differenziert nach Erst- und Zweitwohnsitz, oder ob die gesamte Unterkunft oder nur ein Teil der Unterkunft vermietet wird. Bei Unterschreitung der Schwellenwerte bzw. der Bagatellgrenze würde die Vermietung pauschal als nicht-gewerblich im gewerbesteuerrechtlichen Sinn gelten.

Die Festlegung der Schwellenwerte kann in den jeweiligen Steuergesetzen bzw. -satzungen erfolgen. Zuständig für die Festlegung von Schwellenwerten ist dabei grundsätzlich die Gebietskörperschaft, welche die Steuervorschrift erlässt (z. B. der Bund für die Einkommensteuer, die jeweilige Kommune für Beherbergungssteuern).

In der Praxis wird bei den Schwellenwerten oft auf die Anzahl der vermieteten Nächte pro Jahr abgestellt (s. Tabelle 5-1). Beispielsweise liegt in Amsterdam die Obergrenze für die Hauptwohnung bei 60 Vermietungstagen im Jahr, ab 2019 wird sie auf 30 Tage reduziert. Die Zahl der Gäste darf höchstens vier Personen betragen. In San Francisco beträgt die Obergrenze für die Hauptwohnung hingegen 90 Nächte pro Jahr, sofern der Anbieter abwesend ist. Bei Anwesenheit darf er beliebig viele Nächte pro Jahr vermieten. In Paris darf die Hauptwohnung an 120 Tagen pro Jahr vermietet werden (Baumann, 2017).

Bei den in Tabelle 5-1 skizzierten Schwellenwerten dürfte es sich um wohnungspolitisch motivierte Regelungen handeln, die sich nicht ohne weiteres auf steuerliche Fragen auswirken. Für das Steuerrecht bieten sich eher Schwellenwerte an, die nicht an die Dauer der Vermietung (30, 60, 90 Tage) anknüpfen, sondern den erzielten Erlös. Denkbar wäre etwa eine Pauschalbesteuerung bis zu einem bestimmten Betrag.

Nutzung des Wohnraumes vor. Hinweis zur Quelle: Die Homepage der Initiatoren der Petition (http://www.werteilthatmehr.de) ist mittlerweile offline. Zum Inhalt der Petition siehe etwa Weigert, M., Onlinepetition zur Ökonomie des Teilens: Elf Startups fordern nutzerfreundliche Gesetze, https://www.foerderland.de/digitale-wirtschaft/netzwertig/news/artikel/onlinepetition-zur-oekonomie-des-teilens-elf-startups-fordern-nutzerfreundliche-gesetze/, zuletzt abgerufen am 9. Januar 2018.

Tabelle 5-1: Beispiele für Schwellenwerte

Ausgewählte Städte

Stadt	Schwellenwert – Vermietungstage pro Jahr
Frankfurt (Deutschland)[85]	8 Wochen
Amsterdam (Niederlande)[86]	60 Vermietungstage; ab 2019 30 Vermietungstage pro Jahr. Anzahl der Gäste ist auf maximal 4 begrenzt.
Kyoto (Japan)[87]	60 Tage; nur zwischen 15.1. und 15.3.
London (Großbritannien)[88]	90 Tage
San Francisco (USA)[89]	90 Vermietungstage pro Jahr in Abwesenheit des Vermieters, sonst unbegrenzt. Keine Begrenzung der Anzahl der Gäste.
Paris (Frankreich)[90]	120 Vermietungstage pro Jahr für die Hauptwohnung. Anzahl der Gäste ist begrenzt
Los Angeles (USA)[91]	120 Tage (geplant)

Quelle: eigene Darstellung

Um Kontrollen zu ermöglichen und Bagatellgrenzen durchzusetzen, kann eine Registrierung der Privatanbieterinnen und Privatanbieter bei den zuständigen Behörden oder den Vermittlungsplattformen in Kombination mit der Vergabe einer Identifikationsnummer pro Anbieter und Unterkunft angezeigt sein, die bei jedem Inserat/Annonce anzugeben ist. Dabei müsste sichergestellt werden, dass auf den Onlineplattformen nur Angebote ordnungsgemäß registrierter Anbieter angezeigt werden. Eine entsprechende Regelung sieht nunmehr § 5 Abs. 6 des im April 2018 novellierten Berliner Zweckentfremdungsverbot-Gesetzes (ZwVbG)vor. Die Registrierungspflicht allein reicht vermutlich jedoch nicht aus, um die Steuerpflicht effektiv durchzusetzen und die Ungleichheit bei der Durchsetzung der Steuerpflicht in der Steuererhebung zu reduzieren. Die Vermittlungsplattformen müssten zusätzlich die für die Steuererhebung relevanten Da-

85 Siehe Kapitel 5.3.1.

86 Siehe Kapitel 4.1.

87 http://japanpropertycentral.com/2018/03/kyoto-approves-minpaku-rule-requiring-host-to-be-within-10-minute-radius-of-property/, zuletzt abgerufen am 15. Mai 2018.

88 https://www.airbnb.co.uk/help/article/1379/responsible-hosting-in-the-united-kingdom, zuletzt abgerufen am 15. Mai 2018.

89 Siehe Kapitel 4.4.

90 Siehe Kapitel 4.3.

91 https://commercialobserver.com/2018/05/la-city-council-greenlights-rules-to-limit-airbnb-rentals/, zuletzt abgerufen am 15. Mai 2018.

ten, wie z. B. Name und Vorname des Vermieters, Adresse der als Ferienunterkunft angebotenen Wohnung, Anzahl der gebuchten Übernachtungen und Höhe der Einnahmen der Vermieterinnen und Vermieter an das Finanzamt und andere Aufsichtsbehörden melden, damit diese prüfen können, ob die Vermieterinnen und Vermieter steuerpflichtig sind bzw. ihren Steuerverpflichtungen nachgekommen sind. Die Kommunikation der Informationen kann auf einer freiwilligen Selbstverpflichtung der Vermittlungsplattformen oder einer freiwilligen Vereinbarung zwischen den jeweiligen Vermittlungsplattformen und den zuständigen Behörden erfolgen. Eine andere Möglichkeit besteht in der gesetzlichen Verpflichtung der Vermittlungsplattformen zur Weitergabe der Daten an die zuständigen Behörden. Zusätzlich sollten Vermieterinnen und Vermietern, die vergessen haben, ihre Vermietungseinkünfte anzugeben, Sanktionen z. B. in Form einer Geldbuße oder einer Verdopplung des Steuersatzes angedroht werden.

Eine andere Möglichkeit, Steuern und Abgaben durchzusetzen ist es, die Vermittlungsplattformen mit der Einziehung und Abführung dieser zu betrauen. Die Einbeziehung der Vermittlungsplattformen ist in der Praxis insbesondere bei der Abführung von Tourismussteuern bzw. -abgaben von Relevanz. Die Vermittlungsplattformen könnten die je nach Region anfallenden Steuern und Abgaben von den Gästen einfordern und im Namen der Gastgeber an die zuständigen Behörden übermitteln. Grundlegend hierfür ist eine Vereinbarung mit den Onlineplattformen. In Deutschland hat beispielsweise Dortmund als erste Stadt eine derartige Vereinbarung (Beherbergungsabgaben-Vereinbarung) geschlossen. In der Vereinbarung verpflichtet sich Airbnb ab dem 1. Januar 2018 für alle Dortmunder Gastgeber, die über Airbnb eine Unterkunft anbieten, die Beherbergungsabgabe in Höhe von 7,5 Prozent von den Gästen automatisiert über die Plattform einzuziehen und an die Stadt Dortmund weiterzuleiten. Der Vorteil eines solchen digitalen Einziehungsverfahrens liegt u. a. auch in der Entlastung der Gastgeber und der Verwaltung der Stadt Dortmund. Internationale Beispiele hierfür sind z. B. Amsterdam, Paris und San Francisco. Airbnb hat nach eigenen Angaben bereits über 310 solcher Kooperationen mit Städten und Gemeinden weltweit geschlossen.[92]

---

92 Vgl. https://www.presseportal.de/pm/105895/3771247, zuletzt abgerufen am 11. Januar 2018; https://www.ruhrnachrichten.de/Staedte/Dortmund/Bettensteuer-Deal-zwischen-Dortmund-und-Airbnb-954112.html, zuletzt abgerufen am 18. Februar 2018.

Zusätzlich zu einer solchen Kooperation bei der Erhebung und Abführung von Steuern und Abgaben wird diskutiert, die Onlineplattformen zu verpflichten, die Anbieterinnen und Anbieter von Privatunterkünften hinsichtlich ihrer Steuerpflichten zu informieren. Ob es einer derartigen Verpflichtung tatsächlich bedarf, ist fraglich. Die meisten Vermittlungsdienste geben ihren Nutzern solche Informationen bereits heute freiwillig als Service an die Hand. Manche Plattformen weisen ihre Anbieterinnen und Anbieter zudem in einer jährlichen Erinnerung per E-Mail auf ihre Einkommenssteuerpflicht hin oder schicken ihnen eine Jahresaufstellung ihrer über die Plattform generierten Einnahmen (Monopolkommission, 2016, Rn.: 1329).

5.3 Steuerung der Vermietungstätigkeit

5.3.1 Versorgung der Bevölkerung mit Wohnraum – Status quo

Die Versorgung der Bevölkerung mit Wohnraum stellt sich in Deutschland – wie in Kapitel 3.5 bereits erläutert wurde – sehr heterogen dar. Während in vielen ländlichen Regionen insbesondere im Osten Deutschlands Überkapazitäten bestehen, liegt in vielen Städten, wie z. B. Hamburg, München, Köln, Berlin und Düsseldorf Wohnungsknappheit vor. Die Folge sind signifikant steigende Immobilienpreise und Mieten (Möbert, 2017).

Wird dem Wohnungsmarkt zusätzlich Wohnraum durch professionelle Anbieterinnen und Anbieter auf Sharing-Plattformen entzogen, könnte der Wohnungsmangel womöglich verschärft werden. Dies kann nicht ausgeschlossen werden, da davon auszugehen ist, dass die Popularität der Vermittlungsplattformen sowohl bei den Anbietern und Anbieterinnen als auch den Nachfragern und Nachfragerinnen von Privatunterkünften weiter wachsen wird. So haben z. B. in Deutschland im Jahr 2016 33 Prozent der Unternehmen mit mehr als 500 Beschäftigten, denen diese Form der Sharing Economy bekannt ist, die Nutzung von Unterkunftsplattformen für Geschäftsreisen erlaubt (vgl. Kapitel 2.1.4). Ferner ist die Zahl von Geschäftsreisenden, für die Wohnraum-Sharing eine Alternative zum Hotelaufenthalt darstellt, gestiegen, sodass die Nutzung von Peer-to-Peer-Sharing-Plattformen nicht mehr nur auf den Freizeitbereich beschränkt ist (Peuckert et al. 2017, 20). Die wachsende Bedeutung der Sharing-Plattform als Alternative zu Online-Reiseportalen wie hrs.de oder booking.com zeigt sich auch darin, dass der Schweizer Hotelverband seinen Mitgliedern die Nutzung von Airbnb als Vertriebskanal empfiehlt (Swiss Hotel Association, 2016; Peuckert et al. 2017, 20). In der Konsequenz besteht die Gefahr, dass sich signifikante Problemlagen insbesondere in den Hotspots, wie z. B. Berlin, München, Hamburg oder Köln ergeben (Behrendt et al., 2017, 62).

Vor diesem Hintergrund ist es vorausschauend, mögliche Instrumente zu diskutieren, die eine Steuerung der Vermietung über Sharing-Plattformen bieten.

5.3.2 Instrumente zur Steuerung der Vermietung von Privatunterkünften an Touristen

Zweckentfremdungsverbote – Überblick

Um der Wohnungsknappheit entgegenzuwirken, haben einige Städte, in denen vor allem bezahlbarer Wohnraum rar ist, Regelungen getroffen, die einer Zweckentfremdung von Wohnraum entgegenwirken sollen. Derartige Regelungen sind keine völlig neue Erscheinung.[93] Bereits als Reaktion auf die Wohnungsknappheit der 1960er Jahre wurden durch das Gesetz zur Verbesserung des Mietrechts und zur Begrenzung des Mietanstiegs sowie zur Regelung von Ingenieur- und Architektenleistungen (MRVG) vom 4. November 1971 die Landesregierungen ermächtigt, für Gemeinden, in denen eine besondere Wohnungsknappheit herrscht, Zweckentfremdungsverbote zu erlassen. Die Verfassungsmäßigkeit dieser Regelung hat das BVerfG im Jahr 1975 bestätigt.[94] Als Zweckentfremdung wurde dabei in Art. 6 § 1 Abs. 1 S. 2 MRVG ausdrücklich auch die Verwendung von Wohnraum zur „dauernden Fremdenbeherbergung, insbesondere einer gewerblichen Zimmervermietung oder der Einrichtung von Schlafstellen" angesehen. Von der Befugnis zum Erlass entsprechender Zweckentfremdungsverbote haben zunächst zahlreiche Länder Gebrauch gemacht. Einige Bundesländer haben die landesrechtlichen Regelungen später wegen eines nicht mehr feststellbaren Wohnraummangels wieder aufgehoben (so etwa Hessen im Jahr 2004).[95] Seit der Föderalismusreform I im Jahr 2006 ist die Zuständigkeit für das Zweckentfremdungsrecht auf die Länder übergegangen. Eine Reihe von Bundesländern hat inzwischen Regelungen zum Schutz vor der Zweckentfremdung von Wohnraum erlassen. In weiteren

93 Siehe dazu Schröer/Kullick, NZBau 2013, 624 ff.

94 BVerfG NJW 1975, 727.

95 Schröer/Kullick, NZBau 2013, 624.

Bundesländern wird derzeit die Einführung derartiger Regelungen erwogen.[96]

Das bundesweit wohl bekannteste Beispiel ist das vieldiskutierte *Berliner* Gesetz über das Verbot der Zweckentfremdung von Wohnraum (Zweckentfremdungsverbot-Gesetz – ZwVbG) vom 29. November 2013.[97] Im März 2018 wurde das ZwVbG novelliert.[98] Im Folgenden wird – soweit nicht anders angegeben – die neue Fassung des ZwVbG zugrunde gelegt. Das ZwVbG dient insbesondere dazu, die Umwandlung von Wohnraum in Ferienunterkünfte zu verhindern, indem Wohnraum im Land Berlin oder in einzelnen Bezirken nur mit Genehmigung des zuständigen Bezirksamts zweckentfremdet bzw. als Ferienunterkunft angeboten werden darf, sofern die Versorgung der Bevölkerung mit ausreichendem Wohnraum zu angemessenen Bedingungen als gefährdet eingestuft wird (§ 1 Abs. 1 ZwVbG). Ob die Voraussetzungen für ein Zweckentfremdungsverbot im Land Berlin oder in einzelnen Bezirken vorliegen, entscheidet der Senat (§ 1 Abs. 2. ZwVbG). Zum anderen wird mit dem ZwVbG das Ziel verfolgt, den bis dato als Ferienunterkunft genutzten Wohnraum dem regulären Wohnungs- bzw. Mietmarkt zuzuführen. Hierzu räumt es dem zuständigen Bezirksamt das Recht ein zu verlangen, dass die oder der Verfügungsberechtigte oder Nutzungsberechtigte den Wohnraum, der ohne die erforderliche Genehmigung zweckentfremdet genutzt wird, wieder dauerhaften Wohn-

---

96 Im Februar 2017 hat die niedersächsische Landesregierung den Entwurf eines Gesetzes über das Verbot der Zweckentfremdung von Wohnraum beschlossen. Aufgrund der Landtagswahl im Oktober 2017 wurde das Gesetzesvorhaben zunächst nicht weiterverfolgt. Ob die neue Landesregierung das Gesetzesvorhaben wieder aufgreift, ist unklar. Im April 2018 wurde in die bremische Bürgerschaft ein Gesetzentwurf für ein Wohnraumschutzgesetz eingebracht, der u. a. vorsieht, dass Wohnraum ohne Genehmigung nur maximal 90 Tage im Jahr für Kurzzeitvermietungen genutzt werden darf, vgl. Antrag der Fraktionen der SPD und Bündnis 90/Die Grünen in der Bremischen Bürgerschaft v. 24. April 2018, Drs. 19/1646.

97 Gesetz über das Verbot der Zweckentfremdung von Wohnraum (Zweckentfremdungsverbot-Gesetz - ZwVbG) v. 29. November 2013 (GVBl. S. 626), zuletzt geändert am 9. April 2018 (GVBl. S. 211). Die Verfassungsmäßigkeit des Berliner Zweckentfremdungsverbotsgesetzes ist Gegenstand einer kontroversen Debatte. Im April 2017 hat das OVG Berlin-Brandenburg dem Bundesverfassungsgericht die Frage zur Entscheidung vorgelegt, ob die Regelungen des ZwVbG insoweit mit dem Grundgesetz vereinbar sind, als sie eine Rückwirkung entfalten, vgl. OVG Berlin, Beschl. v. 6. April 2017 – OVG 5 B 14.16, BeckRS 2017, 106491.; siehe dazu Weber, NZM 2017, 584 ff.

98 Zweites Gesetz zur Änderung des Zweckentfremdungsverbot-Gesetzes v. 9. April 2018 (GVBl. S. 211).

zwecken zuführt (§ 4 Abs. 1 S. 1 ZwVbG). Falls erforderlich, kann das zuständige Bezirksamt auch die Räumung des zweckentfremdeten Wohnraumes anordnen (§ 4 Abs. 1 S. 3 ZwVbG). Für den Fall, dass Wohnraum beseitigt oder so verändert wurde, dass er für Wohnzwecke nicht mehr geeignet ist, hat die oder der Verfügungsberechtigte die Pflicht, ihn auf Verlangen des zuständigen Bezirksamts auf eigene Kosten in einem entsprechenden für Wohnzwecke geeigneten Zustand wieder herzustellen und dem regulären Wohnungs- bzw. Mietmarkt zuzuführen (§ 4 Abs. 2 ZwVbG). Bei einem Verstoß gegen das Zweckentfremdungsgesetz drohen Geldbußen bis zu 500.0000 Euro (§ 7 Abs. 4 ZwVbG). Auf die einzelnen, für Kurzzeitvermietung relevanten Vorschriften des ZwVbG wird in den folgenden Abschnitten näher eingegangen.

Auch in einigen anderen Bundesländern gelten Regelungen zum Schutz vor der Zweckentfremdung von Wohnungen:

- Baden-Württemberg hat im Jahr 2013 Kommunen mit Wohnungsmangel die Möglichkeit eingeräumt, ein Zweckentfremdungsverbot zu erlassen.[99] Bislang haben die Städte Freiburg, Heidelberg, Konstanz, Stuttgart und Tübingen von der Befugnis zum Erlass entsprechender Satzungen Gebrauch gemacht.
- In Bayern gilt seit 2007 das Gesetz über das Verbot der Zweckentfremdung von Wohnraum, das zuletzt mit Wirkung ab 29. Juni 2017 geändert wurde.[100] Bislang hat München als einzige Großstadt in Bayern eine Zweckentfremdungssatzung erlassen.[101]
- In Bremen sieht das am 30. Mai 2018 von der Bürgerschaft beschlossene Wohnraumschutzgesetz, dass Gemeinden für Gebiete, in denen die Versorgung der Bevölkerung mit ausreichendem Wohnraum zu angemessenen Bedingungen gefährdet ist, durch Rechtsverordnung Zweckentfremdungsverbote erlassen können.[102]

99 Gesetz über das Verbot der Zweckentfremdung von Wohnraum (ZwEWG) vom 19. Dezember 2013 (GBl. S. 484).

100 Gesetz über das Verbot der Zweckentfremdung von Wohnraum (Zweckentfremdungsgesetz – ZwEWG) v. 10. Dezember 2007 (GVBl. S. 864).

101 Satzung der Landeshauptstadt München über das Verbot der Zweckentfremdung von Wohnraum (ZeS) v. 5. Dezember 2017 (MüABl. S. 494).

102 Bremisches Wohnraumschutzgesetz, siehe Drs. 19/1646 und Plenarprotokoll 19/63 v. 30. Mai 2018.

- In Hamburg enthält das Hamburgische Wohnraumschutzgesetz Regelungen zur Bekämpfung von Zweckentfremdungen.[103]
- In Hessen fand ein 2017 in den Landtag eingebrachter Gesetzentwurf für ein Zweckentfremdungsgesetz keine Mehrheit.[104] Der im Jahr 2017 neugefasste § 12a Hessisches Wohnungsaufsichtsgesetz (HWoAufG) ermöglicht es jedoch Gemeinden mit angespannten Wohnungsmärkten, Satzungen mit einem Genehmigungsvorbehalt für die Umwandlung von Wohnraum zu Ferienwohnungen vorzusehen.[105] Gestützt auf § 12a HWoAufG hat die Stadt Frankfurt im März 2018 eine Ferienwohnungssatzung erlassen.[106]
- In Mecklenburg-Vorpommern[107] sieht das Zweckentfremdungsübertragungsgesetz aus dem Jahr 1996 vor, dass die Kommunen über die Einführung von Zweckentfremdungsverboten entscheiden.
- Bis Ende 2006 sah in Nordrhein-Westfalen die Verordnung über das Verbot der Zweckentfremdung von Wohnraum (ZweVO) für bestimmte Regionen Zweckentfremdungsverbote vor. Nach Aufhebung der Verordnung gab es zwischenzeitlich keine derartige Regelung. Seit 2012 sieht § 10 Wohnungsaufsichtsgesetz (WAG) vor, dass Gemeinden durch Satzung Gebiete mit erhöhtem Wohnungsbedarf festlegen können, in denen Wohnraum nur mit Genehmigung zweckentfremdet werden darf. Derzeit haben lediglich Dortmund (seit 2012), Köln und Bonn (seit 2014) sowie Münster (seit 2015) entsprechende Zweckentfrem-

---

103 Gesetz über den Schutz und die Erhaltung von Wohnraum (Hamburgisches Wohnraumschutzgesetz – HmbWoSchG) v. 8.3.1982 (GVBl. S. 47), zuletzt geändert am 21. Mai 2013 (GVBl. S. 244).

104 Vgl. LT-Drs. 19/4041 und LT-Drds. 19/4643.

105 BeckOK BauNVO/Hornmann, § 13a BauNVO Rn. 28. Ein Gesetz gegen Leerstand und Zweckentfremdung fand im Hessischen Landtag keine Mehrheit (vgl. LT-Drs. 19/4041 und LT-Drds. 19/4643). Zu weiteren Möglichkeiten, insbesondere Genehmigungsvorbehalten nach § 22 BauGB siehe BeckOK BauNVO/Hornmann, § 13a BauNVO Rn. 29 f.

106 Satzung der Stadt Frankfurt am Main über die Nutzung von Wohnraum als Ferienwohnung und zu ähnlichen Zwecken (Ferienwohnungssatzung) v. 1. März 2018 (Amtsblatt der Stadt Frankfurt am Main v. 27. März 2018, Nr. 13, 149. Jg. S. 488).

107 Gesetz zur Überarbeitung der Aufgaben nach Artikel 6 des Gesetzes zur Verbesserung des Mietrechts und zur Begrenzung des Mietanstiegs sowie zur Regelung von Ingenieur- und Architektenleistungen (Zweckentfremdungsübertragungsgesetz – ZwG M-V) v. 25. Juli 1996 (GVOBl. M-V S. 286).

dungssatzungen erlassen. In Düsseldorf wird die Einführung eines Zweckentfremdungsverbotes derzeit erwogen.[108]

Begriff der Zweckentfremdung

Eine Zweckentfremdung im Sinne der oben genannten Regelungen liegt vor, wenn Wohnraum zu anderen Zwecken als *Wohnzwecken* verwendet wird (vgl. § 9 Abs. 2 S. 1 HmbWoSchG). Der Anwendungsbereich der Zweckentfremdungsverbote wird daher maßgeblich durch den Begriff der Nutzung zu „Wohnzwecken" bestimmt. Ferner ist zu berücksichtigen, dass der Schutzzweck des Zweckentfremdungsrechts in erster Linie bei dauerhaften Umnutzungen ganzer Wohneinheiten berührt wird. Davon zu unterscheiden ist die zeitlich begrenzte Vermietung selbstgenutzten Wohnraums während einer kurzfristigen Abwesenheit (z. B. Urlaub), durch die dem Wohnungsmarkt kein Wohnraum entzogen wird.

Für die Auslegung des Begriffs „Wohnzwecke" im Zweckentfremdungsrecht kann auf die Rechtsprechung zum Baurecht und Wohngeldrecht zurückgegriffen werden.[109] Eine Wohnnutzung setzt danach eine *auf Dauer angelegte Häuslichkeit*, die Eigengestaltung der Haushaltsführung und des häuslichen Wirkungskreises sowie die Freiwilligkeit des Aufenthalts voraus.[110] Von der auf Dauer angelegten Häuslichkeit abzugrenzen ist ein „provisorisches, einem begrenzten Zweck dienendes Unterkommen".[111] Die Rechtsprechung bejaht dies etwa bei der Vermietung an Medizintouristen[112] oder bei Monteurunterkünften.[113] Maßgeblich ist insoweit das Nutzungskonzept des Vermieters. An einer auf Dauer angelegten Nutzung fehlt es jedenfalls dann, wenn eine Überlassung nur tage- oder wochenwei-

108 Siehe Tröschel, Airbnb: Streit in Düsseldorf um Vermietung von Ferienwohnungen, NRZ v. 6. Januar 2018, https://www.nrz.de/staedte/duesseldorf/streit-um-ferien-vermietung-von-wohnungen-id213023687.html.

109 VG München, 29. Juli 2015, Az. M 9 K 14.5596, BeckRS 2015, 52842.

110 BVerwG, 18. Oktober 2017, Az. 4 CN 6.17, BeckRS 2017, 135038; BVerwG, 17. Dezember 2007, Az. 4 B 54/07, BeckRS 2008, 30158; siehe auch BayVerfGH, 16. August 2017, Az. Vf. 8-VI-16, NZM 2017, 739.

111 VGH München, 7. Dezember 2015, Az. 12 ZB 15.2287, BeckRS 2016, 40297; VG München, 15. Februar 2017, Az. M 9 K 16.5771, BeckRS 2017, 104471.

112 VG München, 14. Juli 2017, Az. M 9 X 17.2044, BeckRS 2017, 123010; AG Bonn, 30. November 2016, Az. 27 C 13/16.

113 VG Berlin, 23. Januar 2018, Az. 6 L 756.17.

se erfolgt.[114] Dagegen wird die Wohnnutzung regelmäßig als auf Dauer angelegt zu betrachten sein, wenn ein Mietvertrag für einen Zeitraum von sechs Monaten oder länger abgeschlossen wird und die Nutzung der Räume auch so lange andauert. Bei einer Vermietung von mehr als einem Monat bis zu einem halben Jahr ist eine Einzelfallprüfung erforderlich.[115]

Um die Anwendung der Zweckentfremdungsverbote zu erleichtern, konkretisieren die einschlägigen Vorschriften den Begriff der Zweckentfremdung durch eine Reihe von *Regelbeispielen*, die allerdings unterschiedlich ausgestaltet sind.

Mit Blick auf Kurzzeitvermietungen knüpfen die landesrechtlichen Regelungen teilweise an den Begriff der „*Gewerblichkeit*" an. So bestimmt etwa § 2 Abs. 1 S. 2 Nr. 3 ZwEWG Baden-Württemberg, dass eine Zweckentfremdung vorliegt, wenn Wohnraum „nicht nur vorübergehend gewerblich oder gewerblich veranlasst für Zwecke der Fremdenbeherbergung genutzt wird." In ähnlicher Weise stellt § 2 Abs. 1 Nr. 1 des Berliner ZwVbG darauf ab, dass Wohnraum „zum Zwecke der wiederholten nach Tagen oder Wochen bemessenen Vermietung als Ferienwohnung oder einer Fremdenbeherbergung, insbesondere einer gewerblichen Zimmervermietung oder der Einrichtung von Schlafstellen, verwendet wird." Auch das bayerische ZwEWG stellte bis Juni 2017 darauf ab, ob eine Wohnung „nicht nur vorübergehend gewerblich oder gewerblich veranlasst für Zwecke der Fremdenbeherbergung genutzt wird." (Art. 2 S. 2 Nr. 3 ZwEWG aF). Der Begriff der gewerblichen Fremdenbeherbergung wird teilweise durch Handreichungen der Verwaltung konkretisiert. So erläutert etwa eine Arbeitshilfe[116] des baden-württembergischen Ministeriums für Finanzen und Wirtschaft, dass § 2 Abs. 1 S. 2 Nr. 3 ZwEWG Baden-Württemberg namentlich hotelähnliche Nutzungen oder Nutzungen als Ferienwohnung erfasst. Nicht unter das Tatbestandsmerkmal der Zweckentfremdung sollen dagegen Untermietverhältnisse und mittelfristig möblierte Vermietungen nicht gewerblicher Art fallen, da hier der Wohnungszweck erhalten bleibt.

---

114 VG München, 29. Juli 2015, Az. M 9 K 14.5596, BeckRS 2015, 52842; VGH München, 4. September 2013, Az. 14 ZB 13.6, BeckRS 2013, 55726 (zur Abgrenzung zwischen Wohnnutzung und Ferienwohnungsnutzung).

115 VG München, 29. Juli 2015, Az. M 9 K 14.5596, BeckRS 2015, 52842; siehe auch Hinrichs, NZM 2017, 589 (591): „Ab einer Aufenthaltsdauer von drei Monaten kann bereits eine Wohnnutzung vorliegen.".

116 Arbeitshilfe des Ministeriums für Finanzen und Wirtschaft zum Gesetz über das Verbot der Zweckentfremdung von Wohnraum (ZwEWG) v. 4. September 2014 - Az.: 6-2734/65, ht.

Der Begriff der „Gewerblichkeit“ hat aufgrund des unterschiedlichen Begriffsverständnisses im Zweckentfremdungs-, Steuer- und Gewerberecht (sog. Relativität des Gewerbebegriffs[117]) Probleme bei der Auslegung der Vorschrift bereitet.[118] Mehr Rechtssicherheit bieten zeitliche Obergrenzen für die Zulässigkeit von Kurzzeitvermietungen, die nach Tagen oder Wochen bemessen sind. In einigen Bundesländern bzw. Kommunen wurden in der jüngsten Zeit entsprechende Obergrenzen eingeführt.

Die Regelungen der einzelnen Bundesländer bzw. Kommunen differenzieren dabei zumeist zwischen drei unterschiedlichen Fallgruppen: (1) Der Kurzzeitvermietung einzelner Zimmer innerhalb der Hauptwohnung, (2) der Vermietung der Hauptwohnung während einer vorübergehenden Abwesenheit und (3) der Kurzzeitvermietung von Nebenwohnungen.

Kurzzeitvermietung einzelner Zimmer innerhalb der Hauptwohnung

Die Kurzzeitvermietung einzelner Zimmer innerhalb der Hauptwohnung wirkt sich in aller Regel nicht auf das verfügbare Angebot an Wohnraum aus. Dementsprechend stellt diese nach den Vorschriften der meisten der hier untersuchten Bundesländer und Kommunen keine Zweckentfremdung dar. So bestimmt etwa die Zweckentfremdungssatzung (ZeS) der Stadt *München*, dass keine Zweckentfremdung vorliegt, wenn eine Wohnung durch den Verfügungsberechtigten oder den Mieter zu gewerblichen oder beruflichen Zwecken mitbenutzt wird, insgesamt jedoch die Wohnnutzung überwiegt (über 50 v.H. der Gesamtfläche) und die Räume nicht baulich derart verändert wurden, dass sie für Wohnzwecke nicht mehr geeignet sind (§ 4 Abs. 2 Nr. 3 FeS). Eine entsprechende Ausnahmeregelung für die Vermietung einzelner Zimmer sehen auch § 9 Abs. 2 S. 4 des *Hamburgischen* Wohnraumschutzgesetzes (HmbWoSchG) und § 2 Abs. 2 Nr. 4 des *Bremischen* Wohnraumschutzgesetzes vor. Eine Genehmigungspflicht besteht in diesen Fällen nicht. Auch das am 20. April 2018 in Kraft getretene *Berliner* ZwVbG nimmt die Vermietung einzelner Räume in der Hauptwohnung, die den tatsächlichen Lebensmittelpunkt des Verfügungs- oder Nutzungsberechtigten bildet, von einem Genehmigungsvorbehalt aus (§ 2 Abs. 2 Nr. 5 ZwVbG).

Die am 28. März 2018 in Kraft getretene Ferienwohnungssatzung (FeS) der Stadt *Frankfurt am Main* sieht demgegenüber eine strengere Regelung

117 Vgl. Siems, NZG 2001, 738 (739); siehe auch bereits BGH NJW 1961, 725 (726).
118 Vgl. Discher, NVwZ 2017, 1102.

vor. Nach § 3 Abs. 1 FeS darf Wohnraum nur mit einer besonderen Genehmigung zur wiederholten nach Tagen oder Wochen bemessenen entgeltliche Überlassung von als Ferienwohnung sowie zur Fremdenbeherbergung, insbesondere einer gewerblichen Zimmervermietung oder Einrichtung von Schlafstellen genutzt werden. Die Erteilung der Genehmigung setzt grundsätzlich die Schaffung von Ersatzwohnraum (§ 4 FewS) oder die Entrichtung einer Ausgleichszahlung (§ 5 FewS) voraus. In bestimmten Fällen ist die Genehmigung ohne derartige Ausgleichsmaßnahmen zu erteilen. Dies gilt u. a. dann, wenn lediglich ein Zimmer des vom Hauptnutzers als Hauptwohnsitz genutzten Wohnraums für Kurzzeitvermietungen genutzt wird (§ 6 Abs. 1 Nr. 1 FewS). Auch die Vermietung eines einzelnen Zimmers innerhalb der Hauptwohnung als Ferienunterkunft unterliegt damit grundsätzlich dem Genehmigungsvorbehalt. Nach § 6 Abs. 3 gilt der Antrag auf Erteilung einer Genehmigung für die in § 6 Abs. 1 genannten Fälle als erteilt, wenn über den Antrag nicht innerhalb eines Monates entschieden wurde (Genehmigungsfiktion).

Kurzzeitvermietung der gesamten Hauptwohnung

Strengere Anforderungen gelten in der Regel für den Fall, dass die gesamte Hauptwohnung während einer vorübergehenden Abwesenheit des Verfügungs- oder Nutzungsberechtigten als Ferienunterkunft vermietet wird. Ob in derartigen Fällen eine Zweckentfremdungsgenehmigung erforderlich ist, hing in der Vergangenheit zumeist davon ab, ob eine „gewerbliche“ Fremdenbeherbergung vorlag. Wegen der oben skizzierten Schwierigkeiten bei der Abgrenzung zwischen gewerblicher und nicht-gewerblicher Fremdenbeherbergung, haben in jüngster Zeit einige Bundesländer und Kommunen nach Tagen oder Wochen bemessene Obergrenzen eingeführt.

So wurde im Rahmen der Novelle des bayerischen ZwEWG im Jahr 2017 der Tatbestand der Fremdenbeherbergung daher dahingehend geändert, dass nunmehr ganz auf den Begriff der Gewerblichkeit verzichtet wird. Nach der neuen Fassung des Art. 1 S. 2 Nr. 3 ZwEwG liegt eine Zweckentfremdung künftig erst dann vor, wenn der Wohnraum mehr als insgesamt *acht Wochen* im Kalenderjahr zur Fremdenbeherbergung genutzt wird. Eine Kurzzeitvermietung der Hauptwohnung für bis zu acht Wochen pro Jahr unterliegt demnach nicht dem Genehmigungsvorbehalt. Die Einführung einer klaren Obergrenze soll nach der Gesetzesbegründung Rechtssicherheit schaffen und zugleich den sich ändernden Urlaubsgewohnheiten Rechnung tragen.[119] Keine Änderung ergibt sich bei dem Begriff der Fremdenbeherbergung, der auch die Unterbringung von Medizintouristen umfasst.[120] Das am 30. Mai 2018 von der Bremischen Bürgerschaft beschlossene Wohnraumschutzgesetz (WoSchG) sieht eine Obergrenze von *90 Tagen* für die Vermietung ganzer Wohnungen vor. Diese Regelung gilt gem. § 2 Abs. 2 Nr. 4 und 5 WoSchG gleichermaßen für Haupt- und Nebenwohnungen.

Die im am 28. März 2018 in Kraft getretene Ferienwohnungssatzung (FeS) der Stadt Frankfurt am Main stellt demgegenüber auch die kurzzeitige Vermietung der Hauptwohnung unter einen Genehmigungsvorbehalt, ergänzt diese Regelung jedoch ebenfalls um eine zeitliche Obergrenze von *acht Wochen* pro Kalenderjahr. Der Antrag auf Genehmigung ist gem. § 6 Abs. 1 Nr. 2 i.V.m § 6 Abs. 2 FeS zu erteilen, wenn der als Hauptwohnsitz genutzte Wohnraum ganz oder teilweise bei Abwesenheit des Hauptnutzers für nicht mehr als acht Wochen pro Kalenderjahr für Kurzzeitvermietungen genutzt wird. Auch für diese Fälle gilt eine Genehmigungsfiktion. Nach § 6 Abs. 3 gilt der Antrag auf Erteilung einer Genehmigung als erteilt, wenn über den Antrag nicht innerhalb eines Monates entschieden wurde.

Eine deutlich liberalere Regelung enthält das Hamburgische Wohnraumschutzgesetz (HmbWoSchG). Nach § 9 Abs. 2 S. 5 HmbWoSchG liegt bei einer Kurzzeitvermietung der Hauptwohnung keine Zweckentfremdung vor, wenn die Nutzung des Wohnraums zu anderen Zwecken als Wohnzwecken zeitlich so beschränkt ist, dass der Charakter der Wohnung als Hauptwohnung unberührt bleibt. Nach der Fachanweisung der Hamburger Behörde für Stadtentwicklung und Umwelt zur Durchführung des HmbWoSchG ist dies der Fall, wenn die Wohnung bezogen auf ein Jahr mehr als *sechs Monate* als selbstgenutzte Hauptwohnung genutzt wird.[121] Im Ergebnis ist damit eine Kurzzeitvermietung der Hauptwohnung für bis zu 182 Tage zulässig.

Das am 20. April 2018 in Kraft getretene neue Berliner Zweckentfremdungsverbotsgesetz (ZwVbG) stellt auch die Kurzzeitvermietung der Hauptwohnung unter einen Genehmigungsvorbehalt. Eine Genehmigung

---

119 LT-Drs. 17/15781, 5.

120 Vgl. VGH München, 7. Dezember 2015, Az. 12 ZB 15.2287, BeckRS 2016, 40297.

121 Fachanweisung der Behörde für Stadtentwicklung und Umwelt zur Durchführung des Hamburgischen Wohnraumschutzgesetzes (HmbWoSchG) gemäß § 45 Abs. 2 und 3 Bezirksverwaltungsgesetz, Ziff. 9.2.2.1.

kann auf Antrag u. a. dann erteilt werden, wenn überwiegende schutzwürdige private Interessen vorliegen. Ein überwiegendes schutzwürdiges privates Interesse wird bei *Hauptwohnung* bejaht, wenn der Verfügungs- oder Nutzungsberechtigte, der in der Hauptwohnung seinen tatsächlichen Lebensmittelpunkt begründet hat diese während seiner Abwesenheit für Kurzzeitvermietung nutzt und „der Charakter als Hauptwohnung nicht angetastet wird" (§ 3 Abs. 3 Nr. 2 ZwVbG). Eine nach Tagen bemessene Obergrenze sieht das ZwVbG für diese Fälle nicht vor. In Anlehnung an die in Hamburg geltende Regelung dürften die Voraussetzungen des § 3 Abs. 3 Nr. 2 ZwVbG wohl zu bejahen sein, wenn die Wohnung weiterhin überwiegend (d. h. an mehr als *182 Tagen* im Jahr) als Hauptwohnung genutzt wird.

Kurzzeitvermietung von Nebenwohnungen

Die Zweckentfremdungsverbote der Bundesländer bzw. Kommunen differenzieren teilweise zwischen Haupt- und Nebenwohnungen.

So gilt etwa die weitreichende Ausnahmeregelung aus § 9 Abs. 2 S. 4 und 5 HmbWoSchG nicht für Nebenwohnungen.[122] Die kurzzeitige Überlassung einer selbstgenutzten Zweitwohnung an Touristen ist in Hamburg daher in jedem Falle genehmigungspflichtig.[123] Das am 20. April 2018 in Kraft getretene neue Berliner Zweckentfremdungsverbotsgesetz (ZwVbG) sieht ebenfalls eine Genehmigungspflicht für die Vermietung von Nebenwohnungen vor. Eine Genehmigung kann auf Antrag u. a. dann erteilt werden, wenn überwiegende schutzwürdige private Interessen vorliegen. Ein solches überwiegendes schutzwürdiges privates Interesse ist nach § 3 Abs. 3 Nr. 3 ZwVbG bei Nebenwohnungen jedoch in der Regel nur dann anzuerkennen, wenn die Nutzung zu Zwecken der Fremdenbeherbergung an höchsten *90 Tagen* im Jahr erfolgt. Voraussetzung ist ferner, dass es sich um eine „echte" Zweitwohnung handelt, d. h. dass der Antragsteller über keine Hauptwohnung und keine weitere Nebenwohnung in Berlin verfügt.

Die Einführung der Obergrenze von 90 Tagen für Nebenwohnungen steht in einem gewissen Spannungsverhältnis zur bisherigen Rechtspre-

122 Hinrichs, Nebenwohnungen und Zweckentfremdungsverbot in Hamburg, NZM 2017, 589 (591).

123 Vgl. Hinrichs, NZM 2017, 589 (593), auch zur Frage, unter welchen Voraussetzungen ein Anspruch auf Genehmigung besteht.

chung der Verwaltungsgerichte. So hat das Verwaltungsgericht Berlin in einem viel beachteten Urteil aus dem Jahr 2016 einen Anspruch auf eine Ausnahmegenehmigung nach § 3 Abs. 1 S. 1 ZwVbG a.F. für die Kurzzeitvermietung einer Nebenwohnung bejaht.[124] Nach Auffassung des Gerichts rechtfertigt der Schutzzweck des ZwVbG es nicht, dem Eigentümer zu verwehren, Räumlichkeiten, die er selbst gelegentlich als Zweitwohnung nutzt, während seiner Abwesenheit als Ferienwohnung zu vermieten. Durch eine derartige Kurzzeitvermietung der Zweitwohnung werde die Wohnraumversorgung nicht gefährdet. Daher müsse die Genehmigung erteilt werden. Das Verwaltungsgericht Berlin betont allerdings, dass dies nur für „echte" Zweitwohnungen gelte, nicht jedoch in Fällen, in denen die Funktion des Wohnens ganz unwesentlich ist oder nur zum Schein erfolgt.[125]

Angabe von Registrierungsnummern

Um die Durchsetzung der Genehmigungsvorbehalte zu erleichtern, bestimmt der im Rahmen der Novelle des Berliner ZwVbG neugefasste § 5 Abs. 6 ZwVbG, dass Anbieter von Kurzzeitvermietungen in Inseraten (etwa auf Onlineplattformen) ab 1. August 2018 eine Registrierungsnummer anzugeben haben. Die Registrierungsnummer wird vom zuständigen Bezirksamt erteilt, dem die Aufnahme der genehmigten zweckfremden Nutzung von Wohnraum anzuzeigen ist. Dadurch soll es den zuständigen Bezirksämtern ermöglicht werden, bei begründeten Anhaltspunkten zu prüfen, ob eine unerlaubte Zweckentfremdung vorliegt.

Zweckentfremdungsverbote – Schwellenwerte und geographische Reichweite

Der Rückgriff auf Vorschriften zur Einschränkung der Nutzung von Wohnraum durch Feriengäste in Form von Zweckentfremdungsverboten bedarf, wie im vorangegangenen Kapitel erwähnt, der Definition des Tatbestands der Zweckentfremdung. Zur Abgrenzung der dauerhaften Vermietung von Wohnraum als Ferienunterkunft, die eine Zweckentfrem-

124 VG Berlin, 9. August 2016, Az. VG 6 K 91/16, LKV 2016, 475.

125 VG Berlin, 9. August 2016, Az. VG 6 K 91/16, LKV 2016, 475 (477); siehe auch VG Berlin, 9. August 2016, Az. VG 6 K 112.16; BeckRS 2016, 51175.

dung darstellt, von der gelegentlichen Vermietung von Wohnraum als Ferienunterkunft, die keine Zweckentfremdung ist, kann auf Schwellenwerte in Form von maximal zulässigen Vermietungstagen zurückgegriffen werden. Hier gilt, je kleiner die zulässige Anzahl der Vermietungstage, desto unattraktiver ist die Umwidmung des Wohnraumes in Ferienunterkünfte: Die Begrenzung der Anzahl der vermietbaren Tage reduziert nämlich die Gewinnrealisierungsmöglichkeit im Rahmen der Kurzzeitvermietung. Folglich sinken die Anreize, Wohnraum dem Wohnungsmarkt zu entziehen, um ihn als Touristenunterkunft über die Sharing-Plattformen zu vermarkten. Durch die Festschreibung von Obergrenzen besteht somit die Möglichkeit zu verhindern, dass Wohnraum dem regulären Wohnungsmarkt entzogen wird, ohne den Vermieterinnen und Vermietern die gelegentliche Vermietung vollständig zu verbieten. Im Folgenden wird die Wirkung von Schwellenwerten für die Vermietungstätigkeit an einem Rechenbeispiel für eine *fiktive Stadt* dargestellt. Aus Vereinfachungsgründen wird von sämtlichen Kosten der Vermietungstätigkeit sowohl bei Langzeit- als auch Kurzzeitvermietung abstrahiert, d. h. sie werden gleich Null gesetzt, sodass die Miteinnahmen dem Gewinn entsprechen, der durch die Vermietung der Immobilie realisiert werden kann. Das Rechenbeispiel wird in der Tabelle 5-2 und Tabelle 5-3 verdeutlicht. Die fiktive Stadt besteht aus zwei Stadtbezirken, dem Stadtbezirk A und dem Stadtbezirk B. Im Stadtbezirk A gibt es drei Wohnungen. Davon ist die erste 40 m^2, die zweite 60 m^2 und die dritte 90 m^2 groß. Die Miete für die 40 m^2 große Wohnung beträgt 13 Euro pro Quadratmeter, für 60 m^2 große Wohnung 10 Euro pro Quadratmeter und für die 90 m^2 große Wohnung 12 Euro pro Quadratmeter. Das bedeutet, dass die jeweiligen Vermieter im Rahmen der Langzeitvermietung einen Gewinn in Höhe von 6.240 Euro, 7.200 Euro bzw.12.960 Euro erzielen kann. Durch die Vermietung der Wohnungen als Ferienunterkunft können 50 Euro pro Nacht bzw. 65 Euro pro Nacht bzw. 80 Euro pro Nacht Gewinn erwirtschaftet werden. Folglich wären die Vermieter der kleinen Wohnung bei einem Wert in Höhe von 125 Tagen indifferent gegenüber einer Umwidmung der Wohnung in eine Ferienunterkunft und der Vermietung der Wohnung über den regulären Wohnungsmarkt. Die Vermieter der mittleren Wohnung wären hingegen bei 111 Tagen und die Vermieter der großen Wohnung bei 162 Tagen indifferent.

Auch im Stadtbezirk B gibt es nur drei Wohnungen. Die Größen der Wohnungen entsprechen denen im Stadtbezirk A. Allerdings ist die Miete deutlich niedriger. Sie beträgt 8,5 Euro pro Quadratmeter für eine Wohnung mit 40 m^2, 7,5 Euro pro Quadratmeter für eine Wohnung mit 60 m^2 und 7 Euro pro Quadratmeter für eine Wohnung mit 90 m^2. Der Gewinn durch die Langzeitvermietung beläuft sich somit bei der 40 m^2 großen Wohnung auf 4.080 Euro pro Jahr, bei der 60 m^2 großen Wohnung auf 5.400 Euro pro Jahr und der 90 m^2 großen Wohnung auf 7.560 Euro pro Jahr. Durch die Vermietung der Wohnungen als Ferienunterkunft können 40 Euro pro Nacht bzw. 54 Euro pro Nacht bzw. 70 Euro pro Nacht Gewinn erwirtschaftet werden. Folglich wären die Vermieter der kleinen Wohnung bei einem Wert in Höhe von 102 Tagen indifferent gegenüber einer Umwidmung der Wohnung in eine Ferienunterkunft und der Vermietung der Wohnung über den regulären Wohnungsmarkt. Die Vermieter der mittleren Wohnung wären hingegen bei 100 Tagen und die Vermieter der großen Wohnung bei 108 Tagen indifferent. Bei diesem Rechenbeispiel wird unterstellt, dass die Vermieterinnen und Vermieter in der Lage sind, die Wohnung an mindestens 102, 108 und 100 Tagen im Jahr als Ferienunterkunft zu vermieten.

Tabelle 5-2: Rechenbeispiel - Indifferenzwerte

Fiktives Beispiel

	Stadtbezirk A			
	Miete pro Monat bei Langzeitver-mietung (exklusive aller Kosten, wie z. B. Betriebskosten, Rücklagen, Steuern etc.[126])	**Jahresgewinn bei Langzeitvermietung**	**Preis pro Nacht bei Kurzzeitvermietung** (exklusive aller Kosten, wie z. B. Plattformentgelt, Reinigung, Betriebskosten, Rücklagen Steuern etc.[127])	**Indifferenzwert** (Wert, bei dem Vermieter indifferent sind zwischen Langzeitvermietung und Kurzzeitvermietung der Wohnung)
Gute Wohnlage	40 m^2 x 13 Euro/m^2 = 520 Euro/Monat	6.240 Euro/ Jahr	50 Euro	125 Tage (6.240 Euro/50 Euro)
	60 m^2 x 10 Euro/m^2 = 600 Euro/Monat	7.200 Euro/ Jahr	65 Euro	111 Tage (7.200 Euro/65 Euro)
	90 m^2 x 12 Euro/m^2 = 1.080 Euro/Monat	12.960 Euro/ Jahr	80 Euro	162 Tage (12.960 Euro/80 Euro)

126 Wie zuvor erläutert, wird im Rahmen dieses fiktiven Rechenbeispiels aus Vereinfachungsgründen von sämtlichen Kosten der *Langzeit*vermietung abstrahiert, sodass die Mieteinnahmen dem Gewinn entsprechen.

127 Wie zuvor erläutert, wird im Rahmen dieses fiktiven Rechenbeispiels aus Vereinfachungsgründen von sämtlichen Kosten der *Kurzzeit*vermietung abstrahiert, sodass die Mieteinnahmen dem Gewinn entsprechen.

Stadtbezirk B				
Normale Wohnlage	40 m² x 8,5 Euro/m² = 340 Euro/Monat	4.080 Euro/Jahr	40 Euro	102 Tage
	60 m² x 7,5 Euro/m² = 450 Euro/Monat	5.400 Euro/Jahr	54 Euro	100 Tage
	90 m² x 7,0 Euro/m² = 630 Euro/Monat	7.560 Euro/Jahr	70 Euro	108 Tage

Quelle: Eigene Berechnung.

Beschließt die Beispielstadt etwa, dass im Rahmen der Kurzzeitvermietung nicht länger als 180 Tage vermietet werden darf, steigen die Anreize aller Vermieterinnen und Vermieter die Kurzzeitvermietung der Langzeitvermietung vorzuziehen, da sie höhere Gewinnrealisierungsmöglichkeiten verspricht (vgl. Tabelle 5-3). Dies ist der Fall, weil der Schwellenwert über dem höchsten Indifferenzwert von 162 Tagen liegt. Beschließt die Beispielstadt hingegen, dass im Rahmen der Kurzzeitvermietung nur 90 Tage vermietet werden darf, sinken die Gewinnrealisierungsmöglichkeiten aller Vermieter durch die Kurzzeitvermietung unter die Gewinnrealisierungsmöglichkeiten der Langzeitvermietung, da der Schwellenwert unter dem kleinsten Indifferenzwert von 100 Tagen liegt. Folglich sinken die Anreize der Vermieter, die Wohnung dem regulären Wohnungsmarkt zu entziehen. Dies wird in der Tabelle 5-3 verdeutlicht. Beschließt die Beispielstadt einen Schwellenwert von 110 Tagen, steigen die Anreize der Vermieter, deren Wohnungen in der normalen Wohnlage verortet sind, die Wohnung im Rahmen der Kurzzeitvermietung anzubieten, da dort höhere Gewinnrealisierungsmöglichkeiten sind. Etwas anders verhält es sich bei den Vermietern, deren Wohnungen sich in der guten Wohnlage befinden. Ihre Anreize, die Wohnung als Ferienunterkunft zu vermarkten, sinken, da die Gewinnrealisierungsmöglichkeiten bei der Langzeitvermietung höher sind.

Tabelle 5-3: Rechenbeispiel - Gewinnrealisierungsmöglichkeiten bei verschiedenen Schwellenwerten

Fiktives Beispiel

Stadtbezirk A					
	Miete pro Monat bei Langzeitvermietung (exklusive aller Kosten, wie z. B. Betriebskosten, Rücklagen, Steuern etc.[128])	**Jahresgewinn bei Langzeitvermietung**	**Preis pro Nacht bei Kurzzeitvermietung** (exklusive aller Kosten, wie z. B. Plattformentgelt, Reinigung, Betriebskosten, Rücklangen, Steuern etc.[129])	**Schwellenwert: 180 Tage**	**Schwellenwert: 90 Tage**
Gute Wohnlage	40 m² x 13 Euro/m² = 520 Euro/Monat	6.240 Euro/Jahr	50 Euro	9.000 Euro pro Jahr	4.500 Euro pro Jahr
	60 m² x 10 Euro/m² = 600 Euro/Monat	7.200 Euro/Jahr	65 Euro	11.700 Euro pro Jahr	5.850 Euro pro Jahr
	90 m² x 12 Euro/m² = 1.080 Euro/Monat	12.960 Euro/Jahr	80 Euro	14.400 Euro pro Jahr	7.200 Euro pro Jahr
Stadtbezirk B					
Normale Wohnlage	40 m² x 8,5 Euro/m² = 340 Euro/Monat	4.080 Euro/Jahr	40 Euro	7.200 Euro pro Jahr	3.600 Euro pro Jahr
	60 m² x 7,5 Euro/m² = 450 Euro/Monat	5.400 Euro/Jahr	54 Euro	9.720 Euro pro Jahr	4.860 Euro pro Jahr
	90 m² x 7,0 Euro/m² = 630 Euro/Monat	7.560 Euro/Jahr	70 Euro	12.600 Euro pro Jahr	6.300 Euro pro Jahr

Quelle: Eigene Darstellung.

Es versteht sich von selbst, dass in der Realität die Schwellenwerte für jede Stadt bzw. Kommune in Deutschland individuell bestimmt werden müssen, da sowohl die Miete pro Monat bei Langzeitvermietung, der Preis pro Nacht bei Kurzzeitvermietung als auch die jeweiligen Kosten der Vermietungstätigkeit von Stadt zu Stadt bzw. Kommune zu Kommune variieren. Die genannten Parameter determinieren auch die Effektivität der Schwel-

128 Wie zuvor erläutert, wird im Rahmen dieses fiktiven Rechenbeispiels aus Vereinfachungsgründen von sämtlichen Kosten der *Langzeit*vermietung abstrahiert, sodass die Mieteinnahmen dem Gewinn entsprechen.

129 Wie zuvor erläutert, wird im Rahmen dieses fiktiven Rechenbeispiels aus Vereinfachungsgründen von sämtlichen Kosten der *Kurzzeit*vermietung abstrahiert, sodass die Mieteinnahmen dem Gewinn entsprechen.

lenwerte. Da sie sich im Laufe der Zeit verändern können, gilt es zudem, die Schwellenwerte regelmäßig zu überprüfen und anzupassen.

An dieser Stelle ist darauf hinzuweisen, dass Schwellenwerte für die Gelegenheitsvermietung auch unabhängig von sogenannten Zweckentfremdungsverboten implementiert werden können. Mehr dazu findet sich weiter unten im vorliegenden Kapitel.

Neben der Festlegung von Schwellenwerten muss eine Entscheidung über die geographische Reichweite von Vorschriften zur Einschränkung der Nutzung von Wohnraum durch Feriengäste erfolgen: Soll das Zweckentfremdungsverbot flächendeckend, also z. B. für die ganze Stadt gelten, oder nur für bestimmte Stadtbezirke. Eine entsprechende Regelung sieht das 2017 neugefasst bayerische Zweckentfremdungsgesetz (ZwEWG) vor. Nach der Neufassung des ZwEWG können Gemeinden künftig Zweckentfremdungssatzungen nicht nur für das gesamte Gemeindegebiet, sondern auch für einzelne Gemeindeteile erlassen (Art. 1 S. 1 ZwEWG). Dies ermöglicht den Gemeinden eine zielgenauere Feinsteuerung bei der Bekämpfung von wohnungspolitischen Fehlentwicklungen. Ein flächendeckendes Zweckentfremdungsverbot ist kritisch zu sehen, wenn die Wohnraumverfügbarkeit z. B. zwischen den Stadtbezirken stark variiert. Die Umwidmung von Wohnraum in Ferienunterkünften kann dazu beitragen, Stadtbezirke, die hohen Leerstand verzeichnen, zu beleben. Durch die zusätzliche Nachfrage der Touristen wird für das eine oder andere Angebot z. B. im Bereich der Gastronomie die Rentabilitätsgrenzen erreicht bzw. überschritten, sodass sich das Dienstleistungsangebot in den vom Leerstand betroffenen Stadtbezirken erweitert. Davon profitieren neben Touristen auch die Einwohner (Kagermeier et al. 2015, 71; Dredge et al. 2016, 13).

Ob die Vorschriften zur Einschränkung der Nutzung von Wohnraum als Ferienunterkunft allein ausreichend sind, um dem Wohnraumentzug durch Sharing-Plattformen entgegenzuwirken, ist fraglich. Ihre Durchsetzung bedarf vermutlich einer Registrierungspflicht in Kombination mit der Vergabe einer Identifikationsnummer pro Anbieter und Unterkunft, die bei jedem Inserat auf den jeweiligen Sharing-Plattformen anzugeben ist. Registrieren lassen dürfen sich in vom Zweckentfremdungsverbot betroffenen Gebieten nur Gelegenheitsvermieter; nicht aber die professionellen Vermieter von Ferienunterkünften. Ferner wäre es für die Durchsetzung der Zweckentfremdungsverbote von Vorteil, wenn gewährleistet werden könnte, dass auf den Onlineplattformen nur Angebote angezeigt werden, die über eine Registrierungsnummer verfügen. Um sicherzustellen, dass die Vermieterinnen und Vermieter Schwellenwerte einhalten, müssen die Sharing-Vermittlungsplattformen angehalten werden, automatisierte Warnhinweise beim Erreichen der Obergrenze der vermietbaren Tage zu schalten oder den Account bis zum Jahresende zu deaktivieren.

Quoten und Lizenzen zur Steuerung professioneller Vermietungstätigkeit

Kommunen, die nicht nur gelegentliche Vermietung, sondern z. B. aufgrund von städteplanerischen Aspekten auch professionelle Vermietung von Ferienunterkünften über Vermittlungsplattformen steuern möchten, können folgende Maßnahmen ergreifen.

Quotierung des Angebots: Eine Möglichkeit, die professionelle Vermietung von Wohnraum als Ferienunterkunft zu steuern, besteht darin, hierfür eine Genehmigungspflicht einzuführen und die Anzahl der Genehmigungen zu begrenzen. Eine derartige Regelung gibt es in Amsterdam. Dort werden für die Kategorie „shortstay" keine Genehmigungen mehr erteilt, da 10 Prozent der Gesamtzahl der Eigenheime im privaten Sektor erreicht sind (Neubauten sind von dieser Regelung ausgenommen).

Durch die Festlegung einer derartigen Grenze kann klar definiert werden, wie viel Wohnraum dem Wohnungsmarkt für Freizeitzwecke entzogen werden darf. Durch die Befristung der Gültigkeit der Genehmigungen auf 10 Jahre, hat die Stadt Amsterdam die Möglichkeit – in Abhängigkeit von der Versorgung der Bevölkerung mit Wohnraum – die Anzahl der kommerziell angebotenen Ferienunterkünfte über die Zeit hinweg zu steuern.

Der Anteil der Wohnungen, der als Ferienunterkunft vermietet werden darf, kann z. B. von Stadtbezirk zu Stadtbezirk in Abhängigkeit vom Wohnungsleerstand variieren. Auf diese Weise kann die Präsenz von Touristen in Stadtbezirken mit ihren Vor- und Nachteilen dirigiert werden. Problematisch bei der Quotierung des Angebots ist, dass ein Erreichen der Grenze und ein damit einhergehender Genehmigungsstopp wiederum Anreize setzen, gegen die Regeln zu verstoßen und auch ohne Genehmigung an Touristen zu vermieten. Dies gilt umso mehr bei anhaltendem Genehmigungsstopp. Damit würde genau das Verhalten forciert, welches durch die Implementierung von Regeln eigentlich verhindert werden soll. Die effektive Durchsetzung der Maßnahme erfordert die Einbeziehung der Vermittlungsplattformen in die Regulierung. Mehr dazu später im Kapitel.

Zusätzlich können bestimmte Wohneinheiten von der Genehmigungserteilung gänzlich ausgeschlossen werden, um die Verfügbarkeit von Wohnraum für Geringverdiener und sozial Schwächere z. B. auch in attraktiven, zentralgelegenen Stadtbezirken sicherzustellen. So werden in San Francisco für bestimmte Wohneinheiten des „Inclusionary Affordable Housing Programs" keine Genehmigungen erteilt. In Amsterdam gilt die genehmigungspflichtige Kategorie „shortstay" nur für Wohnungen, deren Miete über 710,68 Euro pro Monat liegt. An dieser Stelle sei darauf verwiesen, dass die Bindung der Genehmigungspflicht an die Höhe der Monatsmiete der Wohnung die Gefahr birgt, dass Wohnungseigentümer die Mieten direkt oder indirekt z. B. über die Modernisierung oder die Ausstattung der Wohnung in die Höhe treiben, um die Wohnung als Ferienunterkunft vermieten zu können.

System handelbarer Lizenzen: Eine weitere Möglichkeit, die professionelle Vermietungstätigkeit zu steuern, wäre ein System handelbarer Lizenzen.[130] Hierzu müsste ebenfalls zunächst eine Grenze für den Anteil der Eigenheime im privaten Sektor definiert werden, der als Ferienwohnung vermarktet werden darf. Darauf aufbauend kann die Anzahl der Lizenzen bestimmt werden, die Vermieterinnen und Vermieter von den jeweiligen Kommunen entweder kostenlos erhalten oder entgeltpflichtig erwerben müssen. Durch die Definition des Anteils der Eigenheime im privaten Sektor, der als Ferienwohnung angeboten werden darf, kann das Problem der Wohnungsknappheit adressiert werden. Je größer die Wohnungsknappheit, die durch Umwidmung von Wohnraum in Ferienunterkünfte verursacht wird, desto restriktiver sollte tendenziell der Grenzwert sein. Sinnvoll wären auch unterschiedliche Grenzwerte in einer Stadt, die je nach „Popularität" des Bezirks variieren. Genehmigungen bzw. Lizenzen werden so lange erteilt, bis der definierte Grenzwert erreicht ist. Ab diesem Zeitpunkt können Genehmigungen/Lizenzen nur noch durch Kauf einer bereits gewährten Genehmigung bzw. Lizenz erlangt werden. Der Inhaber der Lizenz erhält Geld als Tausch für seine Lizenz, darf seine Wohnung aber ohne Lizenz nicht mehr als Ferienunterkunft vermieten. Neben der räumlichen Gültigkeit kann auch die zeitliche Gültigkeit der Lizenzen auf z. B. 10 Jahre begrenzt werden. Durch die zeitliche Begrenzung der Lizenzgültigkeit ergibt sich die Möglichkeit, den Anteil der Eigenheime im privaten Sektor, der als Ferienwohnung angeboten werden darf, über die Zeit hinweg zu steuern. Beim Handel dieser Lizenzen müssen bestimmte Vorgaben in Bezug auf die Größe der Wohnung, den Wert oder den Ort der Immobilie be-

---

130 Vgl. Miller, First Principles for Regulating the Sharing Economy, 53 Harvard Journal of Legislation 148 (2016) 196-200; ders., Transferable Sharing Rights: A Theoretical Model for Regulating Airbnb and the Short-Term Rental Market (October 24, 2014), https://ssrn.com/abstract=2514178.

rücksichtigt werden. Der Preis für die Genehmigung wird am Markt anhand von Angebot und Nachfrage bestimmt. Hierdurch würde eine Lösung geschaffen, die zum einen das Problem einer zunehmenden Wohnraumverknappung entschärft, weil der Anteil der Eigenheime im privaten Sektor, der für Freizeitzwecke vermarktet werden darf, nach oben gedeckelt ist. Zum anderen entsteht ein effizienter Auswahlprozess zwischen privatem Wohnraum und Ferien- und Freizeitwohnungen.

Im Gegensatz zu Quoten, ist das System handelbarer Lizenzen vermutlich deutlich komplexer in der Umsetzung. Allerdings könnte es stärker zum Erhalt von bezahlbarem Wohnraum und der Wahrung der Tourismusakzeptanz beitragen als die Quotierung des Angebotes: Die Zahlungsbereitschaft der Vermieter bzw. der Vermieterinnen für eine Lizenz c. p. steigt mit den Gewinnrealisierungsmöglichkeiten durch die Vermietung der Wohnung als Ferienunterkunft. Es ist zu vermuten, dass diejenigen Vermieterinnen und Vermieter die höchste Zahlungsbereitschaft haben werden, die in der Lage sind, nicht nur eine hohe Auslastung, sondern auch einen relativ hohen Preis pro Nacht zu erzielen. Vor diesem Hintergrund ist anzunehmen, dass es sich primär um Wohnungen des oberen Preissegmentes handeln wird, die als Ferienunterkunft mittel bis langfristig angeboten werden. Um zu verhindern, dass die Vermieterinnen und Vermieter von Wohnungen des niedrigen bis mittleren Preissegmentes ihre Gewinnrealisierungsmöglichkeiten durch die Erhöhung der Bettenanzahl pro Wohnung erhöhen, kann die maximal zulässige Bettenzahl z. B. pro Quadratmeter in der Lizenz fixiert werden. Mittel- bis langfristig kann jedoch die Gefahr der „Luxussanierung“ nicht ausgeschlossen werden, sodass auch Wohnungen des niedrigen bzw. mittleren Preissegmentes in Ferienunterkünfte umgewidmet werden können. Eine Möglichkeit diesem Problem zu begegnen, ist die Anzahl der zulässigen Lizenzen pro Käufer zu begrenzen. Auf diese Weise sinkt das Risiko, dass finanzstarke Bieterkonsortien die Lizenzen aufkaufen und z. B. ganze Wohnblocks in Ferienunterkünfte umwandeln.

Die effektive Durchsetzung des Systems der handelbaren Lizenzen bedarf der Einbeziehung der Vermittlungsplattformen in die Regulierung. Mehr dazu später im Kapitel.

Kompensationsregelungen: Die Steuerung der Vermietungstätigkeit kann darüber hinaus adressiert werden, in dem die Erteilung einer Genehmigung für die Vermietung von Wohnraum als Ferienunterkunft an bestimmte Bedingungen geknüpft werden, etwa die Schaffung von Ersatzwohnraum oder entsprechende Ausgleichszahlungen. So bestimmt etwa § 3 Abs. 1 des Berliner ZwVbG, dass eine Genehmigung für die Zweckentfremdung von Wohnraum u. a dann erteilt werden kann, wenn angemessener Ersatzwohnraum geschaffen wird. Auch in Paris gibt es eine Kompensationsregelung: Wenn regulärer Wohnraum in Wohnraum für Freizeitzwecke umgewandelt werden soll, dann muss im Gegenzug eine andere Immobilie in regulären Wohnraum umgewandelt werden. Eine derartige Regelung ist sehr restriktiv und senkt grundsätzlich den Anreiz, eine Genehmigung überhaupt zu beantragen. Werden die Hürden für einen Genehmigungserhalt so hoch gesetzt, dass die Aussicht auf Erfolg gegen Null geht, dann werden hierdurch wieder verstärkt Anreize gesetzt, sich nicht an die Regeln zu halten. Gegebenenfalls geht die Anzahl der Inserate stark zurück.

Voraussetzung für die Implementierung des Quoten-Modells oder des Systems handelbarer Lizenzen ist die Einführung von Obergrenzen, z. B. in Form von maximal zulässigen Vermietungstagen, zur Differenzierung zwischen Gelegenheitsvermietung und professioneller Vermietungstätigkeit. Diejenigen, die über die Obergrenzen hinaus vermieten möchten, gelten pauschal als professionelle Vermieter bzw. Vermieterinnen und müssen – je nach Modell – entweder eine Genehmigung beantragen oder eine Lizenz erwerben, um legal über Vermittlungsplattformen vermieten zu dürfen. Für die Aufnahme der Gelegenheitsvermietung reicht hingegen die Registrierung, die jedoch für alle Gelegenheitsvermieter und Gelegenheitsvermieterinnen obligatorisch sein sollte. Die Registrierungs- und Genehmigungspflicht sind für die Generierung von Daten erforderlich, die den Ist-Zustand dokumentieren und Zeitreihenanalysen[131] ermöglichen. Mehr zur Datengenerierung durch die Registrierungspflicht findet sich in Kapitel 7.3. Ferner erleichtern sie die Identifizierung der Vermieter.

Die Durchsetzung der Maßnahmen bedarf die Einbeziehung der Vermittlungsplattformen in die Regulierung. Sie müssen zum einen dafür Sorge tragen, dass nur solche Vermieterinnen und Vermieter bei ihnen Anzeigen schalten dürfen, die entweder zur Kategorie der Gelegenheitsvermieterinnen und Gelegenheitsvermieter gehören und über eine Identifikationsnummer verfügen, die ihnen im Rahmen der Registrierung zugeteilt worden ist, oder zur Kategorie der professionellen Vermieterinnen und

131 Zeitreihenanalysen, darunter ist der Vergleich von Zuständen zu unterschiedlichen Zeitpunkten zu verstehen, ermöglichen z. B. die Erstellung von Prognosen, das Aufdecken von Trends und plötzlichen Veränderungen. Folglich sind sie grundlegend, um z. B. die Auswirkung von Regulierungsinstrumenten zu kontrollieren bzw. ihre Effektivität zu beurteilen und der Kommune proaktives Handeln zu ermöglichen.

Vermieter gehören und – je nach Modell – entweder über eine Genehmigung oder eine Lizenz verfügen. Ferner ist vorstellbar, dass die Online-Vermittlungsplattformen die Einhaltung der Schwellenwerte verantworten, die für die Gelegenheitsvermietung gelten, in dem sie automatisierte Warnhinweise beim Erreichen der Obergrenze vermietbarer Tage schalten oder das Angebot bis zum Ende des Jahres deaktivieren. So hat z. B. Airbnb auf Grundlage einer Vereinbarung mit der Stadt Amsterdam zum 1. März 2017 eine automatische Begrenzung eingeführt, um zu gewährleisten, dass Wohnungen nur für max. 60 Tage pro Jahr vermietet werden können. Eine längere Vermietung über die Vermittlungsplattform ist nur möglich, wenn der Vermieter der Wohnung nachweisen kann, dass er über eine entsprechende Erlaubnis (etwa als Bed & Breakfast oder „shortstay") verfügt.[132] Eine automatische Durchsetzung der Grenzwerte durch Airbnb gibt es auch in London und Paris. In Deutschland könnte z. B. eine Genehmigung der Behörden bei Quotierung des Angebotes, eine Lizenz bei Einführung eines Systems handelbarer Lizenzen oder der Gewerbeschein eine längere Vermietungsdauer begründen. Gewerbeschein deshalb, weil es nicht auszuschließen ist, dass auch etablierte Anbieter des Beherbergungssektors wie Hotels oder Pensionen in Folge der Wettbewerbsintensivierung dazu übergehen, vermehrt Inserate bei Sharing-Plattformen zu platzieren. So empfiehlt z. B. der Schweizer Hotelverband, wie in Kap. 5.3.1. bereits erwähnt, seinen Mitgliedern die Nutzung von Airbnb als Vertriebskanal (Swiss Hotel Association, 2016; Peuckert et al. 2017, 20).

5.3.3 Szenarienanalyse: Steuerung der Vermietungstätigkeit über Sharing-Plattformen

Auch wenn keine Untersuchungen vorliegen, ist davon auszugehen, dass sowohl die Instrumente zur Steuerung der Vermietung von Privatunterkünften an Touristen als auch die Instrumente zum Schutz der Lebensqualität der Stadtbevölkerung sich im Hinblick auf ihre Effektivität unterscheiden. Die Effektivität ist im Unterschied zur Effizienz ein Kriterium, mit dem sich beschreiben lässt, inwieweit eine Maßnahme bzw. ein Instrument geeignet ist, ein vorgegebenes Ziel zu erreichen. Die Effektivität ist

132 https://www.amsterdam.nl/nieuwsarchief/persberichten/2016/persberichten-1/amsterdam-and-airbnb/, zuletzt abgerufen am 11. Januar 2018.

unabhängig vom Aufwand, der nötig ist, um das Ziel zu erreichen. [133] Vor diesem Hintergrund ist das Ziel des Kapitels, Optionen aufzuzeigen, die von den Kommunen in Abhängigkeit vom Schweregrad der jeweiligen Problemlage ergriffen werden können. Betrachtet werden zunächst Situationen, in denen der Handlungsdruck in der Kommune überhaupt nicht oder nur sehr niedrig (Szenario 1 in Abbildung 5-1), mäßig bis hoch (Szenario 2 in Abbildung 5-1) und hoch bis sehr hoch (Szenario 3) durch die Vermietung über Onlineplattformen verschärft wird.

Das *Szenario 1 in Abbildung 5-1* ist durch Leerstand bzw. niedrige Wohnungsknappheit gekennzeichnet, die Kurzzeitvermietung von Wohnraum über Sharing-Plattformen trägt – wenn überhaupt – nur im geringen Umfang zur Verschärfung der Situation bei. In diesem Szenario besteht grundsätzlich kein Handlungsbedarf für die Kommune. Die Möglichkeit der Kurzzeitvermietung kann hier dazu beitragen, dem Leerstand entgegenzuwirken. Durch entsprechend großzügige Regelungen könnten sogar Anreize zur Nutzung von leerstehenden Immobilien geschaffen werden. So sehen etwa die sehr strengen Zweckentfremdungsregeln der Stadt Kyoto (Japan) weitgehende Ausnahmen für traditionelle hölzerne Stadthäuser („machiya") vor.[134] Dadurch soll ein Anreiz zur Nutzung und Erhaltung dieser Häuser geschaffen werden.

Wird hingegen ohnehin hohe Wohnungsknappheit in der Kommune durch die Vermittlungsplattformen – wie im *Szenario 2 der Abbildung 5-1* – stark verstärkt, stehen den Kommunen verschiedene Maßnahmen zur Verfügung, die dem Zweck dienen, die Vermietung von Privatunterkünften an Touristen zu begrenzen und zu kontrollieren. Da nur die dauerhafte Umwidmung von Wohnungen in Ferienunterkünfte zur Verknappung des Wohnraumes beiträgt, sollten Schwellenwerte z. B. in Form von maximal zulässigen Vermietungstagen definiert werden, um die gelegentlichen von den professionellen Vermieterinnen und Vermietern abzugrenzen. Als professionelle Vermieterinnen und Vermieter gelten im Rahmen der Szenarienanalyse alle, die über die Schwellenwerte hinaus vermieten möchten. Die Vermittlungsplattformen sollten die Gelegenheitsvermieterinnen und -vermieter über das Erreichen der Schwellenwerte und mögliche Folgen

---

133 Die Effizienz ist hingegen ein Kriterium zur Beschreibung der Wirtschaftlichkeit der Zielerreichung. Anders als die Effektivität ist die Effizienz von Maßnahmen bzw. Instrumenten vom damit verbundenen Aufwand abhängig. Eine Maßnahme gilt als effizient, wenn das Ziel mit dem geringstmöglichen Aufwand erreicht wird.

134 http://japanpropertycentral.com/2017/12/kyotos-proposed-short-term-letting-rules-to-be-strictest-in-country/, zuletzt abgerufen am 15. Mai 2018.

bei Missachtung dieser informieren. Für die gelegentliche Vermietung von Wohnraum ist eine Registrierungspflicht, für die professionelle Vermietung eine Genehmigungspflicht in Kombination mit der Quotierung des Angebotes zu implementieren. Die Quotierung des Angebots wird in diesem Szenario dem System handelbarer Lizenzen vorgezogen, weil es unserer Einschätzung nach einfacher und kostengünstiger umgesetzt werden kann. Bei Festlegung der Quote ist der Intensität des Problems Rechnung zu tragen. Je größer die Wohnungsknappheit, die durch Vermittlungsplattformen verursacht wird, desto restriktiver sollte tendenziell die Quote sein, also der Anteil der Wohnungen in einer Stadt, der als Ferienunterkunft vermietet werden darf.

Sowohl im Zuge des Registrierungsprozesses als auch im Zuge des Genehmigungsprozesses für professionelle Anbieterinnen und Anbieter sollten die Vermieterinnen und Vermieter Identifikationsnummern erhalten, die bei allen Inseraten sichtbar anzugeben sind.

Zur Durchsetzung der Maßnahmen könnte Nachbarn die Möglichkeit eingeräumt werden, illegale Ferienwohnungen dem zuständigen Bezirksamt (unter Angabe der Straße, Hausnummer, Postleitzahl, Lage der Ferienwohnung(en), Name auf dem Klingelschild (falls vorhanden) sowie nach Möglichkeit eines Nachweises für die Vermarktung der Wohnung auf Online-Portalen) zu kommunizieren. Die Meldung von Zweckentfremdung ist nicht nur in Berlin[135], sondern z. B. auch in München[136], Konstanz[137] und Hamburg[138] möglich. Darüber hinaus könnte die Androhung von Bußgeldern bzw. Strafen disziplinierend auf die Vermieterinnen und Vermieter wirken.

---

135 https://ssl.stadtentwicklung.berlin.de/wohnen/zweckentfremdung_wohnraum/formular/adresswahl.shtml, zuletzt abgerufen am 15. Mai 2018.

136 https://formulare.muenchen.de/process.php?path=soz/soz_zweckentfremdung/soz_zweckentfremdung, zuletzt abgerufen am 15. Mai 2018.

137 http://www.konstanz.de/rathaus/medienportal/mitteilungen/08031/index.html?lang=de, zuletzt abgerufen am 15. Mai 2018.

138 http://www.hamburg.de/wohnraumschutz/4468930/ferienwohnung/, zuletzt abgerufen am 15. Mai 2018.

Abbildung 5-1: Szenarienanalyse zum Wohnungsmarkt

In Abhängigkeit von Wohnungsknappheit und Effekten der Sharing Economy im Unterkunftssektor

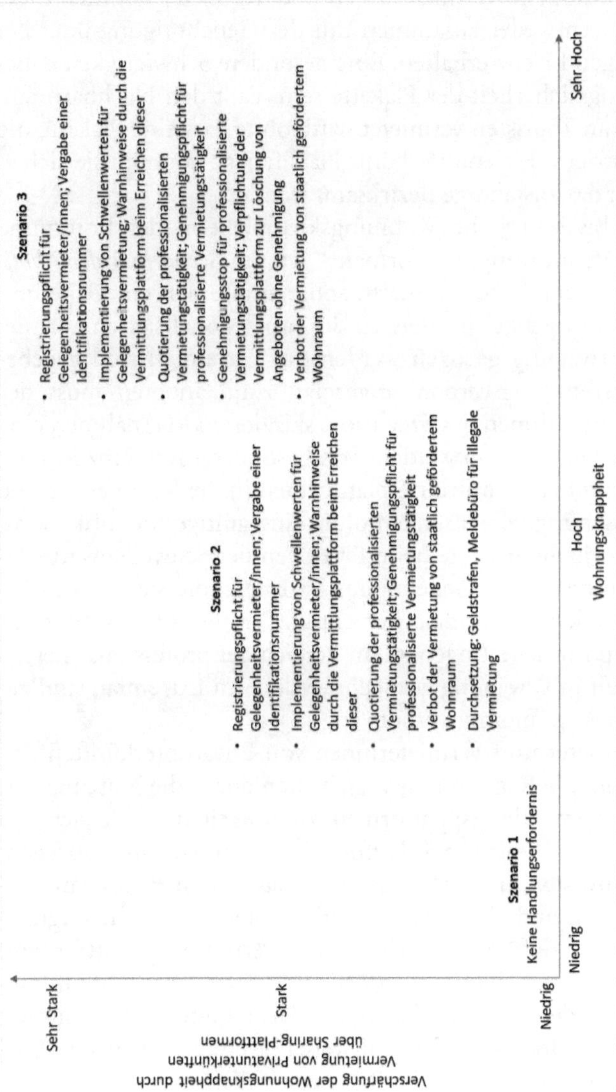

Quelle: Eigene Darstellung

Wohnungen, die als Ferienunterkünfte vermarktet werden, könnten zudem durch eine sichtbar angebrachte Markierung in Form einer Plakette z. B. an der Außentür gekennzeichnet werden. Die Plakette könnte für Gelegenheitsvermieter bzw. -vermieterinnen im Zuge der Registrierung ausgestellt werden. Professionelle Vermieterinnen und Vermieter könnten diese – je nach Modell – entweder zusammen mit der Genehmigung oder bei Vorlage einer gültigen Lizenz erhalten. Eine besondere Schwierigkeit dabei dürfte die Fälschungssicherheit der Plakette sein. Fällt den Nachbarn auf, dass die Wohnung an Touristen vermietet wird, ohne dass eine Plakette die Wohnung als registrierte Ferienunterkunft klassifiziert, könnten sie sich z. B. Hilfesuchend an das zuständige Bezirksamt wenden.

Wird die hohe bis sehr hohe Wohnungsknappheit in der Kommune durch die Sharing-Vermittlungsplattformen – wie im *Szenario 3 der Abbildung 5-1* – stark bis sehr stark verschärft, sollte zum einen ein Genehmigungstopp für neue Angebote im Bereich der professionalisierten Vermietungstätigkeit in Erwägung gezogen werden. Im Extremfall sind gegebenenfalls Zweckentfremdungsverbote angezeigt. Zum anderen muss der Durchsetzung der im Rahmen des Szenario 2 skizzierten Maßnahmen eine größere Bedeutung beigemessen werden. Von besonderer Relevanz ist hierbei die Einbeziehung der Vermittlungsplattformen in die Regulierung. Sie müssen für die Löschung von Inseraten ohne eine gültige Identifikationsnummer sorgen sowie die Inserate beim Erreichen der Schwellenwerte deaktivieren, sofern ihnen keine Genehmigung vorliegt, die sie zur Vermietung über die Schwellenwerte hinaus berechtigt. Darüber hinaus sollte ein Genehmigungstopp für neue Angebote im Bereich der professionalisierten Vermietungstätigkeit in Erwägung gezogen werden. Im Extremfall sind gegebenenfalls Zweckentfremdungsverbote angezeigt.

Da manche Vermieter und Vermieterinnen von Privatunterkünften Anreize haben könnten, die Regulierungsvorschriften durch die Nutzung verschiedener Online-Vermittlungsplattformen zu umgehen, stellt sich die Frage, welche Online-Vermittlungsplattformen Verantwortung übernehmen sollten bzw. müssten, um sicherzustellen, dass durch Plattformwechsel der Vermieterinnen und Vermieter von Privatunterkünften die Regulierung nicht ins Leere greift. Sind es die Online-Vermittlungsplattformen, die derzeit als Peer-to-Peer-Sharing-Plattformen agieren, oder alle Online-Vermittlungsportale, deren Geschäftsmodell darin besteht, Ferienunterkünfte jeglicher Art an Touristen, Geschäftsreisende etc. zu vermieten? Darunter würden z. B. auch hrs.de oder booking.com fallen.

Eine Fokussierung auf Sharing-Plattformen könnte gegebenenfalls die Durchsetzung der Regulierungsmaßnahmen erschweren. Dies wäre dann der Fall, wenn die Grenzen zwischen den Online-Vermittlungsplattformen verschwimmen würden. Dies ist mittel- bis langfristig nicht auszuschließen. Bereits heute werden bei hrs.de oder booking.com zahlreiche Ferienwohnungen auch von Privatpersonen angeboten. In Zukunft könnten auch Onlineplattformen, die derzeit vor allem auf die Vermittlung von Hotelzimmern spezialisiert sind, auch andere Ferienunterkünfte vertreiben. Äquivalent könnten traditionelle Beherbergungsbetriebe, wie z. B. Hotels und Pensionen, die Peer-to-Peer-Plattformen als Vertriebsplattform für sich entdecken, um auf den wachsenden Wettbewerb mit Privatanbietern zu reagieren. Die wachsende Bedeutung der Sharing-Plattform als Alternative zu Online-Reiseportalen wie z. B. hrs.de oder booking.com zeigt sich bereits heute darin, dass der Schweizer Hotelverband seinen Mitgliedern die Nutzung von Airbnb als Vertriebskanal empfiehlt (Swiss Hotel Association, 2016, Peuckert et al. 2017, 20). Darüber hinaus scheint z. B. auch Airbnb eine Fortentwicklung seines Geschäftsmodells anzustreben. Darauf deutet zumindest die Akquisition des Ferienwohnungsanbieters Luxury Retreats hin. Dabei soll es jedoch nicht bleiben. Das Ziel von Airbnb ist es, ein Reise-Rundumanbieter zu werden. Vor diesem Hintergrund ist zu erwarten, dass Airbnb sich in den nächsten Jahren von einer „reinen" Peer-to-Peer-Sharing-Plattform signifikant entfernen wird (Peuckert et al. 2017, 20).

Angesichts der Tatsache, dass die Online-Vermittlungsplattformen aus Nutzersicht dann zu Substituten konvergieren, würde die Fokussierung auf eine oder bestimmte Vermittlungsplattformen zudem zu Wettbewerbsverzerrungen führen, da Regulierung für die Unternehmen in der Regel mit Aufwand verbunden ist.

5.4 Schutz der Stadtbevölkerung

5.4.1 Schutz der Stadtbevölkerung – Status quo

Der Erfolg von Online-Vermittlungsplattformen kann nicht nur die Wohnungsknappheit verschärfen, sondern auch das Klima einer Hausgemeinschaft oder eines ganzen Stadtviertels beeinträchtigen. Durch die zunehmende Präsenz von Touristen in Wohngebieten wächst die Gefahr von Lärmbelästigung und Ruhestörung der Nachbarn. Zudem kann es zur Knappheit an Parkplätzen kommen. Derartige negative externe Effekte können aus ökonomischer Sicht Regulierung rechtfertigen, wenn sie zu Marktversagen führen. Auch in diesem Kontext sei darauf hingewiesen, dass derartige soziale Fehlentwicklungen kein spezifisches Problem der neuen Vermittlungsdienste sind. Gleichwohl ist nicht auszuschließen, dass das Wachstum dieser Plattformen und das damit einhergehende gestiegene Angebot an kurzzeitig vermieteten Privatunterkünften die genannten Probleme verschärfen können.

In rechtlicher Hinsicht bietet in erster Linie das *Bauplanungsrecht* Ansatzpunkte für den Schutz der Stadtbevölkerung vor einer übermäßigen Präsenz von Touristenunterkünften, die den Gebietscharakter verändern.[139] In diesem Zusammenhang ist auf den neu geschaffenen § 13a BauNVO hinzuweisen, der seit dem 1. Oktober 2017 die bauplanungsrechtliche Zulässigkeit von Ferienwohnungen regelt.[140] Die Vorschrift dient dazu, die aufgrund neuerer Rechtsprechung[141] entstandene Unsicherheit über die Zulässigkeit von Ferienwohnungen (insbesondere in reinen und allgemeinen Wohngebieten) zu beheben. Unter den Begriff der Ferienwohnung fallen nach der Legaldefinition in § 13a S. 1 BauNVO solche „Räume oder Gebäude, die einem ständig wechselnden Kreis von Gästen gegen Entgelt vorübergehend zur Unterkunft zur Verfügung gestellt werden und die zur Begründung einer eigenen Häuslichkeit geeignet und bestimmt sind.“ Nach Maßgabe des § 13a S. 1 BauNVO sind Ferienwohnungen nunmehr in einer Vielzahl von Baugebieten den (nicht störenden) Gewerbebetrieben gleichgestellt. Dementsprechend können Ferienwohnungen in allgemeinen Wohngebieten (§ 4 BauNVO) und Kleinsiedlungsgebieten (§ 2 BauNVO) als Ausnahme i.S.d. § 31 Abs. 1 BauGB zugelassen werden. In besonderen Wohngebieten (§ 4a BauNVO), Dorfgebieten (§ 5 BauNVO), Mischgebieten (§ 6 BauNVO), urbanen Gebieten (§ 6a BauNVO) und Kerngebieten (§ 7 BauNVO) sind Ferienwohnungen allgemein zulässig. Einen zweiten Zulässigkeitsrahmen für die Nutzung von Räumen (nicht aber ganzen Gebäuden) als Ferienwohnungen regelt § 13 S. 2 BauNVO. Danach können solche Räume insbesondere bei einer baulich untergeordneten Bedeutung gegenüber der in dem Gebäude vorherrschenden Hauptnutzung als Betriebe des Beherbergungsgewerbes oder im

---

139 Vgl. von Nicolai, Ferienwohnen im unvermeidbaren Konflikt zu Dauerwohnen? – Analyse und machbare Lösungsansätze, NordÖR 2015, 361.

140 Gesetz zur Umsetzung der Richtlinie 2014/52/EU im Städtebaurecht und zur Stärkung des neuen Zusammenlebens in der Stadt (BGBl. I 2017, 1057); siehe dazu Luther, Ferienwohnung und Boardinghouse im Lichte der BauNVO, NJW-Spezial 2017, 364; von Nicolai, Die BauGB- und BauNVO-Novelle zum neuen Zusammenleben in der Stadt, NordÖR 2017, 369.

141 Siehe OVG Greifswald BeckRS 2014, 54925; OVG Lüneburg BeckRS 2015, 41075; VGH Mannheim BeckRS 2016, 49517.

reinen Wohngebiet als kleine Betriebe des Beherbergungsgewerbes zugelassen werden. Hiervon erfasst werden etwa Einliegerwohnungen, die als Ferienwohnung vermietet werden.[142]

Bei Fehlentwicklungen besteht für *Gemeinden* die Möglichkeit zur Feinsteuerung durch einschränkende Festsetzungen in Bezug auf Ferienwohnungen in Bebauungsplänen (§ 1 Abs. 5 und 9 BauNVO). Wie in Kapitel 5.3.2 bereits erläutert, können die *Länder* darüber hinaus auf der Grundlage ihrer Gesetzgebungskompetenz für das Wohnungswesen (Art. 30, 70 GG) Zweckentfremdungsverbote erlassen. Dadurch wird es Gemeinden ermöglicht, Zweckentfremdungssatzungen zu erlassen, die einen Genehmigungsvorbehalt u. a. für die touristische Nutzung von Wohnungen vorsehen.

Die hier knapp skizzierten bauplanungsrechtlichen Regelungen werden flankiert durch die Bestimmungen des *Gewerberechts*. In Betracht kommt insoweit eine Anzeigepflicht aus § 14 Abs. 1 GewO, die jedoch in den meisten hier relevanten Fällen zu verneinen sein dürfte. Bei unentgeltlichen Angeboten der Sharing Economy (z. B. Couchsurfing) scheidet eine Annahme einer gewerblichen Tätigkeit mangels Gewinnerzielungsabsicht von vornherein aus.[143] Soweit es sich um eine entgeltliche Kurzzeitvermietung handelt, kommt es auf die Abgrenzung zwischen gewerblicher Tätigkeit und privater Vermögensverwaltung an. Nach der Rechtsprechung des BVerwG zur gewerberechtlichen Anzeigepflicht nach § 14 GewO ist für die Frage, ob im einzelnen Fall die wirtschaftliche Tätigkeit sich noch im Rahmen einer bloßen Vermögensverwaltung hält oder diesen überschreitet und daher als gewerbliche Tätigkeit zu qualifizieren ist, das „Gesamtbild der zu beurteilenden Tätigkeit" maßgeblich.[144] Generell darf eine Vermögensverwaltung nicht die Schwelle zu einer nachhaltigen Teilnahme am allgemeinen Wirtschaftsverkehr überschreiten.[145] Legt man die von der Rechtsprechung zur Konkretisierung dieses Maßstabes herangezogenen Kriterien zugrunde,[146] dürfte es sich bei der ganz überwiegenden Mehrzahl der von natürlichen Personen auf Online-Vermittlungsportalen ange-

142 BR-Drs. 806/16, 48.

143 Ingold, Die „Sharing Economy" der kurzzeitigen Unterkunftsvermietung als Herausforderung für das Gewerbe-, Bau-, und Ordnungsrecht, DÖV 2016, 595 (599).

144 BVerwG, Urt. v. 24. Juni 1976 – I C 56/74, NJW 1977, 772.

145 Ingold, DÖV 2016, 595 (599).

146 Siehe etwa BVerwG, Urt. v. 26. Januar 1993 – 1 C 25/91, NVwZ 1993, 775; VG Schleswig, Urt. v. 19. Februar 2002 – 12 A 291/01, NVwZ-RR 2002, 837. Für einen Katalog von Indizien, die für oder gegen eine gewerbliche Tätigkeit spre-

botenen Unterkünfte nicht um einen Gewerbebetrieb im Sinne des Gewerberechts handeln.

5.4.2 Zusätzliche Maßnahmen zum Schutz der Stadtbevölkerung

Um möglichen etwaigen negativen Auswirkungen der wachsenden Kurzzeitvermietung von Privatwohnungen auf die direkte Nachbarschaft entgegenzuwirken, können verschiedene Maßnahmen ergriffen werden. Eine Möglichkeit besteht darin, die Vermieter darauf hinzuweisen, die Gäste für die Einhaltung der Nachtruhe und der Hausordnung zu sensibilisieren. Buchungen über Online-Portale, bei denen im Anschluss an die Übernachtung eine Bewertung erfolgt, ermöglichen es zum einen den Vermieterinnen und Vermietern, ihre Gäste zielgerichtet auszuwählen, und setzen zum anderen Anreize für die Gäste, sich angemessen zu verhalten, da sie ansonsten Gefahr laufen, aufgrund ihres schlechten Bewertungsprofils in Zukunft keine Übernachtungsmöglichkeiten auf der Plattform zu erhalten. Ein Indiz dafür, dass das Bewertungssystem der Sharing-Plattformen eine relativ gute Orientierung bietet, zeigt die von Jahr zu Jahr wachsende Popularität der Sharing Economy (vgl. Abb. 2-9). Die Funktionalität des Bewertungssystems ist nämlich grundlegend für den Erfolg des Geschäftsmodells der Sharing-Plattformen. Um zu verhindern, dass die Bewertungen nach dem Prinzip „Wie du mir, so ich dir" erfolgen, räumt z. B. Airbnb sowohl dem Gastgeber bzw. der Gastgeberin als auch dem Gast zwei Wochen Zeit für die Abgabe der Bewertung ein. Erst danach werden diese veröffentlicht, und zwar gleichzeitig. Eine Überarbeitung bzw. Korrektur der Bewertung ist nicht möglich, sobald die Bewertung der jeweiligen Gegenseite erschienen ist. Eine Löschung der Bewertung ist nur möglich, wenn sie gegen die „Richtlinien für angemessene Inhalte" verstößt.[147]

Um sicherzustellen, dass Vermieterinnen und Vermieter die Einhaltung der Nachtruhe und der Hausordnung gegenüber den Feriengästen durchsetzen, könnten die Vermieter und Vermieterinnen bei wiederholten Verstößen ihrer Gäste als Zweckveranlasser mit Sanktionen auf Grundlage des Polizei- und Ordnungsrechts belegt werden. In Extremfällen wäre zu erwä-

---

chen können, wird auf die Stellungnahme des Bund-Länder-Ausschusses zur Abgrenzung zwischen gewerblicher und nicht gewerblicher Vermietung von Ferienwohnungen und Gästezimmern vom 15. Dezember 2016 verwiesen.

147 https://www.airbnb.de/help/article/13/how-do-reviews-work, zuletzt abgerufen am 29. April 2018.

gen, ob dem Vermieter bzw. der Vermieterin das Anbieten der Privatunterkunft untersagt werden könnte. Die Sanktionierung der Vermieterinnen und Vermieter könnte ebenfalls dazu beitragen, dass sie die Problemgäste z. B. in Erwartung von Ordnungsgeldern schlecht bewerten, wodurch die Funktionalität des Bewertungssystems weiter verbessert werden könnte.

Die Ahndung von Verstößen setzt jedoch voraus, dass Nachbarn die Möglichkeit eingeräumt wird, ihre Sorgen und Nöte zu kommunizieren. Dem Problem des möglichen Parkplatzmangels in Wohngebieten könnte mit Parkraumbewirtschaftung begegnet werden, z. B. durch die Errichtung von Parkzonen für Anwohner. Ferner können Kommunen Apps für Smartphones anbieten, die sowohl die Touristen als auch die Stadtbewohner bei der Parkplatzsuche unterstützen und den Verkehr entlasten. Eine solche App wird z. B. gerade in Hamburg getestet. Später sollen auch andere Großstädte in Deutschland eine hierfür erforderliche Infrastruktur bekommen.[148] Die App hilft nicht nur bei der Suche nach einem freien Parkplatz, sondern trägt auch zur Entlastung des Verkehrs bei, da sie unnötige Fahrten auf der Suche nach einem Parkplatz verhindert.

Auch die in Kapitel 5.3.2 skizzierten Maßnahmen zur Steuerung der Vermietung von Privatunterkünften wie z. B. Zweckentfremdungsverbote, Quotierung des Angebots und das System der handelbaren Lizenzen eigenen sich, die negativen Auswirkungen der Vermietungstätigkeit auf die Lebensqualität der Anwohner zu begrenzen. Hier gilt, je restriktiver das Zweckentfremdungsverbot z. B. in Bezug auf die Anzahl der zulässigen Vermietungstage für Gelegenheitsvermieter und -vermieterinnen bzw. je geringer das Angebot an professionell vermieteten Privatunterkünften, desto geringer sind tendenziell die negativen Auswirkungen der Nutzung von Online-Vermittlungsplattformen. Auch hier erfordert die effektive Durchsetzung der Maßnahmen, die Einbeziehung der Online-Portale in die Regulierung.

Neben Maßnahmen, die sich allein auf die Sharing-Economy im Unterkunftssektor fokussieren, sollten auch andere Instrumente, und zwar solche, die das Management des Tourismus insgesamt zum Ziel haben, nicht außer Acht gelassen werden. Da nach wie vor ein Großteil der Touristen traditionelle Beherbergungsunterkünfte, wie Hotels, Pensionen etc. bevorzugt, ist davon auszugehen, dass sie insgesamt effektiver sind, wenn es darum geht, die Lebensqualität der Stadtbevölkerung zu schützen und die

---

148 Vgl. https://www.welt.de/regionales/hamburg/article163003667/Autofahrer-sollen-freie-Parkplaetze-kuenftig-per-App-finden.html, zuletzt abgerufen am 9. Februar 2018.

Tourismusakzeptanz zu wahren. Ziel der Maßnahmen sollte es sein, neben den privaten auch die sozialen Kosten des Tourismus, die z. B. durch erhöhtes Verkehrsaufkommen, Wasserknappheit, Wohnungsmangel, Müllverschmutzung, Lärmbelästigung etc., in das Nutzungskalkül der Marktakteure zu integrieren.

Die Stadt Amsterdam geht noch einen Schritt weiter. Um der Minderung der Lebensqualität der Stadtbevölkerung entgegenzuwirken, dürfen im Zentrum von Amsterdam keine neuen Geschäfte eröffnet werden, die sich vor allem an Touristen richten. Ferner werden in großen Teilen der Innenstadt keine weiteren Fahrradverleiher, Ticketshops oder Besucherattraktionen mehr zugelassen. Auch neue Eis- und Fast-Food-Läden dürfen nicht mehr eröffnet werden (Welt, 2017).

5.4.3 Szenarienanalyse: Schutz der Stadtbevölkerung

Im *Szenario 1 in Abbildung 5-2* ist die Beeinträchtigung der Lebensqualität der Stadtbevölkerung durch die Vermietung von Privatunterkünften an Touristen über Sharing-Plattformen gering. Folglich könnte es hier ausreichen, die Vermieter und Vermieterinnen dahingehend zu sensibilisieren, ihre Gäste auf die Beachtung der Hausordnung hinzuweisen.

Steigt die Beeinträchtigung der Lebensqualität durch die Vermietung via Sharing-Plattformen wie im *Szenario 2 in Abbildung 5-2* auf mäßig bis stark an, können weitere Maßnahmen erforderlich werden. Eine Möglichkeit wäre die Einführung einer Stelle, die Beschwerden der Anwohner z. B. über einzelne Vermieter und Vermieterinnen sammelt und prüft. Bei Häufung von Beschwerden sollten die Vermieter und Vermieterinnen mit Ordnungsgeldern belegt werden. Im Extremfall könnte die Vermietung der Unterkunft temporär oder gänzlich untersagt werden. Auf diese Weise werden sie für das Verhalten ihrer Gäste haftbar gemacht. Wichtig hierfür ist die Registrierungspflicht für Vermieterinnen und Vermieter. Sie kann die Identifizierung des Vermieters bzw. der Vermieterin erleichtern. Auch Instrumente zur Steuerung der Vermietungstätigkeit gegebenenfalls in Kombination mit Begrenzung der Übernachtungsgäste pro Unterkunft könnten zur Entspannung der Situation beitragen. Dem Problem des möglichen Parkplatzmangels in Wohngebieten durch Touristen könnte durch Parkraumbewirtschaftung entgegengewirkt werden.

Wird die Lebensqualität der Stadtbevölkerung, wie im *Szenario 3 in Abbildung 5-2,* stark bis sehr stark durch die Vermietung von Privatunterkünften an Touristen über Onlineplattformen beeinträchtigt, da ihr Umfang und Häufigkeit hoch bis sehr hoch sind, ist die Implementierung restriktiverer Instrumente erforderlich. So gibt es die Möglichkeit, Zweckentfremdungsverbote in Kombination mit niedrigen Schwellenwerten für Gelegenheitsvermieter zu erlassen, um den Stadtbewohnern mehr Ruhepausen zu verschaffen. Kommunen, die eine professionelle Vermietung von Ferienunterkünften über Online-Vermittlungsplattformen nicht gänzlich untersagen möchten, können durch einen Genehmigungsstopp für professionelle Vermietungstätigkeit einer weiteren Verschärfung der Situation entgegenwirken. Angesichts der Tatsache, dass die Lebensqualität der Stadtbevölkerung in diesem Szenario signifikant durch die Vermietung von Privatunterkünften über Sharing-Plattformen beeinträchtigt wird, sollte auch hier der Durchsetzung der Maßnahmen eine höhere Bedeutung beigemessen werden. Hierbei sollte eine Einbeziehung der Onlineplattformen erfolgen (vgl. hierzu Abbildung 5-2).

Abbildung 5-2: Szenarienanalyse zum Schutz der Stadtbevölkerung

In Abhängigkeit vom Umfang der Kurzzeitvermietung und der daraus folgenden Beeinträchtigungen

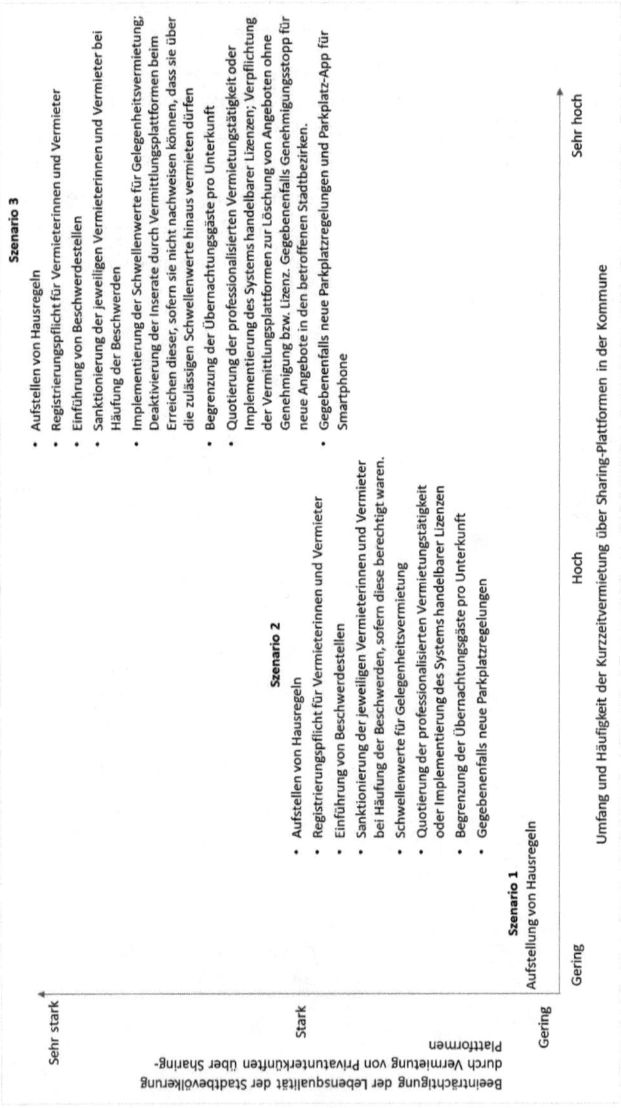

Quelle: Eigene Darstellung.

Neben den skizzierten Möglichkeiten, auf die steigende Beeinträchtigung der Lebensqualität der Stadtbevölkerung durch die Vermietung über Sharing-Plattformen zu reagieren, gibt es eine Reihe von Instrumenten, die dazu dienen den Tourismus insgesamt zu steuern bzw. zu managen.

5.5 Verbraucherschutz

5.5.1 Verbraucherschutz – Status quo

Zu den Vorschriften des Verbraucherschutzrechts gehören zunächst die Bestimmungen des Bürgerlichen Rechts, die für Verbraucherverträge i.S.v. § 310 Abs. 3 BGB, also Verträge zwischen einem Verbraucher (§ 13 BGB) und einem Unternehmer (§ 14 BGB) gelten. Beispielhaft können die Informationspflichten genannt werden, die ein Unternehmer gem. § 312d Abs. 1 BGB bei Fernabsatzverträgen (§ 312c BGB) zu erfüllen hat. Diese Schutzvorschriften finden keine Anwendung, wenn der Vermieter nicht Unternehmer i.S.v. § 14 BGB ist. Der Unternehmerbegriff des BGB setzt eine gewerbliche oder selbstständige berufliche Tätigkeit voraus. Insoweit besteht eine Parallele zum Gewerberecht. Ebenso wie dort ist eine Abgrenzung zur Verwaltung des eigenen Vermögens erforderlich.[149] In der Mehrzahl der Fälle von Kurzzeitvermietungen dürfte die Unternehmereigenschaft zu verneinen sein mit der Folge, dass Verbraucherschutzlücken entstehen können.

Zum Verbraucherschutzrecht im weiteren Sinne gehören auch Vorschriften über Hygiene, Sicherheit und Brandschutz. Diese gelten zumeist nur für gewerbliche Anbieter oder greifen erst ab einer gewissen Schwelle ein, wie das Beispiel der Brandschutzvorschriften für Beherbergungsstätten zeigt. Die Landesbauordnungen und Beherbergungsstättenverordnungen der Bundesländer sehen besondere Brandschutzstandards für Beherbergungseinrichtungen vor. Dadurch soll u. a dem Umstand Rechnung getragen werden, dass die Gäste innerhalb der Beherbergungsstätte in der Regel nur eingeschränkt ortskundig sind.[150] Auch müsse mit einer eingeschränkten Reaktionszeit der Gäste gerechnet werden. Durch erhöhte bauaufsichtliche Anforderungen soll daher eine möglichst frühzeitige Branderken-

149 Dörner, in: Schulze, Bürgerliches Gesetzbuch, 9. Aufl. 2017, Rn. 3.

150 Siehe die Begründung und Erläuterung zur Beherbergungsstättenverordnung NRW, https://www.mhkbg.nrw/Bau/weitere_infos/Sonderbauten/Erl_Beherbergungsstaetten.pdf, zuletzt abgerufen am 17. Mai 2018.

nung und Alarmierung der Gäste sichergestellt werden. Beispielsweise soll durch einen erhöhten Feuerwiderstand der tragenden und raumabschließenden Bauteile auch bei einer verzögerten Reaktion der Gäste eine sichere Rettung gewährleistet werden. Dem gleichen Zweck dienen auch die Anforderungen an Rettungswege, Sicherheitsbeleuchtung oder Brandmeldeanlagen.

Unter den Anwendungsbereich der Beherbergungsstättenverordnungen fallen nur Beherbergungsstätten ab 12 Betten.[151] Bestimmte Anforderungen (z. B. ein zweiter Rettungsweg) greifen sogar erst ab 30 bzw. 60 Betten. In den meisten Ländern fallen Ferienwohnungen nicht in den Anwendungsbereich der Beherbergungsstättenverordnung.[152] Die Begründung zur Muster-Beherbergungsstättenverordnung verweist darauf, dass „Ferienwohnungen doch eher den Charakter einer Wohnung im allgemeinen Sinne haben und dafür die Anforderungen an der Musterbauordnung – MBO ausreichen".

5.5.2 Zusätzliche Maßnahmen zur Erhöhung des Verbraucherschutzes

Grundlegend für die Vermietung via Sharing-Plattformen ist die Beseitigung von Informationsasymmetrien zwischen den Marktteilnehmern, da sie Marktversagen begründen können. Vor diesem Hintergrund spielt der Verbraucherschutz eine zentrale Rolle. Die Regelungen des Verbraucherschutzrechts dienen insbesondere dem Zweck, die aufgrund von Informationsasymmetrien resultierenden Risiken zu relativieren bzw. gänzlich zu beseitigen.[153] Informationsasymmetrien und damit einhergehende Unsicherheit über die Zuverlässigkeit der Anbieter und die Qualität der angebotenen Leistungen können auch das Geschäftsmodell der Sharing-Plattformen gefährden. Daher ist grundsätzlich davon auszugehen, dass auch die Vermittlungsplattformen der Sharing Economy an einem hohen Verbraucherschutzniveau interessiert sind.

Eine Erhöhung des Verbraucherschutzniveaus für die Vermietung von Privatunterkünften auf das Niveau, das für gewerbliche Beherbergungsstät-

---

151 Vgl. § 1 Muster-Beherbergungsstättenverordnung.

152 Vgl. § 2 Abs. 1 Muster-Beherbergungsstättenverordnung.

153 Zu den unterschiedlichen Funktionen des Verbraucherrechts siehe Micklitz/Purnhagen, in: MüKoBGB, 7. Aufl. 2015, Vorbemerkung zu §§ 13, 14 BGB, Rn. 36 ff.; zum verbraucherrechtlichen Informationsmodell vgl. Drexl, Die wirtschaftliche Selbstbestimmung des Verbrauchers, Tübingen 1998, S. 26 ff.

ten gilt, würde jedoch zur Verdrängung insbesondere von Gelegenheitsvermietern und -vermieterinnen führen, da für sie die damit verbundenen Hürden bzw. Kosten zu hoch wären. Auch wenn die im Rahmen des Projektes durchgeführte Befragung unter den Sharing Economy-Nutzern keine Anhaltspunkte für einen Handlungsbedarf in diesem Bereich liefert (vgl. Kapitel 3.6), kann die Einführung von Mindeststandards im Verbraucherschutz die Fortentwicklung der Sharing Economy im Unterkunftssektor gegebenenfalls begünstigen: In einer vom Bundesverband der Verbraucherzentralen und Verbraucherverbände – Verbraucherzentrale Bundesverband e.V. (vzbv) durchgeführten Umfrage zur Sharing Economy gaben zwei Drittel der Befragten an, dass sie Dinge lieber von einem Unternehmen als von einer Privatperson mieten würden. Das wichtigste Motiv ist mehr „Sicherheit". Auch die zweithäufigsten Begründungen kreisen um das Thema. Die Befragten gaben an, im Hinblick auf Versicherungsschutz, Haftungs- und Gewährleistungsfragen Unternehmen mehr zu vertrauen als Privatanbietern (TNS Emnid, 2015). Vor diesem Hintergrund werden im vorliegenden Kapitel Möglichkeiten skizziert, den Verbraucherschutz zu erhöhen.

Da nicht auszuschließen ist, dass die Sharing-Vermittlungsplattformen auch von gewerblichen Anbieterinnen und Anbietern unterwandert werden können, müssen die Sharing-Plattformen für mehr Transparenz sorgen. Damit die Verbraucher in der Lage sind, ihre Rechte, wie z. B. die Gewährleistungsrechte, wahrzunehmen bzw. durchzusetzen, sollten die Sharing-Plattformen wie beispielsweise die Online-Kauf- und Verkaufsplattform eBay die Verbraucher noch vor der Buchung darüber informieren, ob es sich um einen gewerblichen Anbieter handelt oder nicht (vzbv, 2016, 25-29). Einen Formulierungsvorschlag für ein entsprechendes Transparenzgebot enthält Art. 11 Abs. 2 des im Jahr 2016 von der Research Group on the Law of Digital Services vorgelegten Diskussionsentwurfs (DiskE)[154] für eine Richtlinie über Online-Vermittlungsplattformen: „Der Plattformbetreiber muss sicherstellen, dass der Anbieter den Kunden darüber informiert, ob er Waren, Dienstleistungen oder digitale Inhalte als Unternehmer anbietet." Als Vorbild für eine solche Regelung könnte fer-

154 Research Group on the Law of Digital Platforms, Discussion Draft of a Directive on Online Intermediary Platforms, Journal of European Consumer and Market Law 2016, 164 ff. Für eine deutsche Fassung des Diskussionsentwurfs siehe Busch/Dannemann/Schulte-Nölke, Ein neues Vertrags- und Verbraucherrecht für Onlineplattformen im Digitalen Binnenmarkt? Diskussionsentwurf für eine mögliche EU-Richtlinie, MMR 2016, 787 ff.

ner Art. 111-7 Abs. 2 Nr. 3 des französischen Code de la consommation dienen.[155] Im April 2018 hat auch die Europäische Kommission im Rahmen des „New Deal for Consumers" einen Vorschlag für ein entsprechendes Transparenzgebot vorgelegt.[156] Danach soll ein „Online-Marktplatz" (gemeint sind Vermittlungsplattformen) die Verbraucher vor einem Vertragsschluss darüber informieren, „ob es sich bei dem Dritten, der die Waren, Dienstleistungen oder digitalen Inhalte anbietet, um einen Unternehmer handelt oder nicht".

In der Praxis würde eine solche Regelung zunächst erfordern, dass der Plattformbetreiber die Plattform so gestaltet, dass jeder Nutzer, der sich als Anbieter auf der Plattform registriert, angibt, ob er die Plattform als Unternehmer nutzt oder als privater Anbieter. Der Vorschlag der Europäischen Kommission sieht vor, dass sich der Plattformbetreiber auf die Selbstklassifizierung des Anbieters verlassen kann. Dies schafft jedoch eine Quelle von Rechtsunsicherheit, da der Verbraucher nicht darauf vertrauen kann, dass die Angabe des Anbieters zutreffend ist.

Auch für den Plattformbetreiber wird es im Zeitpunkt der Registrierung des Anbieters in aller Regel nicht möglich sein zu überprüfen, ob die Selbstklassifizierung des Anbieters zutreffend ist. Zu einem späteren Zeitpunkt dürfte es für den Plattformbetreiber jedoch ohne größeren technischen Aufwand möglich sein, die ursprüngliche Selbstklassifizierung des Nutzers auf Basis der verfügbaren Transaktionsdaten (z. B. Anzahl und Art der Transaktionen, Umsatzzahlen) zu überprüfen. Das Transparenzgebot aus Art. 11 Abs. 2 DiskE könnte daher dahingehend ergänzt werden, dass der Plattformbetreiber eine solche Überprüfung auf Basis der ihm zur Verfügung stehenden Transaktionsdaten vorzunehmen hat. Jedenfalls in eindeutigen Fällen könnte der Plattformbetreiber verpflichtet werden, den Anbieter zu einer Korrektur der Klassifizierung aufzufordern oder diese

---

155 Art. 111-7 Abs. 2 Nr. 3 Code de la consommation lautet: „Tout opérateur de plateforme en ligne est tenu de délivrer au consommateur une information loyale, claire et transparente sur : [...] La qualité de l'annonceur et les droits et obligations des parties en matière civile et fiscale, lorsque des consommateurs sont mis en relation avec des professionnels ou des non-professionnels.".

156 Vorschlag für eine Richtlinie des Europäischen Parlaments und des Rates zur Änderung der Richtlinie 93/13/EWG des Rates vom 5. April 1993, der Richtlinie 98/6/EG des Europäischen Parlaments und des Rates, der Richtlinie 2005/29/EG des Europäischen Parlaments und des Rates sowie der Richtlinie 2011/83/EU des Europäischen Parlaments und des Rates zur besseren Durchsetzung und Modernisierung der EU-Verbraucherschutzvorschriften, COM(2018) 185, Art. 2 Abs. 4.

selbst vorzunehmen.[157] Soweit dies automatisiert und ohne erheblichen technischen Aufwand möglich ist, dürfte eine solche Regelung auch mit Art. 15 Abs. 1 ECRL vereinbar sein, der es den Mitgliedstaaten verbietet, den Plattformen allgemeine Überwachungspflichten aufzuerlegen. Das Beispiel veranschaulicht zugleich die Möglichkeiten eines innovativen Regulierungsansatzes, der auf dem Prinzip der „data-driven delegation"[158] beruht, bei dem die Plattformbetreiber aufgrund der ihnen zur Verfügung stehenden Transaktionsdaten eine Schlüsselrolle als „regulatory intermediaries"[159] spielen.

Ferner könnte der Gesetzgeber für die gelegentliche Vermietung von Privatunterkünften an Touristen spezifische Auflagen z. B. im Bereich des Sicherheits- und Brandschutzes implementieren, die zwar weniger weitreichend sind, als solche für große Beherbergungsbetriebe aber über das Niveau von Privatwohnungen hinausgehen. Dadurch könnte dem Umstand Rechnung getragen werden, dass bei häufigeren Kurzzeitvermietungen von Privatunterkünften möglicherweise erhöhte Sicherheitsrisiken bestehen als bei dauerhafter Vermietung der Unterkunft über den Wohnungsmarkt (Monopolkommission, 2016, Rn.: 1324–1326). Ob dies jedoch tatsächlich der Fall ist, kann im Rahmen des Gutachtens nicht beurteilt werden.

Um die Sicherheits- und Brandschutzstandards zu erhöhen, könnten Sharing-Plattformen auch verpflichtet werden, die Anbieterinnen und Anbieter über aktuelle Vorschriften für Privat- und Ferienwohnungen zum Sicherheits- und Brandschutz zu unterrichten sowie sie über weitere Maßnahmen zu informieren, die die Sicherheit der Gäste erhöhen können. Ferner könnten Anbieterinnen und Anbieter von Privatunterkünften von den Online-Portalen angehalten werden, Angaben zur Verfügbarkeit von Rauch- und Kohlenmonoxid-Detektoren, Notfallnummern, Feuerlöschern etc. z. B. in der Kategorie „Ausstattung" bei Airbnb oder Wimdu zu hinterlassen. Auf diese Weise könnte die Sicherheit der Gäste neben der Verfügbarkeit von WLAN, kostenlosem Parkplatz etc. zum wettbewerbsrelevanten Aspekt werden.

---

157 Busch, Europäische Modellregeln für Online-Vermittlungsplattformen, in: Rott/Tonner (Hrsg.) Online-Vermittlungsplattformen in der Rechtspraxis, Nomos, Baden-Baden 2018, S. 150 (159).

158 Vgl. Sundararajan, The Sharing Economy, MIT Press, Cambridge/MA 2016, S. 155 ff.

159 Zum Begriff der „regulatory intermediaries" vgl. Abbot, Levi-Faur & Snidal, Theorizing Regulatory Intermediaries, 670 Annals of the American Academy of Social and Political Sciences 14 (2017).

Zur Erhöhung des Verbraucherschutzes könnten Vermittlungsplattformen des Weiteren Versicherungen zur Absicherung von Schäden anbieten. Denkbar sind z. B. Versicherungen gegen Feuerschäden bei der Vermittlung von Ferienunterkünften oder eine Haftpflichtversicherung für Wohnungsvermieter, um gegen Ansprüche der Gäste bei Unfällen abgesichert zu sein (vzbv, 2016, 26). Ob die Vermittlungsplattformen hierzu jedoch gesetzlich verpflichtet werden sollten, ist fraglich, da ein ausreichender Versicherungsschutz für Sharing-Plattformen häufig in ihrem eigenen Interesse ist, da sie dadurch Risiken entgegenwirken, welche die Nutzung und das Wachstum der Plattform beeinträchtigen können. Folglich ist es nicht verwunderlich, dass solche Versicherungen bereits heute von einzelnen Vermittlungsportalen freiwillig angeboten werden.[160] Darüber hinaus würde eine Versicherungspflicht für Online-Vermittlungsplattformen zu Wettbewerbsverzerrungen führen, da diese eine einseitige Belastung eines bestimmten Vertriebsweges, nämlich der Vermietung über Online-Vermittlungsplattformen, bedeuten würde. Eine durch ein Gesetz vorgeschriebene Versicherungspflicht für Vermittlungsplattformen kann zudem aufgrund der damit einhergehenden Kosten eine Markteintrittsbarriere für potenzielle neue Vermittlungsdienste darstellen und Konzentrationstendenzen verstärken, sodass der Wettbewerb zwischen den Online-Vermittlungsportalen Gefahr läuft, beeinträchtigt zu werden. Sachgemäßer wäre es daher, die Vermittlungsplattformen zu verpflichten, den Versicherungsschutz der Vermieter bzw. des angebotenen Wohnraumes zu prüfen und auf ihrem Buchungsportal entsprechend verständlich und für die Verbraucher gut sichtbar auszuweisen. Die Verbraucher werden dadurch in die Lage versetzt, eine selbstbestimmte Entscheidung zum gewünschten Versicherungsniveau zu treffen (Monopolkommission, 2016, Rn.: 1324 –1326).

Bevorzugt der Gesetzgeber zum Schutz der Gäste jedoch einen höheren obligatorischen Versicherungsschutz, sollte zur Vermeidung von Wettbewerbsverzerrungen eine allgemeine Versicherungspflicht für alle privat vermieteten Unterkünfte, und zwar unabhängig vom Vertriebsweg, in Erwägung gezogen werden. Hier könnten es den Vermittlungsplattformen überlassen werde, ob sie den Nutzern den erforderlichen Versicherungsschutz

---

160 Airbnb bietet beispielsweise sowohl eine Haftpflichtversicherung für Gastgeber an, die unter anderem bei Verletzungen der Gäste in der Wohnung greift, als auch eine sogenannte Gastgeber-Garantie, welche Schäden in der Wohnung des Gastgebers durch die Gäste abdeckt. In beiden Fällen beträgt die Deckungssumme EUR 800.000 (https://www.airbnb.de/guarantee, zuletzt abgerufen am 9. Februar 2018.).

selbst als Service anbieten möchten oder vom Vermieter einen Nachweis über einen ausreichenden Versicherungsschutz verlangen (Monopolkommission, 2016, Rn.: 1324–1326).

Im Gegensatz zu Sicherheits- und Brandschutzstandards kann bei einer Vermietung von Privatunterkünften über digitale Vermittlungsplattformen auf die Regulierung eindeutig zu beobachtender Qualitätsaspekte, wie etwa der Sauberkeit der Ferienunterkunft, verzichtet werden, sofern die Vermittlungsplattformen über ein aussagekräftiges Bewertungssystem verfügt. Die Bewertungs- und Reputationssysteme ermöglichen es den Nutzern, die Anonymität des Sharing-Marktes zu überwinden und sich ausführlich über den angebotenen Wohnraum sowie den Vermieter zu informieren. Da Unterkünfte mit einer guten Bewertung in der Regel mehr Buchungsanfragen erhalten als Unterkünfte mit einer schlechten Bewertung, ermöglichen Bewertungs- und Reputationsmechanismen bei gut beobachtbaren Qualitätsaspekten wie der Sauberkeit von Unterkünften eine Selbstregulierung und damit die Sicherstellung qualitativ guter Angebote. Dies gilt insbesondere dann, wenn sich die Bewertungen, wie bei Vermittlungsportalen für Privatunterkünfte – im Gegensatz zu Hotelbuchungsportalen – auf eine spezifische Unterkunft beziehen (Monopolkommission, 2016, Rn. 1317). Auch wenn solche Bewertungs- und Reputationssysteme nicht fehlerfrei sind – problematisch sind beispielsweise Verzerrungen aufgrund strategisch verwendeter übertrieben positiver oder negativer Bewertungen – scheinen sie dennoch zu funktionieren. Die Ergebnisse der im Rahmen der Studie durchgeführten Erhebung liefern keine Indizien für einen akuten Handlungsbedarf (vgl. Kapitel 3.6).

Um die Manipulation von Bewertungs- und Reputationssystemen zu verhindern und die Aussagekraft von Bewertungen weiter zu verbessern, können weitere vertrauensbildende Maßnahmen von den Vermittlungsplattformen ergriffen werden.[161] Dies könnte etwa die Verknüpfung von Nutzeraccounts mit den Profilen bei sozialen Netzwerken sowie die Verifikation der Identität der Nutzer anhand von Ausweisdokumenten durch die Plattformbetreiber umfassen (Monopolkommission, 2016, Rn.: 1188). Da jedoch ein solides Bewertungs- und Reputationssystem grundlegend für

161 Vgl. Busch, Crowdsourcing Consumer Confidence: How to Regulate Online Rating and Review Systems in the Collaborative Economy, in: De Franceschi (Hrsg.), European Contract Law and the Digital Single Market: The Implications of the Digital Revolution, Intersentia, Cambridge 2016, 223 ff.; siehe auch Edelman, The market design and policy of online review platforms, Oxford Review of Economic Policy, Volume 33, Number 4, 2017, 635.

das Geschäftsmodell der Sharing-Plattformen ist, machen das bereits heute viele Plattformen auf freiwilliger Basis, sodass eine Regulierung des Bewertungs- und Reputationssystems überflüssig ist.

5.6 Melderechtliche Pflichten der Anbieter

5.6.1 Melderechtliche Pflichten in Deutschland

Melderechtliche Pflichten mit Relevanz für Anbieter von Privatunterkünften ergeben sich aus dem Bundesmeldegesetz (BMG) sowie dem Beherbergungsstatistikgesetz (BeherbStatG).

Bundesmeldegesetz

Im Hinblick auf die §§ 29, 30 BMG stellt sich insbesondere die Frage, ob die dort geregelte „Hotelmeldepflicht" auch für Anbieter von Privatunterkünften gilt. Ferner ist zu klären, inwieweit die melderechtlichen Pflichten auch durch eine digitale Erfassung der Meldedaten erfüllt werden können.

a) Anwendbarkeit auf Privatunterkünfte

Die §§ 29, 30 BMG enthalten Vorschriften über die besondere Meldepflicht in Beherbergungsstätten. § 29 Abs. 2 S. 1 BMG bestimmt, dass beherbergte Personen am Tag der Ankunft einen besonderen Meldeschein handschriftlich unterschreiben müssen. Beherbergte ausländische Personen müssen sich gem. § 29 Abs. 3 BMG bei der Anmeldung gegenüber dem Leiter der Beherbergungsstätte durch die Vorlage eines gültigen Identitätsdokuments ausweisen. Vorgaben für den Inhalt des Meldescheins enthält § 30 Abs. 2 BMG. Gemäß § 30 Abs. 3 BMG kann durch Landesrecht bestimmt werden, dass der Meldeschein zusätzliche Daten für die Erhebung von Fremdenverkehrs- und Kurbeiträgen enthält.[162]

Nach der Legaldefinition in § 29 Abs. 1 BMG umfasst der Begriff der Beherbergungsstätte alle „Einrichtungen, die der gewerbs- oder geschäftsmäßigen Aufnahme von Personen dienen". Ob unter den Begriff der Beherber-

162 Siehe etwa § 4 Nds AG BMG.

gungsstätte auch Privatunterkünfte (z. B. Ferienwohnungen oder Gästezimmer) fallen, die über kommerzielle Vermittlungsplattformen angeboten werden, ist unklar.[163] Im Kern geht es um die Abgrenzung zwischen der Verwaltung und Nutzung eigenen Vermögens einerseits und einer gewerblichen Tätigkeit andererseits.

Hier drängt sich auf den ersten Blick eine Parallele auf zu der im Gewerberecht relevanten Abgrenzung zwischen gewerblicher Tätigkeit und privater Vermögensverwaltung. Nach der Rechtsprechung des BVerwG zur gewerberechtlichen Anzeigepflicht nach § 14 GewO kommt es für die Frage, ob im einzelnen Fall die wirtschaftliche Tätigkeit sich noch im Rahmen einer bloßen Vermögensverwaltung hält oder diesen überschreitet und daher als gewerbliche Tätigkeit zu qualifizieren ist, auf das „Gesamtbild der zu beurteilenden Tätigkeit" an.[164] Legt man die von der Rechtsprechung zur Konkretisierung dieses Maßstabes herangezogenen Kriterien zugrunde,[165] dürfte es sich bei der ganz überwiegenden Mehrzahl der von natürlichen Personen auf Online-Vermittlungsportalen angebotenen Unterkünfte nicht um einen Gewerbebetrieb im Sinne des Gewerberechts handeln.

Diese gewerberechtliche Beurteilung lässt sich jedoch nicht ohne Weiteres für die Auslegung des BMG heranziehen. Während die GewO in erster Linie dazu dient, die Allgemeinheit und einzelne gegen Gefahren, erhebliche Nachteile und erhebliche Belästigungen zu schützen, die erfahrungsgemäß durch bestimmte wirtschaftliche Betätigungen herbeigeführt werden können,[166] liegt der in § 29 BMG geregelten „Hotelmeldepflicht" ein anderer gesetzgeberischer Zweck zugrunde. Die Vorschrift dient – wie bereits die Vorgängerregelung in § 16 Abs. 2 Melderechtsrahmengesetz (MRRG) – primär Zwecken der inneren Sicherheit.[167]

163 Siehe dazu den Bericht von Lücke, GewArch 2017, 226 (229) über die Herbstsitzung 2016 des Bund-Länder-Ausschusses „Gewerberecht".

164 BVerwG, Urt. v. 24. Juni 1976 – I C 56/74, NJW 1977, 772.

165 Siehe etwa BVerwG, Urt. v. 26. Januar 1993 – 1 C 25/91, NVwZ 1993, 775; VG Schleswig, Urt. v. 19. Februar 2002 – 12 A 291/01, NVwZ-RR 2002, 837. Für einen Katalog von Indizien, die für oder gegen eine gewerbliche Tätigkeit sprechen können, wird auf die dem BMWi vorliegende Stellungnahme des Bund-Länder-Ausschusses zur Abgrenzung zwischen gewerblicher und nicht gewerblicher Vermietung von Ferienwohnungen und Gästezimmern vom 15. Dezember 2016 verwiesen.

166 BVerwG, Urt. v. 24. Juni 1976 – I C 56/74, NJW 1977, 772.

167 Vgl. Medert/Süßmuth, Melderecht des Bundes und der Länder, § 16 MRRG Rn. 1 zur Vorgängerregelung in § 16 Abs. 2 MRRG. Siehe auch die Stellungnahme der Konferenz der Datenschutzbeauftragten des Bundes und der Länder vom 22. August 2012 zu dem vom Deutschen Bundestag am 28. Juni 2012 be-

Eine bundeseinheitliche Hotelmeldepflicht wurde erstmals durch das Gesetz zur Änderung des Gesetzes über Personalausweise und zur Regelung der Meldepflicht in Beherbergungsstätten vom 6. November 1978 eingeführt.[168] Diese Regelung stand im Kontext mit einer Reihe weiterer Gesetzesvorhaben, die im Jahr 1978 als Reaktion auf den RAF-Terror in den Bundestag eingebracht wurden.[169] Diesen Zusammenhang hebt auch die Gesetzesbegründung zu § 16 Abs. 2 MRRG hervor, in der die bundeseinheitliche Hotelmeldepflicht als „Instrument zur Bekämpfung der terroristischen Gewaltkriminalität" bezeichnet wird.[170] Bei der Einführung des BMG im Jahr 2015 wurde von verschiedenen Seiten die Abschaffung der Hotelmeldepflicht gefordert mit der Begründung, es handele sich um eine „unverhältnismäßige, umfangreiche, verdachtslose Datenerhebung auf Vorrat".[171] Im Ergebnis hielt der Gesetzgeber aber an der besonderen Meldepflicht für Beherbergungsstätten fest und nahm lediglich kleinere Änderungen an der Regelung vor.

Sofern man die Verhältnismäßigkeit der in § 29 BMG geregelten besonderen Meldepflicht nicht insgesamt in Frage stellt, spricht vieles dafür, bei der Auslegung von § 29 BMG einen strengeren Maßstab anzulegen als bei § 14 GewO. Für die Zwecke der inneren Sicherheit dürfte es keinen Unterschied machen, ob die Beherbergung an einem Ort erfolgt, der die gewerberechtliche Bagatellschwelle überschreitet oder in einer im Rahmen der „Sharing Economy" angebotenen Privatunterkunft. Entscheidend ist, dass die Übernachtung nicht im rein privaten Kontext stattfindet, sondern der Anbieter einer „Beherbergungsstätte" für Fremde am Markt auftritt. Im Er-

---

schlossenen Gesetz zur Fortentwicklung des Meldewesens, http://www.bfdi.bund.de/SharedDocs/Publikationen/Entschliessungssammlung/DSBundLaender/83_84DSK_StellungnahmeMelderechtsreform.pdf, zuletzt abgerufen am 18. Mai 2018. Im Hinblick auf die polizeirechtliche Zwecksetzung von § 29 BMG werden darin auch Zweifel an der Gesetzgebungskompetenz des Bundes geäußert.

168 BGBl. I 1978 S. 1712.

169 Vgl. die Zusammenstellung der Gesetzesmaterialien zum Gesetz zur Änderung des Gesetzes über Personalausweise und zur Regelung der Meldepflicht in Beherbergungsstätten vom 6. November 1978, dipbt.bundestag.de/doc/gm/08/080115.pdf, zuletzt abgerufen am 20. Juni 2018.

170 BT-Drucksache 8/3825, S. 21.

171 Vgl. den Änderungsantrag der Fraktion Bündnis 90/Die Grünen, BT-Drucksache 18/2023. Siehe auch das Schreiben des Bundesbeauftragen für den Datenschutz an den Vorsitzenden des Innenausschusses des Deutschen Bundestages vom 27. April 2012, https://www.bfdi.bund.de/SharedDocs/VortraegeUndArbeitspapiere/SchreibenBTInnenausschuss_MeldFortG.html, zuletzt abgerufen am 18. Mai 2018.

gebnis dürfte § 29 BMG daher – entgegen der bisher gängigen Praxis im Meldewesen – auch auf die von natürlichen Personen auf Online-Vermittlungsportalen angebotenen Unterkünfte anzuwenden sein unabhängig von der gewerberechtlichen Einordnung.

b) Erfordernis der eigenhändigen Unterschrift

Bis zum Inkrafttreten des BMG am 1. November 2015 sah § 16 Abs. 1 S. 1 MRRG und die ergänzenden Regelungen der Landesmeldegesetze vor, dass der Hotelmeldeschein „handschriftlich auszufüllen und zu unterschreiben" war. Mit der Einführung der BMG wurde die Verpflichtung, den Meldeschein handschriftlich auszufüllen, aufgehoben. Gemäß § 29 Abs. 2 S. 1 BMG haben beherbergte Personen den besonderen Meldeschein nur noch „handschriftlich zu unterschreiben". Nach der Gesetzesbegründung berücksichtigt diese Änderung zum einen die verbreitete Praxis im Hotelgewerbe, in der häufig der Hotelmeldeschein auf Grundlage zuvor übermittelter Daten von Mitarbeitern der Beherbergungsstätte ausgefüllt wird. Durch das Festhalten an der Unterschrift sollte, wie die Gesetzesbegründung hervorhebt, zugleich Art. 45 Abs. 1 lit. a des Schengener Durchführungsübereinkommens (SDÜ)[172] Rechnung getragen werden.[173] Nach dieser Vorschrift verpflichten sich die Vertragsparteien des SDÜ, die erforderlichen Maßnahmen zu ergreifen, um sicherzustellen, dass „der Leiter einer Beherbergungsstätte oder seine Beauftragten darauf hinwirken, dass beherbergte Ausländer [...] Meldevordrucke eigenhändig ausfüllen und unterschreiben und sich dabei [...] durch Vorlage eines gültigen Identitätsdokuments ausweisen." Auch ein Vergleich mit den anderen Sprachfassungen des SDÜ bestätigt, dass sich das Erfordernis der Eigenhändigkeit sowohl auf das Ausfüllen des Meldeformulars als auch die Unterschrift bezieht.[174]

---

172 Schengener Durchführungsübereinkommen vom 19. Juni 1990, BAnz. 1990 Nummer 217a.

173 BR-Drs. 524/11, S. 78.

174 So heißt es etwa in der englischen Fassung „personally complete and sign registration forms". In der niederländischen Fassung ist von „eigenhandig de hotelfiches invullen en ondertekenen" die Rede. Etwas unklar ist dagegen die französische Fassung, in der es heißt „remplissent et signent personnellement les fiches de déclaration". Hier ist nicht eindeutig, ob sich das Adverb „personellement" sowohl auf die Verben „remplir" und „signer" oder lediglich auf „signer" bezieht.

Das Erfordernis der eigenhändigen Ausfüllung des Meldescheins und der eigenhändigen Unterschrift erfüllt hier primär eine Identitäts- und Authentizitätsfunktion. Der eigenhändige Schriftzug soll die Zuordnung des Meldescheins zu seinem Aussteller sicherstellen. Angesichts des klaren Wortlautes von Art. 45 Abs. 1 lit. a SDÜ erscheint es bereits zweifelhaft, ob § 29 Abs. 2 S. 1 BMG, der im Unterschied zur Vorgängerregelung nur noch am Erfordernis einer eigenhändigen Unterschrift festhält, mit den europarechtlichen Vorgaben aus Art. 45 Abs. 1 lit. a SDÜ vereinbar ist. Zu rechtfertigen wäre § 29 Abs. 2 S. 1 BMG allenfalls als eine teleologische Reduktion der Vorgabe aus Art. 45 Abs. 1 lit. a SDÜ. So ließe sich argumentieren, dass für die Identifizierung des Ausstellers anhand der persönlichen Schriftdynamik eine eigenhändige Unterschrift ausreichend ist. Eine gänzliche Streichung des Unterschriftserfordernisses dürfte jedenfalls derzeit nicht mit dem SDÜ vereinbar sein.

Im April 2016 hat sich der Ausschuss für Tourismus des deutschen Bundestages mit der Frage befasst, ob auf das Erfordernis einer eigenhändigen Unterschrift auf dem Meldeschein verzichtet werden kann.[175] Die Frage wurde unter Hinweis auf Art. 45 Abs. 1 lit. a SDÜ verneint.

Eine Streichung des Erfordernisses der eigenhändigen Unterschrift kann demnach wohl nur auf europäischer Ebene erfolgen. Zu erwägen wäre allerdings, ob eine elektronische Erfassung der Unterschrift auf einem elektronischen Schreibtablett (Signaturpad) ausreichend ist. Die Eingabe der Unterschrift auf einem Signaturpad erfüllt zwar, auch wenn sie eigenhändig erfolgt, nach wohl überwiegender Auffassung nicht die Schriftform i.S.d. § 126 Abs. 1 BGB.[176] Es dürfte insoweit insbesondere an der Abschlussfunktion der Unterschrift fehlen, da die Signatur auf einem elektronischen Schreibtablett räumlich getrennt von der Erklärung erfolgt. Für die spezifischen Zwecke der Hotelmeldepflicht, könnte eine Unterschrift auf einem Signaturpad jedoch ausreichend sein. Derartige Geräte können nämlich nicht nur das Bild der Unterschrift aufzeichnen, sondern auch die schriftliche Dynamik (Schreibgeschwindigkeit, Schreibrichtung, Beschleunigungen, Verlangsamungen und Schreibpausen). Anhand solcher Daten können Sachverständige die Urheberschaft der Unterschrift zuverlässig

175 Deutscher Bundestag, PuK 2 - Parlamentsnachrichten, Digitalisierung von Hotel-Anmeldungen, 27. April 2016, https://www.bundestag.de/presse/hib/201604/-/420656, zuletzt am 20. Juni 2018.

176 OLG München NJW 2012, 3584 (3585); BeckOGK/Hecht (Stand: 1. Juli 2017), § 126 BGB Rn. 42.

nachweisen.[177] Allerdings sind für die Sicherheitsbehörden neben Angaben zur Person auch deren Fingerspuren wertvolle Ermittlungsansätze. Diese würden bei Verwendung eines Signaturpads entfallen.

Beherbergungsstatistikgesetz

Das Gesetz zur Neuordnung der Statistik über die Beherbergung im Reiseverkehr (Beherbergungsstatistikgesetz, BeherbStatG) regelt die Durchführung statistischer Erhebungen über vorübergehende Beherbergungen. Danach sind Beherbergungsbetriebe zur Abgabe periodischer Berichte an die statistischen Landesämter u. a. über die Zahl der Übernachtungen von Gästen und die verfügbaren Gästezimmer verpflichtet. Diese Verpflichtung trifft gem. § 3 Abs. 1 S. 1 BeherbStatG allerdings nur Betriebe und Betriebsteile, die nach Einrichtung und Zweckbestimmung dazu dienen, mindestens zehn Gäste gleichzeitig vorübergehend zu beherbergen. Bei der weit überwiegenden Mehrzahl der Anbieter von Privatunterkünften dürfte diese Schwelle nicht überschritten sein.

5.6.2 Melderechtliche Pflichten in Österreich – Ein Exkurs

Ergänzend soll noch kurz auf die Rechtslage in Österreich eingegangen werden. Dort ist die Digitalisierung der Meldepflichten bereits weiter vorangeschritten als in Deutschland.

a) Meldegesetz

In Österreich ist der Inhaber eines Beherbergungsbetriebes gem. § 10 Abs. 1 Meldegesetz[178] (öMeldeG) verpflichtet, ein Gästeverzeichnis zu führen. Diese Verpflichtung trifft sowohl gewerbliche als auch private Anbieter von Unterkünften.[179] In das Gästeverzeichnis sind die vom Gast bei der

177 Schmitz, in: Stelkens/Bonk/Sachs, 8. Aufl. 2014, § 3a VwVfG Rn. 19a; s. auch Schmitz, Signaturpad Ersatz für Unterschrift?, NVwZ 2013, 410.

178 Bundesgesetz über das polizeiliche Meldewesen, BGBl. Nr. 9/1992, zuletzt geändert durch BGBl. I Nr. 120/2016.

179 https://www.wien.gv.at/arbeit-wirtschaft/privat-vermieten.html#meldepflicht, zuletzt abgerufen am 18. Mai 2018.

Anmeldung aufgenommenen Angaben einzutragen. Aufzunehmen sind gem. § 5 Abs. 1 öMeldeG Name, Geburtsdatum, Geschlecht, Staatsangehörigkeit, Herkunftsland, Adresse, Postleitzahl sowie bei ausländischen Gästen zusätzliche Daten aus dem vorzulegenden Reisedokument. Die Richtigkeit der Daten hat der Gast bei der Anmeldung mit seiner Unterschrift zu bestätigen.

Die Führung des Gästeverzeichnisses kann gem. § 19 Abs. 1 der Meldegesetz-Durchführungsverordnung[180] (öMeldeV) elektronisch oder in Papierform (in einer von der Meldebehörde signierten Gästeverzeichnissammlung) erfolgen. Wird das Gästeverzeichnis elektronisch geführt, so erfolgt die Einbringung der Daten gem. § 19 Abs. 2 öMeldeV durch (1) elektronische Einbringung mittels Scannen der in den Meldeschein eingetragenen Daten einschließlich der vom Gast geleisteten Unterschrift, (2) elektronisches Erfassen der Meldedaten und Übernahme der elektronisch erfassten Signatur (etwa auf einem Signaturpad) oder (3) durch elektronische Erbringung mit qualifizierter elektronischer Signatur.

b) Tourismusstatistik-Verordnung

Nach der Tourismusstatistik-Verordnung[181] sind Anbieter von Unterkünften verpflichtet, die Zahl ihrer Gäste und deren Übernachtungen monatlich an die Gemeinde zu übermitteln. Die Verordnung gilt explizit auch für „private Beherbergungsbetriebe", d. h. solche Beherbergungsbetriebe, die bis zu zehn Gästebetten bereitstellen und nicht der Gewerbeordnung unterliegen. Als Beispiele nennt § 2 Nr. 5 Tourismusstatistik-Verordnung u. a. Privatzimmervermietung sowie Vermietung von Ferienhäusern und -wohnungen. Die Ankunfts- und Nächtigungszahlen sind nach dem Herkunftsland der Gäste aufzuschlüsseln. Sofern in der Erhebungsgemeinde die technischen Voraussetzungen gegeben sind, erfolgt die Übermittlung der monatlichen Nächtigungsstatistik und der jährlichen Bestandsstatistik elektronisch (§ 8 Abs. 1 Tourismusstatistik-Verordnung).[182]

180 Verordnung des Bundesministers für Inneres über die Durchführung des Meldegesetzes, BGBl. II Nr. 66/2002, zuletzt geändert durch BGBl. II Nr. 88/2017.

181 Verordnung des Bundesministers für Wirtschaft, Familie und Jugend über die Statistik im Bereich des Tourismus, BGBl. II Nr. 498/2002, zuletzt geändert durch BGBl. II Nr. 24/2012.

182 https://www.wien.gv.at/amtshelfer/wirtschaft/gewerbe/meldepflicht/tourismus/statistik/naechtigungsstatistik.html, zuletzt abgerufen am 18. Mai 2018.

6 Vorschläge für Reallabore im Unterkunftssektor der Sharing Economy

Die Effekte eines regulatorischen Eingriffs in einen Markt lassen sich vorab oft nur schwer bestimmen. Ein Instrument zur Behebung dieser Problematik stellen Reallabore dar. Für den Unterkunftssektor der Sharing Economy werden im Folgenden Vorschläge für solche Reallabore in Deutschland gemacht.

6.1 Reallabore – Definition und Merkmale

Im deutschsprachigen Raum fand der Begriff „Reallabor" zum ersten Mal im Ausschuss des Bundestages „Bildung, Forschung und Technikfolgenabschätzung" im Jahr 2012 Erwähnung. Ab 2013 wurden die ersten wissenschaftlichen Aufsätze zum Konzept des Reallabors publiziert. Zu nennen sind hier zum Beispiel Flander et al. 2014; Schäpke et al. 2015; Schneidewind 2014; Schneidewind und Scheck 2013; Schneidewind und Singer-Brodowski 2013; Wagner 2014 sowie Wagner und Grunwald 2015. Große Bekanntheit erlangte das Konzept insbesondere durch den Strategieprozess „Wissenschaft für Nachhaltigkeit" der Landesregierung von Baden-Württemberg. In diesem Kontext wurde 2012 eine Expertengruppe einberufen, die in ihrem Bericht Empfehlungen an die Landesregierung erarbeitet hat, wie Wandel durch Wissenschaft sowie Wandel in der Wissenschaft erreicht werden kann. Die Expertenkommission schlug die Einrichtung von Reallaboren als zentrales Instrument vor (Wagner, 2017, 81).

Obwohl die Bedeutung von Reallaboren als Forschungsansatz innerhalb der letzten Jahre gewachsen ist, fehlt eine allgemein anerkannte oder auch nur „breit getragene" Definition dafür (Schäpke et al., 2015, 282).

Für das vorliegende Forschungsgutachten wird die Definition von Reallaboren des Bundesministeriums für Wirtschaft und Energie zugrunde gelegt. Danach sind Reallabore zeitlich und räumlich begrenzte sowie rechtlich abgesicherte Experimentierräume, die eine Erprobung des Zusammenspiels von vorwiegend digitalen Innovationen und Regulierung unter realen Marktbedingungen zum Ziel haben (BMWi, 2017c). Im Fokus der Reallabore stehen neben Praxistests für Technologien und Geschäftsmodelle auch die Überprüfung aktueller und die Erprobung neuer Regulierungsmaßnahmen, zum Beispiel in Bezug auf Effektivität, im Vordergrund (Hielscher, 2017, 1ff.). Da die Durchsetzung der Regulierung in der Sharing Economy im Unterkunftssektor nicht nur durch die Implementierung neuer Gesetze erfolgen kann, die Vermittlungsplattformen neue Pflichten auferlegen, sondern auch durch Kooperationen (freiwillige, vertragliche Vereinbarungen) zwischen der öffentlichen Verwaltung und den Vermittlungsplattformen, möchten wir die Definition von Reallaboren des BMWi um die Erprobung neuer Kooperationen zwischen der öffentlichen Verwaltung und Unternehmen erweitern.

Die Ausgestaltung von Reallaboren hängt maßgeblich von den spezifischen Technologien und Geschäftsmodellen bzw. dem zu untersuchenden Regulierungsrahmen ab (Hielscher, 2017, 2). Da derzeit einheitliche (wissenschaftliche und administrative) Standards für die Einrichtung von Reallaboren nicht existieren, hat das BMWi ein Forschungsgutachten in Auftrag gegeben, dessen Ziel es unter anderem ist, konkrete Orientierungshilfe zur Einrichtung von Reallaboren durch die Verwaltung („Leitfaden") zu erstellen. In dem Leitfaden soll verschriftlicht werden, welche Schritte für die Einrichtung von Reallaboren zu welchem Zeitpunkt vorzunehmen sind, was zu beachten ist und wer einzubinden ist (BMWi, 2017c). Daher beschränken sich die Darstellungen in den folgenden Abschnitten lediglich auf die Erarbeitung von Ideen für mögliche Reallabore.

6.2 *Vorschlag 1: Einziehung und Abführung von Steuern durch Airbnb*

Eine Möglichkeit, Steuergerechtigkeit in der Steuererhebung durchzusetzen ist es – wie in Kapitel 5.2.2 dargestellt – die Vermittlungsplattformen mit der Einziehung und Abführung der Steuer zu betrauen. Diese Option ist in der Praxis insbesondere bei der Abführung von Tourismussteuern bzw. -abgaben von Bedeutung. In Deutschland hat kürzlich Dortmund als erste Stadt eine Beherbergungsabgaben-Vereinbarung mit Airbnb unterzeichnet. Danach verpflichtet sich die Vermittlungsplattform ab dem 1. Januar 2018 bei jeder Buchung, die Beherbergungsabgabe in Höhe von 7,5 Prozent des Übernachtungspreises automatisiert beim Gast abzurechnen und an die Stadt Dortmund auszuschütten. Da Dortmund damit eine Vorreiterrolle in Deutschland übernommen hat, könnten die Erfahrungen der Stadt bei der Vorbereitung, Verhandlung und Umsetzung der Vereinbarungen mit Airbnb sehr wertvoll sein, um Wettbewerbsverzerrungen durch die Ungleichheit bei der Durchsetzung der Steuerpflicht entgegenzuwirken. Das Ziel eines Reallabors in Dortmund könnte zum einen die wissenschaftliche Auswertung der Zusammenarbeit zwischen der öffentlichen Verwaltung und Airbnb in den verschiedenen Projektphasen, genauer gesagt der Vorbereitung, Verhandlung und Umsetzung der Vereinbarung mit Airbnb, sein sowie die Dokumentation der Ergebnisse. Ferner ist zu überlegen, inwieweit im Rahmen des Reallabors auch internationale Erfahrung eine Rolle spielen kann bzw. soll. Schließlich hat Airbnb nach eigenen Angaben bereits über 310 solcher Kooperationen weltweit geschlossen.

Aufbauend auf den daraus gewonnenen Ergebnissen kann das Reallabor zum anderen dazu benutzt werden, die Verbreitung derartiger Kooperationsvereinbarungen zu forcieren, in dem es interessierte Kommunen bei der Vorbereitung, Verhandlung und Umsetzung von Vereinbarungen mit Vermittlungsplattformen zur Einziehung und Abführung von kommunalen Steuern und Abgaben unterstützt. Auf diese Weise können die Erkenntnisse, die Dortmund bei der Vorbereitung, Verhandlung und Umsetzung der Kooperationsvereinbarung mit Airbnb gemacht hat, z. B. durch die Ausrichtung von Workshops durch Mitarbeiter der Dortmunder Verwaltung, in andere deutsche Kommunen getragen werden und dabei helfen, die Vorbereitung, Verhandlung und Umsetzung derartiger Kooperationsvereinbarungen mit Vermittlungsplattformen effizienter und effektiver zu gestalten.

Mögliche Fragestellungen, die im Rahmen der ersten Reallaborphase analysiert werden könnten, sind folgende:

- Was war besonders kritisch für das Zustandekommen der Kooperation mit der Vermittlungsplattform? Welche juristischen, organisatorischen und technischen Hürden galt es zu überwinden? Wie wurden die Hürden überwunden?
- Welche Daten erhält die Stadt von Airbnb im Rahmen der Zusammenarbeit? Wie erhält die Stadt die Daten von Airbnb und wie oft?
- Wird Airbnb für die Dienstleistung von der Stadt Dortmund entlohnt? Wenn ja, stehen die Ausgaben der Stadt Dortmund im Verhältnis zu den Einnahmen? Welche Vergütungsmodelle gibt es; welche sind geeignet, das Verlustrisiko für die Verwaltung zu minimieren?
- Hat Airbnb seit der Einführung der Vereinbarung einen Rückgang beim Angebot und der Nachfrage nach Privatunterkünften feststellen können, der sich z. B. durch das Ausweichen der Plattformnutzer auf andere Sharing-Plattformen erklären lässt?
- Wieviel Zeit wurde für die Vorbereitung, Verhandlung und Umsetzung der Kooperationsvereinbarungen mit der Vermittlungsplattform benötigt?

- Wie sieht/sollte das Monitoring der Kooperationsvereinbarung aus/aussehen?
- Kann die Kooperationsvereinbarung der Stadt mit der Vermittlungsplattform fortentwickelt werden?

Um die Bereitschaft Dortmunds zu erhöhen, an dem Reallabor zu partizipieren, sind Anreize zu setzen. Sollte Dortmund die Zusammenarbeit dennoch ausschlagen, ist zu prüfen, ob andere Städte in Deutschland, die zurzeit mit Airbnb Verhandlungen führen, interessiert sind, ihre Erfahrungen zu teilen.

6.3 Vorschlag 2: Einführung einer Registrierungspflicht

Neben der Erprobung einer Kooperation zwischen der öffentlichen Verwaltung und den Vermittlungsplattformen in Form der Einziehung und Abführung von Steuern möchten wir auch die Erprobung einer neuen Regulierungsmaßnahme in Form einer Registrierungspflicht mit der Vergabe einer Identifikationsnummer pro Vermieterin und Vermieter und Wohnung, für ein Reallabor vorschlagen. Die Registrierungspflicht sollte nach Möglichkeit für alle Vermieterinnen und Vermieter gelten, und zwar unabhängig davon, ob sie eine gesamte oder nur einen Teil der Wohnung als Ferienunterkunft anbieten. Die Identifikationsnummer ist von den Vermieterinnen und Vermietern bei jeder Annonce auf Vermittlungsplattformen gut sichtbar anzugeben. Die Erprobung der Registrierungspflicht ist insofern wichtig, da sie durch Beseitigung der Anonymität die Möglichkeit der Angebotsrückverfolgung bietet und so gegebenenfalls zur Disziplinierung der Vermieterinnen und Vermieter z. B. im Hinblick auf Steuerehrlichkeit oder die Einhaltung der Schwellenwerte, die im Rahmen der Zweckentfremdungsverbote verschriftlicht sind, beitragen kann. Zusätzlich können durch die Registrierungspflicht angebots- und nachfrageseitige Daten und Informationen generiert werden, die grundlegend für eine evidenzbasierte Regulierung sind; nähere Ausführungen hierzu finden sich später im Kapitel.

Die Registrierungspflicht kann jedoch nicht nur zur Steuerehrlichkeit, der Verhinderung der Umwidmung von Wohnraum in Ferienunterkünfte sowie der Generierung von Daten beitragen, sondern auch eine Markteintrittsbarriere für potenzielle Gastgeberinnen und Gastgeber darstellen, da sie mit einem Aufwand für sie verbunden ist. Ein Reallabor kann auch hier dazu beitragen, zu überprüfen, ob bzw. in welchem Umfang dies zutrifft.

Die Anmeldung bzw. Registrierung der Vermieterinnen und Vermieter könnte bei der örtlich zuständigen Behörde erfolgen. Dabei müsste eine eindeutige und für alle Vermittlungsplattformen identische Identifikationsnummer erteilt werden. Um die Registrierungspflicht durchzusetzen, wäre es von Vorteil, wenn nur Annoncen ordnungsgemäß registrierter Vermieterinnen bzw. Vermieter auf den einschlägigen Vermittlungsplattformen angezeigt werden.

Da digitale Technologien große Chancen bieten, öffentliche Aufgaben effizienter zu erbringen (Beck et al. 2017)[183], ist zu prüfen, inwieweit im Falle einer behördlichen Registrierungspflicht die Registrierung als Online-Verwaltungsdienstleistung den Anbieterinnen und Anbietern von Privatunterkünften bereitgestellt werden kann. Auf diese Weise lässt sich nicht nur der Aufwand der zuständigen Behörden reduzieren. Auch mögliche Markteintrittsbarrieren für neue Vermittlungsplattformen und Anbieter von Ferienunterkünften werden dadurch verringert.

Für das Reallabor sollte eine Stadt in Deutschland gewählt werden, die zum einen vergleichsweise viele Angebote im Unterkunftssektor der Sharing Economy verzeichnet, zum anderen die Vermietung einer Gesamtwohnung als Ferienunterkunft zumindest für einen begrenzten Zeitraum erlaubt. Diese Voraussetzungen erfüllen z. B. die Städte München und Frankfurt am Main: Wie aus der Tabelle 3-3 hervorgeht, gehörten am 1. Januar 2017 München mit Rang 2 und Frankfurt mit Rang 6 zu den Top-10-Städten in Deutschland im Hinblick auf die Anzahl der aktiven Inserate „Gesamte Unterkunft“ pro Gastgebenden. Darüber hinaus dürfen sowohl in München als auch in Frankfurt Gesamtwohnungen temporär als Ferienunterkunft vermietet werden. In München dürfen diese laut Art. 1 Satz 2 Nr. 3 ZwEWG an acht Wochen im Kalenderjahr für Zwecke der Fremdenbeherbergung genutzt werden, in Frankfurt ist gemäß § 6 Abs. 1 Nr. 2 i.V.m. § 6 Abs. 2 Ferienwohnungssatzung die Überlassung der gesamten Wohnung an wechselnde Nutzer ebenfalls bis zu acht Wochen pro Kalenderjahr zulässig.

Im Zuge der Registrierung können, wie zu Beginn des Kapitels erwähnt, angebots- und nachfrageseitige Daten und Informationen generiert werden. So besteht die Möglichkeit, den Typ der Unterkunft (ganze Unterkunft versus Privatzimmer versus geteiltes Zimmer) und die Anzahl an verfügbaren Schlafplätzen zu erfragen. Dies würde die Aussagen darüber er-

183 Beck, Hilgers, Krcmar et al. (2017), Digitale Transformation der Verwaltung Empfehlungen für eine gesamtstaatliche Strategie, Bertelsmann Stiftung, Gütersloh.

möglichen, wie groß das Angebot der Sharing Economy im Unterkunftssektor im Vergleich zum Angebot anderer Typen von Unterkünften – wie Hotels – ist. In Kombination mit der Anschrift der Immobilie könnte in Erfahrung gebracht werden, wie viele Anbieter mehr als eine Wohnung in der Stadt als Ferienunterkunft vermieten. Ferner könnte analysiert werden, in welchen Stadtvierteln besonders viele Wohnungen im Rahmen der Kurzzeitvermietung angeboten werden. Durch die Errichtung eines Bürgerbüros, das Beschwerden der Nachbarn und Anwohner z. B. zu Lärmbelästigung durch Touristen bearbeitet, könnte untersucht werden, inwieweit das Vordringen der Touristen in Wohngebiete zur Beeinträchtigung der Lebensqualität bei der Stadtbevölkerung führt. Um zu analysieren, ob die Registrierungspflicht potenzielle Gastgeberinnen und Gastgeber vom Markteintritt abhält, wäre eine Zusammenarbeit mit den Sharing-Plattformen zu Beginn des Reallabors wünschenswert. Sie müssten Daten/Informationen über die Anzahl der Angebote vor Implementierung der Registrierungspflicht liefern. Eine andere Möglichkeit diese Daten zu erhalten, besteht im Webscraping (vgl. dazu auch Kapitel 7.3).

Ist eine regelmäßige Erneuerung der Registrierung angedacht, lassen sich im Rahmen dieser Meldung weitere Daten erfragen, die z. B. zusätzlich Rückschlüsse auf die Entwicklung der Nachfrage nach Sharing-Unterkünften ermöglichen. Dazu gehören etwa Daten zur Anzahl der gebuchten Übernachtungen sowie der Anzahl der Gäste im vergangenen Jahr.

6.4 Vorschlag 3: Erprobung von Schwellenwerten

Viele Städte, so auch München und Frankfurt am Main, legen Schwellenwerte in Form von maximal zulässigen Vermietungstagen pro Jahr fest, um den Sachverhalt der Zweckentfremdung zu definieren. Dabei bleibt oft unklar, wie die Schwellenwerte ermittelt bzw. auf welche Art und Weise sie berechnet werden, sodass in der Öffentlichkeit der Eindruck der Willkür entsteht. Vor diesem Hintergrund möchten wir die Erprobung von Schwellenwerten im Rahmen eines Reallabors vorschlagen, die in Anlehnung an das Rechenbeispiel in der Tabelle 5-2 ermittelt werden, allerdings unter Berücksichtigung der Kosten der Lang- und Kurzzeitvermietung, die es dafür selbstverständlich vorher zu ermitteln gilt. Andernfalls besteht die Gefahr, dass die Gewinnrealisierungsmöglichkeiten der Langzeit- und Kurzzeitvermietung überschätzt werden und der Indifferenzwert verzerrt ermittelt wird.

Ziel des Reallabors wäre die Eruierung der Wirkung von Schwellenwerten sowohl auf das Angebot an Wohnungen, die über Vermittlungsplattformen als Ferienunterkunft angeboten werden, als auch auf die Nachfrage nach solchen. Eine signifikante Angebots- und Nachfrageerweiterung in Folge einer Erhöhung von Schwellenwerten sollte als Anlass für eine detaillierte Untersuchung der Angebotsseite verstanden werden, um in Erfahrung zu bringen, ob z. B. bei der Berechnung der Indifferenzwerte die Kosten in der richtigen Höhe veranschlagt wurden, es sich also lediglich um die Ausweitung der Gelegenheitsvermietung handelt oder professionalisierte Vermietungstätigkeit an Bedeutung gewonnen hat. Durch die Berechnung der Schwellenwerte z. B. auf Stadtbezirksebene, die vermutlich zu einer Differenzierung der Schwellenwerte führt, könnte darüber hinaus untersucht werden, inwieweit sie sich als Instrument zur Steuerung der Touristenströme eignen bzw. inwiefern sie geeignet sind, dem Problem des Leerstands zu begegnen oder die Attraktivität einzelner Stadtviertel zu erhöhen.

Das Reallabor zur Erprobung der Schwellenwerte sollte nach Möglichkeit als Erweiterung der Reallabore zur Erprobung der Registrierungspflicht in München oder Frankfurt am Main verstanden werden. Die Erweiterung des Reallabors sollte allerdings erst erfolgen, wenn dort eine solide Daten- und Informationsbasis unter Zugrundelegung der gegenwärtigen Schwellenwerte von acht Wochen generiert wurde, sodass eine Zeitreihenanalyse durchführbar wird.

Zur Durchsetzung der Schwellenwerte wäre eine Einbeziehung der Plattformen in die Regulierung wünschenswerte. Sie könnten helfen, die Grenzwerte, wie z. B. in Amsterdam, London oder Paris, durchzusetzen, in dem sie die Vermieterinnen und Vermieter über das Erreichen dieser informieren oder die Inserate deaktivieren.

Dass die Registrierungspflicht in Kombination mit der Daten- und Informationsabfrage weiterhin bestehen muss, versteht sich von selbst, da die so generierten Daten- und Informationen erforderlich sind, um die Wirkung der Schwellenwerte z. B. im Hinblick auf die Angebots- und Nachfrageveränderung beurteilen zu können. Um die Belastbarkeit der Daten- und Informationsbasis zu erhöhen, könnte ergänzend Webscraping herangezogen werden.

7 Neue Daten

Wie in den ersten Kapiteln dieser Studie deutlich wurde, ermöglicht die Nichterfassung der Sharing Economy als solche in den amtlichen Daten lediglich eine eingeschränkte empirische Analyse. Dadurch wird ebenfalls das Ableiten von regulatorischem Handlungsbedarf auf Basis einer eindeutigen empirischen Evidenz erschwert. Die wenigen Daten zur Sharing Economy, die etwa in dieser Studie analysiert werden, sind aufwendig zu erfassen und stellen jeweils nur Momentaufnahmen dar, die sich in einem so dynamischen Sektor wie der Sharing Economy schnell verändern. Eine bessere Datenlage würde zu einer geschärften Wahrnehmung der tatsächlichen Bedeutung der Sharing Economy im Wirtschaftsraum Deutschland beitragen und damit den mit ihr verbundenen Überlegungen zu Regulierungsbedarfen eine quantitative Grundlage bieten.

Im Folgenden werden verschiedene Optionen für eine Verbesserung der Datenlage diskutiert. Aufgrund der Heterogenität der Sharing Economy und ihrer Sektoren (vgl. Kapitel 2) wird dabei schwerpunktmäßig der Unterkunftssektor betrachtet. Dies erscheint vor dem Hintergrund des Schwerpunkts dieser Studie sowie der politischen Diskussion zu möglicher Regulierung in der Sharing Economy sinnvoll.

7.1 Anforderungen an die Datenerfassung

An die Erhebung von Daten zum Unterkunftssektor der Sharing Economy sind grundsätzlich folgende Anforderungen zu stellen, insbesondere, wenn es um amtliche Daten geht:

- Die Daten müssen zweckmäßig sein. Eine Erhebung von Daten ist immer mit Aufwand verbunden. Um diesen möglichst gering zu halten, ist vorab zu klären, welche konkreten Fragen mit den Daten beantwortet werden sollen. Die Erhebung der Daten sollte sich dann an diesen orientieren, damit nur so viele Daten erhoben werden wie notwendig.
- Die Datenerhebung muss regelmäßig erfolgen. Die Sharing Economy ist ein zumindest in Teilbereichen schnell wachsender Wirtschaftsbereich (s. Abbildung 1-1), der sich dynamisch verändert. Um ihre Entwicklung quantitativ begleiten und bewerten zu können, ist daher eine regelmäßige Erhebung der gleichen Indikatoren bedeutsam.

- Die Daten müssen qualitativ hochwertig sein. Um die derzeitige Datenlage zu verbessern, muss gewährleistet werden, dass die Qualität der erfassten Daten dauerhaft hoch ist, sodass diese zu verschiedenen Verwendungszwecken, etwa in Politik oder Wissenschaft, eingesetzt werden können. Eine amtliche Erfassung der Daten ist dabei denkbar, aber nicht der einzige gangbare Weg. Auch eine regelmäßige, öffentlich geförderte Erhebung durch Auftragnehmer ist denkbar, wenn diese auf Dauer angelegt ist.
- Die Datenerhebung sollte einfach sein. Bei den Anbieterinnen und Anbietern wie auch den Nachfragerinnen und Nachfragern im Unterkunftssektor der Sharing Economy handelt es sich meist um Personen, die nur gelegentlich aktiv sind. Sollten sie in die Datenerhebung eingebunden werden müssen, ist diese möglichst einfach und knapp zu halten, um niemanden von der Beteiligung an der Sharing Economy abzuhalten. Auch wenn Daten bei den Sharing-Plattformen erhoben werden sollten, gilt dieser Grundsatz, damit keine Barrieren für Marktzutritte kleiner Wettbewerber geschaffen werden.
- Kosten und Nutzen der Datenerhebung müssen abgewogen werden. Es ist zu berücksichtigen, dass je nach zu erhebendem Indikator nicht nur die Sharing Economy in ihrer in dieser Studie verwendeten Definition von einer Datenerhebung erfasst wird, sondern möglicherweise auch andere Bereiche des Tourismussektors, wie etwa Ferienhäuser und -wohnungen. Dies kann zwar den Aufwand bei der Erhebung von Daten erhöhen, möglicherweise aber auch die Aussagekraft bestimmter Daten steigern. Beides ist vor einer Erhebung für alle davon betroffenen Wirtschaftsbereiche gegeneinander abzuwägen.

Die Erfassung neuer Daten zur Sharing Economy kann kein Selbstzweck sein, sondern muss ein festgelegtes Ziel verfolgen (erste Anforderung). Dieses Ziel kann in Bezug auf den Unterkunftssektor vielfältig sein. Im Folgenden werden zwei mögliche Ziele und die dafür zur Verfügung stehenden Datenerfassungsmethoden kurz erläutert.

7.2 *Ziel: Erfassung des Beitrags der Sharing Economy zum Wohlstand*

Die Sharing Economy als eine Ausprägung der digitalen Transformation wird von den derzeitigen Wirtschaftsstatistiken hinsichtlich ihrer Wirkung auf Produktion, Konsum und letztlich auch Wohlstand möglicherweise noch nicht ausreichend erfasst (Brümmerhoff/Grömling, 2017, 26f.). Dies betrifft primär Leistungen zwischen Haushalten, die unentgeltlich erfolgen (die so genannte Haushaltsökonomie). Ein Beispiel dafür wäre die entgeltfreie Bereitstellung einer Unterkunft über eine Sharing-Plattform. Aber auch möglicherweise gegen geringes Entgelt zur Verfügung gestellte Unterkünfte könnten nicht erfasst sein. Ziel einer statistischen Erfassung auch solcher Leistungen im Rahmen der Volkswirtschaftlichen Gesamtrechnungen (VGR) ist die korrekte Berechnung der Leistungskraft der Volkswirtschaft. Die Haushaltsökonomie führt zu Wohlstandsgewinnen, die in der aktuellen VGR noch nicht abgebildet werden können.

Um diesem Umstand Rechnung zu tragen, bietet sich die Einrichtung eines entsprechenden Satellitensystems der VGR an (Brümmerhoff/Grömling, 2017, 27). Satellitensysteme stellen Sachverhalte anhand von Daten gesondert dar und besitzen meist eine deutlich höhere Gliederungstiefe als die Daten der VGR. Ihre Anwendung hat gegenüber der Alternative, einer Ausdehnung des Produktionsbegriffs in der VGR, den Vorteil, dass sie quasi einen Experimentierraum darstellt. Die Erfassung kann zunächst erprobt und die Datenqualität verbessert werden, bevor die Daten in die VGR übernommen werden. Gerade für neue Sektoren ist eine solche Vorgehensweise sinnvoll. Für den Tourismus-Sektor ist 2012 ein solches Satellitenkonto erstmals erstellt worden (BMWi, 2012). Weder in dieser Analyse noch in der nachfolgenden aus dem Jahr 2017 (BMWi, 2017a) wurde die Sharing Economy im Unterkunftssektor jedoch explizit berücksichtigt. Letztere erläutert zwar grundsätzlich, dass die Sharing Economy sowohl die Wertschöpfung erhöhen als auch zumindest in andere Sektoren verschieben kann (ebenda, 37 f.). Ersteres ist der Fall, wenn die Sharing Economy und herkömmliche Übernachtungsleistungen Komplemente sind, letzteres tritt bei Substituten auf. Insgesamt wird die Sharing Economy im Betrachtungsjahr 2015 als noch unbedeutend bewertet (ebenda, 39).

Um die Sharing Economy im Unterkunftssektor in ein VGR-Satellitenkonto aufzunehmen, müsste ihre Relevanz quantitativ erfasst werden. Konkret könnte eine solche Erfassung über die Zeitverwendungserhebung der privaten Haushalte (Maier, 2014) erfolgen, in der nach Sharing-Leistungen gefragt werden könnte. Die Ergebnisse würden anschließend hochgerechnet. Bislang wurde eine solche Erhebung dreimal, in den Jahren 1991/1992, 2001/2002 und 2012/2013 durchgeführt. Eher nachteilig sind bei diesem Verfahren die langen Abstände zwischen den Erhebungen, die Veränderungen erst spät erfassen können. Eine ähnliche Alternative dazu, die in der VGR bereits eingesetzt wird, ist die Einkommens- und Verbrauchsstichprobe (EVS). Bei dieser geben Privathaushalte alle fünf Jahre freiwillig Auskunft zu ihren Einnahmen und Ausgaben (Statistisches Bundesamt, 2017g, 5). Zwar ließen sich Angebot und Nachfrage nach Sharing-

Unterkünften auf diese Weise erfassen. Die vergleichsweise großen Abstände zwischen den einzelnen Erhebungen würden jedoch zu ähnlichen Herausforderungen führen, wie diejenigen, welche mit der Zeitverwendungsrechnung einhergingen.

Daneben gibt es andere Verfahren, die der Schätzung des Wertes digitaler Leistungen dienen. Dazu zählen die Konsumentenrente für das Internet und die Berechnung von Opportunitätskosten. Bei ersterem wird der Wert einer Leistung danach berechnet, welche Ersparnis die digitale Leistungserbringung oder deren Vermittlung im Vergleich zur analogen gebracht hat (Brynjolfsson/McAfee, 2014, 114). Letzteres schätzt auf Basis der im Internet verbrachten Zeit und einem repräsentativen Arbeitslohn den Verdienst, der möglich gewesen wäre, wenn die Zeit nicht online verbracht worden wäre (Brümmerhoff/Grömling, 2017).

Allgemein lässt sich festhalten, dass in Bezug auf den Unterkunftssektor der Sharing Economy nur ein Teil des Homesharings bislang nicht in der VGR enthalten ist (Ahmad/Schreyer, 2016, 7 f.). Der Wert der Nutzung einer Wohnung wird bereits erfasst. Anders sieht das bei den mit Homesharing typischerweise verbundenen Preisaufschlägen für die kurzfristige Nutzung sowie den damit möglicherweise verbundenen Dienstleistungen (zum Beispiel Reinigung) aus. Die Gebühren der Plattformen wiederum sind in der VGR enthalten.

7.3 *Ziel: Erfassung der Größe der Sharing Economy im Unterkunftssektor*

Die Bedeutung und das Wachstum der Sharing Economy im Unterkunftssektor lassen sich bislang nur anhand von Daten zu einzelnen Unternehmen erfassen. Um eine umfassende Betrachtung zu ermöglichen, ist die Erschließung neuer Datenquellen notwendig. Die dabei erfassten Indikatoren können je nach Verfahren unterschiedlich sein. Unter anderem sind folgende Wege denkbar, die im Folgenden jeweils kurz thematisiert werden:

- Erfassung von Daten auf Basis der Beherbergungsstatistik
- Erfassung von Daten über eine Registrierungspflicht
- Erfassung von Daten im Rahmen bestehender regelmäßiger Erhebungen
- Neue Methoden zur Datenerfassung

7.3.1 Erfassung von Daten auf Basis der Beherbergungsstatistik

Für einen Teil des Unterkunftssektors insgesamt, nämlich die so genannten Beherbergungsbetriebe, werden gemäß dem Beherbergungsstatistikgesetz (BeherbStatG) statistische Erhebungen auf Bundesebene durchgeführt, die eine Einschätzung der Relevanz und Entwicklung dieses Sektors ermöglichen. Zu den Beherbergungsbetrieben zählen dabei alle „Betriebe und Betriebsteile, die nach Einrichtung und Zweckbestimmung dazu dienen, mindestens zehn Gäste gleichzeitig vorübergehend zu beherbergen. Bei Campingplätzen müssen mindestens zehn Stellplätze vorhanden sein." (§ 3 (1) BerherbStatG). Erfasst werden Hotels, größere Pensionen, Campingplätze sowie andere größere Ferienunterkünfte wie etwa große Ferienhäuser. Darüber hinaus gilt das Gesetz auch für Schulungsheime und Vorsorge- und Rehabilitationskliniken. Erhoben werden dann unter anderem Indikatoren wie die Anzahl der Übernachtungen und die Anzahl der Gäste, bei ausländischen Gästen das Herkunftsland der Gäste, die Anzahl der angebotenen Gästebetten und bei Hotels, Pensionen und ähnlichem auch die Anzahl der Gästezimmer (§ 4 BerherbStatG). Die Erhebung erfolgt monatlich, bei einigen Indikatoren auch nur jährlich (§ 2 BerherbStatG). Es besteht Auskunftspflicht (§ 6 BeherbStatG).

Die Beherbergungsstatistik ermöglicht für einen Teil des Unterkunftssektors eine sehr gute Datenlage, die regelmäßig fortgeschrieben wird. Die Sharing Economy im Unterkunftssektor wird genauso wenig erfasst wie der Großteil des Ferienhaus- und Ferienwohnungsmarktes oder kleinere Pensionen (siehe auch Kapitel 3.2). Zwar würden die in der Beherbergungsstatistik erhobenen Informationen auch für die Sharing Economy im Unterkunftssektor relevante Informationen bringen, aber vor dem Hintergrund der anderen bis dato nicht erfassten Bereiche erscheint eine ausschließliche Ergänzung der Sharing Economy weder zielführend, noch begründbar. Wenn eine Anpassung der Beherbergungsstatistik durchgeführt werden sollte, wären auch andere Bereiche des Unterkunftssektors zu integrieren, darunter kleinere Pensionen und Ferienhäuser und -wohnungen. Dies käme in Anbetracht des Zieles, (nur) die Sharing Economy genauer zu erfassen, einer deutlichen Übererfassung gleich.

Damit einhergehen würde zudem ein erheblicher Mehraufwand für einen großen Teil des Unterkunftssektors, der aufgrund der geringen Größe der einzelnen Unterkünfte für die Anbieterinnen und Anbieter unverhältnismäßig wäre. Es ist davon auszugehen, dass in den verschiedenen, dann neu erfassten Bereichen Anbieterinnen und Anbieter sogar aufgrund des bürokratischen Aufwands von ihren Aktivitäten abgeschreckt werden.

Grundsätzlich ließe sich der mit Erhebung von Daten für die Beherbergungsstatistik verbundene Aufwand reduzieren, indem der Abstand zwischen den einzelnen Befragungszeitpunkten vergrößert und die Anzahl abgefragter Variablen verringert würde. Dennoch bliebe die Tatsache, dass nicht nur die Sharing Economy, sondern auch weite sonstige Teile des Unterkunftssektors von einer solchen Erhebung betroffen wären.

Darüber hinaus liegt nahe, dass auch bei den Daten erfassenden Institutionen, dem Statistischen Bundesamt beziehungsweise den Statistischen Ämtern der Länder, durch die Einbeziehung des gesamten Unterkunftssektors ein deutlicher Mehraufwand entstehen würde. Diesem müsste bei konstanten Ressourcen dieser Institutionen möglicherweise eine Reduktion von anderen Datenerhebungen gegenüberstehen, um überhaupt eine neue Datenerhebung zu ermöglichen. Auch die Umsetzung einer solchen Reduktion würde sicherlich eine große Herausforderung darstellen.

7.3.2 Erfassung von Daten über eine Registrierungspflicht

Die im vorigen Abschnitt erläuterten Herausforderungen bei einer Ausweitung der Beherbergungsstatistik ließen sich umgehen, wenn im Rahmen einer Registrierungspflicht für Sharing-Anbieterinnen und -Anbieter (vgl. Kapitel 5.1 beziehungsweise 6.3) ausschließlich bei diesen Daten erhoben würden. Diese könnten dann genutzt werden, um die Relevanz der Sharing Economy im Unterkunftssektor genauer zu bestimmen und deren Entwicklung zu beobachten. Die Registrierungspflicht selbst stellt zwar einen bürokratischen Mehraufwand für die Anbieterinnen und Anbieter von Homesharing dar, die zusätzliche Datenerhebung würde diesen je nach Ausgestaltung jedoch kaum erhöhen. Unter der Annahme, dass einige Anbieterinnen und Anbieter ihre Homesharing-Angebote auf mehreren Plattformen einstellen, ist bedeutsam, dass sowohl sie selbst als auch ihre Angebote eindeutig identifizierbar sind. Die Voraussetzung dafür stellt eine Registrierungsnummer für die Anbieterinnen und Anbieter sowie eine Identifikationsnummer für jedes ihrer Angebote dar. Diese doppelte Nummernvergabe sichert die eindeutige Identifikation von sowohl Anbieterinnen und Anbietern wie auch den Angeboten ab und stellt damit die beste Datenqualität bereit. Um deutschlandweit aussagekräftige Daten erheben zu können, ist eine bundesweite Registrierungspflicht Voraussetzung. Jedoch kann die Datenerhebung auch im Rahmen von regionalen oder lokalen Registrierungsvorgaben, etwa in Reallaboren, erprobt werden

(s. Kapitel 6). Dies würde dann eine Analyse der regionalen oder lokalen Bedeutung der Sharing Economy im Unterkunftssektor ermöglichen.

Wie in Kapitel 5.1 erläutert, ist naheliegend, dass die Registrierung einer Homesharing-Unterkunft die Voraussetzung für eine Vermittlung der Unterkunft über eine Sharing-Plattform darstellen würde. Je nach Ausgestaltung der Registrierung könnten dann verschiedene Daten erhoben werden:

- Erhebung von Daten bei der erstmaligen Registrierung
  Unabhängig von der Art und Weise einer Registrierung (behördliche Anmeldung oder Anmeldung über die Plattform) ließen sich dabei konkrete Daten zum Angebot ermitteln. Diese könnten zum Beispiel den Typ der Unterkunft (ganze Unterkunft versus Privatzimmer versus geteiltes Zimmer) und die Anzahl an verfügbaren Schlafplätzen enthalten. Dies würde dann Aussagen darüber ermöglichen, wie groß das Angebot der Sharing Economy im Unterkunftssektor im Vergleich zum Angebot anderer Typen von Unterkünften – wie Hotels – ist. Bei dieser Vorgehensweise ist zu berücksichtigen, dass bei der erstmaligen Registrierung keine Erhebung von Daten zu den in solchen Unterkünften erfolgten Übernachtungen oder der Anzahl der Gäste erfolgen kann. Ein Vergleich mit der Beherbergungsstatistik wäre also nicht möglich.
- Erhebung von Daten bei der Erneuerung der Registrierung
  Ist eine regelmäßige, beispielsweise jährliche Erneuerung der Registrierung einer Homesharing-Unterkunft vorgesehen, lassen sich im Rahmen dieser Meldung weitere Daten zu dieser Unterkunft erfragen. Die Erneuerung – die zum Beispiel in San Francisco notwendig ist – hätte in dem dynamischen Markt den Vorteil, dass nicht länger für Homesharing genutzte Wohnungen aus der Statistik entfernt würden. Im Rahmen dieser Erneuerung ließen sich Daten zur Nachfrage nach Sharing erheben. Dazu gehören etwa Daten zu der Anzahl der gebuchten Übernachtungen sowie der Anzahl der Gäste im vergangenen Jahr. Sowohl eine Erneuerung der Registrierung selbst, wie auch die Ermittlung dieser sich auf ein ganzes Jahr beziehenden Daten erhöhen den bürokratischen Aufwand für die Anbieterinnen und Anbieter von Homesharing-Unterkünften geringfügig.

7.3.3 Erfassung von Daten im Rahmen bestehender regelmäßiger Erhebungen

Daten zur Sharing Economy im Unterkunftssektor würden sich unter Umständen auch auf Basis bereits bestehender, regelmäßiger Erhebungen ermitteln lassen. Dazu kommen unter anderem die folgenden Quellen infrage:

- Monitoring-Report Wirtschaft Digital
  Eine bereits vom BMWi regelmäßig durchgeführte Datenerhebung ist der Wirtschaftsindex DIGITAL. Er basiert auf einer Unternehmensbefragung in elf gewerblichen Branchen, zu denen unter anderem auch Informations- und Kommunikationstechnologie (IKT) gehört (BMWi, 2017b, 9). Ziel der Befragung ist es, den Einfluss der Digitalisierung auf den Geschäftserfolg, die Ausrichtung von internen Prozessen und Abläufen auf die Digitalisierung und die Nutzungsintensität digitaler Geräte, Dienste und Technologien zu bestimmen. Es ist wahrscheinlich, dass Sharing-Plattformen mit Sitz in Deutschland in dieser Befragung in den IKT-Unternehmen enthalten sind. Bei einer Stichprobengröße von rund 1.000 Unternehmen und der Vielzahl an Branchen ist jedoch unwahrscheinlich, dass sich auf Basis dieser Befragung Aussagen zu diesen Unternehmen treffen ließen. Allenfalls könnte der Umgang der gewerblichen Wirtschaft mit der Sharing Economy erfragt werden (zum Beispiel, ob die Unternehmen ihren Beschäftigten bei Dienstreisen Sharing-Unterkünfte gestatten). Selbst dies erscheint jedoch nicht dahingehend zielführend, den Status quo und die Entwicklung der Sharing Economy im Unterkunftssektor umfassend zu untersuchen.
- SOEP Innovation Sample
  Das Sozio-oekonomische Panel (SOEP) ist eine nicht-amtliche, repräsentative, jährliche Wiederholungsbefragung privater Haushalte in Deutschland (DIW Berlin, 2018a). Im Rahmen der so genannten SOEP Innovations-Stichprobe (SOEP-IS) ist es für Forschende möglich, sich um neue Fragen auf Haushaltsebene zu bewerben (DIW Berlin, 2018b). Denkbar ist, hier im Rahmen eines Forschungsprojekts Fragen zur Nutzung der Sharing Economy im Unterkunftssektor zu stellen, etwa zur Anzahl der Übernachtungen oder der Partizipation als Anbieterin oder Anbieter. Es erscheint selbst bei einer Zusage für das Einbringen von Fragen jedoch wenig wahrscheinlich, dass diese in eine regelmäßige Befragung zu überführen sind.

7.3.4 Neue Methoden zur Datenerfassung

Im Rahmen der digitalen Transformation werden auch Datenzugänge geschaffen, die zuvor nicht möglich waren. Die unter Begriffen wie Webscraping, Screenscraping, Webcrawling oder Webmining geführten Methoden beinhalten im Allgemeinen, dass große Datenmengen automatisiert aus dem Internet gezogen und lokal oder in der Cloud gespeichert werden. Für Daten der Sharing Economy im Unterkunftssektor könnte dabei insbesondere das Webscraping relevant sein, bei dem gezielt Daten von einzelnen Webseiten ausgelesen werden. Für die Erfassung von Daten zur Sharing Economy im Unterkunftssektor wird häufig, auch in wissenschaftlichen Publikationen, mit gescrapten Daten der Webseite airbnb.com gearbeitet (zum Beispiel Zervas et al., 2016; Neeser, 2015; Choi et al., 2015; Gyodi, 2017).

Die Datenerfassung mithilfe von Webscraping hat einige Vorteile:

- Geringer Aufwand
  Die Datenabfrage mithilfe von Webscraping kann automatisiert erfolgen. Es ist damit nicht erforderlich, dass die Sharing-Plattformen und ihre Nutzerinnen und Nutzer aktiv werden oder gar Daten bereitstellen. Die Datenabfrage stellt somit für sie keine Belastung dar und kann infolgedessen auch auf potenzielle Nutzerinnen und Nutzer nicht abschreckend wirken.
- Geringe Kosten
  Es fallen Kosten für die Programmierung des Scrapers an, die – so lange sich die relevanten Webseiten und ihre Struktur und Zugriffsmöglichkeiten nicht verändern – einmalig sind. Die Datenabfrage selbst ist mit vernachlässigbaren Kosten verbunden. Es fallen darüber hinaus noch Kosten für die Aufbereitung der Daten an, die von deren Struktur abhängen. Insgesamt ist jedoch davon auszugehen, dass Webscraping geringere Kosten verursachen könnte als andere Erhebungsmethoden wie zum Beispiel Nutzerbefragungen.
- Flexibler Zeitpunkt der Abfrage
  Der Zeitpunkt des Webscrapings kann beliebig gewählt werden.
- Beliebig häufige Wiederholung der Abfrage
  Ist der Scraper einmal programmiert, ist – gegeben oben genannte Voraussetzung – ein beliebig häufiges Wiederholen der Abfrage möglich. Damit können auch Daten im Zeitablauf erfasst werden.

Allerdings ist Webscraping auch mit einigen Nachteilen verbunden:

- Mehrfachzählungen

Um die Sharing Economy im Unterkunftssektor vollständig abzubilden, ist eine Datenabfrage bei allen relevanten Sharing-Plattformen notwendig. Ohne Registrierungspflicht mit eindeutig zuordenbarer Registrierungsnummer ist es jedoch nicht möglich, Mehrfachzählungen zu vermeiden. Die Daten würden infolgedessen die Bedeutung der Sharing Economy überzeichnen. Alternativ könnte – wie in dieser Studie – nur die bedeutendste Sharing-Plattform berücksichtigt werden. Dies unterschätzt jedoch den Sektor. Die Unterschätzung ist größer, falls auch die bedeutendste Sharing-Plattform nur über einen beschränkten Marktanteil verfügt. Ein genaues Vermessen ist damit also nicht möglich.

- Unsichere Datenqualität
  In Abhängigkeit der zu scrapenden Webseiten kann die Datenqualität beim Webscraping möglicherweise nicht optimal sein. Datenlücken können dem Datensatz entstammen oder auch auf Probleme beim Crawlen zurückzuführen sein. Die Nachbearbeitung eines gescrapten Datensatzes kann unter Umständen mit erheblichem Aufwand verbunden sein. Es ist kaum möglich, die Qualität und Validität der Daten zu überprüfen. Eine Möglichkeit dafür wäre die Kooperation mit der Sharing-Plattform, die allerdings den Vorteil des Webscrapens, nämlich die geringe Belastung für die Plattformen, zunichtemacht.
- Unsichere Wiederholbarkeit
  Bei jeder Neu- oder Umstrukturierung der relevanten Webseiten ist eine Wiederholbarkeit des Webscrapings unsicher. Zunächst muss auffallen, dass der Scraper nicht mehr die benötigten Daten erfassen kann. Es muss dann mindestens der Scraper neu programmiert werden. Unter Umständen verändert sich auch der Datensatz, etwa durch den Wegfall von Variablen. Die Wiederholbarkeit ist damit unsicher.
- Schwierige Interpretation der Daten
  Die Interpretation von durch Webscraping gewonnenen Daten ist schwierig. So lässt sich die genaue Definition einzelner Variablen nicht immer anhand der Webseite bestimmen, ist aber für die Interpretation von entscheidender Bedeutung. Um beispielweise Daten zu aktiven Inseraten auf einer Sharing-Plattform interpretieren zu können, ist es notwendig, zu wissen, was unter „aktiv" verstanden wird und ob dies gleichbedeutend mit „verfügbar" ist. Zu jeder Analyse von durch Webscraping erhaltenen Daten ist deshalb auch eine detaillierte Betrachtung der Definition und Aussage der einzelnen Variablen erforderlich. Je nach Sharing-Plattform ist dies ohne Kooperation mit derselben unter Umständen nicht möglich.

- Unklare rechtliche Situation
  In ihren Nutzungsbedingungen können Webseiten das Webscraping untersagen. Darüber hinaus ist es möglich, das automatische Auslesen von Daten von Webseiten durch den Einbau von technischen Hürden zumindest erheblich zu erschweren. Die rechtliche Zulässigkeit des Webscrapings ist in Abhängigkeit der relevanten Webseiten, dem Umfang der gescrapten Daten und dem Nutzungszweck durch entsprechende Gutachten zu prüfen. Es liegen jedoch Hinweise dafür vor, dass eine Untersagung der Nutzung von Scrapern und Ähnlichem in Zusammenhang mit einer technischen Hürde rechtens sein könnte (zum Beispiel Solmecke, 2013). Zwar erlaubt das deutsche Urheberrecht nach einer Anpassung seit dem 1. März 2018 das Text- und Datamining zu wissenschaftlichen Zwecken (BMBF, 2017). Es wäre dann jedoch immer noch zu klären, inwieweit dieser Forschungszweck im Einzelfall gegeben ist.

Während sich einige Erhebungsmethoden für neue Daten zur Sharing Economy im Unterkunftssektor als wenig vielversprechend oder nicht durchführbar erweisen, sind andere durchaus realistisch. Bei der Entscheidung für eine Methode sind vor dem Hintergrund des mit der Datenerhebung verfolgten Ziels stets Kosten und Nutzen der Methode wie auch der Alternativen gegeneinander abzuwägen.

8 Fazit

Die Sharing Economy in Deutschland hat in den drei Sektoren Mobilität, Unterkunft und Alltagsgegenstände viele Facetten. Es gibt unterschiedliche Geschäftsmodelle, deren Ziele sich voneinander unterscheiden und die unterschiedlich großen Erfolg haben. Diese Heterogenität der Geschäftsmodelle muss stets im Blick gehalten werden, wenn die Sharing Economy, auch aus regulatorischer Sicht, diskutiert wird. Allgemeine Schlussfolgerungen, auch hinsichtlich der eingangs erwähnten Chancen und Herausforderungen, sind vor diesem Hintergrund nur eingeschränkt möglich. Grundsätzlich bedienen Sharing-Geschäftsmodelle in vielen Fällen Nischen. Es gibt im Vergleich zu den traditionellen Angeboten oft nur eine geringe Nutzeranzahl, die sich meist auch noch regional konzentriert. Insbesondere sind die größeren Städte bei vielen Geschäftsmodellen aufgrund der potenziell größeren Nutzeranzahl interessanter als der ländliche Raum.

Der Unterkunftssektor der Sharing Economy hat eine besondere Bedeutung, weil es gerade im Bereich des Homesharings einzelne große Unternehmen gibt und bereits eine größere Anzahl an Nutzerinnen und Nutzern auf Angebots- und Nachfrageseite erreicht werden. Die besondere Herausforderung in diesem Bereich besteht darin, dass gelegentliches Homesharing und kontinuierliche, professionalisierte Angebote schwer abzugrenzen sind. Zwar erlaubt die unvollständige Datenlage kein umfassendes empirisches Bild. Auf Basis der zahlreichen vorhandenen Daten lässt sich jedoch ableiten, dass Homesharing in Deutschland vergleichsweise viel genutzt wird, aber von den Anbieterinnen und Anbietern zu großer Mehrheit gelegentlich statt regelmäßig und intensiv betrieben wird. Dementsprechend lassen sich auf regionaler und städtischer Ebene auf Basis der vorhandenen Daten keine Belege für eine durch die Sharing Economy im Unterkunftssektor verursachte Wohnraumverknappung in relevanter Größenordnung finden. Für einzelne Stadtbezirke und Straßenzüge ist ein alternatives Ergebnis möglich, aber anhand der vorhandenen Daten nicht nachweisbar.

Das Homesharing kann jedoch nicht nur Einfluss auf den regulären Wohnungsmarkt haben, sondern mit vielschichtigen Effekten einhergehen, die – je nach Perspektive – wünschenswert oder weniger wünschenswert sein können. Vor diesem Hintergrund wurden im Rahmen des Gutachtens Handlungsoptionen erarbeitet, die eine Steuerung dieser ermöglichen sollen. Die Handlungsoptionen fokussieren auf die Bereiche Steuererhebung, Wohnraumvermietung, Schutz der Stadtbevölkerung bzw. Wahrung der Tourismusakzeptanz sowie Verbraucherschutz. Insgesamt ist festzustellen, dass verschiedene Regulierungsoptionen zur Verfügung stehen, die mit unterschiedlichen Durchsetzungstiefen verknüpft werden können. Ihr Einsatz sollte jedoch zum einen den lokalen Gegebenheiten/Problemlagen vor Ort Rechnung tragen, zum anderen verhältnismäßig sein. Das setzt die Erhebung von Daten voraus, die den tatsächlichen Umfang der jeweiligen Probleme beleuchten, die durch die Vermittlungsplattformen verschärft oder gar verursacht werden. Die empirische Evidenz ermöglicht nicht nur die Wahl eines effizienten Regulierungsinstruments, wodurch Bürokratiekosten für die öffentliche Verwaltung, die Vermittlungsplattformen sowie Vermieter und Vermieterinnen minimiert werden, sondern auch seine Evaluierung z. B. im Hinblick auf Effektivität. Da die Sharing Economy im Unterkunftssektor eine gewisse Dynamik aufweist, empfiehlt es sich, die Wirkung der ergriffenen Maßnahmen regelmäßig zu überprüfen und gegebenenfalls anzupassen.

Von zentraler Bedeutung für die effektive Durchsetzung der Maßnahmen im Bereich Steuererhebung, Wohnraumvermietung, Schutz der Stadtbevölkerung bzw. Wahrung der Tourismusakzeptanz sowie Verbraucherschutz ist, dass die Online-Vermittlungsplattformen mehr Verantwortung übernehmen, d. h. stärker in die Regulierung einbezogen werden. Um einerseits zu verhindern, dass Plattformnutzer Regulierungsvorschriften durch Plattformwechsel umgehen und andererseits Wettbewerbsverzerrungen zwischen verschiedenen Vermittlungsplattformen entstehen, sollten nach Möglichkeit alle Vermittlungsplattformen, deren Geschäftsmodell darin besteht, Ferienunterkünfte an Touristen, Geschäftsreisende etc. zu vermieten, gleichermaßen in die Regulierung einbezogen werden. Die Durchsetzung der Regulierung ist zum Teil auch essentiell, um einen fairen Wettbewerb zwischen den Anbietern der Sharing Economy und den traditionellen Betrieben des Beherbergungssektors zu gewährleisten.

Es ist zudem bedeutsam, Kooperationen mit Plattformen und Regulierungsvorhaben im Unterkunftssektor der Sharing Economy in Deutschland im Rahmen von Reallaboren zu erproben und wissenschaftlich zu begleiten, um diesem bislang sehr erfolgreichen Sektor auch weiterhin Raum für Entwicklung zu geben. Das Konzept des Sharings hat den Wettbewerb im gesamten Unterkunftssektor erhöht und hat auf diese Weise das Potenzial, dort Innovationen anzuregen. Dies kommt den Nachfragerinnen und Nachfragern wie auch dem Standort Deutschland als Ziel von touristischen und Geschäftsreisen entgegen.

Literatur

9flats, 2017a, press kit, http://about.9flats.com/de/press/press-kit.html [23.8.2017].

9flats, 2017b, Kartensuche, https://www.9flats.com/de/searches?utf8=✓&mode=map&search[currency]=EUR&search[sort_by]=top_ranking&search[radius]=460.25757164127674&search[bb_sw]=50.776905,4.201889&search[bb_ne]=54.186998,22.658921&search[lat]=52.51501748876424&search[lng]=13.43040499999995&search[geo_search]=true&search[geo_region]=false&search[point_of_interest]=false&search[query]=Berlin,+Deutschland&search[number_of_beds]=2&number_of_adults=2& [23.8.2017].

Allenachbarn.de, 2017, Webseite, https://www.allenachbarn.de/ [5.9.2017].

ADAC, 2017, ADAC Reise-Monitor 2017, Trendforschung im Reisemarkt 2017, ADAC Verlag, o.O.

Ahmad, Nadim / Schreyer, Paul, 2016, Are GDP and Productivity Measures Up to the Challenges of the Digital Economy?, in: International Productivity Monitor, Nr. 30, S. 4–27.

Allen, Darcy / Berg, Chris, 2014, The Sharing Economy: How Over-regulation Could Destroy an Economic Revolution, Melbourne.Airbnb, 2015, Shared Opportunity: How Airbnb Benefits Communities, https://www.ftc.gov/system/files/documents/public_comments/2015/05/01740-96152.pdf [15.8.2017].

Airbnb, 2016a, Overview of the Airbnb Community in Berlin, www.airbnbcitizen.com/wp-content/uploads/2016/04/airbnb-community-berlin-en.pdf [17.8.2017].

Airbnb, 2016b, In Deutschland beginnt ein neues Kapitel für das Teilen von Wohnraum, http://www.presseportal.de/pm/105895/3230369 [30.8.2017].

Airbnb, 2017a, Airbnb verzeichnet 100.000 Unterkünfte in Deutschland, https://press.atairbnb.com/de/airbnb-verzeichnet-100-000-unterkunfte-in-deutschland/ [17.8.2017].

Airbnb, 2017b, Über uns, https://www.airbnb.de/about/about-us [23.8.2017].

Airbnb, 2017c, Fast Facts, https://2sqy5r1jf93u30kwzc1smfqt-wpengine.netdna-ssl.com/wp-content/uploads/2017/08/4-Million-Listings-Announcement-1.pdf [25.8.2017].

Airbnb, 2017d, Startseite, https://www.airbnb.de [29.8.2017].

Airbnb, 2017e, Die Airbnb-Community in Berlin 2016, https://www.airbnbcitizen.com/wp-content/uploads/sites/59/2017/04/Bericht_Airbnb-Community_Berlin_2016.pdf [26.01.2018].

Airbnb, 2017f, Wie übersetze ich die Beschreibung meiner Unterkunft?, https://www.airbnb.de/help/article/1580/how-do-i-translate-my-listing-description [27.9.2017].

Airbnb, 2017g, exklusiver Datensatz, der dem IW Köln vorliegt.

AlixPartners, 2014, AlixPartners Study Indicates Greater Negative Effect of Car Sharing on Vehicle Purchases, http://legacy.alixpartners.com/en/MediaCenter/PressReleases/tabid/821/articleType/ArticleView/articleId/950/AlixPartners-Study-Indicates-Greater-Negative-Effect-of-Car-Sharing-on-Vehicle-Purchases.aspx#sthash.hAJ3JJjn.bJQbu1mr.dpbs [21.08.2017].

Amt für Statistik Berlin-Brandenburg, 2017, Einwohnerinnen und Einwohner im Land Berlin am 30. Juni 2017, Statistischer Bericht A I 5 – hj 1 / 17, Potsdam.

AOPA– Aircraft Owners and Pilots Association Germany, 2013, Erfolgreicher AOPA-Einsatz: Problematik der Gast- und Selbstkostenflüge gelöst, https://aopa.de/interessen-vertretung/behoerden-lizenzierung/selbstkosten-und-vereinsrundfluege.html [15.8.2017].

AOPA, 2014, Update zur Meldung vom 30.06.2014: Selbstkosten- und Vereinsrundflüge: gute Nachrichten!, https://aopa.de/aktuell/update-zur-meldung-vom-30.06.2014-selbstkosten-und-vereinsrundfluege-gute-nachrichten.html [31.7.2017].

Bätzing, Miriam / Flick, Christian / Gossen, Maike / Henseling, Christine, 2016, Peer-to-Peer Sharing, Einschätzungen und Erfahrungen, Ergebnisse einer qualitativen Befragung, PeerSharing Arbeitsbericht 3, Berlin.

Basario, 2017, Kategorien, https://www.basario.de/kategorien.php [4.9.2017].

Bauduu, 2014, Jetzt kommt die Lego-Flatrate fürs Kinderzimmer, https://drive.google.com/drive/folders/0B7gwn38_4fWnOUpjWVk2SFdCcnc [5.9.2017].

Bauer, Wilhelm (Hrsg.) / Spindler, Helge / Martinetz, Simone / Friz, Daniel, 2015, Strukturstudie BWSHARE. Gemeinschaftliche Nutzung von Ressourcen – Chancen und Herausforderungen der Sharing Economy für die etablierte Wirtschaft in Baden-Württemberg, Studie des Fraunhofer-Instituts für Arbeitswissenschaft und Organisation IAO gefördert durch das Ministerium für Finanzen und Wirtschaft Baden-Württemberg, Stuttgart.

Baumann, Daniel, 2017, Ferienwohnungen – Airbnb begrenzt Vermietungsdauer, in: https://www.berliner-zeitung.de/wirtschaft/ferienwohnungen-airbnb-begrenzt-vermietungsdauer-25674132 [18.02.2018].

bcs – Bundesverband CarSharing, 2016a, Grafik CarSharing-Entwicklung in Deutschland nach Angebotsform, Stand 01.01.2016 (ohne Logo), http://www.carsharing.de/sites/default/files/uploads/grafik_entwicklung_carsharing_deutschland_2016_zwei_varianten_ohne_logo.pdf [10.7.2017].

bcs, 2016b, Mehr Platz zum Leben – wie CarSharing Städte entlastet. Ergebnisse des bcs-Projekts „CarSharing im innerstädtischen Raum – eine Wirkungsanalyse", Endbericht, Berlin.

bcs, 2017a, Geschichte des Carsharing in Deutschland, https://carsharing.de/alles-ueber-carsharing/ist-carsharing/geschichte [17.7.2017].

bcs, 2017b, Aktuelle Zahlen und Daten zum CarSharing in Deutschland, https://carsharing.de/alles-ueber-carsharing/carsharing-zahlen/aktuelle-zahlen-daten-zum-carsharing-deutschland [17.7.2017].

bcs, 2017c, JoeCar 2.0: Kombiniertes CarSharing setzt Maßstäbe, https://carsharing.de/blog/joecar-20-kombiniertes-carsharing-setzt-massstaebe [1.9.2017].

Beck, Roman / Hilgers, Dennis / Krcmar, Helmut / Krimmer, Robert / Margraf, Marian / Parycek, Peter / Schliesky, Utz / Schuppan, Tino, 2017, Digitale Transformation der Verwaltung. Empfehlungen für eine gesamtstaatliche Strategie, Bertelsmann Stiftung, Gütersloh.

BedyCasa, 2017a, BedyCasa – Die Herkunft, https://de.bedycasa.com/page/about.html [23.8.2017].

BedyCasa, 2017b, Kartensuche, https://de.bedycasa.com/unterkunft-zu-vermieten/deutschland-20663.html#?zoom=7 [23.8.2017].

Behrendt, Siegfried et al., 2015, Peer-to-Peer Sharing, Definition und Bestandsaufnahme, PeerSharing Arbeitsbericht 1, Berlin.

Behrendt, Siegfried / Henseling, Christine / Flick, Christian / Ludmann, Sabrina / Scholl, Gerd, 2017, Zukünfte des Peer-to-Peer Sharing: Diskurse, Schlüsselfaktoren und Szenarien: Peer Sharing Arbeitsbericht 5, Berlin.

Berliner Morgenpost, 2017, Noch mehr Leihräder: Vierter Anbieter startet in Berlin, https://www.morgenpost.de/berlin/article212610915/Noch-mehr-Leihraeder-Vierter-Anbieter-startet-in-Berlin.html [23.1.2018].

Berliner Zeitung, 2017, E-Roller: Emmy nimmt 450 Elektro-Schwalben in seine Berliner Flotte auf, http://www.berliner-zeitung.de/berlin/e-roller-emmy-nimmt-450-elektro-schwalben-in-seine-berliner-flotte-auf-27859394 [31.7.2017].

Berlin Shuttle, 2017, So funktioniert's, https://www.berlinshuttle.de/was-ist-berlin_shuttle.html [2.10.2017].

Bertschmann, Damaris et al., 2015, Nutzen statt Besitzen: Neue Ansätze für eine Collaborative Economy, Studie im Auftrag des Umweltbundesamts, Dessau-Roßlau.

Berylls Strategy Advisors, 2015, Carsharing – der große Durchbruch steht noch bevor. Eine Endkundenstudie, München.

BesserMitfahren.de, 2017, Startseite, https://www.bessermitfahren.de/ [2.10.2017].

BeWelcome, 2017, Länder, https://www.bewelcome.org/places [22.8.2017].

Bikecitizens, 2015, Fahrrad-Startup: Upperbike, https://www.bikecitizens.net/de/fahrrad-startup-upperbike/ [26.7.2017].

BimBimBikes, 2017a, Über uns, https://www.bimbimbikes.de/reiseideen/uber-uns/ [4.8.2017].

BimBimBikes, 2017b, Alle Städte in Deutschland, https://www.bimbimbikes.de/sitemap/deutschland [16.8.2017].

BlaBlaCar, 2014, BlaBlaCar schließt Investitionsrunde in Höhe von 100 Millionen USDollar erfolgreich ab, https://www.blablacar.de/blablalife/neuigkeiten/investitionsrunde-100-millionen-usdollar [12.9.2017].

BlaBlaCar, 2015, BlaBlaCar sammelt 200 Millionen US-Dollar für weltweites Mitfahren ein, https://www.blablacar.de/newsroom/unternehmensnews/blablacar-finanzierungsrunde [12.9.2017].

BlaBlaCar, 2016, Factsheet, https://d2hqsaoq1cfj21.cloudfront.net/blogstatics/files/DE/PM/Factsheet_BlaBlaCar_Deutschland.pdf [25.7.2017].

BlaBlaCar, 2017a, Über uns, https://www.blablacar.de/ueber-uns [25.7.2017].

BlaBlaCar, 2017b, Über 80.000 Mitfahr-Haltestellen in ganz Deutschland, https://www.blablacar.de/newsroom/unternehmensnews/mitfahr-haltestellen [26.7.2017].

BlaBlaCar, 2017c, So funktioniert's, https://www.blablacar.de/wie-es-funktioniert [12.9.2017].

BlaBlaCar, 2017d, AGB, 4.2.2. Fahrt ohne Buchung, https://www.blablacar.de/ueber-uns/agb [12.9.2017].

BMBF – Bundesministerium für Bildung und Forschung, 2017, Neues Gesetz zum Urheberrecht für die Wissenschaft beschlossen, https://www.bmbf.de/de/neues-gesetz-zum-urheberrecht-fuer-die-wissenschaft-beschlossen-4431.html [18.1.2018].

BMWi - Bundesministerium für Wirtschaft und Energie, 2012, Wirtschaftsfaktor Tourismus Deutschland. Kennzahlen einer umsatzstarken Querschnittsbranche, Langfassung, Berlin.

BMWi, 2017a, Wirtschaftsfaktor Tourismus in Deutschland, Kennzahlen einer umsatzstarken Querschnittsbranche. Ergebnisbericht, Juni 2017, Berlin.

BMWi, 2017b, Monitoring-Report Wirtschaft DIGITAL 2017. Kompakt, Berlin.

BMWi, 2017c, Leistungsbeschreibung für die Ausschreibung eines Forschungsgutachtens durch BMWi, https://www.bmwi.de/Redaktion/DE/Downloads/Ausschreibungen/leistungsbeschreibung-reallabore-20170626.pdf?__blob=publicationFile&v=6 [27.2.2018].

Bohnhoff, Tobias / Schreiber, Kathrin, 2017, eTravel Market Report – Data Sheet, statista, Hamburg

Bonciu, Florin, 2016, Impact of the Sharing Economy on the Labor Market, in: Romanian Economic and Business Review, 11(2), S. 43–51.

book-n-drive, 2017, Presse & Medien, https://www.book-n-drive.de/presse/ [1.9.2017].

Brümmerhoff, Dieter / Grömling, Michael, 2017, Haushaltssatellitensysteme – ein Baustein auch zur Erfassung der Digitalökonomie?, in: WiSt, Nr. 9, S. 26–31.

Brynjolfsson, Erik / McAfee, Andrew, 2014, The Second Machine Age. Work, Progress and Prosperity in a Time of Brilliant Technologies, New York.

Busch, Christoph, 2016, Crowdsourcing Consumer Confidence: How to Regulate Online Rating and Review Systems in the Collaborative Economy, in: De Franceschi (Hrsg.), European Contract Law and the Digital Single Market: The Implications of the Digital Revolution, Intersentia, Cambridge 2016, S. 223 ff.

Busch, Christoph, 2018, Europäische Modellregeln für Online-Vermittlungsplattformen, in: Rott/Tonner (Hrsg.) Online-Vermittlungsplattformen in der Rechtspraxis, Nomos, Baden-Baden 2018, S. 150 ff.

Busch, Christoph / Dannemann, Gerhard / Schulte-Nölke, Hans, 2016, Ein neues Vertrags- und Verbraucherrecht für Online-Plattformen im Digitalen Binnenmarkt? Diskussionsentwurf für eine mögliche EU-Richtlinie, MMR 2016, 787 ff.

Call a Bike, 2017a, Homepage, https://www.callabike-interaktiv.de/de [16.8.2017].

Call a Bike, 2017b, Call a Bike kooperiert mit Ford - mehr Räder für Köln und Düsseldorf, https://www.callabike-interaktiv.de/de/news/95/call-a-bike-kooperiert-mit-ford-mehr-raeder-fuer-koeln-und-duesseldorf [13.10.2017].

Cambio, 2017, Daten und Fakten cambio Mobilitätsservice GmbH & Co. KG, Bremen.

car2go, 2015a, Ji Xing: car2go kommt nach China, https://www.car2go.com/media/data/Germany/microsite-press/files/20150108_ji_xing_car2go_kommt_nach_china_de.pdf [29.8.2017].

car2go, 2015b, Generation Smartphone: Die App-basierte Miete bei car2go setzt sich durch, https://www.car2go.com/media/data/germany/microsite-press/files/20150619_car2go_smartphone_basierte_miete_setzt_sich_durch_de.pdf [29.8.2017].

car2go, 2016, „Hamburg ist beim Carsharing weit vorne“ car2go erstmals in europäischer Metropole mit mehr als 100.000 Kunden, https://www.car2go.com/media/data/germany/microsite-press/files/20162004___car2go_erstmals_in_europaeischer_metropole_mit_mehr_als_100000_kunden.pdf [31.8.2017].

car2go, 2017a, Fact Sheet car2go, https://www.car2go.com/media/data/Germany/microsite-press/files/fact-sheet-car2go_august-2017_de.pdf [29.8.2017].

car2go, 2017b, car2go steigert mit erweiterter Fahrzeugflotte in Deutschland Mietanzahl um 44 Prozent, https://www.car2go.com/media/data/germany/microsite-press/files/20170717_pi_car2go-steigert-mit-fahrzeugflotte-in-deutschland-mietanzahl-um-44-prozent.pdf [29.8.2017].

Carsharing-News, 2017, Carsharing Anbieter, http://www.carsharing-news.de/carsharing-anbieter [18.7.2017].

Chaves, Mariana / McNally, Peter / Rzepecka, Julia / Ypma, Patricia, 2017, Study on the Assessment of the Regulatory Aspects Affecting the Collaborative Economy in the Tourism Accommodation Sector in the 28 Member States, Presentation of Preliminary Findings, o.O.

Chic by Choice, 2017, About, https://chic-by-choice.com/de/about [5.9.2017].

Chlond, Bastian / Hilgert, Tim / von Behren, Sascha / Vortisch, Peter / Weiß, Christine, 2016, Deutsches Mobilitätspanel (MOP) – Wissenschaftliche Begleitung und Auswertungen, Bericht 2015/2016: Alltagsmobilität und Fahrleistung, Karlsruher Institut für Technologie (KIT), Karlsruhe.

Choi, Ki-Hong / Jung, Joohyun / Kim, Su-Do / Ryu, Suyeol / Yoon, Seong-Min, 2015, The Relationship between Airbnb and the Hotel Revenue: In the Case of Korea, in: Indian Journal of Science and Technology, 8. Jg., Nr. 26, S. 1–8.

ciluna, 2017, Webseite, http://www.ciluna.de/ [5.9.2017].

City of Chicago, 2017, Shared Housing Host / Shared Housing Unit, https://www.cityofchicago.org/city/en/depts/bacp/supp_info/sharedhousinghost.html [27.2.2018].

CleverShuttle, 2017a, Megatrend Shared Mobility: CleverShuttle startet mit seinem RideSharing-Dienst erfolgreich ins neue Jahr, Pressemitteilung vom 12.01.2017, Berlin.

CleverShuttle, 2017b, Mit CleverShuttle klimafreundlich vom Bahnhof zum Ziel, Pressemitteilung vom 8.9.2017, Hamburg.

Cornils, Matthias, 2008, in: Schlachter, Monika A. / Ohler, Christoph (Hrsg.), Europäische Dienstleistungsrichtlinie, Nomos: Baden-Baden.

Couchsurfing, 2017a, About us, http://www.couchsurfing.com/about/about-us/ [22.8.2017].

Couchsurfing, 2017b, Germany, https://www.couchsurfing.com/place?utf8=%E2%9C%93&search_type=place&placeid=ChIJa76xwh5ymkcRW-WRjmtd6HU&search_query=Germany [22.8.2017].

Couchsurfing, 2017c, Presse, http://www.couchsurfing.com/about/press/ [22.8.2017].

Coup, 2017, Unabhängig unterwegs: eScooter-Sharingdienst COUP erweitert.

Flotte in Berlin, Pressemitteilung vom 13.3.2017, Berlin.

Cox, Murray, 2017, Inside Airbnb: Berlin. Adding Data to the Debate, http://insideairbnb.com/berlin/ [6.4.2018].

Croove, 2017, Ausgewählte Presseartikel, https://letscroove.com/press [24.7.2017].

crunchbase, 2017, Airbnb Funding Rounds, https://www.crunchbase.com/organization/Airbnb/funding-rounds [30.8.2017].

Cycle.land, 2017, Map, https://listings.cycle.land/?view=map [12.9.2017].

Daimler AG, 2017, Geschäftsbericht 2016, Stuttgart.

Das Acevedo, Deepa, 2016, Regulating Employment Relationships in the Sharing Economy, in: Employee Rights and Employment Policy Journal, 20. Jg., Nr. 1, S. 1–35.

Degryse, Christophe, 2016, Digitalisation of the economy and its impact on the labour market, etui Working Paper, Nr. 2016.02, Brüssel.

DEHOGA Bundesverband, 2018, Umsätze im Beherbergungsgewerbe und Umsatzenwicklung in der Hotellerie, https://www.dehoga-bundesverband.de/zahlen-fakten/umsatz/beherbergungsgewerbe/ [6.4.2018].

DEHOGA NRW, 2016, Airbnb Angebotsdaten, DEHOGA zum 29.03.2016, Berlin

Dellarocas, C. and Wood, C. A., 2008, The sound of silence in online feedback: Estimating trading risks in the presence of reporting bias, Management Science, Jg. 54, Nr. 3, S. 460–476.

Demary, Vera, 2015, Competition in the Sharing Economy, IW policy paper, Nr. 19, Köln.

Demary, Vera, 2017, Stepping up the game. The role of innovation in the sharing economy, Konkurrensverkets Working Paper Series in Law and Economics, Nr. 1, Stockholm.

Demary, Vera / Engels, Barbara, 2016, Collaborative Business Models and Efficiency. Potential Efficiency Gains in the European Union, Impulse Paper Nr. 07, Internal Market, Industry, Entrepreneurship and SMEs Directorate-General, Köln.

Demary, Vera / Engels, Barbara / Rusche, Christian, 2017, Qualitative und quantitative Auswirkungen der Sharing Economy in Nordrhein-Westfalen, Gutachten für das Ministerium für Wirtschaft, Energie, Industrie, Mittelstand und Handwerk des Landes Nordrhein-Westfalen, Köln.

Dervojeda, Kristina et al., 2013, The Sharing Economy, Accessibility-Based Business Models for Peer-to-Peer Markets, Case study no. 12, European Commission, Brüssel.

Deschermeier, Philipp / Henger, Ralph / Seipelt, Björn / Voigtländer, Michael, 2017a, Wohnungsmangel in den Städten, Leerstand auf dem Land, IW-Kurzberichte Nr. 44 2017, Köln.

Deschermeier, Philipp / Seipelt, Björn / Voigtländer, Michael, 2017b, Evaluation der Mietpreisbremse, IW policy paper Nr 5/2017, Köln.

deutsche-startups, 2016, Novasol übernimmt Wimdu – aber nicht 9flats, https://www.deutsche-startups.de/2016/11/29/novasol-uebernimmt-wimdu/ [12.9.2017].

Deutsche Bahn, 2012, Geschäftsbericht 2011, Berlin.

Deutsche Bahn, 2014, Geschäftsbericht 2013, DB2020 – Unser Kompass auch in schwierigen Zeiten, Berlin.

Deutsche Bahn, 2016, Integrierter Bericht 2015, Mehr Qualität, mehr Kunden, mehr Erfolg, Berlin.

Deutsche Bahn, 2017, Integrierter Bericht 2016, Berlin.

Deutsche Bundesbank, 2011, Devisenkursstatistik Januar 2011, Frankfurt.

Deutsches Jugendinstitut, 2005, Unterstützung für Alleinerziehende – Arbeitsmarktintegration und soziale Teilhabe. Ein kommunales Handlungskonzept, Gutachten für das Bundesministerium für Familie, Senioren, Frauen und Jugend, München.

Discher, Konrad H.J., 2017, Der Teilzeitreferendar – Anmerkungen zum Gesetzentwurf zur Änderung des Deutschen Richtergesetzes (DRiG-E 2016), in: NVwZ, 07/2017, S. 1102.

DIW Berlin – Deutsches Institut für Wirtschaftsforschung, 2018a, Was ist das Soziooekonomische Panel?, https://www.diw.de/de/diw_02.c.299726.de/uebersicht_ueber_das_soep.html [9.1.2018].

DIW Berlin, 2018b, SOEP Innovations-Stichprobe (SOEP-IS), https://www.diw.de/de/diw_01.c.390440.de/soep_is.html [9.1.2018].

Dörner, Heinrich, 2017, in: Schulze, Reiner (Hrsg.), BGB. 9. Auflage, Baden-Baden.

Dredge, Dianne/ Gyimóthy, Szilvia / Birkbak, Andreas / Jensen, Torben Elgaard / Madsen, Anders Koed, 2016, The impact of regulatory approaches targeting collaborative economy in the tourism accommodation sector: Barcelona, Berlin, Amsterdam and Paris, Impulse Paper No. 9 prepared for the European Commission DG GROWTH, Aalborg University, Copenhagen.

dresscoded, 2017, Häufig gestellte Fragen, https://www.dresscoded.com/kundenservice/faq/#allgemein [5.9.2017].

Drive2day, 2017, Über uns, https://www.drive2day.de/ueber-uns?menu=hilfe [2.10.2017].

DriveNow, 2016, Carsharing has sustainable effect: DriveNow takes stock for European Mobility Week, Press Release, 15.09.2016, München.

DriveNow, 2017, Factsheet DriveNow, Juli 2017, https://content.drive-now.com/sites/default/files/2017-07/DriveNow_Factsheet_Juli_2017_Allgemein.pdf [1.9.2017].

Drivy, 2017, Newsroom, https://www.drivy.de/press [24.7.2017].

dwif-Consulting, 2015, Der Ferienhausmarkt in Deutschland – Volumen und ökonomische Bedeutung, Studie für den Deutschen Ferienhausverband e.V. und Fe-Wo-direkt, München und Berlin.

Edelman, Benjamin, 2017, The market design and policy of online review platforms, Oxford Review of Economic Policy, 33(4), S. 635-649.

Eichhorst, Werner / Spermann, Alexander, 2015, Sharing Economy – Chancen, Risiken und Gestaltungsoptionen für den Arbeitsmarkt, Expertise für das Themenfeld »Zukunft der Arbeit«, randstad stiftung, Eschborn.

Einav, Liran / Farronato, Chiara / Levin, Jonathan, 2016, Peer-to-Peer Markets, in: Annual Review of Economics, 1/8, S. 615–635.

Eisenstein, Bernd / Gaßner, Roland, 2015, Neue Erkenntnisse aus dem GfK/IMT.

DestinationMonitor Deutschland, http://www.imt-fhw.de/fileadmin/user_upload/IMT/Uploads/GfK_IMT_Destinationmonitor_ITB_2015_Aktuelle_Trends_im_Deutschlandtouris....pdf [9.10.2017].

Emmy, 2017, Über uns, https://emmy-sharing.de/ueber-uns/company/ [24.7.2017].

EU-Kommission– Europäische Kommission, 2012, Safety of Services, Flash Eurobarometer 350, http://ec.europa.eu/commfrontoffice/publicopinion/flash/fl_350_fact_de_en.pdf [19.01.2018].

EU-Kommission, 2014, Anhang zum Grünbuch Sicherheit touristischer Beherbergungsleistungen, Brüssel.

EU-Kommission, 2016a, The Use of Collaborative Platforms. Report, Flash Eurobarometer 438, Brüssel.

EU- Kommission, 2016b, Mitteilung der Kommission an das Europäische Parlament, den Rat, den Europäischen Wirtschafts- und Sozialausschuss und den Ausschuss der Regionen, Europäische Agenda für die kollaborative Wirtschaft, COM(2016) 356 final, Brüssel.

Eurostat, 2016, Internetzugang von Personen, http://ec.europa.eu/eurostat/tgm/table.do?tab=table&plugin=1&language=de&pcode=tin00028 [15.9.2017].

Eurostat, 2017, Jeder sechste EU-Bürger buchte online Unterkünfte von Privatpersonen, Pressemitteilung, http://ec.europa.eu/eurostat/documents/2995521/8558018/9-20122017-AP-DE.pdf/60f634a6-4663-4f62-9f3b-f94d37761773 [16.2.2018].

EU-Startups, 2012, BlablaCar acquires Italian competitor PostoinAuto.it, http://www.eu-startups.com/2012/03/blablacar-acquires-italian-competitor-postoinauto-it/ [12.9.2017].

Evans, David S. / Schmalensee, Richard, 2007, The Industrial Organization of Markets with two-sided Platforms, in: Competition Policy International, 3(1), S. 151–179.

Evans, David S., 2009, How Catalysts Ignite: The Economics of Platform-Based

Start-Ups, in: Gawer, Annabelle (Hrsg.), Platforms, Markets and Innovation,

Cheltenham/Northampton, S. 99–128.

fahrgemeinschaft.de, 2017, Startseite, https://www.fahrgemeinschaft.de/index.php [2.10.2017].

fairleihen.de, 2017a, Webseite, https://www.fairleihen.de/index.html [13.9.2017].

fairleihen.de, 2017b, Blog, http://blog.fairleihen.de/ [13.9.2017].

Fang, Bin / Ye, Qiang / Law, Rob, 2016, Effect of sharing economy on tourism industry employment, in: Annals of Tourism Research, 57. Jg., S. 234–278.

Feld, Lars / Jahn, Manuel / Schulten, Andreas / Simons, Harald, 2017, Frühjahrsgutachten Immobilienwirtschaft 2017 des Rates der Immobilienweisen, eine Studie im Auftrag des Zentralen Immobilien Ausschuss e.V., Zusammenfassung, Berlin.

Feubli, Patricia / Horlacher, Jonathan, 2015, Die Wertschöpfung der Sharing Economy, in: Die Sharing Economy, Neue Chancen, neue Fragen.

Global Investor 2.15, Expertenwissen für Anlagekunden der Credit Suisse, S. 14-17, o.O.

finanzen.net, 2017, DAX 30 Marktkapitalisierung, http://www.finanzen.net/index/DAX/Marktkapitalisierung [7.9.2017].

Finger, Matthias / Bert, Nadia / Kupfer, David / Montero, Juan J. / Wolek, Marcin, 2017, Research for TRAN Committee – Infrastructure funding challenges in the sharing economy, European Parliament, Policy Department for Structural and Cohesion Policies, Brüssel.

Fiorilla et al., 2017, Airbnb & Hotel Performance, An analysis of proprietary data in 13 global markets, STR, Hendersonville.

flinc, 2017, Startseite, https://flinc.org [2.10.2017].

Flinkster, 2017a, Kunden Information Flinkster-Carsharing, Frankfurt am Main.

Flinkster, 2017b, Flinkster Business Carsharing, https://www.flinkster.de/index.php?id=912&f=3&stadt_id=100014&station_id=400256 [4.10.2017].

Flyt.club, 2017, Startseite, https://flyt.club/ [15.8.2017].

Foljanty, Lukas / Gossen, Maike, 2016, Mobilität der Zukunft. Personenmobilität, Ergebnisbericht Projekt „ShareWay – Wege zur Weiterentwicklung von Shared Mobility zur dritten Generation“, Ausschreibung Frühling 2014, Österreichisches Bundesministerium für Verkehr, Innovation und Technologie, Wien.

Forbes, 2017, Marriott And Hilton Stay Ahead Of The Sharing Economy, Proving That Airbnb Is Not The Uber Of Hotels, https://www.forbes.com/sites/howardhyu/2017/02/16/marriott-and-hilton-stay-ahead-of-the-sharing-economy-proving-that-airbnb-is-not-the-uber-of-hotels/#3d0cc5c76b39 [31.8.2017].

frents, 2017, alle Kategorien, https://www.frents.com/category/Alles?categoryId=&modelSort=popularity&page=1&searchString= [5.9.2017].

GBI, 2016, Etwa jeder elfte Städtereisende in Deutschland schläft bei Airbnb & Co., http://www.gbi.ag/detailansicht/news/etwa-jeder-elfte-staedtereisende-in-deutschland-schlaeft-bei-airbnb-co/ [19.9.2017].

Gesing, Ben, 2017, Sharing Economy Logistics. Rethinking logistics with access over ownership, DHL Trend Research, Troisdorf.

GETAWAY, 2017, GETAWAY Kurz & Knapp, https://get-a-way.com/getaway-carsharing/ [3.8.2017].

GEWOS - Institut für Stadt-, Regional- und Wohnforschung GmbH, 2016, Airbnb und der Berliner Wohnungsmarkt, Auswirkungen des Airbnb-Angebots auf die Berliner Wohnraumversorgung 2016, Berlin.

Gloveler, 2016, Cultuzz neuer Gloveler-Partner, http://gloveler.de/blog/gloveler/cultuzz-neuer-gloveler-partner/ [23.8.2017].

Goebel, Jacqueline / Kiani-Kreß, Rüdiger / Tödtmann, Claudia, 2016, Das Zeitalter der Betten-Giganten, Hotelbranche im Umbruch, Artikel der Wirtschaftswoche vom 4. April 2016, http://www.wiwo.de/unternehmen/dienstleister/hotelbranche-im-umbruch-das-zeitalter-der-betten-giganten/13398080.html [26.9.2017].

Google, 2017, Google Play. Airbnb, https://play.google.com/store/apps/details?id=com.airbnb.android&hl=de [7.9.2017].

Gossen, Maike / Henseling, Christine / Scholl, Gerd, 2017, Peer-to-peer sharing in Germany –

Empirical insights into usage patterns and future potential. Results of two quantitative online sur-veys, http://www.peer-sharing.de/data/peersharing/user_upload/Dateien/Gossen_Peer-to-peer_sharing_in_Germany%E2%80%93Empirical_insights_into_usage_patterns_and_future_potential.pdf [27.9.2017].

Goudin, Pierre, 2016, The Cost of Non-Europe in the Sharing Economy. Economic, Social and Legal Challenges and Opportunities, Studie des Parliamentary Research Service, Brüssel.

Grover, 2017a, Pressemitteilungen, https://www.dropbox.com/sh/af5ofmgi7ynrz6x/AACQLV_w9oHxtxwwzoUePD-ja/Pressemitteilungen?dl=0&preview=GROVER_Factsheet.docx [5.9.2017].

Grover, 2017b, Webseite, https://getgrover.com/de-de

Gründerszene, o. J., Mitfahrzentrale, https://www.gruenderszene.de/datenbank/unternehmen/mitfahrzentrale [3.8.2017].

Gründerszene, 2011, Airbnb übernimmt Accoleo und expandiert nach Europa, https://www.gruenderszene.de/news/airbnb-accoleo [30.8.2017].

GuestToGuest, 2017a, GuestToGuest übernimmt HomeExchange (Haustauschferien), http://blog.guesttoguest.de/guesttoguest-uebernimmt-homeexchange/ [22.8.2017].

GuesttoGuest, 2017b, Häufig gestellte Fragen, https://www.guesttoguest.de/de/faq [22.8.2017].

Gyodi, Kristof, 2017, Airbnb and Booking.com: Sharing Economy Competing Against Traditional Firms?, Working Paper DELab Uniwersytet Warszawski, Nr. 3 2017, Warschau.

Hacker, Philipp, 2018, UberPop, UberBlack, and the Regulation of Digital Platforms after the Asociación Profesional Elite Taxi Judgment of the CJEU, European Review of Contract Law 2018, S. 80-96.

Hall, Jonathan V. / Krueger, Alan B., 2015, An Analysis of the Labor Market for Uber's Driver-Partners in the United States, Princeton University Working Paper, Nr. 587, Princeton.

Hamburger Abendblatt, 2013, DriveNow oder Car2go - wer hat in Hamburg die Nase vorne?, https://www.abendblatt.de/hamburg/article121521417/DriveNow-oder-Car2go-wer-hat-in-Hamburg-die-Nase-vorne.html [31.8.2017].

Hamburger Behörde für Stadtentwicklung und Umwelt, o. J., Fachanweisung der Behörde für Stadtentwicklung und Umwelt zur Durchführung des Hamburgischen Wohnraumschutzgesetzes (HmbWoSchG) gemäß § 45 Abs. 2 und 3 Bezirksverwaltungsgesetz, Hamburg.

Hamilton, Timothy L. / Wichman, Casey J., 2016, Bicycle Infrastructure and Traffic Congestion. Evidence from DC's Capital Bikeshare, Resources for the Future Discussion Paper, Nr. 15-39-REV, Washington, D.C.Handelsblatt, 2016, Aufstand der Mitfahrer, http://www.handelsblatt.com/unternehmen/dienstleister/blablacar-veraergert-kunden-aufstand-der-mitfahrer/13999936.html [25.7.2017].

Handelsblatt, 2017, Tourismussteuer - Mallorca-Urlauber zeigen Verständnis für Erhöhung, http://www.handelsblatt.com/panorama/reise-leben/tourismussteuer-mallorca-urlauber-zeigen-verstaendnis-fuer-erhoehung/20271940.html [14.02.2018].

Handelsblatt, 2018, Meine Wohnung, deine Wohnung, keine Wohnung, in: Handelsblatt, Nr. 11, 16.1.2018, S. 24–25 .

Haucap, Justus, 2015, Die Chancen der Sharing Economy und ihre möglichen Risiken und Nebenwirkungen, Wirtschaftsdienst, 2(95), S. 91–95.

Haucap, Justus / Heimeshoff, Ulrich, 2018, Ordnungspolitik in der digitalen Welt, S. 79-132, in: J. Thieme & J. Haucap (Hrsg.), Wirtschaftspolitik im Wandel: Ordnungsdefizite und Lösungsansätze, Schriften zu Ordnungsfragen der Wirtschaft 105, De Gruyter Oldenbourg: Berlin.

Haucap, Justus / Kehder, Christiane, 2018, Welchen Ordnungsrahmen braucht die Sharing Economy? S. 39-75, in J. Dörr, N. Goldschmidt & F. Schorkopf (Hrsg.), Share Economy: Institutionelle Grundlagen und gesellschaftspolitische Rahmenbedingungen, Mohr Siebeck: Tübingen.

Haustauschferien, 2017a, Über Haustauschferien, https://www.haustauschferien.com/de/about/ [22.8.2017].

Haustauschferien, 2017b, Suche, https://www.haustauschferien.com/de/search/Deutschland [22.8.2017].

Heidner, Hans-Hermann, 2017, in: Bunjes, Johann (Hrsg.), UStG. 16. Auflage, München.

Hielscher, Kai, 2017, Reallabore: Zukunftsweisendes Instrument der Wirtschaftspolitik? Ergebnisse eines Workshops, in: Schlaglichter der Wirtschaftspolitik, Monatsbericht 01-2017, S. 1-5.

Hienerth, Christoph / Smolka, Christopher, 2014, The Best of Both Worlds: Conceptualizing Trade-Offs between Openness and Closedness for Sharing Economy Models, WHU – Otto Beisheim School of Management paper vorgestellt bei dem 12th International Open and User Innovation Workshop, Harvard Business School, Harvard University, Boston.

Hinrichs, Frank, 2017, Nebenwohnungen und Zweckentfremdungsverbot in Hamburg, in: NZM, 17/2017, S. 589–591.

HNA - Hessische/Niedersächsische Allgemeine, 2015, Yourcar: 32 Kleinwagen für die spontane Spritztour, https://www.hna.de/lokales/goettingen/goettingen-ort28741/yourcar-kleinwagen-spontane-spritztour-5539749.html [1.9.2017].

Holm, Andrej, 2016, Sozialer Wohnraumversorgungsbedarf in Berlin, Studie im Auftrag:

DIE LINKE. Fraktion im Abgeordnetenhaus von Berlin, Berlin.

HomeforHome, 2017, Startseite, http://de.homeforhome.com/ [22.8.2017].

HomeLink, 2017, Startseite, https://homelink.org/de/ [22.8.2017].

Horton, John J. /Zeckhauser, Richard J., 2016, Owning, Using and Renting: Some Simple Economics of the Sharing Economy, NBER Working Paper No. 22029, Cambridge.

i-share, o. J., Sharing Economy, https://www.i-share-economy.org/glossar/sharing-economy [10.8.2017].

Ingold, Albert, 2016, Die „Sharing Economy" der kurzzeitigen Unterkunftsvermietung als Herausforderung für das Gewerbe-, Bau-, und Ordnungsrecht, in: Die Öffentliche Verwaltung, 14/2016.

IW Köln, 2016, Qualitative und quantitative Auswirkungen der Sharing Economy in Nordrhein-Westfalen, https://www.wirtschaft.nrw/sites/default/files/asset/document/mweimh_sharing-economy-in-nrw.pdf [21.02.2018].

Institut der deutschen Wirtschaft Köln, 2017, Wohnungsmangel in den Städten, Leerstand auf dem Land, https://www.iwkoeln.de/studien/iw-kurzberichte/beitrag/philipp-deschermeier-ralph-henger-bjoern-seipelt-michael-voigtlaender-wohnungsmangel-in-den-staedten-leerstand-auf-dem-land-342975?relatedarticles.p=8#related-articles [25.9.2017].

Intervac, 2017, Angebote, Kartenansicht, https://de.intervac-homeexchange.com/search/map-search [22.8.2017].

ITespresso, 2010, Le fonds ISAI croit au potentiel de Covoiturage.fr, http://www.itespresso.fr/le-fonds-isai-croit-au-potentiel-de-covoituragefr-35558.html?inf_by=59b79962681db8425a8b4609" [12.9.2017].

Joblift, 2016, Stellenmarkt in der Sharing Economy wächst sechsmal langsamer als im Durchschnitt aller Branchen, Pressemitteilung vom 11. Oktober 2016, https://joblift.de/de/Stellenmarkt-in-der-Sharing-Economy-waechst-sechsmal-langsamer-als-im-Durchschnitt-aller-Branchen.pdf [22.8.2017].

Kagermeier, Andreas / Köller, Julia / Stors, Natalie, 2016, Airbnb als Sharing economy-Herausforderung für Berlin und die Reaktion der Hotelbranche, in: Bauhuber, Florian / Hopfinger, Hans (Hrsg.), Mit Auto, Brille, Fon und Drohne. Aspekte neuen Reisens im 21 Jahrhundert?, Mannheim, S. 67–94.

Karzoo, 2017, Startseite, http://www.karzoo.de/de/startseite [2.10.2017].

kilenda, 2017, Presse, https://kilenda.de/presse/ [5.9.2017].

Klerk, Eugene / Kersley, Richard / Preto, Marcelo, 2015, Global Equity Themes. The Sharing Economy, Credit Suisse Global Equity Research, https://research-doc.credit-suisse.com/docView?document_id=x657090&serialid=%2BoJISdkXI8WqPDLKlKH51yO3NdPKCzCWPXEKeNd0dQo%3D [4.10.2017].

Kotowski, Timo, 2016, Deutsche Airbnb-Konkurrenten rücken zusammen, http://www.faz.net/aktuell/wirtschaft/deutsche-airbnb-konkurrenten-wimdu-und-9-flats-ruecken-zusammen-14474701.html [27.9.2017].

Kraftfahrtbundesamt, 2017a, Bestand in den Jahren 1960 bis 2017 nach Fahrzeugklassen, https://www.kba.de/DE/Statistik/Fahrzeuge/Bestand/FahrzeugklassenAufbauarten/b_fzkl_zeitreihe.html?nn=652402 [16.8.2017].

Kraftfahrtbundesamt, 2017b, Bestand an allgemeinen Fahrerlaubnissen im ZFER am 1. Januar 2017 nach Fahrerlaubnisklassen, https://www.kba.de/DE/Statistik/Kraftfahrer/Fahrerlaubnisse/Fahrerlaubnisbestand/2017_fe_b_dusl.html?nn=652036 [1.9.2017].

Krames, Wilfried, 2008, Allgemeine Bestimmungen. Anwendungsbereich, Kommentierung des Art. 2 Abs. 2, in: Schlachter, Monika A. / Ohler, Christoph (Hrsg.), Europäische Dienstleistungsrichtlinie, Baden-Baden.

Kuhnt, Michael / Lagomarsino, Jeffry / Mattar, Helio / Wagner, Thomas, 2015, Listening to Sharing Economy Initiatives, Report on a Global Survey, o.O.

Lampinen, Airi / Cheshire, Coye, 2016, Hosting via Airbnb: Motivations and Financial Assurances in Monetized Network Hospitality, in: Proceedings of the 2016 CHI Conference on Human Factors in Computing Systems, S. 1669–1680.

Lehmann, Hendrik / Loy, Thomas, 2018, Zweckentfremdungsverbot in Berlin. 8000 zweckentfremdete Wohnungen zurück auf dem Wohnungsmarkt, http://www.tagesspiegel.de/berlin/zweckentfremdungsverbot-in-berlin-8000-zweckentfremdete-wohnungen-zurueck-auf-dem-wohnungsmarkt/20908372.html [2.2.2018].

leih-ein-buch, 2017, Webseite, http://www.leih-ein-buch.de/ [4.9.2017].

Leihbar, 2016, https://www.facebook.com/leihbar.org/photos/a.553819581315048.1073741828.551717684858571/1301719979858334/?type=3&theater [5.9.2017].

leihdirwas, 2017, Webseite, http://www.leihdirwas.de/ [4.9.2017].

Levering, Britta / Icks, Annette, 2016, Sharing Economy und Mittelstand: Chancen und Herausforderungen, Denkpapier des Instituts für Mittelstandsforschung Bonn, Bonn.

Lidl, Michael, 2017, Expert Airbnb sorgt für Innovationsschub in der Hotellerie, Artikel auf travelnews.ch vom 10. August 2017, https://www.travelnews.ch/hotellerie/6287-airbnb-sorgt-fuer-innovationsschub-in-der-hotellerie.html [26.9.2017].

LifeThek, 2017, Webseite, http://lifethek.de [5.9.2017].

Maier, Lucia, 2014, Methodik und Durchführung der Zeitverwendungserhebung 2012/2013, Statistisches Bundesamt, Wirtschaft und Statistik, Wiesbaden.

Mainzer Stadtwerke, 2017, MVGmeinRad weiter auf Erfolgskurs, Pressemitteilung vom 24.4.2017, Mainz.

manager-magazin, 2016, Touristik-Dino kauft Angreifer – Novasol schluckt Rocket-Internet-Start-up, http://www.manager-magazin.de/unternehmen/artikel/novasol-schluckt-privatbetten-vermittler-wimdu-a-1123551.html [22.8.2017].

Manus, Christoph, 2018, Airbnb will mehr Freiheit für Vermieter, http://www.fr.de/frankfurt/wohnen/ferienwohnungen-in-frankfurt-airbnb-will-mehr-freiheit-fuer-vermieter-a-1444908 [23.2.2018].

Martin, Elliot / Shaheen, Susan A., 2016, Impacts of car2go on Vehicle Ownership, Modal Shift, Vehicle Miles Traveled, and Greenhouse Gas Emissions: An Analysis of Five North American Cities, Berkeley.

Martin, Elliot / Shaheen, Susan A. / Lidicker, Jeffrey, 2010, The Impact of Carsharing on Household Vehicle Holdings. Results from a North-American Shared-Use Vehicle Survey, in: Transportation Research Record: Journal of the Transportation Research Board, Nr. 2143, S. 150–158.

Matchrider, 2017, Startseite, http://www.matchridergo.de/index.php/jetzt-verfuegbar/ [2.10.2017].

mein-Spielzeug-mieten, 2017, Webseite, http://www.mein-spielzeug-mieten.de/ [5.9.2017].

MeineSpielzeugkiste, 2017, Webseite, https://www.meinespielzeugkiste.de/ [5.9.2017].

mein-spielzeug-mieten, 2017, Webseite, http://www.mein-spielzeug-mieten.de/ [5.9.2017].

miet24, 2017a, Webseite, http://www.miet24.de/ [5.9.2017].

miet24, 2017b, Alle Kategorien, http://www.miet24.de/mieten [4.9.2017].

Mietmeile, 2017a, Webseite, https://www.mietmeile.de/ [4.9.2017].

Mietmeile, 2017b, Preise & Leistungen, https://www.mietmeile.de/leistungen-und-preise [6.9.2017].

MiFaZ, 2017, Startseite, https://www.mifaz.de/de/suche [2.10.2017].

Mishra, Gouri Shankar / Clewlow, Regina / Mokhtarian, Regina L. / Widaman, Keith F., 2015, The effect of carsharing on vehicle holdings and travel behavior: A propensity score and causal

mediation analysis of the San Francisco Bay Area, in: Research in Transportation Economics, 52. Jg., S. 46–55.

Mitfahrangebot.de, 2017, Startseite, http://www.mitfahrangebot.de/ [2.10.2017].

Möbert, Jochen, 2017, Deutschland-Monitor, Deutscher Häuser- und Wohnungsmarkt 2017, Ausblick auf Preise und Mieten der Städte Berlin, Düsseldorf, Frankfurt, Hamburg und München, Deutsche Bank Research, Frankfurt am Main, https://www.deutsche-bank.de/pfb/data/docs/20170110_Deutscher_Haeuser_und_Wohnungsmarkt_2017_Ausblick.pdf [21.02.2018].

Monopolkommission, 2015, Wettbewerbspolitik: Herausforderung digitale Märkte, Sondergutachten 68, Bonn.

Monopolkommission, 2016, Wettbewerb 2016. Einundzwanzigstes Hauptgutachten der Monopolkommission gemäß § 44 Abs. 1 Satz 1 GWB, Bonn.

Morgan Stanley Global Insights, 2015, Internet, Lodging, Leisure and Hotels. Global Insight: Who Will Airbnb Hurt More – Hotels or OTAs?, http://linkback.morganstanley.com/web/sendlink/webapp/f/9lf3j168-3pcc-g01h-b8bf-005056013100?store=0&d=UwBSZXNlYXJjaF9NUwBiNjVjYzAyNi04NGQ2LTExZTUtYjFlMi03YzhmYTAzZWU4ZjQ%3D&user=bdvpwh9kcvqs-49&__gda__=1573813969_cf5a3761794d8651f8618fc7a544cb82 [25.9.2017].

Müller-Graff, Christian-Peter, 2012, Dienstleistungsfreiheit. Kommentierung der Artt. 56 - 62 AEUV, in: Streinz, Rudolf (Hrsg.), EUV/AEUV, 2. Auflage, München.

Multicity, 2017a, Multicity Webseite, https://www.multicity-carsharing.de/ [1.9.2017].

Multicity, 2017b, Multicity sagt am 29. Oktober Adieu, http://blog.multicity-carsharing.de/2017/09/29/multicity-sagt-am-29-oktober-adieu/ [21.11.2017].

myonbelle, 2017, So funktioniert myonbelle, https://www.myonbelle.de/so-funktionierts [5.9.2017].

myScotty, 2017, drive by: Der Carsharing-Anbieter im Überblick, https://www.myscotty.com/carsharing/drive-by [18.1.2018].

Neeser, Dâvid, 2015, Does Airbnb Hurt Hotel Business. Evidence from the Nordic Countries, Trabajo Fin de Master 2014-2015, Universidad Carlos III de Madrid, Madrid.

neuhandeln.de, 2017, „Otto Now": Kunden des Miet-Portals sind jung, männlich und bequem, http://neuhandeln.de/otto-now-kunden-des-miet-portals-sind-jung-maennlich-und-bequem/ [5.9.2017].

Nextbike, 2015, Das nextbike FahrAd., Preisliste November 2015, Leipzig.

Nextbike, 2017, Wertpapierprospekt der nextbike GmbH, Anleihe 2017/ 2022 nextbike 5,0 % Zins, Leipzig.

Nightswapping, 2017a, Startseite, https://www.nightswapping.com/de-de/ [23.8.2017].

Nightswapping, 2017b, Kartensuche, https://www.nightswapping.com/de-de/reisen/inserate [23.8.2017].

Nosko, Chris / Tadelis, Steven, 2015, The limits of reputation in platform markets: An empirical analysis and field experiment, NBER Working paper, Nr. 20830.

NOVASOL, 2017, Pressemitteilung – NOVASOL übernimmt Wimdu, http://www.novasol.de/uber_novasol/presse/pressemitteilungen/novasol_uebernimmt_wimdu.html [22.8.2017].

OECD, 2017, OECD Digital Economy Outlook 2017, OECD Publishing, Paris.

Op-online.de, 2015, Vermieten auf eigenes Risiko, https://www.op-online.de/offenbach/privaten-zimmerangeboten-ueber-airbnb-gastgeber-pflicht-4827191.html [30.8.2017].

Panayotou, Theodore, 1994, Economic Instruments for Environmental Management and Sustainable Development, Cambridge, Massachussetts.

Peerby, 2017, Webseite, https://www.peerby.com [5.9.2017].

Pendlerportal, 2017, Startseite, http://www.pendlerportal.de/ [2.10.2017].

Peuckert, Jan / Bätzing, Miriam/ Fünning, Harriet / Gossen, Maike / Scholl, Gerd, 2017, Kontexte des Teilens: Herausforderungen bei der gesellschaftlichen Verankerung von Peer-to-Peer Sharing am Beispiel von Übernachten und Autoteilen: PeerSharing Arbeitsbericht 4, Berlin, http://www.peer-sharing.de/data/peersharing/user_upload/PeerSharing_Arbeitspapier4_Kontexte_des_Teilens.pdf [17.01.2018].

Posner, Richard L., 1969, Natural Monopoly and Its Regulation, in: Stanford Law Review, 21(3), S. 548–643.

Pusch, Melina, 2014, Sozioökonomische Auswirkungen von Airbnb auf Stadtquartiere am Beispiel des Stadtteils Sternschanze in Hamburg, Bachelorthesis zur Erlangung des Hochschulgrades Bachelor of Science an der HCU-Hamburg, Hamburg.

pwc, 2014, The sharing economy: how will it disrupt your business? Megatrends: the collisions, pwc.blogs.com/files/sharing-economy-final_0814.pdf [4.10.2017].

pwc, 2015, Share Economy, Repräsentative Bevölkerungsbefragung 2015, https://www.pwc.de/de/digitale-transformation/assets/pwc-bevoelkerungsbefragung-share-economy.pdf [27.9.2017].

Räubersachen, 2017, Webseite, https://www.raeubersachen.de/ [5.9.2017].

Rammler, Stephan, 2016, Digitaler Treibstoff. Chancen und Risiken des Einsatzes digitaler Technologien und Medien im Mobilitätssektor, Study der Hans-Böckler-Stiftung, Nr. 310, Düsseldorf.

Ranchordás, Sofia / Gedeon, Zsuzsanna / Zurek, Karolina, 2016, Home-Sharing in the Digital Economy: The Cases of Brussels, Stockholm and Budapest: Impulse Paper prepared for the European Commission, Brüssel.

Research Group on the Law of Digital Platforms, 2016, Discussion Draft of a Directive on Online Intermediary Platforms, in: Journal of European Consumer and Market Law, 5(4), 2016, 164 ff.

Rochet, Jean-Charles / Tirole, Jean, 2003, Platform Competition in Two-Sided Markets, in:

Journal of the European Economic Association, 1(4), S. 990–1029.

Schäpke, Niko / Singer-Brodowski, Mandy / Stelzer, Franziska / Bergmann, Matthias / Lang, Daniel J., 2015, Creating space for change: real-world laboratories for sustainability transformations: the case of Baden-Württemberg, in: GAIA - Ecological Perspectives for Science and Society, 24(4), S. 281-283.

Schiel, Fanny, 2015, The Phenomenon of the Sharing Economy in Germany, Consumer Motivations for Participating in Collaborative Consumption Schemes, http://essay.utwente.nl/68106/1/Schiel_MA_MB.pdf [27.9.2017].

Schneidewind, Uwe, 2014, Urbane Reallabore: ein Blick in die aktuelle Forschungswerkstatt, in: pnd-online, 3. Ausgabe 2014, http://nbn-resolving.de/urn:nbn:de:bsz:wup4-opus-57068 [21.02.2018].

Schübel-Pfister, Isabel, 2008, EU-Dienstleistungsrichtlinie und nationales Baurecht, in: Zeitschrift für deutsches und internationales Baurecht (ZfBR) 2008, 242ff.

Schröer, Thomas / Kullick, Christian, 2013, Gewerbliche Untervermietung als „Zweckentfremdung" von Wohnraum, in: NZBau, 10/2013, S. 624f.

Scoo.me, 2017, Porträt scoo.me, https://scoo.me/presse&hintergrundinformationen [24.7.2017].

Shapiro, Carl / Varian, Hal R., 1999, Information Rules, Boston.

Skowronnek, Alsino / Vogel, Lucas / Parnow, Jonas, 2015, Airbnb vs. Berlin, http://www.airbnbvsberlin.de/ [13.9.2017].

Smart, 2017, smart ready to share, Ihr privates Carsharing per App, https://www.smart.com/de/de/index/smart-ready-to/share.html [24.7.2017].

SnappCar, 2017, tamyca wird SnappCar, https://blog.snappcar.de/2017/08/08/tamyca-wird-snappcar/ [15.8.2017].

Solmecke, Christian, 2013, Ist Screen Scraping legal?, https://www.wbs-law.de/urheberrecht/ist-screen-scraping-legal-39848/ [8.1.2018].

Spiegel, 2016, Schick siehste aus - schon wieder!, http://www.spiegel.de/stil/kleiderei-und-myonbelle-so-geht-besitzloser-kleiderkonsum-a-1080109.html [5.9.2017].

Spiele-Offensive, 2017, Webseite, https://www.spiele-offensive.de [5.9.2017].

Splinster, 2017, Search, https://www.spinlister.com/search/c/deutschland/loc/51.165691/10.451526000000058/z/7 [12.9.2017].

stadtmobil, 2017a, Über stadtmobil, https://www.stadtmobil.de/stadtmobil/ueber-stadtmobil/

[18.7.2017].

Stadtmobil, 2017b, Webseite, https://www.stadtmobil.de/ [18.7.2017].

stadtmobil Hannover, 2017, Webseite, https://hannover.stadtmobil.de/privatkunden/ [1.9.2017].

Stadtteilauto, 2017, flow>k-Standorte, https://www.flow-k.de/ [1.9.2017].

Statistisches Bundesamt, 2016a, Bevölkerung nach Migrationshintergrund und Altersgruppen, https://www.destatis.de/DE/ZahlenFakten/GesellschaftStaat/Bevoelkerung/MigrationIntegration/Migrationshintergrund/Tabellen/MigrationshintergrundAlter.html [15.9.2017].

Statistisches Bundesamt, 2016b, Ankünfte und Übernachtungen in Beherbergungsbetrieben: Deutschland, Monate, Wohnsitz der Gäste, https://www-genesis.destatis.de/genesis/online;jsessionid=5AD709209A0995BF50CCBC3785D90C39.tom-cat_GO_1_1?operation=previous&levelindex=2&level-id=1505480009645&step=2 [15.9.2017].

Statistisches Bundesamt, 2017a, 1,9 Millionen Haushalte in Deutschland mit Elektrofahrrad, Zahl der Woche vom 30. Mai 2017, Wiesbaden.

Statistisches Bundesamt, 2017b, Binnenhandel, Gastgewerbe, Tourismus, Winterhalbjahr 2016/2017, Fachserie 6, Reihe 7.1, Wiesbaden.

Statistisches Bundesamt, 2017c, Monatserhebung im Tourismus, Qualitätsbericht 2017, Wiesbaden.

Statistisches Bundesamt, 2017d, Übernachtungen in Beherbergungsbetrieben, nach Betriebsarten, https://www.destatis.de/DE/ZahlenFakten/Wirtschaftsbereiche/BinnenhandelGastgewerbeTourismus/Tourismus/Tabellen/UebernachtungenBetriebsarten.html [15.8.2017].

Statistisches Bundesamt, 2017e, Binnenhandel, Gastgewerbe, Tourismus, Ergebnisse der Monatserhebung im Tourismus, Fachserie 6, Reihe 7.1, Dezember 2016, Wiesbaden.

Statistisches Bundesamt, 2017f, animierte Bevölkerungspyramide, https://service.destatis.de/bevoelkerungspyramide/#!a=18,61&g [2.10.2017].

Statistisches Bundesamt, 2017g, Wirtschaftsrechnungen. Einkommens- und Verbrauchsstichprobe. Aufgabe, Methode und Durchführung, Fachserie 15, Heft 7, Wiesbaden.

Statistisches Bundesamt, 2018, Fortschreibung auf Basis GWZ 2011 Wohngebäude- und Wohnungsbestand - Stichtag 31.12. - regionale Ebenen.

StattAuto, 2017, Informationspakete zum Downloaden, https://www.stattauto-hl.de/ueber-stattauto/infos-zum-download.html [1.9.2017].

Stern, 2015, Die Klamotten-Flatrate - wie funktioniert das?, http://www.stern.de/wirtschaft/news/mode-und-fashion-in-der-flatrate--sharing-economie-im-kleiderschrank-6201952.html [5.9.2017].

Stokes, Kathleen / Clarence, Emma / Anderson, Lauren / Rinne, April, 2014, Making Sense of the UK Collaborative Economy, London.

Stors, Natalie / Kagermeier, Andreas, 2017, Airbnb-Gastgeber als Akteure im New Urban Tourism: Beweggründe zur Partizipation aus Anbieterperspektive, Manuskript für Beitrag in Geographische Zeitschrift, Trier.

Streinz, Rudolf / Leible, Stefan, 2008, Kommentierung von Art. 1, Einl. Art. 4 und Art. 26, in: Schlachter, Monika A. / Ohler, Christoph (Hrsg.), Europäische Dienstleistungsrichtlinie, Baden-Baden

Süddeutsche Zeitung, 2017a, Obikes in München: Imageschaden im Eiltempo, http://www.sueddeutsche.de/muenchen/leihraeder-obikes-in-muenchen-imageschaden-im-eiltempo-1.3660176 [12.9.2017].

Süddeutsche Zeitung, 2017b, Airbnb wird von Profis überrannt, http://www.sueddeutsche.de/wirtschaft/uebernachtungs-plattform-airbnb-wird-von-profi-vermietern-ueberrannt-1.3615029 [25.9.2017]..

Sundararajan, Arun, 2016, The Sharing Economy, MIT Press, Cambridge:MA

Sundararajan, Arun, 2017, The Collaborative Economy: Socioeconomic, Regulatory and Policy Issues, In-depth Analysis for the IMCO Committee, http://www.europarl.europa.eu/RegData/etudes/IDAN/2017/595360/IPOL_IDA(2017)595360_EN.pdf [21.02.2018].

Swiss Hotel Association, 2016, Die Nutzung von Airbnb durch Hoteliers – Chancen und Risiken?, Merkblatt, https://www.hotelleriesuisse.ch/files/pdf11/Merkblatt_Airbnb_fr_Hoteliers_Airbnb_dt.pdf [18.9.2017].

t3n, 2015, 17 Milliarden-Startups: Die Sharing-Economy in Zahlen, http://t3n.de/news/sharing-economy-funding-uber-airbnb-614598/ [5.10.2017] .

Tadelis, Steven, 2016, Reputation and Feedback Systems in Online Platform Markets, Annual Review of Economics, Nr. 8, S. 321–340.

Tagesspiegel, 2017, Leihräder von Lidl und Bahn feiern Premiere, http://www.tagesspiegel.de/berlin/lidl-bike-in-berlin-leihraeder-von-lidl-und-bahn-feiern-premiere/19474906.html [13.10.2017].

tamyca, 2017, Deutschland feiert die größte Plattform für privates Carsharing und Du profitierst, https://www.tamyca.de/willkommen-in-der-carsharing-community [24.7.2017].

teilAuto, 2017, teilAuto – Carsharing in Mitteldeutschland, https://www.teilauto.net/unternehmen/ [18.1.2018].

TEMPORARY WARDROBE, 2017, Häufig gestellte Fragen, http://temporarywardrobe.com/faqs/ [5.9.2017].

The Hospitality Club, 2017a, Oft gestellte Fragen, http://deutsch.hospitalityclub.org/faqdeu.htm [22.8.2017].

The Hospitality Club, 2017b, Mitglieder in allen Ländern und Territorien, http://secure.hospitalityclub.org/hc/hcworld.php?x=1&language=de [22.8.2017].

TNS Emnid, 2015, Sharing Economy, Die Sicht der Verbraucherinnen und Verbraucher in Deutschland: Ergebnisbericht, Studie im Auftrag des Verbraucherzentrale Bundesverbands e.V., https://www.tns-emnid.com/studien/pdf/sharing_economy-umfrage-bericht-emnid-2015-06-29.pdf [19.01.2018].

Tourismusnetzwerk Rheinland-Pfalz, 2017, Sharing Economy – Das Airbnb-Angebot in Rheinland-Pfalz, https://rlp.tourismusnetzwerk.info/2017/12/01/sharing-economy-das-airbnb-angebot-in-rheinland-pfalz/ [26.01.2018].

Travelmath, 2017, Hotel Hygiene Exposed, https://www.travelmath.com/feature/hotel-hygiene-exposed/ [11.10.2017].

Tussyadiah, Ilis P. / Pesonen, Juho, 2015, Impacts of Peer-to-Peer Accommodation Use on Travel Patterns, in: Journal of Travel Research, 55. Jg., Nr. 8, S. 1–19.

TwoGo, 2017, Startseite, https://www.twogo.com/de [2.10.2017].

Twotone, 2017, Listnride launches equity Crowdfunding campaign, http://twotone-ams.pr.co/156850-listnride-launches-equity-crowdfunding-campaign [26.7.2017].

Utiluru, 2017, Nutzen statt Kaufen, http://de.utiluru.com/ [11.9.2017].

VDR – Verband Deutsches Reisemanagement, 2016, VDR-Geschäftsreiseanalyse 2016, 14. Ausgabe, Frankfurt am Main.

Verbraucherzentrale, 2017, Probleme rund um die Unterkunft, https://www.verbraucherzentrale.de/Probleme-rund-um-die-Unterkunft-10 [25.9.2017].

von Nicolai, Helmuth, 2015, Ferienwohnen im unvermeidbaren Konflikt zu Dauerwohnen? – Analyse und machbare Lösungsansätze, in: NordÖR, 09/2015.

Vooren, Christian, 2016, Airbnb vs. Berlin. Häuserkampf in Zahlen, http://www.tagesspiegel.de/berlin/airbnb-vs-berlin-haeuserkampf-in-zahlen/13515158.html [25.9.2017].

Wagner, Felix, 2017, Reallabore als kreative Arenen der Transformation zu einer Kultur der Nachhaltigkeit, in: Reinermann, Julia-Lena / Behr, Friederike (Hrsg.), Die Experimentalstadt, Springer Fachmedien: Wiesbaden, S. 79-94.

Welt, 2017, Amsterdam verbietet neue Touristen-Läden im Zentrum, https://www.welt.de/reise/nah/article169438152/Amsterdam-verbietet-neue-Touristen-Laeden-im-Zentrum.html_[14.02.2018].

Weltbank, 2017, Population, total, https://data.worldbank.org/indicator/SP.POP.TOTL?page=2 [29.8.2017].

Wimdu, 2017a, Ferienwohnungen in Deutschland, http://www.wimdu.de/deutschland [23.8.2017].

Wimdu, 2017b, Startseite, www.wimdu.de [29.8.2017].

Wimdu, 2017c, Fakten statt Emotionen – Mehr Sachlichkeit für die Berliner Ferienwohnungsdebatte, http://www.wimdu.de/presse/releases/fakten-statt-emotionen-mehr-sachlichkeit-fuer-die-berliner-ferienwohnungsdebatte/ [25.9.2017].

WiMobil, 2016, Wirkung von E-Car Sharing Systemen auf Mobilität und Umwelt in urbanen Räumen (WiMobil). Gemeinsamer Abschlussbericht, gefördert durch das Bundesministerium für Umwelt, Naturschutz, Bau und Reaktorsicherheit, Berlin.

Wingly, 2016, Über 100.000 Euro ausgezahlt: Mitflugzentrale Wingly zeigt sichtbare Erfolge, Pressemitteilung vom 21. September 2016, o.O..

Wosskow, Debbie, 2014, Unlocking the sharing economy. An independent review, London.

Zervas, Georgios / Proserpio, Davide / Byers, John W., 2016, The Rise of the Sharing Economy: Estimating the Impact of Airbnb on the Hotel Industry, forthcoming, in: Journal of Marketing Research, http://people.bu.edu/zg/publications/airbnb.pdf [21.8.2017].

Zeit Online, 2015, Der Kampf um Wohnungen beginnt, http://www.zeit.de/wirtschaft/2015-09/fluechtlinge-wohnungen-wohnraum-grossstadt-ueberfuellung [25.9.2017].

Anhang

Ergebnisse der Nutzerbefragung zur Problemlagen der Sharing Economy im Unterkunftssektor

Im Folgenden werden detailliertere Ergebnisse und Interpretationen der Nutzerbefragung zu Problemlagen unter Sharing-Economy-Gästen (s. Abschnitt 3.6.1) dargestellt.

Sauberkeit und Hygiene

Der Aussage „Die gebuchten Unterkünfte waren sauber und hygienisch" stimmten jeweils mehr als 80 Prozent der Befragten der Hauptstichprobe und der Zusatzstichprobe zu (s. Abbildung 8-1 für die Ergebnisse der Hauptstichprobe). Die Befragten der Zusatzstichprobe stimmten tendenziell deutlich häufiger der Antwortmöglichkeit „voll und ganz zu". Lediglich 9 Prozent (Zusatzstichprobe: 10 Prozent) fanden die gebuchten Unterkünfte nicht sauber, darunter vor allem Gäste unter 35 Jahren. In der Zusatzstichprobe hingegen waren es vor allem Gäste ab 60, die die Hygieneverhältnisse bemängelten. Im Vergleich zu einer älteren Befragung der EU-Kommission (2012) unter Gästen bezahlter Unterkünfte, laut der 7 Prozent die Hygienezustände einer bezahlten Unterkunft in Deutschland bemängeln, sind diese Zahlen leicht erhöht. Die Zufriedenheit war unter den Geschlechtern gleichverteilt.

Abbildung 8-1: Hygiene und Sauberkeit in Sharing-Unterkünften in Deutschland

Antwortanteile der befragten Sharing-Übernachtungsgäste auf die Aussage „Die gebuchten Unterkünfte waren sauber und hygienisch", in Prozent, Hauptstichprobe: n=195, 2016

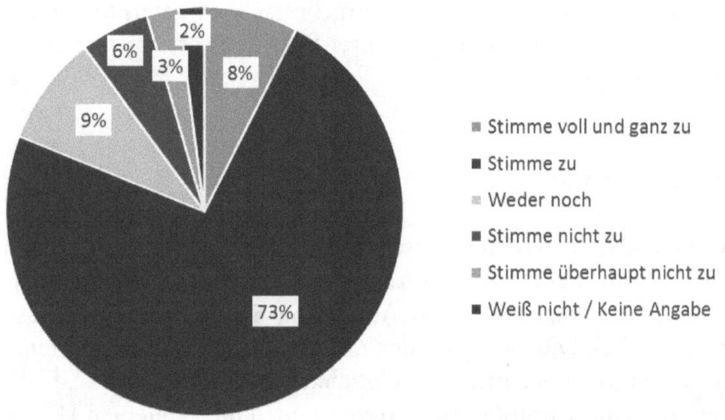

Quelle: eigene Berechnungen

Es ist davon auszugehen, dass Hygiene und Sauberkeit extrem subjektiv bewertet werden und deshalb keiner Überprüfung zugänglich sind. Allerdings ist wahrscheinlich, dass die Gäste die Sharing-Unterkünfte mit bereits gemachten Erfahrungen in herkömmlichen Übernachtungsstätten wie Hotels und Pensionen vergleichen und deshalb eine gewisse Vergleichbarkeit gewährleistet ist, auch wenn nicht klar ist, inwiefern Gäste selbsttätig eine Abwägung zwischen Preis der Übernachtung und Hygieneanforderungen machen. Es ist auch denkbar, dass gerade an eine Sharing-Unterkunft, die möglicherweise als besondere Erfahrung bei einem lokalen Gastgeber beworben wird, andere Anforderungen bezüglich Sauberkeit und Hygiene gestellt werden als an ein professionalisiertes Angebot beispielsweise eines Hotels. Gleichzeitig zeigen Studien wie die von Travelmath (2017), dass gerade auch Hotels Probleme mit der Hygiene haben, da oft nur oberflächlich geputzt wird. Sharing-Unterkünfte könnten überdies generell hygienischer sein, weil in der Regel auch die Vermieter selbst die

Unterkunft nutzen und bestimmte Hygieneregeln aus Eigenmotivation einhalten. Unabhängig von diesen Interpretationsmöglichkeiten zeigt das Ergebnis keine sehr dringenden Probleme bei Sauberkeit und Hygiene im Unterkunftssektor der Sharing Economy.

Elektrik

Jeweils 79 Prozent der Befragten stimmten der Aussage „Die Elektrik sowie die elektrischen Geräte der Unterkünfte erschienen mir sicher“ entweder zu oder voll und ganz zu (s. Abbildung 8-2 für die Ergebnisse der Hauptstichprobe). Wie bei dem Sauberkeitsaspekt stimmten unter den Zustimmenden der Zusatzstichprobe deutlich mehr „voll und ganz zu“ statt nur „zu“ als unter den Zustimmenden der Hauptstichprobe. 9 Prozent stimmten (überhaupt) nicht zu (Zusatzstichprobe: 11 Prozent). Auch im Fall der Elektrik waren wie bei Sauberkeit und Hygiene vor allem Befragte unter 35 Jahren eher kritisch als ältere Befragte. In der Zusatzstichprobe waren auch die Befragten ab 60 eher kritisch; allerdings sind die Fallzahlen sehr gering. Auffällige geschlechterspezifische Unterschiede gab es nicht.

Abbildung 8-2: Elektrik und elektronische Geräte in Sharing-Unterkünften in Deutschland

Antwortanteile der befragten Sharing-Übernachtungsgäste auf die Aussage „Die Elektrik sowie die elektrischen Geräte der Unterkünfte erschienen mir sicher“, in Prozent, Hauptstichprobe: n=195, 2016

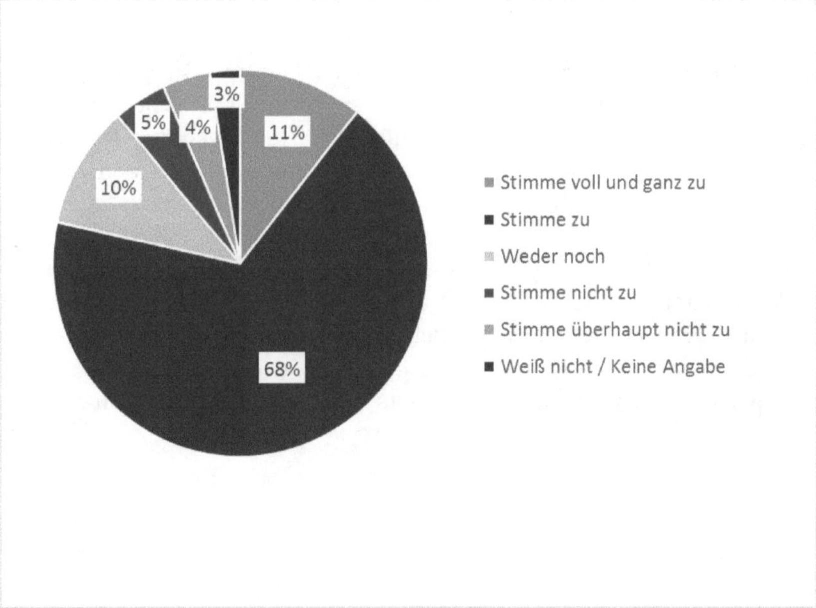

Quelle: eigene Berechnungen

Bausubstanz

Der Aussage „Die Bausubstanz, z. B. Fenster, Böden, Treppen, war soweit erkennbar in einem sicheren Zustand“ traf auf deutliche Zustimmung unter den Befragten: 83 Prozent stimmten dieser Aussage zu oder voll und ganz zu (s. Abbildung 8-3) für die Ergebnisse der Hauptstichprobe). In der Zusatzstichprobe lag die Zustimmung mit 82 Prozent etwa gleich hoch, allerdings stimmten auch hier wieder deutlich mehr „voll und ganz zu“ (54 Prozent im Vergleich zu 8 Prozent). Probleme sahen 7 Prozent (Zusatzstichprobe: 11 Prozent) der Befragten. Im Gegensatz zu den vorangegangenen Aspekten waren hier tendenziell auch in der Hauptstichprobe eher ältere Gäste kritisch. Weiterhin waren in der Zusatzstichprobe auch eher ältere Gäste kritisch. Dies könnte zum Beispiel darin begründet liegen, dass diese eher dazu neigen, auf sichere Treppen angewiesen zu sein als jüngere Personen und daher solchen Aspekten auch eher Aufmerksamkeit schenken. Allerdings sind die Fallzahlen recht gering, weshalb eine vorsichtige Interpretation angemessen ist. Geschlechterunterschiede sind marginal.

Abbildung 8 3: Bausubstanz in Sharing-Unterkünften in Deutschland

Antwortanteile der befragten Sharing-Übernachtungsgäste auf die Aussage „Die Bausubstanz, z. B. Fenster, Böden, Treppen, war soweit erkennbar in einem sicheren Zustand", in Prozent, Hauptstichprobe: n=195, 2016

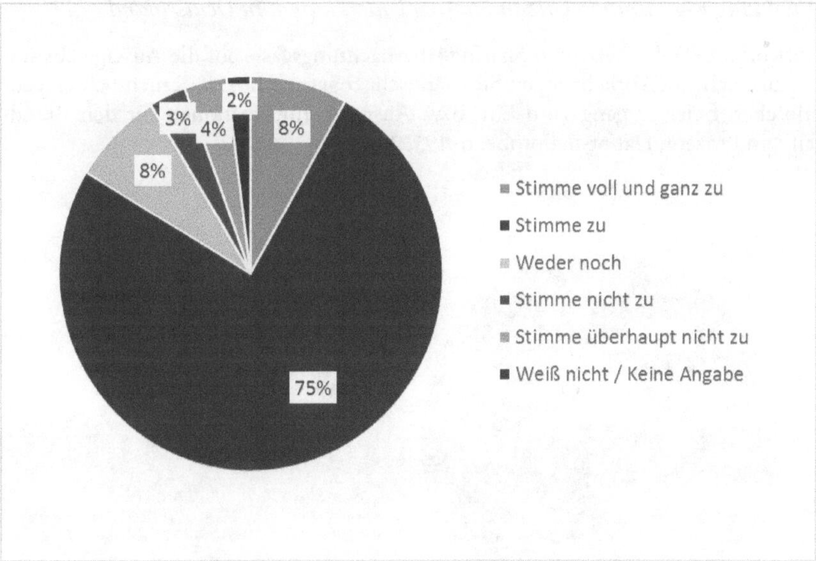

Quelle: eigene Berechnungen

Brandschutz

Das Antworterhalten ist bei der Brandschutzfrage sehr uneinheitlich. Gut ein Fünftel der Befragten wusste gar keine Antwort (Zusatzstichprobe: 14 Prozent), ein Fünftel (Zusatzstichprobe: 13 Prozent) befand „weder noch" (s. Abbildung 8-4 für die Ergebnisse der Hauptstichprobe). Auf diesen Aspekt von Sicherheit scheinen viele Gäste nicht geachtet zu haben. Dennoch bewertet auch in diesem Fall die Mehrheit der Befragten (47 Prozent) den Brandschutz als gegeben. Unter den Befragten der Zusatzstichprobe erreichte der Anteil sogar 58 Prozent, darunter 31 Prozent, die der Aussage „voll und ganz“ zustimmten. 8 Prozent der Hauptstichprobe und sogar 15 Prozent der Zusatzstichprobe sahen den Brandschutz als nicht gegeben. Erstere Zahl deckt sich mit den Ergebnissen aus einer Befragung der EU-Kommission (2012), bei der auch 8 Prozent angaben, bei einer bezahlten Unterkunft in Deutschland unzureichenden Brandschutz vorgefunden zu haben. Tendenziell bewerten eher Ältere der Zusatzstichprobe den vorhandenen Brandschutz als problematisch; in der Hauptstichprobe sind die Anteile ungefähr gleichverteilt. Geschlechterunterschiede sind gering.

Abbildung 8-4: Brandschutz in Sharing-Unterkünften in Deutschland

Antwortanteile der befragten Sharing-Übernachtungsgäste auf die Aussage „Es waren ausreichende Vorkehrungen für Brandschutz getroffen (z. B. Rauchmelder, Feuerlöscher, freier Zugang zum Ein- bzw. Ausgang, Informationen für den Brandfall)“, in Prozent, Hauptstichprobe: n=195, 2016

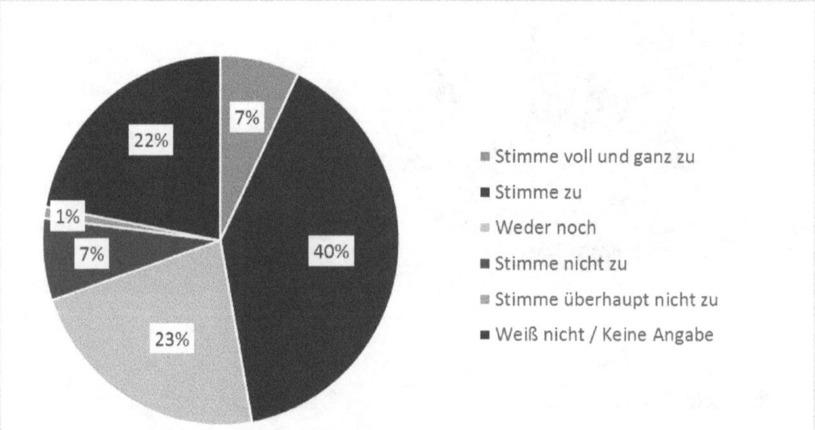

Quelle: eigene Berechnung

Probleme mit den Nachbarn

Eine Mehrheit von 56 Prozent (sogar knapp drei Viertel in der Zusatzstichprobe) gab an, dass es keine Probleme mit den Nachbarn gegeben habe. Die Unterschiede je nach Altersgruppe sind in der Hauptstichprobe marginal. In der Zusatzstichprobe fällt auf, dass die Befragten bis 35 und ab 60 weniger häufig von Problemen berichten als die mittlere Altersgruppe. Männer der Hauptstichprobe bewerten die Aussage deutlich häufiger mit „Weder noch“ als Frauen.

Abbildung 8 5: Probleme mit den Nachbarn in Sharing-Unterkünften in Deutschland

Antwortanteile der befragten Sharing-Übernachtungsgäste auf die Aussage „Es gab Schwierigkeiten mit den Nachbarn der Sharing-Unterkunft (z. B. Beschwerden über Ruhestörungen)“, in Prozent, Hauptstichprobe: n=195, 2016

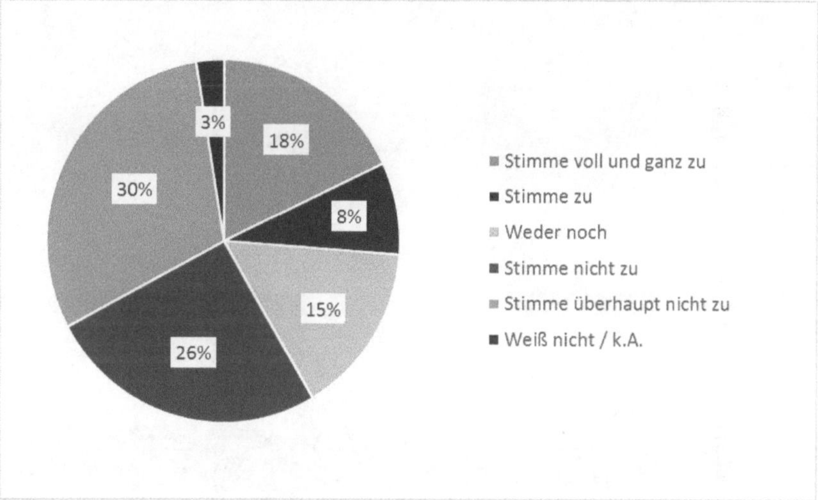

Quelle: eigene Berechnungen

Sonstige Beanstandungen

In sechs Prozent der Fälle (vier Prozent in der Zusatzstichprobe) kam es über die obigen Aspekte der Hygiene, der Elektrik, der Bausubstanz, des Brandschutzes und der Nachbarn hinaus zu anderen Beanstandungen. Ein Gast klagte über „unwahrscheinlichen Straßenlärm“, ein anderer über „Lärmbelästigung durch den Vermieter“. „Anfangs kein WLAN“, „kein Badezimmerspiegel“ „kein Platz für Kleidung“ waren die Beanstandungen in einem anderen Fall. Solche Problemlagen – Lärm oder auch eine Darstellung der Unterkunft auf der Plattform, die nicht der Realität oder nicht der Erwartung entspricht („Größe und Ausstattung wurden übertrieben") – ist auch bei klassischen Unterkünften wie Hotels oder auch Ferienwohnungen gelegentlich der Fall. Es existieren umfassende Hinweise zum Umgang damit (Verbraucherzentrale, 2017). Es stellt sich jedoch die Frage, inwieweit sich solche Ansprüche bei einer privaten Vermietung geltend machen lassen. Generell besteht die Möglichkeit, Gastgeber über die Bewertungssysteme der Plattformen zu sanktionieren, denn negative Bewertungen wirken sich in der Regel stark auf die Nachfrage aus (vgl. Tadelis, 2016).

FSC
www.fsc.org
MIX
Papier | Fördert gute Waldnutzung
FSC® C083411

Kolibri 360 GmbH
Ferdinand-Jühlke-Straße 7
99095 Erfurt, Deutschland
produktsicherheit@kolibri360.de